세종학

세종학

김슬옹 지음

BOGOSA

추천사

세종대왕의 융합 정신을 되살리다
- 김슬옹 박사의 『세종학』 출판을 기리며 -

    2025년 5월 15일, 대한민국 역사상 처음으로 세종대왕 나신 날로 지정되어 경축하는 이 뜻깊은 시기에, 세종대왕기념사업회 김슬옹 전문위원이 세종학을 집대성한 이 귀중한 책 출간을 진심으로 축하합니다.
    세종대왕기념사업회는 1956년 창립 이해 세종의 다양한 업적을 기리고 알리면서 1986년부터 『세종학연구』라는 학술 잡지를 꾸준히 발행해 왔습니다. 세종학은 세종대왕 업적을 학문 차원에서 올바르게 정립하는 바탕이기 때문입니다.
    이 책은 그런 취지를 살려 1부(천)에서는 세종학의 체계를 확립하고, 2부(지)에서는 세종대왕의 다양한 업적을 주제별로 대중적인 문체로 녹여냈습니다. 3부(인)에서는 세종학을 우리 삶에 어떻게 적용할 것인가를 이모저모 살폈습니다. 이로써 세종대왕기념사업회가 약 70년간 이룩해 온 성과가 세종 업적과 함께 체계적으로 정리되는 값진 결실을 맺게 되었습니다.
    김슬옹 전문위원은 이미 철도 고등학교 1학년 때 세종대왕기념사업회를 세우는 데 주춧돌 역할을 하신 외솔 최현배 선생의 책을 읽고 세종에 대한 꿈을 키운 지 어느 새 45년이 되었다고 합니다. 그러한 오랜 열정과 연구가 담긴 이 책은 세종의 위대한 뜻을 기리는 귀중한 지적 유산이 될 것입니다.

　김슬옹 박사는 세종과 우리말 관련 박사학위를 세 개나 받고, 학술 논문 145편, 저술 121권(공저 70권)을 저술한, 외솔상, 세종문화상 등 최고의 학술상을 받은 학자이지만, 고1 때부터 한글 문화운동을 해온 한글운동가, 세종대왕운동가이기도 합니다. 김 박사가 닮고자 하는 세종, 주시경, 최현배, 헐버트 등의 위인들도 한결같이 학문과 실천을 함께해온 이들이라 김 박사의 여정이 더욱 뜻깊어 보입니다.

　첫 법정기념일을 맞아 출간되는 이 책을 통해 더 많은 국민이 세종대왕의 위대한 업적과 정신을 이해하고, 그 뜻을 함께 기리는 국가적 자긍심의 여정에 동참하기를 진심으로 기원합니다.

최홍식
세종대왕기념사업회 회장

책머리에

세종의 융합 정신, 시대를 읽는 통찰력

2025년은 세종 탄신 628주년이자, 세종대왕 나신 날(5월 15일)이 처음으로 법정기념일로 지정되는 역사적인 해입니다. 세종은 22세의 젊은 나이에 왕위에 올라 32년간 나라를 다스리며 놀라운 혁신의 역사를 만들어냈습니다. 우리는 모두 세종을 존경하고 그의 업적을 기리지만, 정작 세종이 어떻게 그토록 위대한 혁신을 이룰 수 있었는지 그 핵심을 제대로 이해하고 있지는 못합니다.

이 책의 초판 『세종학과 융합 인문학』을 출간한 지 6년이 지났습니다. 그동안 세종 연구는 더욱 깊어졌고, 현대사회에서 세종의 혁신 정신이 갖는 의미도 더욱 선명해졌습니다. 세종대왕 나신 날의 법정기념일 지정을 계기로, 책의 제목을 『세종학』으로 바꾸고 더욱 많은 독자들이 쉽게 이해할 수 있도록 문체를 전면 개정했습니다. 또한 내용도 50% 이상 증보 개정하여 새 책으로 재탄생하였습니다.

세종의 진정한 위대함은 '맥락'을 읽는 통찰력에 있었습니다. 맥락이란 단순히 표면적 현상이 아닌, 그 현상을 둘러싼 역사적, 사회적, 문화적 배경을 총체적으로 이해하는 것을 말합니다. 세종은 학문이든 정치든 항상 이 맥락을 중시했습니다. 한글 창제도 백성들이 자신의 생각과 감정을 자유롭게 표현할 수 있는 문자가 필요하다는 시대적 맥락을 읽은 결과였습니다.

이 책은 크게 '천, 지, 인' 세 부분으로 구성했습니다. '천'에서는 세종학의 의미와 가치, 그리고 현대적 함의를 살펴봅니다. '지'에서는 정치, 과학, 문화, 복지 등 다양한 분야에서 세종이 이룬 혁신의 본질을 분석하고, 이를 현대적 관점에서 재해석했습니다. '인'에서는 세종학의 계승과 오늘날의 적용 전략을 살폈습니다.

600년이 지난 지금도 세종의 혁신 정신이 우리에게 깊은 울림을 주는 것은, 그가 이룬 혁신이 단순한 제도 개혁이 아닌 인간에 대한 깊은 이해와 통찰에서 비롯되었기 때문일 것입니다. 이 책이 세종의 혁신 정신을 현대적으로 되살리는 데 작은 도움이 되기를 바랍니다.

세종과 세종업적을 다각적으로 조명하고 분석하다 보니 일부 중복된 진술이 있습니다, 독자 여러분의 양해를 구합니다. 재야 학자의 연구비를 후원해 주신 세종대왕기념사업회 최홍식 회장님, 훈민정음세계화재단 이기남 이사장님, 학생신문사 엄영자 회장님, 진관사 법해 스님, 멘토뱅크 밝은물결(박정환) 대표님, 한국 국어능력평가협회 박귀수 이사장님, 영원무역 성기학 회장님, 고령신씨 대종회 신방수 회장님, 임정기 세종대왕 국제상 제정운동가님들께 깊이 감사드립니다.

이 책의 모든 인세는 세종의 인류 문명사적 업적을 기리고자 노벨상을 뛰어넘는 '세종국제상' 제정을 위한 기금으로 기부합니다. 세종의 혁신 정신이 전 세계에 알려지고, 인류 문명의 발전에 기여할 수 있기를 소망합니다.

2025년 4월 지은이 적음.

차례

┃추천사 세종대왕의 융합 정신을 되살리다 … 5
┃책머리에 세종의 융합 정신, 시대를 읽는 통찰력 … 7

 세종학의 자리매김

세종학의 위상과 전망 ··· 17
  1. 머리말 ·· 17
  2. 세종학 용어의 기원과 역사 ···································· 21
  3. 세종학의 개념과 목적 ··· 24
  4. 세종학의 특성과 위상 ··· 27
  5. 세종학 연구 분야와 성과 ·· 49
  6. 맺음말: 세종학의 전망 ·· 55

세종학의 위상 1: 세종과 소쉬르 ······························ 57
  1. 머리말 ·· 57
  2. 소쉬르와 세종의 비슷한 언어관과 전략 ················ 60
  3. 세종과 소쉬르의 핵심적 차이: 역사와 주체 문제 ········· 71
  4. 맺음말 ·· 77

세종학의 위상 2: 세종과 들뢰즈 ·· 79
  1. 머리말: 왜 세종과 들뢰즈인가? ···································· 79
  2. 논의의 배경 ·· 82
  3. 세종의 언어관, 문자관 ·· 84
  4. 들뢰즈의 언어관 ··· 89
  5. 세종과 들뢰즈의 통합언어학적 비교 ·························· 94
  6. 맺음말 ··· 101

세종학의 꽃, 정음학 ·· 102
  1. 머리말 ··· 102
  2. '정음'의 개념과 '정음 문자관'의 역사적 배경 ············· 104
  3. 세종의 '정음' 형성 과정과 주요 원리 ························ 116
  4. 세종 '정음'의 주요 특징 ··· 130
  5. 세종 '정음'의 주요 가치와 의미 ······························· 137
  6. 맺음말 ··· 142

세종 융합 인문학의 특성 ·· 145
  1. 머리말: 왜 인문학인가? ·· 145
  2. 융합 인문학과 세종 ·· 146
  3. 융합 인문학을 위한 세종의 노력 ····························· 151
  4. 맺음말: 세종 융합 인문학의 현대적 의미 ··················· 153

지 세종학의 갈래별 특성

세종, 끊임없는 질문으로 세상을 바꾸다 ···························· 157
  1. 머리말: 왜 질문인가? ··· 157
  2. 상식과 순리에 따른 세종의 질문 ····························· 158

  3. 세종, 토론으로 새로운 세상을 열다 ·· 163
  4. 맺음말: 질문과 토론, 세상을 바꾸다 ·· 169

세종인문학의 꽃, 인재 혁명, 인재를 키우고 더불어 뜻을 이루다 ········ 171
  1. 머리말: 세종 시대는 세종 혼자 이룬 것이 아니었다 ················· 171
  2. 세종의 인재 양성 ·· 172
  3. 융합형 인재 양성의 길 ·· 180
  4. 맺음말: 세종 인재 양성의 현대적 교훈 ···································· 183

세종의 성찰 인문학, 역사를 바로 세우다 ·· 185
  1. 머리말: 뿌리 깊은 나무, 샘이 깊은 물 ···································· 185
  2. 자주적인 역사관 ··· 190
  3. 역사책을 중요하게 여긴 세종 ·· 192
  4. 기록하지 말라고 하는 세종의 말까지 기록한 사관 정신 ·········· 193
  5. 맺음말: 세종의 역사관, 오늘의 우리에게 ································ 196

세종, 음악과 도량형과 문자를 하나로 소통하다 ······························· 198
  1. 머리말: 어느 세종 음악회 이야기 ·· 198
  2. 새로운 시대를 알리는 놀라운 청음 사건 ································ 199
  3. 표준 악기와 표준음을 세우다 ·· 203
  4. 음악 표준과 더불어 도량형의 표준을 세우다 ·························· 214
  5. 정간보와 같은 훈민정음 문자를 만들다 ·································· 216
  6. 맺음말: 음악과 문자, 생활의 표준을 하나로 통합한
    세종의 위대 업적 ·· 219

세종, 책으로 인문학을 키우다 ·· 221
  1. 머리말: 인쇄기술과 책, 세종의 문화혁명의 핵심 ····················· 221
  2. 인쇄 관청 주자소에 대한 특별 정책 ······································ 222
  3. 인쇄 최고 기술, 문명국의 나라 한국 ······································ 229

4. 세종 시대 인쇄술의 인문주의와 한계 ·················· 232
5. 맺음말: 책으로 비추는 세종의 인문정신과 그 유산 ·················· 233

끝없이 낮은 데로 향했던 세종의 복지 정책 ·················· 235
1. 머리말 ·················· 235
2. 책을 통해 질병 문제를 근본적으로 해결하다 ·················· 236
3. 노비 부부에게 출산 휴가를 주다 ·················· 242
4. 사회 약자에 대한 배려 ·················· 243
5. 죄인도 병으로 죽게 해서는 안 된다. 삼복제도와 《신주무원록》 ·················· 247
6. 맺음말 ·················· 252

세종의 민본과학의 꽃, 앙부일구 ·················· 254
1. 머리말 ·················· 254
2. 백성들 스스로 시간을 알게 하라 ·················· 255
3. 앙부일구의 전체 짜임새 ·················· 260
4. 앙부일구 시각 읽기 ·················· 262
5. 앙부일구 절기 읽기 ·················· 265
6. 앙부일구 방위 읽기 ·················· 267
7. 맺음말 ·················· 268

세종, 수학으로 문화·과학 강국의 초석을 놓다 ·················· 270
1. 머리말 ·················· 270
2. 수학의 중요성, 세종이 설파하다 ·················· 271
3. 실용 수학, 수학 문자 훈민정음 ·················· 275
4. 맺음말 ·················· 282

백성의 뜻을 물어 바로 세운 토지세(공법) ·················· 284
1. 머리말 ·················· 284
2. 최초의 여론 조사 ·················· 285

3. 세종은 왜 공법 제도 개선에 모든 걸 걸었나? ·········· 288
　　4. 드디어 신중히 단계별로 시행되는 공법 ·········· 295
　　5. 맺음말 ·········· 302

세종의 영토 정책, 4군 6진 개척과 그 의미 ·········· 304
　　1. 머리말 ·········· 304
　　2. 나라다움의 경계, 영토와 국방 ·········· 305
　　3. 세종의 국방 정책에 대한 관점: 인문학적 국토관 ·········· 307
　　4. 4군 개척 과정 ·········· 311
　　5. 6진 개척 과정 ·········· 313
　　6. 4군 6진 개척의 교훈과 융합 인문학적 의미 ·········· 317
　　7. 맺음말 ·········· 322

인　세종학의 응용과 확산

세종의 네 가지 자주 정신과 우리의 자세 ·········· 327
　　1. 머리말 ·········· 327
　　2. 조선 르네상스 길이 열리다 ·········· 328
　　3. 역사와 문화 자주성 ·········· 330
　　4. 과학과 실용 분야의 자주성 ·········· 333
　　5. 독창적 자주 ·········· 336
　　6. 공존적 자주 ·········· 338
　　7. 맺음말 ·········· 342

세종 정신 나누기: 세종식 독서·토론·논술 교육 ·········· 344
　　1. 머리말: 질문대왕, 토론대왕 세종 정신 이어받기 ·········· 344
　　2. 세종식 질문의 교육적 의의 ·········· 345

    3. 교육 활용 방안 ·· 346
    4. 맺음말: 세종식 독서토론 논술 교육의 의의와 전망 ····························· 356

세종 본 이름(이도)의 한자 표기론 ·· 358
    1. 머리말 ··· 358
    2. 세종 이름 표기 왜곡 문제 ··· 358
    3. 맺음말: 세종대왕 본명의 한자 표기, '옷소매 도(裪)'가 역사적 사실 ···· 363

세종식 혁신 배움 ··· 364
    1. 머리말 ··· 364
    2. 세종식 혁신 배움 프로그램 ·· 365
    3. 맺음말 ··· 369

세종학 대학원대학교를 세우자 ·· 370
    1. 머리말 ··· 370
    2. 세종학 대학원대학교의 자리매김 ··· 371
    3. 맺음말 ··· 377

❙부록 세종시대 해적이(연표, 음력) ··· 379

참고문헌 / 397
찾아보기 / 419

천

세종학의 자리매김

세종학의 위상과 전망

1. 머리말

　세종학을 논의하기에 앞서 우리는 몇 가지 전제로 깔아둘 것이 있다.[1] 세종을 정치가로서보다는 학자요 다양한 분야의 전문인으로 보자는 것이다. 물론 그가 이룬 업적은 사실 정치가, 한 나라 임금이었기에 가능했지만 그 반대로 일반 임금과 다른 학자 군주로서의 위상이 분명했기에 그 많은 업적을 남길 수 있었다.

　또 하나는 이름이다. 우리는 어쩔 수 없이 이름의 대중성 때문에 사후의 이름인 '세종'을 그대로 부르지만 그의 본명인 '이도'를 최소한 병기하여 '세종 이도'라고 부를 필요를 느낀다. 관례대로 '세종'이라 부를 수밖에 없겠지만 이 이름은 사실 중국에도 있고 고려에도 있어 겹칠 뿐만 아니라 묘호는 특별 명칭일 뿐 본 이름이 아니기 때문이다. 이렇게 본명을 병기하자는 것은 세종을 임금이 아닌 학자로 조명하기 위한 전략과도 일치한다.[2]

---

[1] 필자는 2013년도에 「세종학의 필요성과 주요 특성」(『한민족문화연구』 42, 한민족문화학회, 7~42쪽)이라는 논문을 발표했다. 그 뒤에 세종에 대한 많은 논저가 쏟아졌으나 '세종학(Sejong Studies)'이라는 학문 위상이 더 진전된 징후는 보이지 않는다. 따라서 이 글은 2013년도에서 논의한 것을 바탕으로 그간의 연구 성과를 짚어 보고 나름의 세종학 흐름을 전망해 보고자 하는 데 목적을 둔다.

이 책 초판이 나왔던 2019년은 세종큰임금 즉위 600돌이 되는 해이다. 세종은 22세에 임금 자리에 올라 54세에 운명하기까지 32년간 나라를 다스리며 헤아릴 수 없는 큰 업적을 남겼다. 아무리 절대 군주라 해도 그의 학문적 노력 없이는 불가능한 업적이다.

세종학은 세종이 학자로서 이룩한 업적이 제일 중요하지만 정치가로서의 모든 업적을 연구하는 것도 당연히 세종학 범주에 들어간다. 다만 가장 중요한 것이 세종이 이룩한 학문적 위상이기에 세종 이도의 학문에 대한 접근이 중요하다. 지역학인 세종시에 대한 학문 명칭으로 쓰기도 하지만 여기서는 포함하지 않는다.

세종학은 세종이 이룩한 업적 중심의 학문이므로 세종의 학문 태도는 세종학의 가치와 의미를 규정짓는다. 세종은 다양한 방식으로 학문을 진작시켰다. 세종은 왕위에 오른 지 얼마 안 된 1420년 3월 16일(세종 2년 24세)에 집현전을 확장하여 영전사, 대제학, 제학, 부제학, 직제학, 직전, 응교, 교리, 부교리, 수찬, 부수찬, 박사, 저작, 정자 등의 관원을 둠으로써 학문을 제도 차원에서 부흥시킬 수 있는 기반을 마련하였다. 1421년(세종 3년 25세)에는 윤사웅, 최천구, 장영실을 중국에 유학 보내 각종 천문 기계를 익혀오라고 해 장영실 일행은 1년간 중국에서 머무르다 돌아왔다고《연려실기술》(별집 15권)은 전하고 있다. 장영실은 태종이 발탁했으나 세종에 의해 최고의 과학 인재로 성장하여 업적을 남겼다. 그의 재주를 크게 아껴 관노 출신을 국비 장학생으로 유학까지 보낸 것이다.

---

2 이런 식의 주장은 정희성(전 선문대 교수, 네오패드 대표) 박사가 자주 펼치는 것으로 필자도 동의한다. 정 박사는 세종이도 국제학회를 세우는 게 꿈이라고 했는데 필자의 꿈도 같다.

1426년 12월 11일(세종 8년 30세)에는 나이가 젊고 장래가 있는 이를 뽑아 사가 독서제를 실시함으로써 실질적인 학문 연구를 장려했음을 알 수 있다. 1428년 윤4월 1일(세종 10년 32세)에는 경상도에서 인쇄하여 바친 중국의 성리학 총서인《성리대전》50부를 문신들에게 나누어 주었다.

세종은 철저히 공동 연구를 지향하였으며 또한 이론 연구와 실천을 애오라지 결합했다. 공동 연구는 임금이기에 가능한 것이기도 하지만 임금으로서의 일반적 관례를 넘어서는 것이기도 하다. 왜냐하면 주요 국가 프로젝트형 연구에서 세종 본인이 대부분 연구 주체로 참여했기 때문이다. 일방적 지시가 아닌 공동 연구 또는 기획 저자나 교신 저자로 참여한 것이다.[3]

(1) 집현전 교리 최항, 부교리 박팽년, 부수찬 신숙주, 이선로, 이개, 돈녕부 주부 강희안 등에게 지시하여 의사청에 가서 언문으로《운회(韻會)》를 번역하게 하였다. 세자(동궁)와 진양대군 유, 안평대군 용(瑢)과 함께 이 일을 주관하게 하였는데, 모두 임금의 결재를 받아 처리하였다. 상을 듬뿍듬뿍 주고 공급을 아주 후하게 해주었다.[4]　　　　　　　　　　　　　　－ 세종 26/1444/2/16.

---

3 공동 연구를 했다고 해서 핵심 연구자나 기획자로서의 세종의 위치가 문제가 되지 않는다. 공동 연구에 참여한 신하들의 세종에 대한 평가도 변함이 없다. 세종과 그의 공동 연구자들은 상생 관계의 전형을 보여주고 있기 때문이다. 공동 연구로 인하여 신하들, 특히 정인지, 신숙주, 이순지, 장영실 등 핵심 연구자들의 가치는 더욱 빛을 냈다. 이런 상생의 공동 연구는 박현모(2007)의『세종, 실록 밖으로 행차하다: 조선의 정치가 9인이 본 세종』에서 잘 드러나 있다.

4 命集賢殿校理崔恒, 副校理朴彭年, 副修撰申叔舟·李善老·李塏, 敦寧府注簿姜希顔等, 詣議事廳, 以諺文譯《韻會》, 東宮與晉陽大君 瑈, 安平大君 瑢監掌其事. 皆稟睿斷, 賞賜稠重, 供億優厚矣. －《세종실록》, 세종 26/1444/2/16.

(2) 공손히 생각하건대 우리 주상 전하께옵서 유교를 숭상하시고 도를 소중히 여기시며, 문학을 힘쓰고 교화를 일으킴에 그 지극함을 쓰지 않는 바가 없사온데, 모든 일을 살피시는 여가에 이 일에 생각을 두시와, 이에 신 신숙주와 수집현전 직제학 신 최항, 수직집현전 신 성삼문·신 박팽년, 수 집현전 교리 신 이개, 수이조 정랑 신 강희안, 수병조 정랑 신 이현로, 수승문원 교리 신 조변안, 승문원 부교리 신 김증에게 명하시와, 세속의 습관을 두루 채집하고 전해 오는 문적을 널리 상고하여, 널리 쓰이는 음(音)에 기본을 두고 옛 음운의 반절법에 맞추어서 자모(字母)의 칠음(七音)과 청탁(淸濁)과 사성(四聲)을 자세한 근원까지 연구하지 아니한 것이 없게 하여 옳은 길로 바로잡게 하셨사온데, 신들이 재주와 학식이 얕고 짧으며 학문 공부가 좁고 비루하매, 뜻을 받들기에 미치지 못하여 매번 지시하심과 돌보심을 번거로이 하게 되겠삽기에, 이에 옛사람의 편성한 음운과 제정한 자모를 가지고 합쳐야 할 것은 합치고 나눠야 할 것은 나누되, 하나의 합침과 하나의 나눔이나 한 성음과 한 자운마다 모두 결재를 받고, 또한 각각 고증과 증거를 두었다. 이에 사성(四聲)으로 조절하여 91운(韻)과 23자모(字母)를 정하여, 임금께서 직접 지으신 《훈민정음》으로 그 음을 정하고, 또 '질(質)'·'물(勿)' 둘의 운(韻)은 '영(影)'[ㆆ]으로써 '내(來)'[ㅇ]를 기워서 속음을 따르면서 바른 음에 맞게 하니, 옛 습관의 그릇됨이 이에 이르러 모두 고쳐진지라. 글이 완성되매 이름을 하사하시기를, '《동국정운(東國正韻)》'이라 하시고, 인하여 신(臣) 숙주에게 명하시어 서문을 지으라 하시었다.[5]

— 세종 12/1447/9/29.

---

5 恭惟我主上殿下崇儒重道, 右文興化, 無所不用其極, 萬機之暇, 慨念及此, 爰命臣叔舟及守集賢殿直提學臣崔恒, 守直集賢殿臣成三問·臣朴彭年, 守集賢殿校理臣李塏, 守吏曹正郞臣姜希顔, 守兵曹正郞臣李賢老, 守承文院校理臣曹變安, 承文院副校理臣金曾, 旁採俗習, 博考傳籍, 本諸廣用之音, 協之古韻之切, 字母七音, 淸濁四聲, 靡不究其源委, 以復乎正. 臣等才識淺短, 學問孤陋, 奉承未達, 每煩指顧, 乃因古人編韻定母, 可倂者倂之, 可分者分之, 一倂一分, 一聲一韻, 皆稟宸斷, 而亦各有考據. 於是調以四聲, 定爲九十一韻二十三母, 以御製《訓民正音》定其音. 又於質勿諸韻, 以影補來, 因俗歸正, 舊習訛謬, 至是而悉革矣. 書成, 賜名曰《東國正韻》, 仍命臣叔舟爲. —《세종실록》, 세종 12/1447/9/29.

(3) 제왕의 정치는 역법과 천문으로 때를 맞추는 것보다 더 큰 것이 없는데, 우리나라 천문관들이 그 방법을 소홀히 한 지가 오래인지라, 선덕(宣德) 계축년(1433) 가을에 우리 전하께서 거룩하신 생각으로 모든 천문학과 해시계, 물시계며, 천문과 역법의 책을 연구하지 않은 것이 없어서, 모두 극히 정묘하고 치밀하시었다.[6]   -《제가역상집》서문(《세종실록》, 세종 27/1445/3/30.)

(1)은 훈민정음 창제 직후의 운회 번역 프로젝트를 세종이 일일이 이끌었음을 보여주는《세종실록》기사다. (2)는 신숙주가 대표 저술한《동국정운》서문이며 (3)은 이순지가 대표 저술한《제가역상집》서문이다. 대표저술자인 신숙주, 이순지 모두 세종의 학문적 위상과 위치를 언급하고 있다.[7]

2. 세종학 용어의 기원과 역사

'세종학'의 기원은 이미 세종시대부터 비롯된 것이지만 용어 자체가 적극적으로 쓰인 역사는 길지 않다. 세종대왕기념사업회에서 1986년에 처음으로『세종학연구』라는 학술 잡지를 창간하면서 '세종학'이란 용어를 공식화하였다. 이 잡지는 2016년 16집까지 간행되었다. 미국의 고 김석연 교수가 2000년대 초에 세종학 연구소(www.sejongstudies.org)를 미국 주립대학에

---

[6] 帝王之政, 莫大於曆象授時也, 而吾東國日官之疎於其術久矣. 宣德癸丑秋, 我殿下發於宸衷, 凡諸儀象晷漏之器, 天文曆法之書, 靡不講究, 皆極精緻. -《세종실록》, 세종 27/1445/3/30.

[7] 세종의 학문 자체를 다룬 단행본은 "이숭녕(1981),『世宗大王의 學文과 思想: 學者들과 그 業積』, 아세아문화사."가 있다.

세웠고(현재는 사설 연구소), 2005년도에는 세종대왕기념사업회 박종국 전 회장이 세종학 연구원을 설립하였다. 그리고 한국학중앙연구원은 박현모·정윤재 교수의 주도로 2009년 10월 9일 1회 '세종학 국제학술대회'를 열면서 행사 명칭으로 쓴 바 있다. 간행물로는 "박현모(2010), 『세종학 개론(세종실록 아카데미 교재)』, 주최: 세종문화회관(재), 주관: 한국학중앙연구원·세종국가경영연구소"에서 사용하였다. 이 책은 "박현모(2019), 『세종학 개론』, 문우사"로 출판되었다.

대학 과목으로는 2012년 세종대학교가 처음으로 '세종학의 이해(김슬옹)'를 '한글의 세계화'와 더불어 개설했다. 여주대학교는 2013년부터 세종리더십연구소(소장 박현모)를 세우고 세종리더십 연구와 교육, 세종문헌DB화 사업을 비롯한 세종학 관련 사업을 벌이고 있다. 2015년, 김슬옹은 비영리 단체인 '세종학교육원(cafe.daum.net/tosagoto)'을 세웠다.

이렇게 '세종학'이란 용어가 꾸준히 사용되어 왔지만 세종학의 개념과 실체가 제대로 조명된 적은 아쉽게도 없다. 물론 전 세계적으로도 인물 이름을 딴 학문 명칭이 많은 것은 아니다. 물론 '촘스키학파'와 같이 학파 명칭 속에 인물 이름이 들어간 경우는 꽤 있지만, '퇴계학'처럼 학문적 체계를 표방한 인물명칭 사용 학은 매우 귀하다. 해외에서는 '소쉬르학' 정도가 두루 쓰이는 편이다. 이런 면에서 '퇴계학'이란 명칭은 네이버 백과사전에 주요 표제어로 설정되어 기술되어 있어 주목할 만하다. 다만 이때의 '퇴계학'은 퇴계 이황이라는 인물에 대한 종합 학문이 아니라 퇴계의 '성리학설'에 관한 학문이다.

그러나 필자가 이 글에서 '세종학'의 내용으로 설정한 것은 세종이 이룩한 모든 업적과 학문뿐만 아니라 세종이란 인물을 대상으로 하는 모든 학문 체계를 아우르는 것이다. 이제는 세종을 임금이나 훈민정음 발명가로서가 아니라 학자로서, 사상가로서의 이도(세종 본명)로 조명할 때다. 그는 인류 최고 수준의 사상가이며 통합, 통섭학자였다. 훈민정음을 오래 연구해 온 필자가 이런 말을 할 때마다, 필자를 민족주의자 또는 세종에 대한 통념적 찬사쟁이 정도로만 여기는 태도가 지배적이었다. 필자는 이러한 반응들이 세종에 대한 지식이나 인식 부족에서 기안한다고 보고, 이를 학문적으로 증명하고자 했다. 그래서 현재까지 통합 통섭학자로서 가장 있기 있는 소쉬르, 들뢰즈, 촘스키와 비교하기로 했고 먼저 소쉬르와 들뢰즈와 비교하는 논문을 다음과 같이 발표했고 이 책에 실었다.

> 김슬옹(2008), 세종과 소쉬르의 통합언어학적 비교 연구, 『사회언어학』 16권 1호, 한국사회언어학회, 1-23쪽.
> 김슬옹(2014), 세종과 들뢰즈의 언어관, 『세계문자심포지아 2014: 문자생태계, 그 100년 후를 읽는다』, 세계문자연구소 1회 국제학술대회(10.24-26) 발표자료집, 세계문자연구소.

물론 필자가 우월주의 관점에서 세종과 다른 학자들을 비교하는 것은 아니다. 각기 학문 위상이 다르고 시대 맥락이 다른데 어찌 객관적 비교 평가가 가능하겠는가? 다만 이렇게 비교하는 것은 세종 학문과 사상의 진실과 가치를 제대로 인식하지 않는 현실에 대한 비판 의식에서 비롯된 것임을 밝혀둔다.

소쉬르는 근대 언어학의 시조이면서 탈근대 학문의 시조로도 추앙받고 있다. '근대-탈근대'라는 대립된 방법론 모두에서 추앙받는다는 것이 다소 생소하지만, 그의 제자들이 펴낸 '일반언어학강의'는 분명 양쪽의 관점과 방법론을 명확하고 체계적으로 기술하고 있다. 이는 모순이 아니라 언어의 다면성을 소쉬르가 정확하게 포착한 결과였다. 이러한 언어의 보편성과 특수성을 통합적으로 파악한 뒤 그 결과로 '훈민정음'이란 전무후무한 문자를 창제한 이가 세종 이도였다.

소쉬르의 구조주의적, 보편적 언어관을 발전시킨 이가 촘스키이며 소쉬르의 탈구조의적 언어관을 발전시킨 이가 들뢰즈다. 들뢰즈는 촘스키의 보편주의 언어관을 비판하고(Gilles Deleuze & Félix, Guattari, 1980: 4장) 생성 철학을 바탕으로 한 생성주의 언어관을 설파했다. 촘스키 언어학은 이런 비판에도 불구하고 전산언어학과 같은 첨단 학문과 결합되어 끊임없이 인기를 끌고 있고 많은 학자들이 그의 학문을 변함없이 추종하고 있다. 놀랍게도 소쉬르와 촘스키, 들뢰즈를 싸안으면서도 이들을 뛰어넘은 사상가가 세종이다. 그는 신하들과 함께 펴낸 《제가역상집》(1445), 《훈민정음》(해례본, 1446)과 《용비어천가》(1447), 《동국정운》(1448) 등을 통해 그런 점을 남겼다.[8] 뿐만 아니라 이 네 책은 역사학, 천문학, 동양철학, 음악학, 수학을 통섭하면서도 그것을 뛰어넘는 천지자연의 '정음학'의 실체를 보여 주고 있다.

3. 세종학의 개념과 목적

세종학은 조선의 4대 임금이자 통섭학자였던 세종에 관한 학문이다. 그렇다면 세종학의 내용으로는 세종이 이룩한 업적과 세종이란 인물론, 세종의 사상, 세종학을 구축하기 위한 세종학만의 방법론 등이 포함된다. 곧 세종학은 융합학 또는 통섭학으로 정음학을 비롯하여 천문학, 음악학

---

8 《악학궤범》(성종 24/1493, 성현 외)은 세종 때 나온 책은 아니지만 세종의 음악 사상을 담고 있다.

등 다양한 분야를 아우르는 학문을 말한다.

　이러한 세종학의 목적은 첫째 '세종'이라는 인물을 조명하는 것이다. 세종이란 인물이 이룩한 업적은 이미 충분히 드러난 바 있으므로 재론의 여지가 없다. 문제는 그런 업적을 세종학이란 독자적인 학문 영역 안에서 제대로 조명하는 일이다. 따라서 세종에 대한 제대로 된 평가를 위해서는 세종학의 학문적 기반 위의 평가가 필요하다. "Margaret Thomas(2011)의 "King Sejong the Great(1397~1450)"(*Fifty Key Thinkers on Language and Linguistics*, London and New York: Routledge, pp.49~55)에서 언어와 언어학에 관한 50대 사상가 반열에 이름을 올렸을 뿐이다.[9] 이 글은 세종을 문화적, 과학적, 기술적 진보를 이룩한 왕으로 보고 세종의 훈민정음 문자 창제 공적을 통해 언어학자로서의 위치도 조명하고 있다. 한글을 적절한 언어학적 디자인(felicitous linguistic design)이라 표현하여 한글이 단순한 문자가 아닌 언어학적 성과로 평가하고 있다. 따라서 한글은 문자 체계의 본질에 관한 유럽의 가설들을 차단함으로써 한국 언어 공동체에 특별한 가치를 부여하고 언어의 일반 연구에도 기여해 왔다고 보았다. 문자 발달사에서 선진적인 위치를 차지하고 언어학도 앞서 나갔던 유럽의 흐름을 넘어선 것임을 말한 것이다. 훈민정음의 언어학적 성과에 관한 기본 사실은 익히 알려진 바이지만 유럽의 시각으로 그 공적을 인정한 의미가 두드러진다.

　김슬옹(2008)에서 세종의 언어학 또는 훈민정음 중심 업적을 소쉬르의 근대언어학적, 탈근대적 성과와 비교함으로써 언어학자로서 세종의 위상이 극명히 드러났지만, 통섭학자로서의 위치는 제대로 조명하지 못했다.

---

[9] 김슬옹 옮김(2016), 「세종대왕(1397-1450)」, 『세종학연구』 16, 세종대왕기념사업회, 189~198쪽(원문 재수록: 199~204쪽).

세종학의 두 번째 목적으로 이런 통섭학자로서의 세종을 조명하기 위해서 세종학이 절실하다는 것이다. 훈민정음이 세종의 대표 업적이고 훈민정음학이 세종학의 중심이라 하더라도 세종을 언어학자로 자리매김하기보다는 통합, 통섭학자로 자리매김하는 전략이 더 가치가 있다. 따라서 Margaret Thomas(2011: 49~55)와 같이 언어에 대한 사상가로 설정하는 것도 의미 있지만 통섭학자로 주목하는 전략도 절실하므로 훈민정음학을 넘어서는 융합적 세종학 설정 맥락이 중요하다.

셋째, 세종학의 목적은 세종의 총체적 업적을 조명하기 위함이다. 세종의 총체적 업적 의미는 서양의 르네상스와 비교함으로써 쉽게 드러난다. 세종은 다양한 분야에 걸쳐 300년 이상 걸쳐 이룩한 서양의 르네상스를 30년 만에 해치웠다.[10]

서양의 르네상스를 본격적으로 연 것은 보카치오(Giovanni Boccaccio, 1313~1375)의 《데카메론》(Decameron, 1349~1351)이란 문학작품에서였고 이 작품이 나온 것은 14세기 중반이었다.[11] 세종과 같이 다양한 분야에서 르네상스의 꽃을 피웠던 레오나르도 다빈치(Leonardo da Vinci, 1452~1519)는 15세기 후반에서 16세기 초반에 활동했다. 르네상스 미술의 상징인 렘브란트(Rembrandt Harmenszoon van Rijn, 1606~1669)의 활동 시기는 17세기 중반

---

10 30년이란 잣대는 세종 재위 기간인 32년(1418~1450)을 기준으로 설정한 것이다. 세종의 학문은 임금이 되기 전부터 형성된 것이지만 본격적인 연구는 4대 임금에 즉위하면서이다.

11 한태동(2009: 128~131)에서는 데카메론에 나타난 이러한 근대적 사유를 "젊음(X)은 젊음(X)끼리 어울려야 한다는 X^2 구조로 설명하였다. 김슬옹(1985)에서는 훈민정음이 글말(X)은 글말(X)다워야" 한다는(입말의 성질을 반영한) X^2 구조의 의식혁명을 마련한 것으로 보았다.

이후다. 세종은 15세기 중엽인 1427년 우리식 표준 악기인 편경 제작을 시작으로 운명하는 1450년까지 20여 년간 서구의 르네상스 업적을 뛰어넘거나 버금가는 각종 업적을 남긴 것이다.

보카치오가 데카메론 문학을 통해 인간은 인간다워야 한다는 사랑 이야기로 중세를 극복하는 근대 의식을 열었다면 세종은 훈민정음을 통해 실질적인 사람다움의 길을 연 것이다. 언문일치가 한국 근대화의 핵심 징표였다면 그 바탕과 길은 세종의 훈민정음 창제에서 비롯된 것이다. 그럼에도 이 땅의 대다수 지배층과 핵심 지식인들은 그러한 길을 거의 외면하고 철저히 훈민정음을 비주류 문자로 묶어 두었다. 상대적 진보의 놀라운 업적을 남긴 박지원(1737~1805), 정약용(1762~1836)조차 철저히 문자혁명의 르네상스를 배격한 것은 그들의 한계였고 조선의 안타까운 한계였다.[12]

4. 세종학의 특성과 위상

세종학의 특성은 세종학의 정체성이면서 타학문과의 위상을 정립하는 근거가 된다. 그런 차원에서 세종학의 특성은 융합성(통합적 융합과 통섭적 융합)과 지주성, 생태성 등으로 나눠볼 수 있다.

학문 차원의 세종학의 가장 큰 특성은 융합성이다. 융합은 서로 다른 요소들이 하나로 통합되어 제 3의 새로운 요소로 창조되는 것을 말한다. 서로 이질적인 요소가 어울려 하나 됨을 뜻하는 것으로 개체의 특이성이

---

12 서양의 르네상스는 곧바로 근대로 이어졌으나 조선의 세종 르네상스는 그러하지는 못했다. 박지원이 한문으로 창작한 위대한 문학과 정약용이 한문으로 저술한 수많은 저술은 그들이 배격한 한글 덕에 빛을 보고 있다.

나 고유성이 없어진 것은 아니지만 겉으로 배타적으로 드러나지 않은 특성이 융합성이다. 과일과 물이 만나 과일 주스가 되는 경우와 한국의 비빔밥이 융합의 대표적인 경우다.[13]

1) 통합적 융합성

통합적 융합은 대등적 융합으로 개체의 특이성이 살아 있고 분명한 경계를 가지면서 하나로 합치는 경우를 말한다. 비빔밥과 같은 경우가 그렇다. 각각의 음식 재료들이 제각각의 형태와 맛을 내면서 하나의 밥으로 통합되어 새로운 맛을 낸다.

이러한 세종학의 융합성은 근대성과 탈근대성의 융합과 이론과 실천의 융합으로 나타난다. 졸고 김슬옹(2008)에서는 통섭 언어학자 소쉬르에 기대어 세종 언어학의 근대 속성과 탈근대 속성을 논증할 수 있었다. 소쉬르의 『일반언어학 강의』(1916)와 《훈민정음》(해례본, 1446)에 담긴 언어관과 실제 언어 분석을 통해 마치 대립되어 있는 듯한 두 속성이 실제로는 융합되어 있음을 밝혔다. 근대성은 과학적 보편주의라 볼 수 있고 탈근대성은 생태적 보편주의라 볼 수 있다. 흔히 근대주의자들은 탈근대주의를 부정적으로 보고 탈근대주의자들은 근대주의를 부정적으로 본다. 탈근대주의는 근대주의의 한계 속성 때문에 또는 한계를 극복하기 위해 설정된 것이므로 당연히 대립 속성이 성립할 수밖에 없다. 그러나 소쉬르가 그랬듯이 대립 속성을 다양성 차원에서 보면 동전의 양면처럼 하나

---

13 백두현(2012: 89~90)에서는 "출처가 서로 다른 사상과 이론, 전통과 경험 등의 이질적 요소가 결합하여 새로운 창조적 결과물을 만들어 내는 것"을 융합으로 보았다.

로 융합될 수 있다.

근대성과 탈근대성의 잣대를 세종학에 적용하는 것은 단지 지금 시각에서 보는 전략이다. 이러한 전략은 역사란 과거와 현재의 대화라는 E. H. 카의 역사관의 긍정성을 잘 보여주는 것이기도 하지만 과거의 사실을 지나치게 지금의 시각으로 채색하는 부정 효과도 있다. 따라서 이 글에서는 근대성을 과학적 보편주의로 탈근대성을 생태적 보편주의로 나눠 부르기로 한다. '과학'과 '생태' 또한 근대 이후의 용어로 볼 수 있지만 역사의 단선적 진보관을 보여주는 '근대–탈근대'의 틀은 지양할 수 있다. 객관성을 지향하는 '과학'과 특이성을 존중해 주는 '생태' 속성은 15세기에도 얼마든지 있는 현상이기도 하다.

세종은 언어학 또는 문자에만 두 보편주의를 적용한 것은 아니다. 그가 이룩한 문화적, 과학적 업적에 모두 적용하였다. 음악의 경우도 철저하게 객관적으로 표준음을 잡고 거기에 따른 견고한 악기를 제정하고 일정한 소통이 가능한 악보를 만든 것은 과학적 보편주의다.[14] 그런데 표준음을 잡기 위해 중국의 도구(기장, 대나무 등)나 중국식 표준을 따르지 아니하고 이 땅에 나는 재료를 쓰고 우리식 음악을 추구한 것은 생태적 보편주의다.

과학에서도 동양의 천문학에 관한 선행 연구와 과학 기구 점검을 통해 객관성을 확보한 뒤 우리의 별자리, 우리의 기후에 맞는 각종 과학 기구를 만들어 실용화시켰다. 앙부일구(1434)와 자격루(1434)는 그러한 대표적

---

14 이한우(2006: 6)에서 "조선의 표준을 세운 임금이 바로 세종이다."라고 언급한 것처럼 세종은 음악, 과학, 언어 등 조선의 주요 표준을 학문과 제도와 실제 문물을 통해 이룩했다.

인 과학 기구이다. 앙부일구를 발명함으로써 정확한 북극 고도 측정을 통해 표준 관측 기준을 마련하고 우리식 농사와 기후에 맞는, 우리 문화에 맞는 시계를 만들어냈다. 자격루 또한 각종 과학적 측정 과정 구현을 통해 우리식 물시계의 전형을 보여 주었다.

이론과 실천의 융합은 세종의 일관된 학문관이다. 그의 대표적인 저술인 《훈민정음》(해례본)은 이론서이자 실용서이다. 훈민정음 문자 창제의 배경 이론이 기술되어 있고 그것을 쉽게 전달할 수 있는 노래 가사까지 기술한데서 알 수 있다.

세종은 음악 정책, 과학 정책 등 수많은 정책을 이론 연구에 의해서 수행했거나 병행했다. 정인지가 대표 저술한 음악책 《아악보》(1430), 이순지가 대표 저술한 과학책 《제가역상집》(1445) 등이 대표적인 경우다. 이들 책은 선행 연구를 집약시키면서 핵심 이론을 간결하게 기술하면서도 실용적인 지식을 체계적으로 정리하고 있다.

세종은 1418년 8월 11일 즉위 교서에서 "나는 학문이 낮고 거칠어서 … (予以學問疎淺 … -《세종실록》, 세종 즉위년/1418.8.11.)"왕좌에 오르는 것을 사양했다고 적었다. 이는 겸손 차원의 말이지만 제왕은 학문이 높아야 함을 의미한다. 세종은 그래서인지 다양한 학문을 추구하였고 그러한 학문을 민본주의 틀 속에서 통합하였다. 이러한 점은 세종이 운명(1450.2.17.)한 지 닷새 후의 추도문에서 잘 드러난다. "처음부터 끝까지 항상 학문에 종사하시와, 잘 정치하는 근본을 연구해 내시기에 밤낮으로 정력을 다 쓰셨고, 정치하는 강목을 넓게 펴셨습니다. 유교를 숭상하시어 교화를 일으키셨고, 농사를 권면하시고 형벌을 측은히 여기셨으며, 조상을 존대하고 친척을 공경하는 데 정성을 다하셨습니다.(終始典學, 克濬出治之源; 宵旰勵精, 恢張爲政之目. 崇儒興化, 勸農恤刑. 致尊祖敬宗之誠, 盡事大交隣之道.《세종실록》, 세종 32/

[사진 1] 7행으로 기술한 노래가사 형식의 갈무리
《훈민정음》해례본, 정음해례 9ㄱㄴ)(한글학회 영인본, 1997)

1450.2.22.)"라고 하여 학문을 바탕으로 정치와 인덕을 이루었음을 기록하고 있다. 같은 날 의정부에서 올린 애도문은 세종의 학문적 태도와 방법을 자세히 보여주고 있다.

왕은 매일 4고(四鼓)에 일어나서, 환하게 밝으면 군신의 조참을 받은 연후에 정사를 보며, 모든 정사를 처결한 연후에 윤대(輪對)를 행하여 나라를 다스리는 도리를 묻고, 수령의 하직을 고하는 자를 불러 보고 면담하여, 형벌 받는 것을 불쌍하게 생각하며, 백성을 사랑하라는 뜻을 타이른 연후에, 경연에 나아가 성학(聖學)에 잠심하여 고금을 강론한 연후에 내전으로 들어가서 편안히 앉아 글을 읽으시되, 손에서 책을 떼지 않다가, 밤중이 지나서야 잠자리에 드시니, 글은 읽지 않은 것이 없으며, 무릇 한번이라도 귀나 눈에 거친 것이면 종신토록 잊지 않았는데, 경서를 읽는 데는 반드시 백 번을 넘게 읽고, 역사서는 반드시 30번을 넘게 읽고, 성리학을 정밀하게 연구하여 고금에 모든 일을 널리 통달하셨습니다. 집현전을 설치하여 선비들을 모아 고문(顧問)을 갖추었으며, 또, 널리 고금의 충신과 효자·열녀의 사적과 도형 기전(圖形紀傳)을 모아 시(詩)와 찬(讚)을 써서 이름하기를, '《삼강행실(三綱行實)》'이라 하여 안팎에 반포하니, 궁벽한 촌 동리의 어린이와 부녀자에 이르기까지 보고 살피지 않는 이가 없게 하였습니다. 또, 주(周)나라 처음부터 이제까지와 우리나라의 모든 치란흥망(治亂興亡)으로서 본받을 만한 것과 경계하여야 할 일을 널리 찾아 기록한 것이 모두 1백 50권인데, 이름하기를 '《치평요람(治平要覽)》'이라 하였습니다. 음률이나 천문에 이르기까지도 모두 밝게 통달하며, 신하를 예도로서 대우하여 왕의 세상이 끝나도록 사대부로서 형벌에 죽은 자 없었습니다.[15]

— 세종 32/1450/2/22.

'사서삼경' 같은 경전뿐만 아니라 다양한 학문 세계를 보여주는 제자백가의 책이라든가 실용 학문서인 역사서도 30번 넘게 읽고 탐구했음을 밝혀 놓았다. 주류 학문과 비주류 학문을 가리지 않고 다양한 학문을 철두철미하게 탐구했음을 보여 준다.

그렇다면 세종이 추구한 학문은 무엇이었으며 그것이 어떻게 통합성을 띤다는 것인지가 문제다. 첫째 역사학이 있다. 세종은 역사서 집필에 남다른 열정과 연구를 쏟았으며 중국 역사서 출판에도 지대한 관심을 보였다. 왕이 되던 해인 1418년 12월 25일(세종 원년 22세) 태조 때 정도전이

---

[15] 王每日四鼓而起, 平明受群臣朝參, 然後視事; 處決庶政, 然後聽輪對, 咨訪治道. 引見守令拜辭者, 面諭恤刑愛民之意, 然後臨經筵; 潛心聖學, 講論古今, 然後入內. 燕坐讀書, 手不釋卷, 夜分乃寢. 於書無所不讀, 凡一經耳目, 終身不忘, 而其讀經書, 則必過百遍, 子史則必過三十遍, 精硏性理, 博通古今. 設集賢殿, 聚儒士以備顧問. 又裒集古今忠臣孝子烈女事迹, 圖形紀傳, 係以詩讚, 名曰《三綱行實》, 頒諸中外, 至於窮村僻巷兒童婦女, 莫不觀省. 又自熙周之初, 迄于今, 以及吾東方, 凡治亂興亡可法可戒之事, 廣搜該載, 共百五十卷, 名曰《治平要覽》. 至於音律天文, 皆所洞曉. 禮遇臣下, 終王之世, 士大夫無遭刑戮者.
-《세종실록》, 세종 32/1450/2/22.

고려 공민왕 이하를 첨삭한 《고려사》를 다시 고쳐 짓게 하면서 즉위 내내 역사서 바로잡기에 매달렸다. 또한 중국 북송(北宋)의 사마광(司馬光, 1019~1086)이 1065년~1084년에 편찬한 편년체 역사서인 《자치통감(資治通鑑)》은 1434년 7월 16일(세종 16년 38세) 갑인자로 간행한 이래 2년 뒤인 1436년 4월 4일(세종 18년 40세)에는 《자치통감훈의(資治通鑑訓義)》를 편찬하여 인쇄, 배포하였다.

다음은 수학과 과학이다. 세종은 1431년 3월 2일에 김한·김자안 등을 명나라 베이징에 보내 산법을 익히게 하면서 "산법(算法)이란 유독 역법에만 쓰는 것이 아니다. 만약 병력을 동원한다든가 토지를 측량하는 일이 있다면, 산법 없이는 달리 구할 방도가 없으니…. (算法, 非獨用於曆也. 若有起兵量地之事, 則捨是無以他求…. -《세종실록》, 세종 13/1431/3/2.)"라고 하여 수학의 중요성을 강조하면서 실용 분야의 원천 기술은 수학이 바탕임을 정확히 꿰뚫고 있다. 세종 당대의 과학은 이런 수학이 바탕이 된 것이다. 이런 노력이 있었기에 훈민정음은 유클리드 기하학인 점과 선과 원만으로 완벽한 대칭형 문자를 만들어냈다. 또한 비행기나 우주 공간 연구에서 발달한 위상수학 원리까지 적용되어 있다. 자음자 기역을 고정시킨 상태에서 'ㅏ'를 90도씩 틀면 "가→ 구→ 거→ 고"가 생성된다(정희성, 1994).

2) 통섭적 융합성

통섭성은 어느 한 문제를 설정하여 탐구와 토론 과정을 거쳐 몰입하는 방식으로 주요 연구를 추진한 것을 말한다. 세종은 이런 몰입과 집중 전략을 거의 모든 분야에 적용했다. 세종의 이런 태도에 대해 이한우(2006: 5)에서 "세종은 세상 밖의 온갖 문제를 자기 안으로 끌어들여 간결한 해결책을 만든 다음 그것을 집요하게 관철해 내는 지도자였다."라고 평한 것은 이런 점에서 매우 적절하다.

통섭(統攝)은 최재천 교수가 미국 생물학자인 윌슨의 『consilience』를 옮긴 것으로 특정 학문을 중심으로 다른 학문을 아우르는 것을 말한다. 일종의 환원적 통합으로 윌슨의 시각은 생물학 환원주의(reductionism)이다.[16] 이러한 통섭은 특정 분야나 지식을 중심으로 모든 분야를 아우르는 것이므로 전략과 방식을 중심으로 하는 통합과 다르다. 일종의 몰입과 집중의 특성이다. 세종의 모든 학문적 노력과 정치적 이상은 결과적으로 보면 훈민정음 창제와 반포로 귀결되었다. 세종의 입장에서 보면 훈민정음 또는 훈민정음학을 통해 모든 것을 종합 귀결시킨 것이다. 이는 훈민정음 창제가 생애 또는 통치 막바지에 이루어졌음을 통해서도 알 수 있다.

필자는 김슬옹(2010)에서 '훈민정음학'이란 말을 처음 썼지만 여기서는 이 말과 '정음학'을 구별하기로 한다.[17] 정음학은 훈민정음학을 중심으로 하되 세종의 '정음사상'을 통해 다양한 학문과 사상을 아우르는 학문 명

---

[16] 최재천 교수는 여러 언론을 통해 '統攝'이란 용어는 원효 사상에서 가져왔다고 했다. 이에 대해 원효 사상을 연구해 온 이도흠 교수는 필자와의 편지에서 '統攝'은 원효가 쓴 용어가 아닐 뿐더러 '통제한다'는 것과 '포섭한다'는 뜻을 담고 있어 원효의 사상과 반대될 뿐 아니라, 지금 현재 한국사회에서 널리 사용되는 의미와도 반대되는 용어라고 보았다. 원효가 쓰는 용어는 '圓融會通'으로 진리라 하는 것에도 일말의 허위가 있고, 허위라 하는 것에도 일말의 진리가 있고, '눈부처'처럼 이슬람 경전인 꾸란에도 성경과 통하는 내용이 80%가 있고, 이슬람인에게도 미국인과 유사한 본성이 7,80%가 있음을 깨닫고 서로 하나가 되는 것이므로 통섭을 회통으로 바꾸어야 지금 사용하고 있는 뜻에 부합하며, 최소한 '統攝'을 '通攝'으로 바꾸어 불러야 한다고 밝혔다.

[17] '정음학'이란 명칭은 최현배(1942), 『한글갈』에서 처음으로 썼다.

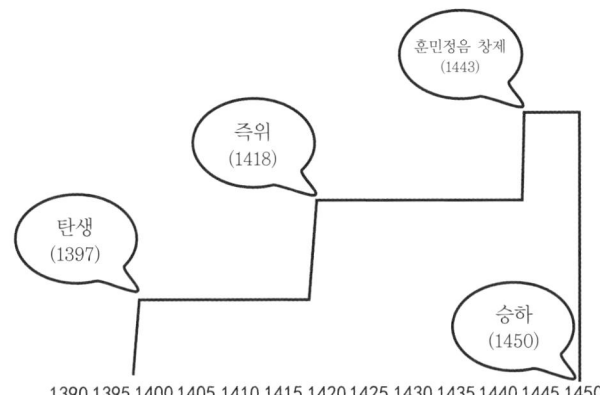

[그림 1] 훈민정음 창제 시기도

칭으로 쓰고자 한다.

정음사상의 핵심은 예악 정치의 핵심이기도 하고 이는 바른 소리(정음)에 대한 연구가 바탕이 된다. 세종은 세종 7년(1425) 12월에 "이제 박연이 조회악(朝會樂)을 바로잡으려 하나, 바른 것을 얻기는 어려운 일이다. 《율려신서》도 글로만 갖추었을 뿐이다. 우리나라의 음악이 진선(盡善)은 못 되나 반드시 중국에 비하여 부끄러울 것이 없으며, 중국의 음악이라고 또한 어찌 바른 것을 얻었다고 하겠는가"라고 하였고 이런 세종의 음악관에 힘입어 1427년 5월 15일(세종 9년 31세) 박연은 남양에서 나는 돌로 1틀(12개)의 편경을 만들어 표준음 제정의 기초를 놓았다. 1430년 윤12월 1일(세종 12년 34세)에는 정인지 등이 《아악보》를 완성하였다.

1433년 1월 1일(세종 15년 37세) 편경 연주를 듣고 아홉 번째 줄 소리가 약간 높음을 박연에게 지적하였는데 이때는 훈민정음 창제 10년 전이므로 이때부터 소리에 대한 확고한 신념이 형성된 듯하다. 1446년(세종 28년 50세)에는 12율의 기본음인 황종율(黃鐘律)을 낼 수 있는 정확한 황종관(黃

鐘管)을 만들고, 그 길이를 기준으로 영조척(營造尺; 목수가 쓰던 자)을 만들었고 1447년 6월 4일(세종 29년 51세) '용비어천가, 여민락, 취화평, 취풍형' 등의 음악을 잔치에 사용하였다.

이와 같이 예악 연구와 정책은 다음 표와 같은 훈민정음의 정음 전략으로 융합되어 새 문자가 완성되었다.

[표 1] 훈민정음 자음자와 모음자의 상형 전략과 실제(김슬옹: 2012 수정 재인용)

상형 전략과 원리			상형 방식	문자 성격	원형 문자
정음 전략	모음자	삼재 음양 전략	자연 현상 상형하기	하늘의 둥근 모양	양성(천)	·
				땅의 평평한 모양	음성(지)	─
				사람의 서있는 모양	양음(인)	ㅣ
	자음자	오행 전략	발음기관 상형하기	혀뿌리가 목구멍을 막는 모양	아음(목)	ㄱ
				혀가 윗잇몸에 닿는 모양	설음(화)	ㄴ
				입 모양	순음(토)	ㅁ
				이 모양	치음(금)	ㅅ
				목구멍 모양	후음(수)	ㅇ

그러므로 세종학의 통섭성은 미시적으로 보면 훈민정음 문자 창제를 중심으로 하는 통섭이며 거시적으로 보면 정음학을 중심으로 통섭이다. 바른 이론을 바탕으로 바른 소리글을 만들어 바른 소리글을 통한 바른 사람들이 부려쓸 수 있는 바른 누리가 정음 세상이요 정음학의 실체이다.

정음학의 진정한 취지와 가치는《동국정운》서문 마지막에서 다음과 같이 기술되어 있다.

옛사람이 운서 책의 그림을 그릴 때, 같은 음을 쓰는 '음화(音化)', 다른 부류의 음으로 대신 쓰는 '유격(類隔)', 순서대로 음을 쪼개는 '정절(正切)', 맥락에 따라 다르게 음을 쪼개는 '회절(回切)'로 하는 등의 방법을 매우 자세하게 기술해 놓았지만 배우는 이가 입을 어물거리고 더듬더듬하여 음을 고르고 운을 맞추기에 어두웠다. 이제 훈민정음이 창제되어 오랜 하나의 소리라도 털끝만큼도 틀리지 아니하니, 실로 정음이 음을 전하는 중심줄이 되었다. 청탁이 분별되니 천지의 도가 정하여지고, 사성이 바로잡히매 네 계절의 운행이 순조롭게 되니, 진실로 거친 우주를 조화롭게 다스리려 오묘한 뜻이 현묘한 길에 부합되고 신묘한 기운이 대자연의 소리에 통한 것이 아니면 어찌 능히 이에 이르리오? 청탁이 돌고 구르며 자모(첫소리)가 서로 밀어 칠음과 12운율과 84성조가 가히 성악의 바른 길로 더불어 한 가지로 크게 화합하게 되었다. 아아, 소리를 살펴서 음을 알고, 음을 살펴서 음악을 알며, 음악을 살펴서 정치를 알게 되나니, 뒤에 보는 이들이 반드시 얻는 바가 있으리로다.(古人著書作圖, 音和類隔, 正切回切, 其法甚詳, 而學者尙不免含糊囁嚅, 昧於調協. 自正音作而萬口一聲, 毫釐不差, 實傳音之樞紐也 淸濁分而天地之道定; 四聲正而四時之運順, 苟非彌綸造化, 軼輾宇宙, 妙義契於玄關, 神幾通于天籟, 安能至此乎? 淸濁旋轉, 字母相推, 七均而十二律而八十四調, 可與聲樂之正同其大和矣. 吁! 審聲以知音, 審音以知樂, 審樂以知政, 後之觀者, 其必有所得矣.)   -《동국정운》서문

이는 곧 정음은 바로 대자연의 이치이며 성악의 정조이며 바른 정치의 척도라는 것이다.

3) 자주성

세종학은 15세기 조선 임금에 의해 비롯되고 형성된 학문이므로 철저히 조선의 자주성을 바탕으로 태동되었고 역시 그런 특성을 가지고 있다. 세종의 자주성은 크게 네 가지로 나눠볼 수 있다.

첫째는 역사적, 문화적 자주이다. 세종은 세종 7년(1425) 9월 25일에 정척의 건의를 받아들여 단군 사당을 정비하였다. 기자(箕子) 조선의 기자 사당과 같은 남향으로 설치되어 있는 것을 별도의 사당으로 세우게 하였다.[18] 1427년 8월 21일에도 "단군과 기자의 묘제를 다시 의논하고, 신라·고구려·백제의 시조의 묘를 세워 치제(致祭)하는 일을 모두 고제(古制)를 상고하여 상세하게 정하여 아뢰라"고 예조에 지시를 내렸던 것이다.[19]

세종은 또한 우리식 역법서인 《칠정산내외편(七政算內外篇)》을 펴냈다. 1433년 정인지 등에게 편찬하게 한 뒤 1442년에 《칠정산내외편》을 완성하고 1444년에 편찬하였다.[20] 1447년에는 우리식 운서인 6권으로 이루어진 《동국정운》을 펴냈다.[21] 문화적 자주의 결정판은 역시 음악 업적에서 드러났다. 세종은 중국식 음악 이론서인 《율려신서(채원정, 성리대전)》를 참고하되 우리식 악기, 음악을 정립(편경, 정간보 외)하였다. "아악은 본시 우리나라 음악이 아니고 중국 음악이다. 중국 사람이라면 평일에 들어 익숙하게 들었을 것이므로 제사에 연주하는 것이 마땅할 것이다. 우리나라 사람들은 살아서는 향악을 듣고, 죽어서는 아악을 듣게 되니 어찌 된 셈인가."[22]라는 세종의 탄식은 세종의 자주적 음악 정책 의지를 보여 주고 있다.

---

[18] "…… 別建檀君祠堂, 南向奉祀, 則庶合祀儀." 命下禮曹. 如上書施行. -《세종실록》, 세종 7/1425/9/25.

[19] 傳旨禮曹曰: 檀君 箕子廟制更議. 新羅 高句麗 百濟始祖立廟致祭, 幷考古制, 詳定以聞 -《세종실록》, 세종 9/1427/8/21.

[20] 《칠정산내편》의 편찬 맥락에 대해서는 이은희(1996) 참조, 《칠정산외편》에 대해서는 안영숙(2007) 참조.

[21] 是月, 《東國正韻》成. 凡六卷, 命刊行. -《세종실록》, 세종 29/1447/9/29.

[22] 雅樂, 本非我國之聲, 實中國之音也. 中國之人平日聞之熟矣, 奏之祭祀宜矣, 我國之人, 則生而聞鄉樂, 歿而奏雅樂, 何如? -《세종실록》, 세종 12/1430/9/11.

둘째는 과학적, 실용적 자주를 추구하였다. 세종 9년인, 1427년에는 조선의 약초를 중심으로 하는《향약구급방》을 간행하게 하고 1429년(세종 11)에는 우리식 농사법을 다룬《농사직설》을 펴냈다. 앙부일구, 천평일구, 현주일구, 자격루 등 시계 시리즈의 발명은 우리식 천문 연구 실용화의 결정판들이다.

셋째는 독창적 자주이다. 이는 1443년의 훈민정음 문자 발명과 1446년 해설 책자 간행으로 이루어졌다. 흔히 국어학계에서는 훈민정음이 중국의 성운학을 바탕으로 창제되었다고 하나 이는 잘못된 생각이다. 분명 세종은 성운학의 이론서인《성리대전》을 탐독하고 참고한 것은 맞지만 성운학과 차원이 다른 학문적 기반을 이룩하고 이를 바탕으로 매우 독창적인 문자 창제에 성공한 것이다. 1434년의 앙부일구 또한 한자 모르는 일반 백성들을 고려해 동물그림으로 시각을 표시한 것 또한 독창적 자주 정신을 보여준 것이다.

넷째 공존적 자주를 추구하였다. 이는 정치에서의 전략적 사대주의를 가리킨다. 그 당시 국제 정치 질서인 명나라에 대한 사대는 철저히 지켜 국제 조화를 이루면서 우리식 음악과 과학 정책 등을 성공리에 이끌어 내는 주체적인 정치를 시행했다. 금은 조공을 요구하는 명나라의 무리한 요구를 무조건 거부하지 않고 다른 토산물로 대체하게 한, "특히 금·은 공납을 면제하고 토산물의 마땅한 것으로써 대신하게 하여, 상하의 정(情)이 통하게 하고…"[23]와 같은 사례가 공존적 자주의 좋은 보기가 될 것이다.

이러한 세종의 주체 전략은 다양한 대립 요소 간의 상생 전략이 있었

---

23 特蠲金銀之貢, 代以物產之宜, 以通上下之情 … -《세종실록》, 세종 11/1429/8/18.

기에 가능했다.

4) 생태성

생태성 또는 생태주의는 자연과 각 개체의 존재성과 유기성에 대한 존중 사상을 가리킨다. 이러한 생태주의는 자연을 어떻게 바라보느냐, 자연과 인간의 관계를 어떻게 바라보느냐에 따라 다양한 생태주의가 있지만 그 근본은 자연을 중심으로 한 통합 사상이다.

세종학의 생태성은 훈민정음을 통해 잘 드러난다. 훈민정음 해례본 정인지 서문에서 "천지자연의 소리가 있으면 천지자연의 문자가 있다.(有天地自然之聲, 則必有天地自然之文)"라고 했다. 말소리의 보편성을 통해 문자과학의 보편성을 이룬 것이다. 사실 세종이 천 배의 천재성을 가지고 영국이나 일본에 태어나 똑같은 상황 속에서 문자를 창제했다고 한다면 훈민정음과 같은 문자 창제는 불가능했을 것이다. 세종이 훈민정음을 창제할 수 있었던 것은 오랜 세월 동안 말해온 한민족의 섬세하게 발달된 말소리가 있었기에 가능한 것이다. 세종은 그렇게 섬세한 말소리를 가장 정확히 표기할 수 있는 문자를 만든 셈이다. 한국의 말소리는 다른 언어와는 달리 자음과 모음이 골고루 발달되어 있고 하나의 음절이 '초중종성'으로 분화되는 특성을 가지고 있다.

흔히 훈민정음을 과학적인 문자라고 하지만 사실 다음 그림과 같이 세종은 자연의 소리의 일부인 말소리를 가장 정확하게 적을 수 있는 글자를 만들다 보니 과학적인 문자가 된 것이다. 곧 자연 중심의 문자를 만들다 보니 가장 잘 소통을 이룰 수 있는 과학 문자가 되었다. 배달말 자체가 생태성을 띠고 있다. 사람의 말 가운데 가장 오래된 말이라 볼 수 있는

몸에 관한 말을 보면 그 점을 알 수 있다.

> (1) 손가락 – finger(영) – Finger(독) – doigt(프)
> 발가락 – toe(영) – Zehe(독) – orteil(프)
> 머리카락 – hair(영) – Haar(독) – cheveu(프)
> (2) 박(머리) -발 -배
> (3) 손샅 – 발샅 – 다리샅 / 샅추리(사타구니) – 샅바
> 몸통 – 머리통 – 알통 – 염통 – 밥통 – 오줌통 – 숨통
> 들숨 – 날숨 – 뱃숨 – 가슴숨 – 어깨숨 – 목숨 -살갗숨
> 젖 – 귀젖 – 목젖 -쥐젖
> 손아귀 – 입아귀 – 범아귀(웃아귀)
> 군살 – 군입 – 군턱 – 군눈 – 군침
> 발 – 밟다, 배 – 배다, 다리 – 달리다.
> – 김슬옹(1999), 『그걸 말이라고 하니』, 다른우리, 18~30쪽.

(1)의 경우는 갈라진 곳은 모두 '-가락'이 붙는다. (2) 바탕이 되는 중요한 곳은 '비읍'이 붙은 경우이고 (3)은 생김새에 따라 유기적 구조를 이루고 있는 몸말을 보여 준다. 몸의 특징과 유기적 구조가 마치 인위적으로 어느 날 만든 말처럼 조직적인 배치를 이루고 있다.

생태성은 획일적 보편주의를 막는 힘이다. 세종은 한자 보편주의의 거대한 벽을 깨는 문자혁명을 이뤄냈다. 만일 훈민정음 창제가 아니었다면 우리말은 한자, 한문의 블랙홀 때문에 큰 변화를 입었을 것이다. 그러한 상징적 증거가 '기역, 디귿, 시옷' 등의 일부 자음 명칭이다. 최세진은 훈몽자회(1527) 범례에서 "니은, 리을"과 같은 과학적인 명칭을 정리했다. 명칭 자체에 해당 자음의 초성자와 종성자가 드러나게 하는 방식으로 한글의 과학성을 드러내 주는 매우 합리적인 명명법이다. 그런데 최세진은

[그림 2] 훈민정음 닭홀나무(김슬옹, 강수현 작)

이 명칭을 이두식 한자로 적다 보니 '기윽, 디읃, 시읏'에서 한자로는 적기 힘든 '윽, 읃, 읏'을 비슷한 이두식 한자로 바꿔 적다 보니 '기역(其役), 디귿(池末), 시옷(時衣)'이 되었고 이런 잘못된 방식이 계속 이어져 내려온 것이다. 곧 훈몽자회는 한자 학습서였기에 자음 명칭을 한자로 적으면서 한자로 적을 수 없는 '윽, 읃, 읏'을 이두식 한자를 이용해 적다 보니 '기역, 디귿, 시옷'이 된 것이다. 최세진도 "기윽, 디읃, 시읏" 명칭이 합리적임을 알았겠지만 한자에 의존해 설명하다 보니 그런 실수를 했다. 실수라고 한 것은 그가 한글로 병기할 수 있었음에도 그렇게 하지 않았기 때문이다. 한글의 과학성에 위배되고 모든 학습자의 학습과 기억 부담량을 높이는 잘못된 한자 표기로 인해 남한 사회에서는 '윽, 읃, 읏'을 사라지

게 만들었다.[24]

한글의 생태성은 현대 사회에서 American Korea[25]에서 영어 제국주의를 막는 최소한의 힘이 되고 있다. 흔히 국어순화론자들은 한글 간판이 사라진 서울 명동 같은 거리를 비판한다. 그러나 한편으로 보면 그나마 한글과 같은 글자가 있기에 이 정도로 영어를 막아내고 있는 것이다. 스타벅스가 세계 최초로 인사동 스타벅스의 간판을 현지 글자인 한글로 달았다. 다국적 기업의 상술 전략이기는 하지만 그것이 영어 중심의 획일주의를 막는 한글의 생태적 힘에서 비롯된 것이다.

인도네시아의 찌아찌아족의 한글 도입은 생태주의 관점에서 바라보아야 하고 그 가능성은 정덕영(2012), 전태현·조태영(2013), 각종 르포에서 확인할 수 있다.[26]

---

[24] 현대 한글 기본 자음 14자 가운데 세 명칭만 규칙에서 벗어나 있다. 다른 자음은 "니은, 리을, 이응, 지읒, 히읗"처럼 모음 가운데서도 가장 기본 모음인 'ㅣ, ㅡ'를 활용해 나타내고 있다. 이러한 명명법 자체가 한글의 과학성을 드러내준다. 자음은 단독으로 음가를 낼 수 없고 모음의 도움을 받아 음가가 드러난다. 따라서 가장 기본 모음을 붙였을 때 그 자음의 음가가 잘 드러나므로 이런 명명법 자체가 무척 합리적이다. 또한 명칭 자체에 첫소리와 끝소리에 쓰이는 용법 자체를 드러내 줌으로써 명칭의 효용성을 최고로 높이고 있다.

[25] 영어 몰입, 미국 중심의 한국 사회에 대한 상징적 표기이다. 일부 유럽 사람들이 부르는 한국 명칭이기도 하다.

[26] 찌아찌아족 최초의 한국어 교사인 아비딘이 한글세계작가대회(필자 직접 섭외) 초청으로 한국에 와서 한 강연에 의하면 정치적인 문제로 한국어와 한글 실험이 위축된 적은 있지만 한 번도 멈춘 적이 없다고 한다. 참조: Abidin(2015), "Expectation and challenge on using Cia Cia script adapted from Hangeul in Cia Cia Laporo Sorawolio community Baubau city", 『한글과 한국문학의 세계화, 한글 문학을 노래하다(세계한글작가대회 발표자료집)』, 2015.9.15~18. 경주화백컨벤션센터, 192~196쪽; 김슬옹 번역(아비딘 저) (2017), 「찌아찌아 한글 사용의 진실」, 『말과 글』 150호(봄호), 한국어문기자협회, 70~75쪽.(김슬옹(2017), 『한글혁명』, 살림터, 241~247쪽 재수록).

[표 2] 찌아찌아족 한글 도입 르포 동영상 목록

찌아찌아족, 한글 도입 2년 그 후 (1/4)	2011.10.5.	http://www.youtube.com/watch?v=VHpbGTfBZ-Y
찌아찌아족, 한글 도입 2년 그 후 (2/4)	2011.10.5.	http://www.youtube.com/watch?v=mUJgFc-rZ60
찌아찌아족, 한글 도입 2년 그 후 (3/4)	2011.10.5.	http://www.youtube.com/watch?v=smtcC4ZOHJc
찌아찌아족, 한글 도입 2년 그 후 (4/4)	2011.10.5.	http://www.youtube.com/watch?v=eEh87LnYNbw

한글이 사라질 위기에 처해 있는 소수 민족의 소수 언어를 지켜내는 문자로 차용된 것이다. 2012년 5월 7일 미국 국립과학원회보(PNAS)는 생물다양성이 줄어들면 언어도 사라진다는 연구 결과를 보도한 바 있다.[27] 이는 유럽식 문화의 획일주의로 인해 소수의 언어가 다수의 언어에 의해 멸종해 감을 밝혀냈다. 한글이 소수 언어의 멸종을 막아낼 수 있는 힘이 될 수 있는 것은 한글의 생태성 때문이며 이러한 생태성은 세종학의 주요 특성이기도 하다.

이제는 사라져 가는 말을 보존하는 일에 유엔이 한글을 적극적으로 활용하여 적극적으로 나서야 한다. 이런 일을 위해서는 한글이 어느 나라 고유 문자이냐는 것은 중요하지 않다. 사라져 가는 말을 적을 수 있는 문자가 무엇이냐는 것이며 그것이 한글의 생태적 보편주의의 힘이다.

생태성은 조화의 힘으로 이루어진다. 1430년에 정인지가 세종의 명으로 펴낸 아악보에서 "음악은 성인(聖人)이 성정(性情)을 기르며, 신과 사람을 화(和)하게 하며, 하늘과 땅을 자연스럽게 하며, 음양(陰陽)을 조화시키는

---

[27] 『The Science』 보도 참조(김수비, 2012.5.14.)

세종학의 위상과 전망 45

[사진 2] 찌아찌아족의 한글 교재와 번역 대조(훈민정음학회)

방법이다."라고 한 데서 알 수 있듯이 음악은 조화의 바탕이다. 이러한 음악에서의 조화 정신은 훈민정음을 통해 음양의 이분법을 넘어선 "하늘과 땅, 사람"의 삼조화 사상으로 더욱 발전되었다. 음양 외에 중성[양음]을 설정함으로써 진정한 조화 사상을 실제 문자 창제를 통해 발전시킨 것이다. 《아악보》에서 정인지가 마지막으로 언급하기를, "이제 황종(黃鍾)을 음성의 기본에서 찾아내어 28개의 음성을 마련하였고, 크고 작으며 높고 낮은 것이 제 차례를 문란시키지 아니한 점에 있어서는, 주자(朱子)와 채씨(蔡氏)의 뜻이 천 년 이후에 이르러 조금이라도 펴게 되었으니, 이것은 반드시 우리 왕조를 기다리어 이루어졌다고 아니할 수 없다."라고 하여 28성의 기본음과 훈민정음 기본 28자가 결코 우연의 일치가 아님을 알 수 있다.

이러한 음악과 문자의 조화로움은 철저한 표준음(황종음) 제정과 각기 다른 소리의 정확한 특이성을 제정함으로써 가능했고 그것은 도량형의 과학과 천문학의 과학과 연결되어 가능했다. 이순지가 대표 저술한 과학서 《제가역상집》(1445)에서는 "천문에는 칠정(七政)에 본받아 중외(中外)의 관아에 별의 자리를 배열하여, 들어가는 별의 북극에 대한 몇 도(度) 몇 분(分)을 다 측정하게 하고, 또 고금(古今)의 천문도(天文圖)를 가지고 같고 다름을 참고하여서 측정하여 바른 것을 취하게 하고, 그 28수(宿)의 도수(度數)·분수(分數)와 12차서의 별의 도수를 일체로《수시력(授時曆)》에 따라 수정해 고쳐서 석본(石本)으로 간행"하였다고 쓰고 있다. 이때의 별자리 28수 또한 음악의 28성, 문자의 28자와 연결되고 있음을 알 수 있다.[28]

세종의 생태주의적 이상은 민본주의 정치와 더불어 현실 속에서 구현되었다. 세종의 민본주의는 실질적인 애민 정치로 나타났다. 1427년 9월 11일(세종 9년 31세)에는 고려시대 나왔던 《향약구급방》을 다시 인쇄하여

---

[28] 반재원·허정윤(2007)에서는 28수가 훈민정음 28자의 바탕이라고 보고 있다.

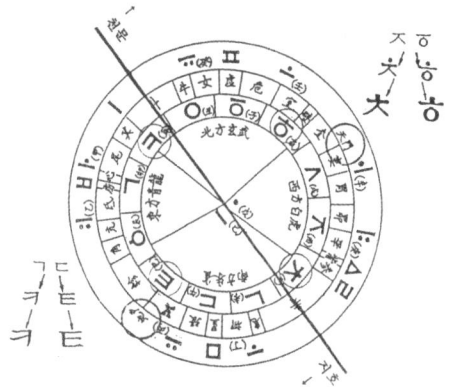

널리 알리게 하였고, 1434년 3월 5일(세종 16년 38세) 노중례에게 명하여 《태산요록(胎産要錄)》을 편찬하게 하고, 주자소로 하여금 인쇄하여 반포하게 함으로써 생명 구제 정치를 폈다. 1430년 2월 14일(세종 12년 34세)에는 《농사직설》을 각 도에 배포하여 백성들의 먹고 사는 문제를 해결하려 하였고 1434년 10월 2일(세종 16년 38세)에는 농사지을 때 꼭 필요한 절기와 시간을 알 수 있는 동물 해시계인 앙부일구(오목 해시계)를 보급하였다. 1426년 4월 17일(세종 8년 30세)에는 관에서 근무하는 여종이 아이를 낳으면 백 일의 휴가를 주게 하였을 뿐 아니라 1434년 4월 26일(세종 16년 38세)에는 아기 낳는 여종의 남편에게 30일 휴가를 주게 하여 복지 차원의 애민 정책을 폈다.

이러한 민본주의는 여론에 의한 정책 결정으로 더욱 빛을 발했다. 세종 12년(1430) 3월 5일에 호조에서 벼농사에 따른 현지 조사와 세금 걷는 부조리를 들어 "공법(貢法)에 의거하여 전답(田畓) 1결(結)마다 조(租) 10말(斗)을 거두게 하되, 다만 평안도(平安道)와 함길도(咸吉道)만은 1결(結)에 7말(斗)을 거두게 하여 예전부터 내려오는 폐단을 덜게 하고, 백성의 생계를 넉넉하게 할 것이며, 그 풍재(風災)·상재(霜災)·수재(水災)·한재(旱災)로 인하여 농사를 완전히 그르친 사람에게는 조세(租稅)를 전부 면제하게 하소서.(請自今依貢法, 每一結收租十斗, 唯平安, 咸吉道, 一結收七斗, 以除舊弊, 以厚民生. 其因風霜水旱等災傷, 全失農者, 全免租稅. -《세종실록》, 세종 12/1430/3/5.)"라고 매우 온건하면서도 합리적인 건의로 추정되는 안을 올렸지만, 세종은 "정부·육조와, 각 관사와 서울 안의 전함(前銜) 각 품관과, 각도의 감사·수령 및 품관으로부터 여염(閭閻)의 세민(細民)에 이르기까지 모두 가부(可否)를 물어서 아뢰게 하라.(命自政府六曹各司及京中前銜各品, 各道監司守令品官, 以至閭閻小民, 悉訪可否以聞. -《세종실록》, 세종 12/1430/3/5.)"라고 일정한 단계를 거쳐 시행하는 전략을 썼다.

　이리하여 세종은 여론 조사 중인 7월 5일 "백성들이 좋지 않다면 이를 행할 수 없다. 그러나 농작물의 잘되고 못 된 것을 답사 고험(考驗)할 때에 각기 제 주장을 고집하여 공정성을 잃은 것이 자못 많았고, 또 간사한 아전들이 잔꾀를 써서 부유한 자를 편리하게 하고 빈한한 자를 괴롭히고 있어, 내 심히 우려하고 있노라. 각도의 보고가 모두 도착해 오거든 그 공법의 편의 여부와 답사해서 폐해를 구제하는 등의 일들을 백관(百官)으로 하여금 숙의(熟議)하여 아뢰도록 하라.(民若不可, 則未可行之. 然損實踏驗之際, 各執所見, 頗多失中. 且姦吏用謀, 富者便之, 貧者苦之, 予甚慮焉. 各道所報皆到, 則貢法便否及踏驗救弊等事, 令百官熟議以啓. -《세종실록》, 세종 12/1430/7/5.)"고 한 뒤 8월 10일 호조에서 실제 조사 결과를 "무릇 가하다는 자는 9만 8천 6백 57인이며, 불가하다는 자는 7만 4천 1백 49명입니다.(者, 凡九萬八千六百五十七人, 否者, 七萬四千一百四十九人 -《세종실록》, 세종 12/1430/8/10.)"라고 보고하자 황희 등의 의논에 따르라고 지시하였다.

　이 공법 제도가 이른바 '전분 6품, 연분 9등법'으로 알려진 제도로 최종 실시된 것은 세종 26년(1444)이었고, 그것도 "토지 결복(結卜)의 개정 및 전품(田品)의 등급과 연분(年分)의 고하(高下)를 분간하여 조세(租稅) 받는 법을 정하되, 먼저 충청도의 청안(淸安)·비인(庇仁)과, 경상도의 함안(咸安)·고령(高靈)과, 전라도의 고산(高山)·광양(光陽) 등 6고을에 금년부터 시험으로 시행하고자 하니, 그 시행할 수 있는 조건들을 의논하여 올리라.(者, 凡九萬八千六百五十七人, 否者, 七萬四千一百四十九人 -《세종실록》, 세종 26/1444/11/13.)"고 하여 단계별로 시행해 나갔다.

　이렇게 세종은 진정한 관계를 중요하게 여기는 소통을 철저히 실천했다. 자연과의 소통 사람과의 소통, 학문과의 소통, 정치를 통한 소통을 학문과 정책을 통해 일관되게 추진하였다.

이상의 세종학의 융합적 특성으로 볼 때 융합이 시대의 대세인 만큼 이론이나 실천 분야에서 세종학이 융합 이론과 응용 분야 모두에 매우 중요한 기반이 될 것이다.

세종학의 그 핵심은 과학적 보편주의와 생태적 보편주의의 철저한 결합에 있다. 과학적 보편주의는 공통성, 동질성, 객관성 측면의 보편주의를 말하고 생태적 보편주의는 차이, 나눔, 자연과 인간 중심의 보편주의를 말한다.

과학적 보편주의와 생태적 보편주의는 서로 대립적인 것이 아니라 상호 보완이나 융합 관계에 놓여 있음을 알 수 있다. 세종은 두 가지의 보편주의를 음악, 천문학 등을 통해서 철저히 결합하여 그 결정판으로 훈민정음을 창제했다. 세종학은 세종의 이러한 전략을 핵심 뼈대로 삼고 있으며 그런 특성을 방법론으로 정착하고 학문적으로 규명하기 위한 통섭 학문이다.

5. 세종학 연구 분야와 성과

세종학 수립 과정에서 가장 두드러진 성과는 "세종대왕기념사업회 편(1986), 『세종학연구』 1"을 시작으로 "세종대왕기념사업회 편(2016), 『세종학연구』 16"까지 역주 자료 포함 총 88편이 수록되었다는 것이다. 지속적으로 발간되지 못한 점이 아쉽지만 세종학 전문 학술지로서는 유일하다. (구체적인 내용은 3부 참조.)

또한 세종대왕기념사업회는 『세종문화』라는 월회보를 1977-1985년까지 모두 90호를 발행하였다. 신문 형식이었지만 소논문 수준의 짧은 글이

265편이나 실렸다.

다음으로 세종학 진흥에 크게 기여한 것은 세종학 전문 학술대회이다.

> 세종대왕기념사업회(1997), 『21세기 문화·과학을 위한 세종대왕 재조명(세종대왕 탄신 600돌 기념 학술 대회)』, 세종대왕기념사업회.
> 한국학중앙연구원 세종국가경영연구소 편(2007), 『세종의 국가 경영과 21세기 신문명(세종대왕 탄신 610돌 기념 세종 학술회의)』, 한국학중앙연구원·국립국어원.
> 한국학중앙연구원 세종국가경영연구소 편(2009), 『세종의 국가경영과 한중일 리더십 비교』(제1회 세종학 국제 학술회의 자료집), 세종문화회관.
> 박현모(2010), 『세종학 개론』(세종실록 아카데미 교재), 주최: 세종문화회관(재단법인), 주관: 한국학중앙연구원·세종국가경영연구소.
> 한국학중앙연구원 세종리더십연구소 편(2010), 『세종대왕의 한글창제와 리더십 승계』(제2회 세종학 학술회의 자료집), 국립고궁박물관 강당.
> 한국학중앙연구원 세종리더십연구소 편(2011), 『세종 리더십(제3회 세종학 학술회의 자료집)』, 국립고궁박물관 강당.
> 한국학중앙연구원 세종리더십연구소 편(2012), 『세종의 한글 창제와 출판의 국가경영』(제4회 세종학학술회의), 한국학중앙연구원.
> 세종리더십연구소 편(2012), 『세종, 음악으로 다스리다』, 한국학중앙연구원·세종리더십연구소.
> 토지주택박물관 편(2012), 『한글과 세종』, 토지주택박물관.
> 세종대왕기념사업회 편(2013), 『세종학 학술대회: 세종시대 과학문화의 재조명』(2013.12.13.), 세종대왕기념사업회.[29]
> 한국어정보학회(2014), 『한국어정보학회 춘계학술대회[전자자료]: 큰어른

---

29 "세종대왕기념사업회 편(2013), 『세종학연구』 15, 세종대왕기념사업회."로 재간행되었다.

이도 선생 탄신 617주년 기념』, 한국어정보학회 주최.
임종화 외(2018), 『실록으로 세종시대를 다시 읽다』(2018년 세종 즉위 600돌 기념 원정재 세종실록 완독 기념 학술세미나), 원정재.

훈민정음 주제 학술대회 등과 같이 세부 학술대회도 중요하지만 세종 인물을 표방하지 않은 학술대회는 제외하였다.
단행본 분야에서는 세종대왕기념사업회의 문고판 전집류 13권이지만 세종 업적을 총체적으로 조명한 것이 세종학의 기반을 마련하는 구실을 하였다.

김성배(1983), 『세종 시대의 예의범절』, 세종대왕기념사업회.
이태극(1983), 『세종대왕의 어린시절』, 세종대왕기념사업회.
박종국(1984), 『세종대왕과 훈민정음』, 세종대왕기념사업회.
성경린(1985), 『세종 시대의 음악』, 세종대왕기념사업회.
손보기(1985), 『세종대왕과 집현전』, 세종대왕기념사업회.
안덕균(1985), 『세종 시대의 보건위생』, 세종대왕기념사업회.
이해철(1985), 『세종 시대의 국토방위』, 세종대왕기념사업회.
최철(1985), 『세종 시대의 문학』, 세종대왕기념사업회.
문명대(1986), 『세종 시대의 미술』, 세종대왕기념사업회
박병호(1986), 『세종 시대의 법률』, 세종대왕기념사업회.
손보기(1986), 『세종 시대의 인쇄출판』, 세종대왕기념사업회.
전상운(1986), 『세종 시대의 과학』, 세종대왕기념사업회.
세종대왕기념사업회(1987), 『세종대왕 연보』, 세종대왕기념사업회.

다음과 같은 주제별 총서는 세종 업적을 일목요연하게 집중적으로 드러내는 효과가 있었다.[30]

한국정신문화연구원 편(1982), 『世宗朝 文化의 再認識』, 한국정신문화연구원.
한국정신문화연구원 편(1982), 『世宗朝文化硏究 Ⅰ·Ⅱ』, 한국정신문화연구원.
세종대왕기념사업회(1998), 『세종문화사대계 1: 어학·문학』, 세종대왕기념사업회.
세종대왕기념사업회(2000), 『세종문화사대계 2: 과학』, 세종대왕기념사업회.
세종대왕기념사업회(2001), 『세종문화사대계 3: 정치·경제·군사·외교·역사』, 세종대왕기념사업회.
세종대왕기념사업회(1999), 『세종문화사대계 4: 윤리·교육·철학·종교』, 세종대왕기념사업회.
세종대왕기념사업회(2001), 『세종문화사대계 5: 음악·미술』, 세종대왕기념사업회.

이밖에 세종을 종합적으로 다룬 단행본들은 세종을 융합적으로 조명하면서 대중화하는 효과가 있었다.

단행본 가운데 "박영규(2008), 『한권으로 읽는 세종대왕 실록』, 웅진씽크빅"과 "박현모(2008), 『세종처럼: 소통과 헌신의 리더십』, 미다스북스" 등은 베스트셀러나 스테디셀러에 올라 세종에 대한 대중 담론을 모으는 데 결정적 역할을 하였다.

학위 논문으로는 세종시대를 종합적으로 다룬 것만 한정하면 석사논문 78편, 박사논문 29편이 발표되었다. (2019년 초판 기준)

세종학 연구를 위해서는 1차 기초 자료 구축과 연구가 필수적인데 이런 측면에서 1차 자료 구축과 번역, 역주 등은 세종학의 바탕이 된다.

---

30 구체적인 세부 목록은 3부(인) 참조.

먼저 세종시대 문헌을 정리한 손보기(1986, 2000)는 이 분야에서 독보적이다.

손보기(1986), 『세종 시대의 인쇄출판』, 세종대왕기념사업회.
손보기(2000), 「세종 시대의 인쇄 출판」, 『세종문화사대계 2: 과학』, 세종대왕기념사업회, 83-232쪽.

모두 22개 분야(1. 소리-글자, 2. 음악-아악, 3. 의례, 4. 나라 문학, 5. 외국말, 6. 외국 문학, 7. 농사-사냥, 8. 의약-법의학, 9. 나라 역사, 10. 외국 역사, 11. 유학-철학, 12. 불교, 13. 겨레 교육, 14. 법전, 15. 병법, 16. 중국 법전, 17. 천문, 18. 책력, 19. 수학, 20. 지리-지도, 21. 사전, 22. 서체 법첩)로 나눠 다음과 같이 제시했다(의례 분야).

[표 3] 세종시대 문헌 목록 예시

책이름	펴낸 해		참고
	세종	서기	
알성의주(謁聖儀註)	태종 14	1414	엮음
신찬건원릉제의주(新撰健元陵祭儀註)	즉위년	1418	엮음
장일통요(葬日通要)	1	1419	주자소 주자
왕세자친영의주(王世子親迎儀注)	8	1426	엮음
시형론	20	1438	엮음
삼례소(三禮疏)	22	1440	목판
의주상정(儀註詳定)	26	1444	엮음
오례의주(五禮儀注)	26	1444~51	목판

《세종실록》을 비롯하여 1차 자료 구축과 역주 사업 현황의 대표 사례는 다음과 같다.

> (평양)사회과학원 민족고전연구소 역(1993), 『이조실록, 11-20』, 여강출판사.
> 세종대왕기념사업회 편(1968), 『세종장헌대왕실록, 연대기 1-6』, 세종대왕기념사업회.
> 국사편찬위원회 편(1968), 『朝鮮王朝實錄, 1-8』, 국사편찬위원회.
> 세종대왕기념사업회 편(1969), 『세종장헌대왕실록, 17-30』, 세종대왕기념사업회.
> 온라인 세종실록.

세종대왕기념사업회를 중심으로 한 역주 사업의 종합 정리 연구는 다음과 같다.

> 박종국(2013), 한문 문헌 언해와 현대화 고전국역사업: 언해의 발자취와 한글학회·세종대왕기념사업회·민족문화추진회; 세종대왕기념사업회 편(2013), 『세종학연구』 15, 세종대왕기념사업회, 111~152쪽.
> 정우영(2013), 세종시대 훈민정음 관련 문헌의 국어학적 재조명, 세종대왕기념사업회 편(2013), 『세종학연구』 15, 세종대왕기념사업회, 51~72쪽.
> 홍현보(2016), 불경 언해본의 역주 현황과 의미, 『세종학연구』 16, 세종대왕기념사업회, 133~188쪽.
> 박현모 외(2017), 『세종시대 국가경영 문헌의 체계화 사업백서: 2013년도 선정 한국학분야 토대연구지원사업』, 한국형리더십개발원: 여주대학교 산학협력단 세종리더십연구소.

학술 기사 분야에서는 "김슬옹(2016), 「세종대왕, 세종학' 관련 연구·자료 문헌 목록」, 『세종학연구』 16, 세종대왕기념사업회, 205~246쪽"을 크게 수정 보완하여 950여 편의 논문(학술 기사 포함)을 17개의 범주로 분류했다. 2018년 9월 9일까지 발행된 한글 표기 문헌으로 국회도서관과 교보문고 핵심어 검색을 중심으로 하되 세종대왕기념사업회 연구 등을 참고로 정리한 목록으로 세종훈민정음교육원(blog.naver.com/tomulto)에서 내려 받을 수 있다.

1. 학문·세종학 2. 문자·언어 3. 문학 4. 철학·사상 5. 역사 6. 문화 7. 과학·기술 8. 음악·무용 9. 건축·미술 10. 지리·유적(국토·영토·국방) 11. 인쇄·출판 12. 정치·사회 13. 경제 14. 의료·의학 15. 교육 16. 인물 * 인물은 세종 측근 포함 17. 기관

6. 맺음말: 세종학의 전망

이제 세종대왕기념사업회를 비롯하여 관련 단체들과 연구자들 노력으로 세종학의 기반과 위상이 날로 높아지고 있음을 알 수 있었다. 그러나 세종의 위상과 그가 이룬 업적, 세종 즉위 600돌이라는 역사의 무게에 비해서는 세종학의 위상은 무척 낮다. 지금까지의 업적을 낮게 보는 것이 아니라 그만큼 세종학 연구 분야는 무궁무진하고 더 연구할 주제가 많다는 의미다.

한글학회에서 주최한 국어학 국제학술대회(2018.10.12)에 세종학 분야 발표가 한 분야를 이루고 있다는 것 자체가 세종학의 위상이 높아지고 그만큼 발전했음을 의미한다. 더욱이 우리는 융복합 연구와 그런 학문 분야가 매우 절실한 시대에 깊숙이 들어와 있다. 이미 그 지혜의 뿌리는 15세기 세종 업적에 담겨 있다.

그 어떤 분야도 학문과 이론 기반 없이 크게 발전할 수 없다. 이제 이번 국제 학술대회를 기점으로 국제세종이도학회를 설립하여 세종학이 더 크게 도약할 수 있는 학문 기반을 닦아야 한다. 국가 차원에서는 세종학 연구를 크게 지원하고 세종학연구소나 세종 대학원대학교 등을 설립하여 실질적인 세종학 연구와 확장이 이루어지도록 해야 한다.

이제 세종 이도는 15세기 조선의 학자가 아니라 소쉬르, 촘스키, 들뢰즈 등 인류의 석학들의 업적을 아우르고 철학 보편주의와 음악 보편주의, 과학 보편주의, 인문 보편주의를 아우르는 인류의 대사상을 이룩한 인류의 대사상가요 학자로 조명해야 한다.

세종학의 위상 1: 세종과 소쉬르

1. 머리말

　세종(이도, 1397~1450)과 페르디낭 드 소쉬르(Ferdinand de Saussure, 1857~1913)는 아주 다른 시대와 지역 배경을 가진 학자들이지만, 그들의 언어관과 그에 따른 업적은 매우 비슷한 점이 많다.[31] 두 학자의 비교는《훈민정음》해례본(1446, 세종과 정인지 등 9인 공저)과『일반언어학 강의』(1916, 제자들이 간행)를 비교하는 맥락과 같다. 근대 언어학뿐만 아니라 탈근대 학문의 시조로 추앙받고 있는 소쉬르와 세종을 비교함으로써 우리는 세종학의 위상을 좀 더 보편적 관점에서 조병할 수 있을 것이다.
　언어학 분야에서는『일반언어학 강의』를 주로 근대 언어학의 고전으로서 받아들이고 있지만, 언어 단위를 뛰어넘는 '기호'의 설정과 차이의 의미 드러내기는 탈근대적 학문의 바탕이기도 하다. 이제는 이러한 근대냐 탈근대냐를 넘어서는 통합언어학(Integrational Linguistics) 텍스트로 평가하는 전략이 필요하다.

---

[31] 소쉬르와 국내 학자의 비교는 이도흠(2007)이 두드러진다. 소쉬르와 원효를 주로 탈근대적 측면에서 접속시켰다.

[사진 3] 세종과 소쉬르

현재 소쉬르를 받아들이는 계열은 두 가지다.[32] 랑그 쪽을 강조하여 근대 언어학자로 받아들이는 첫 번째 계열과, 장병기(1997), 장병기·최용호(1998)와 같이 '파롤'이나 '발화' 쪽을 강조하여 탈근대 학자로 받아들이는 두 번째 계열이 그것이다.

사실 『일반언어학 강의』는 양쪽 모두를 아우르고 있다. 따라서 어느 한쪽만을 주장하든지 강조하는 것은 이분법, 비통합적 접근으로 본다. 물론 그러한 이분법적 쟁점은 소쉬르 스스로 제공한 것이지만, 두 계열 모두 언어의 다층성을 전략적으로 강조한 것으로 좀 더 넓게 보자는 것이다. 당연히 체계나 보편성으로 언어를 주목하면 랑그 쪽을 강조하게 되고, 다양한 변이와 차이로 언어를 살핀다면 파롤 쪽을 강조할 수밖에 없다.

그렇다면 세종과 소쉬르를 비교하는 의도나 전략은 무엇인가. 사실 객관적이고 공평한 비교는 아니다. 세종에 더 초점을 맞추고 있기 때문이다. 이는 근대와 탈근대를 넘나드는 소쉬르와 『일반언어학 강의』의 명성

---

32 소쉬르 언어학의 한국적 수용 문제에 대해서는 장병기·최용호(1999), 김성도(1999), 김현권·장재성·최용호(2002)의 글 참조.

을 빌려다가, 전근대 시대의 세종과 《훈민정음》 해례본을 제대로 조명해 보려는 것이다.[33]

'통합언어학'이라는 말은 좁게는 음운론, 형태론, 통사론 등 배타적 구분을 넘어서는 논의에서부터 넓게는 기존의 '순수 언어학·응용 언어학'의 이분법을 지양하면서 학제적 연구를 지향하는 언어학의 뜻으로 쓰이고 있다.[34] 이때의 통합언어학 관점은 주로 탈근대 언어학을 지향하면서 근대 언어학을 다양성으로 포괄하는 전략이다. 김슬옹(2009)에서는 통합언어학을 '담론학' 관점에서 체계를 세운 바 있다.[35] 《훈민정음》 해례본은 15세기에 나왔지만, 놀랍게도 통합언어학 텍스트로서 손색이 없다.

이 장은 15세기와 20세기의 두 학자와 두 텍스트를 접속시킴으로써 이미 '전근대-근대-탈근대'라는 단선적 역사관을 부정하는 전략을 썼다. 그러면서도 그 용어를 가지고 비교하고 의미를 따지는 일종의 모순 어법을 취하고 있다. 여기서는 먼저 단선적 역사관에 대한 과감한 비판이 전제가 되어야 한다. 역사의 흐름을 거시적으로 보면 '전근대-근대-탈근

---

33 이 글은 비교 전략에 있으므로 각각에 대한 세부적인 논의는 줄인다. 비록 세종과 소쉬르에 대한 일반적 담론을 바탕으로 하지만, 두 사람을 접속시키는 데 의의가 있다. 그 과정에서 일반 담론의 부족한 점을 메우는 효과가 있을 것이다.

34 언어를 통합적 관점에서 접근하는 전략은 보통 비트겐슈타인의 후기 철학이나 프랑스의 푸코로 대표되는 담론 등 그 폭이 대단히 넓다. 하지만 그들이 '통합언어학'이란 용어를 실제로 설정한 것은 아니다. 또한 '담론'이란 용어는 일반화되었으나, '통합언어학'이란 용어 자체는 일반화된 것은 아니다. 통합언어학을 본격적으로 다룬 Michael Toolan(1996)조차 부제(*Total Speech : An Integrational Linguistic Approach to Language*)로 조심스럽게 다루었다.

35 이는 근대적 사고를 전면 부정하는 탈근대적 또는 포스트모더니스트들의 일반적 오류이자 자체 모순이기도 하다. 진정한 탈근대적 사유가 이분법을 극복하는 것이라면 근대적 사고의 전면 부정은 또 다른 이분법으로서 자기모순에 해당되기 때문이다.

대' 설정이 무의미하지 않다. 그 자체가 이미 거시적 역사관에 따른 것이며 진화론적 역사관이 깔려 있기 때문이다. 일반적으로 역사는 복합 나선형처럼 나아가는 것이라고 본다. 끊임없이 진보하는 것이 있는가 하면 퇴보하는 것도 있고, 진보하는 듯하다가 다시 퇴보하는 것도 있다. 미시적 관점으로 본 그런 복합성과 중층성은, 거시적 관점에서는 '혼란'에 가까울 것이다. 따라서 '전근대-근대-탈근대'라는 용어의 사용은 시대적 흐름을 명징하게 보여주면서 그러한 시대 구분의 모순을 스스로 드러내는 양면적 효과가 있다.

2. 소쉬르와 세종의 비슷한 언어관과 전략

1) 소쉬르 언어학의 근대성과 세종의 합리적 언어 보편주의

소쉬르는 근대 언어학과 탈근대 언어학의 시조로 추앙받는 전무후무한 학자로 자리매김 된 지 오래다.[36] 서로 대립된 듯한 두 분야에서 모두 시조로 치켜세워지는 것은 근본적으로 그의 천재성에서 비롯되었겠지만, 더 실질적이고 직접적인 원인은 『일반언어학 강의』에서 드러난 언어관의 다중 전략 때문이다.

먼저 '근대 언어학'의 속성 측면에서 비교해 보자. 소쉬르를 근대 언어학의 창시자로 보는 핵심 이유는 그가 언어 연구 방법을 과학적으로 체계

---

36 '근대' 쪽에서는 주로 '언어학'에서만 자리매김 되고 있지만, '탈근대' 쪽은 사실 언어학보다는 문화학, 철학, 사회학 등에서 위치를 차지하고 있다. 탈근대 학문의 조류가 근본적으로 학제적 연구를 지향하므로 당연한 현상이다.

화했기 때문이다. 언어를 랑그와 파롤로 나누고 랑그가 진정한 언어과학의 대상이라 하였다.[37] 곧 '랑그'는 언어 연구의 대상이기도 하고 방법론이기도 하다. 체계적인 언어만이 언어학의 본령이며, 언어학 또한 체계성을 지향해야 한다는 것이다.[38] 이러한 체계성을 추구하는 과정에서 언어를 통시태와 공시태로 나누고 공시태에 대한 연구를 랑그의 주된 영역으로 설정했다.[39]

근대성 자체가 양면성을 띠고 있으므로, 긍정성과 부정성을 어떤 맥락으로 받아들이는가 하는 담론적 접근이 중요하다. 랑그 편향주의나 랑그주의는 바람직하지 않지만, 랑그 지향의 전략적 의의는 충분하므로 그 긍정성에 주목하고자 한다. 소쉬르의 랑그식 언어 연구의 긍정성은 합리적 보편주의 또는 보편적 합리주의에 있다. 근대의 과학적 합리성을 언어학에 도입한 결과다.

세종은 문자 창제에 이러한 보편적 합리주의를 적용하여 가장 과학적인 문자를 구현하였다. 말소리의 보편적 법칙을 찾아 문자 창제에 과학적으로 적용하였다. 그러한 전략은 크게 두 가지 측면에서 이루어졌다. 하나는 거시적 전략으로 자연을 꿰뚫는 보편성을 지닌 과학의 발견이다.

---

[37] 소쉬르의 언어과학에 대해서는 Gadet(1987)의 글 참조.

[38] 김성도(1999: 101)가 "소쉬르는 결코 그의 언어학에서 파롤을 배제시키지 않았다"고 지적한 바와 같이 '랑그·파롤'의 이분법은 역설적이게도 '파롤'의 실체를 더욱 잘 드러내는 효과가 있다.

[39] 물론 이런 랑그 편향주의는 언어를 화석화함으로써 '순수 언어학·응용 언어학'이라는 잘못된 이분법을 낳았다는 숱한 비판을 받아왔다. 필자도 그런 비판론자 가운데 하나지만 비판 지점은 다르다. 소쉬르는 전근대를 극복하려는 전략으로 나름대로 시대적 타당성을 지니지만 후세 학자들이 그런 전략을 무조건 받아들인 것은 맹종일 수 있기 때문이다. 소쉬르의 랑그주의와 후세 학자들의 랑그주의는 구별해서 평가해야 한다.

"천지자연의 소리가 있으면 천지자연의 문자가 있다"는 《훈민정음》 해례본 제자해의 구절에서 극명하게 드러나듯, 말소리는 자연 소리의 일부이기도 하므로 그 속에서 말소리의 보편성을 찾으려 했고, 결국 문자과학의 보편성을 이룰 수 있었다(그림 3).[40] 물론 인간의 말소리는 다른 자연 소리와는 달리 '분절성'이라는 특이성을 지니지만 세종은 그 특징을 과학 보편주의로 포착해 낸 것이다.

또한 자음자와 모음자의 원형 문자를 설정하고, 이로써 상형문자를 구상한 것 자체가 자연의 보편성을 따르고자 하는 과학 전략이었다. 필자가 원형 문자를 '원소 문자'로 명명하고 싶은 것은 그 때문이다.[41] 최소 지향의 원자나 원소로 물질의 보편적인 성질을 구현하는 것은 근대 과학의 핵심 전략이기도 하다. 앞서 말했듯이, 미국 앨라배마 주립대 김기항 교수는 'ㅡ', 'ㅣ'조차도 'ㆍ'의 집합으로 보았다(김상일, 2006, 186~187쪽 재인용). 원소 문자의 핵심을 꿰뚫는 견해인 것이다.

세종은 여기에서 그치지 않고 절차적 합리성까지 구현하였다. 곧 자음자와 모음자의 상형 방식을 달리하여 [그림 3]과 같이 다중 전략을 구현한 것이다. 발음의 방식과 위치가 좀 더 선명한 자음자는 발음기관과 발음 작용을 직접 상형하였고 그렇지 않은 모음자는 발음과 직접 관련이 없는 자연을 간접적으로 상형하였다.

---

40 훈민정음 소리의 보편성에 대해 과학적으로 분석한 것은 한태동(2003), Sek Yen Kim-Cho(2001)의 글 참조.
41 리의도(2003)는 '원소 낱자'로 불렀다. 필자는 이 장에서 모음자의 'ㆍ'를 원소 문자로 보았다.

[그림 3] 직선과 점, 원만으로 이루어진 훈민정음도(김석연 작)

[표 4] 자음자 확장에 따른 구성도

기본 문자			운용(응용) 문자		
원형 문자	가획자	이체자	병서		연서
			각자병서	합용병서	
아음 ㄱ	ㅋ	ㆁ	ㄲ		
설음 ㄴ	ㄷ ㅌ	ㄹ	ㄸ		(ᄛ)
순음 ㅁ	ㅂ ㅍ		ㅃ	ㅳ, ㅴ, ㅄ, ㅶ ㅲ, ㅽ, ㅼ, ㅺ ㅵ, ㅷ	ㅸ, ㅹ, ㆄ, ㆅ
치음 ㅅ	ㅈ ㅊ	ㅿ	ㅆ ㅉ		
후음 ㅇ	ㆆ ㅎ		ㆅ(ㆀ, ㅥ)		
5자	9자	3자	6자(8자)	10자	5자
기본 문자 17자			병서 16자		연서 5자
초성 23자(25자, ㆀ·ㅥ 포함)				14자(ᄛ 포함 15자)	
실제 쓰인 34자(ㅸ 포함)(37자 ㆀ·ㅥ포함)					3자(ㅹ·ㆄ·ㅹ)
모두 37자(40자, ㆀ·ㅥ·ᄛ 포함)					

또한 삼분법(초성·중성·종성)의 특징을 지닌 조선 언어의 특이성을 정확하게 포착하고, 초성과 종성 자음자를 같은 글자로 배치했다. 그리하여 인간 언어가 자음과 모음으로 나뉘어 있는 보편성을 특이성과 극명하게 조화시킨 문자 시스템으로 실현함으로써 과학 보편주의를 이루었다.

그리고 미시적 전략 차원에서 철저히 실증적 관찰과 자료에 따라 문자 설계와 도형화를 실현했는데, 세종은 해부학이 거의 발달되지 않은 상황에서 발음기관과 발음 현상을 과학적으로 분석해냈다. [표 4, 5]와 같은 문자 시스템이 그런 전략의 극명한 효과를 보여 준다. 유클리드 기하학의 기본 요소인 점과 선과 원만으로, 일자일음주의로써 소리의 성질을 문자로 표상하는 전략에 성공했기 때문이다. 따라서 샘슨(Sampson, 7장)이 한글을 자질 문자로 이름 붙인 것은 매우 적절한 전략이다.

[표 5] 중성자 구성도

기본자			합용자		
원형 문자	초출자	재출자	두 글자 합친 글자	ㅣ와 한 글자 어울리기	ㅣ와 두 글자 어울리기
양성 ㆍ	ㅗ ㅏ	ㅛ ㅑ	ㅘ ㆇ ㅑ	ㆍㅣ ㅏㅣ ㅑㅣ ㅚ ㅙ	ㅙ ㆉㅣ
음성 ㅡ	ㅜ ㅓ	ㅠ ㅕ	ㅝ ㆊ	ㅡㅣ ㅔ ㅖ ㅟ ㅞ	ㅖ ㆊㅣ
중성 ㅣ					
3자	4자	4자	4자	10자	4자
11자			18자		
29자					

이러한 문자의 완벽한 체계화는 세종이 이룩한 음운학의 수준을 보여 주는 것이며 독일의 사세 교수는 "세종 임금은 언어학 연구에서 아주 중요한 분야인 발음기관 분석 단계까지 나아갔다. 이는 서양 언어학자들이 세종 사후 500년이 지난 20세기에 와서야 발견한 것이다"[42]라고 평가한

---

42 King Sejong in this step analysed the articulary organs, an area of linguistic

바 있다.

2) 소쉬르 언어학의 탈근대성과 세종의 횡단적 특이성

특이성과 미시적 접근, 차이의 강조, 비주류에 대한 주목, 이질성의 접속 등을 탈근대적 성향이라 한다.[43] 소쉬르는 랑그 중심의 근대적 언어관이 주된 축이면서도 한편으로는 파롤적인 탈근대적 측면을 강조하고 있다. 곧 언어(기호)의 의미와 가치는 차이를 통해 드러난다고 했기 때문이다. 이러한 담론으로 소쉬르의 『일반언어학 강의』는 탈근대 학문의 원류로 작동하고 있다.

랑그가 보편성, 동일성, 체계성이라면 파롤은 차이성, 특이성, 역동성이다. 물론 소쉬르가 설정한 '랑그·파롤'과 '차이'의 맥락은 다르다. '랑그·파롤'의 맥락은 주로 음운론이나 형태론 차원에서 논한 것이고, 차이 맥락은 기호와 의미 차원에서 말한 것이다. 이는 랑그와 파롤 차원에서는 객관화 전략을, 기호와 의미 차원에서는 차이 전략을 적용하는 이중 전략에서 나왔다. 이는 모순처럼 보이기도 하지만, 랑그는 실체가 아니라 형식(관계, 구조)이라는 측면에서 보면 결국 관계 속의 차이를 강조하는 탈근대성과 충분히 연결될 수 있다.[44]

---

research of great importance, which was, however, discovered by Western linguistic scholarship in the 20th century only, 500 years after King Sejong's times(Werner Sasse, 2005, 26~27).

43 탈근대적 언어관에 대해서는 Deleuze(1969, 1981)와 이를 충실하게 소개한 이진경(2002), 이정우(2003)의 논의가 많은 참고가 되었다.
44 Johannes Fehrr(2007)는 '랑그'를 관계성 차원에서 주목한 것이다.

세종은 중국 중심의 주류 질서에서 조선의 특이성에 철저히 주목했다. 그가 직접 썼다고 하는 서문의 첫머리는 바로 중국 한자와 우리말이 다르다는 선언에서 출발하고 있다.

> 우리나라 말이 중국 말과 달라 한자와는 서로 잘 통하지 않는다. 그러므로 글 모르는 백성이 말하려는 것이 있어도, 끝내 제 뜻을 능히 펼치지 못하는 사람이 많다. 내가 이것을 가엾게 여겨 새로 스물여덟 자를 만드니, 사람마다 쉽게 익혀 날마다 씀에 편안케 하고자 할 따름이다.[45]

뿐만 아니라 우리나라 말에서도 시골말과 어린이말까지 세심한 관찰을 보이고 있다.[46]

> •ㅡ가 ㅣ에서 시작되는 소리는 중앙말에 쓰이지 않는다. 아이들 말이나 변두리 시골말에는 드물게 있으니, 마땅히 두 글자를 합하여 나타내려 할 때에는 "기끄" 따위와 같이 쓴다. 이것은 세로로 먼저 긋고 가로로 나중에 쓰는 것으로 다른 글자와 같지 않다.[47]

이렇게 특이성, 소수성, 변이성 등에 주목하지 않았다면, 훈민정음과

---

[45] 國之語音 異乎中國, 與文字 不相流通 故愚民 有所欲言而終不得伸其情者多矣로. 爲此憫然. 新制二十八字欲使人人易習. 便於日用耳. 정음 1ㄱ_세종서문.

[46] 이는 김석득(1983, 49)이 지적한 것처럼 오늘날 표준말과 같은 나랏말을 위한 기술이지만, 한편으로는 섬세한 조선말 쓰임새, 변이음소와 같은 음운의 실체를 인식하고 분석해 냈음을 의미한다.

[47] ㆍㅡ起ㅣ聲, 於國語無用. 兒童之言, 邊野之語, 或有之, 當合二字而用, 如기끄之類. 其先縱後橫, 與他不同._정음해례 22ㄴ-23ㄱ_합자해.

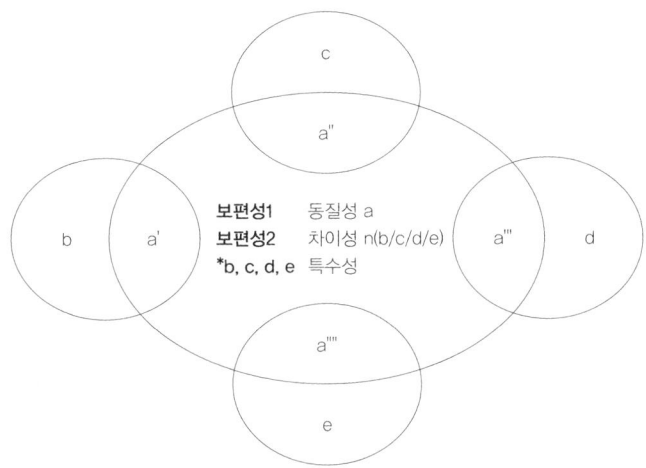

[그림 4] 보편성과 특수성, 차이성

같은 보편적인 문자 체계를 이뤄내지 못했을 것이다. 보편성과 특이성은 대립된 측면이라기보다는 하나의 사물이나 성질의 서로 다른 특징이다. 우주 만물의 모든 것들은 보편성과 특이성을 함께 지니고 있다. 공통 요소로서 보편성을 보면 특이성과 대립될 수 있지만, 차이로서 비추어 보면 특이성을 형식과 관계 차원에서 존중한다.

자연과 인간의 소리에 대한 객관적이고 경험적인 관찰에서 얻은 지식과 역철학 지식은 분명 이질적인 측면이 있다. 그것은 그 시대의 한계일 수도 있지만, 결과적으로 보면 전혀 다른 요소와 원리를 접속하여 더욱 합리적인 결과를 이루어냈다. 이러한 융합이 오히려 특이성을 배가하고, 이질적인 지식과 관습의 횡단을 통해 현실과 이상을 결합하는 결과를 빚어냈다. 문자의 이상을 실현하면서도 현실의 모순과 저항을 최대한 극복했던 것이다. 성리학적 원리와 의미 부여가 없었다면 최만리와 같은 정통 사대주의 학자들의 강력한 반발에 더 부딪쳤을 것이다. 베르너 사세

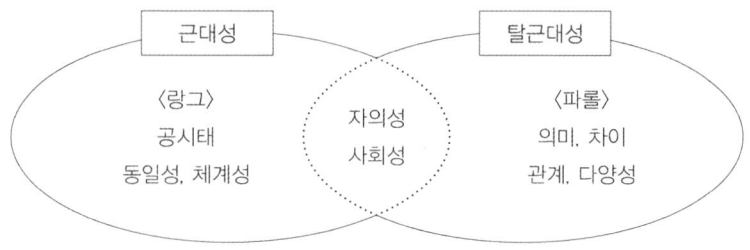

[그림 5] 소쉬르 언어학의 근대성과 탈근대성

(Werner Sasse, 2005)가 한글을 전통 철학과 과학의 결합으로 본 것은 이러한 맥락 때문이다.

소쉬르는 언어의 형식화, 체계성을 위해 자의성에 주목했다. 사물, 지시물을 배제하고 언어기호를 시니피앙(기표, 청각 영상)과 시니피에(기의, 개념)의 결합으로 보되, 둘 관계의 자의성을 강조했다.[48] 이는 근대적 언어과학을 정초하려는 전략이지만, 실제로는 차이에 따른 의미 구성, 맥락에 따른 의미의 다의적 구성, 언어기호의 다양한 효과와 작용 등을 강조하는 탈근대적 언어인식으로 더 많이 원용되고 있다(그림 5).

세종은 한자 보편주의 속에서 소리·음운 이치를 정확히 반영한 언어기호의 다의성과 창조성을 구현하는 문자 짜임새를 완성했다. 한편 훈민정음의 체계적, 과학적 확대 원리는 역철학에서 무극이 태극이 되고 태극이 음양이 되고 8괘 64괘 등으로 확대 생성되는 원리와도 연계된다.

훈민정음은 소쉬르식의 자의성에 가장 충실한 문자 체계이다. 몽골 파스파 문자와 같은 음운 문자의 선행 예가 있었다 하더라도, '초성·중성·종성'

---

48 엄격히 말하면, 기호로부터 배제한 것이지, 우리 삶에서 제외한 것은 아니다. 사물과 인간의 자유로운 관계를 위해 언어기호의 자의성이 필요했던 것이다.

의 이원적 삼분법(초성자=종성자)과 최소한의 자소는 최대한의 역동적·맥락적 의미를 표상해 낼 수 있는 탈근대적 방법인 것이다.

[표 6] 역철학과 훈민정음의 생성 과정

갈래		생성 과정	
역철학		태극 → 음양 → 사상 → 팔괘 → 64괘 → 만물	
훈민정음	자음자	상형기본자 → 기본자 → 응용자	→ 음절 → 문자
	모음자	원소 문자(·) → 상형기본자 → 기본자 → 응용자	

3) 통합언어학의 융합성

소쉬르는 분명 근대적 구조주의의 특성을 더 많이 드러냈다. 그러나 탈근대주의적인 접근에서도 강력한 문제의식과 구체적인 방법을 보임으로써 통합언어학의 가능성을 열어 놓았다.[49] 통합언어학의 거시적 접근은 언어의 근대성과 탈근대성 어느 하나에 대한 집중이라기보다는 그 모두를 다양성으로 받아들이는 것이다.[50] 랑그와 파롤은 서로 대립적이 아니라 언어의 양면적 또는 다면적 특성이다. 단적인 예로, 음운과 음성의 관계를 들 수 있다. 음성 차원에서는 서로 다른(특이성, 파롤) 말들을 하고

---

49 소쉬르의 언어학이나 언어에 대한 문제설정이 문화학, 사회학, 심리학 등 다른 학문과의 교섭에서 더 활발한 것은, 그의 언어학이 지닌 통합적 성격을 드러내는 단적인 증거다.
50 김성도(1999: 86)는 "소쉬르는 플라톤보다는 소크라테스, 그리고 촘스키보다는 비트겐슈타인에 가깝다."라고 했다. 매우 적절한 비유이지만, 필자는 조금 다르게 생각한다. 소쉬르는 플라톤과 소크라테스, 촘스키와 비트겐슈타인 등 각각 두 부류 특성을 함께 보여주고 있어 더욱 위대하다.

있지만 서로 소통하고 이해하는 것은 음운(보편성, 랑그) 층위가 공존하기 때문이다. 다시 말하면, 우리는 근대성이 아닌 근대주의를 배척하는 것이며, 근대성을 다양성의 하나로 포획한다.

세종 또한 보편성과 특이성에 모두 주목하여 이런 양면적 특성을 철저히 훈민정음의 문자 원리에 구현했다. 그는 조선 언어문화의 특이성에 주목하여 문자를 만들었으면서도 조선의 문자를 뛰어넘는, 문자의 보편성을 이루었다. '모든 알파벳의 꿈'인 완벽에 가까운 보편적 문자를 만들어냈다는 존 맨의 다음과 같은 평가는 단순한 치사나 과장이 아니다.

> 완벽한 알파벳이란 가망 없는 이상이겠지만, 서구 역사에서 알파벳이 밟아온 궤적보다 더 나은 결과를 얻는 것은 가능하다. 어느 알파벳보다도 완벽으로 향하는 길에 오른 알파벳이 있기 때문이다. 15세기 중반에 한국에서 생겨난 이 문자는 많은 언어학자들로부터 고전적 예술 작품으로 평가된다. 단순하고 효율적이고 세련된 이 알파벳은 가히 알파벳의 대표적 전형이라 할 수 있으며, 한국인들에게서 국보로 간주되고 있다. 영국의 언어학자인 제프리 샘슨은 그것을 '인류의 위대한 지적 유산 가운데 하나'라고 말한다. 한국의 알파벳은 알파벳이 어느 정도까지 발달할 수 있고 또 그 한계는 무엇인지를 보여주기 때문에 특별히 살펴볼 가치가 있다. …… 한글은 모든 언어가 꿈꾸는 최고의 알파벳이다(남경태 역, 2001, 163쪽·172쪽).[51]

---

[51] The perfect alphabet may be a hopelessly remote ideal, but it is possible to do a better job than history has made of the western alphabet, in any of its manifestations. We know this because there is an alphabet that is about as far along the road towards perfection as any alphabet is likely to get. Emerging in Korea in the mid-fifteenth century, it has the status among language scholars normally reserved for classic works of art. In its simplicity, efficiency and elegance, this alphabet is alphabet's epitome, a star among alphabets,

『일반언어학 강의』는 음운론을 중심으로 제도와 사회성에 관한 사회언어학, 의미론, 기호론 등을 넘나들고 있다. 다양한 언어 현상이나 지식에 대한 통합적 접근을 보여주는 것이다. 물론 소쉬르가 이러한 접근에 대한 철저한 인식이나 접근을 피력한 것은 아니지만, 전반적인 내용이나 언어 단위를 뛰어넘는 '기호'의 설정 등이 통합언어학의 가능성을 제대로 보여주고 있다. 《훈민정음》 해례본 또한 음성학, 음운론을 비롯하여 언어의 계층성과 같은 사회언어학, 쓰임새에 관한 화용론 등 폭넓은 학문 영역을 넘나들고 있다.

3. 세종과 소쉬르의 핵심적 차이: 역사와 주체 문제

소쉬르 비판의 핵심은 역사와 주체 문제이다. 그런 측면에서 김성도 (1999: 81)가 지적한 다음과 같은 비판에 대한 반박을 주목할 필요가 있다.

> 소쉬르를 비롯해서 구조주의에 대한 통설적 비판, 즉 주체와 역사의 부재라는 비판은 최소한 소쉬르의 경우에는 전혀 근거 없는 오류에 불과하다는 점을 분명히 지적해야 할 것이다. 소쉬르의 언어이론은 주체, 언어사용, 역사의 삼각관계에 대해서 치밀하면서도 치열한 성찰을 한 장본인이다. 특히 그가 언어학을 공시태 언어학과 통시태 언어학으로 나눈 심층적인 원인은 바로 시간이

---

a national treasure for Koreans and 'one of the great intellectual achievements of humankind', in the judgement of the British linguist Geoffrey Sampson. It's a story worth telling, because it shows to what heights the alphabet can be taken, and its limitations. …… Here, then, is about the best alphabet any language can hope for(John Man, 2001, pp.108~109, p.116).

란 요인을 최초로 참작했기 때문이다.

　매우 일리 있지만, 일단 대상으로서의 역사(언어 텍스트의 역사성)와 방법론으로서의 역사(통시적 방법론)를 구별할 필요가 있다. 대상으로서의 역사는 배제한다고 배제되는 것도 아니다. 방법론에서도, 김성도의 지적처럼, 공시태와 통시태의 구별은 역사성(시간)을 철저하게 따져야 가능하다. 그렇다면 소쉬르의 언어학에는 역사가 없다는 비판이 과도한 측면은 있다. 그런데 중요한 것은 공시태와 통시태 구별이 아니라 왜 구별하고자 했는가이다. 소쉬르는 통시태, 공시태의 이분법으로써 공시태를 강조하고 통시태를 배제하려고 했다. 더 나아가 전근대 언어학 또는 언어연구가 갖고 있던 주관적 역사의식을 배제하려는 것이다. 이러한 전략이 지나치다 보니 몰역사주의자로 비판을 받게 된 것이다.

　그러나 그는 역사를 배제한 것이 아니라, 또 다른 진공주의적 역사를 심어 놓은 것이다. 그는 역사로부터 끊임없이 탈주하려고 하였으나, 역설적이게도 소쉬르주의자들이 역사주의로 환원하게 하는 본령이 되었다. 근대, 탈근대 학자들이 끊임없이 과거로, 소쉬르로 회귀하고 있기 때문이다. 따라서 그가 역사를 거부했다기보다는 어떤 역사를 거부했는가, 그래서 어떤 역사를 일궈 냈느냐로 보는 것이 합리적이다.

　한편 세종은 역사 자체에 관심이 많았고, 역사학을 매우 중요하게 여겼다. 그것은 고려사 편찬 과정에서도 알 수 있다. 통치 기간 내내 고려사 편찬과 개정 작업에 매달리고도 완성을 보지 못했을 정도였다. 그 당시에 역사학은 정통 성리학에 견주어서는 잡학에 가까웠다. 이런 실정에서도 세종은 '역사'와 '역사학'에 끊임없는 관심을 표출했다.

　세종은 보편적 언어학의 바탕을 마련하면서 과거의 역사를 전면적으

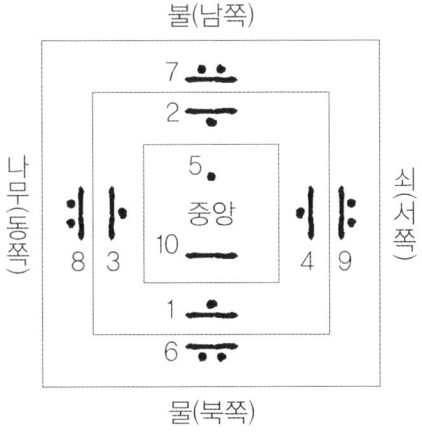

[그림 6] 가운뎃소리의 수와 음양오행

로 거부하는 이분법을 쓰지 않았다. 과거의 역사 또는 역사관에서 긍정적인 요소들을 최대한 끌어들여 재구성, 재창조하였다. 이른바 성리학적 언어관 가운데 음양오행을 비롯한 역철학 적용을 현대 과학 관점에서 부정적으로 보는 견해가 있으나, 이는 그 당시 시대 상황을 제대로 고려하지 않는 관점이다. 역철학은 당대에 보편주의를 추구하는 방식이었고, 이를 긍정적으로 과학적 음운 연구에 재배치한 것이다.

조음점이 비교적 명확한 자음의 경우는 오행을 적용하였고, 모음이 경우는 수리철학을 적용하였다.[52] 역리적 수리철학의 적용은 그 자체는 비

---

52 그림은 《훈민정음》 해례본 제자해의 다음 내용을 《주역》의 하도에 따라 재현한 그림이다. 하도에서는 북과 남의 위치가 지금 방위와 반대다.
　ㅗ初生於天, 天一生水之位也. ㅏ次之, 天三生木之位也. ㅜ初生於地, 地二生火之位也. ㅓ次之, 地四生金之位也. ㅛ再生於天, 天七成火之數也. ㅑ次之, 天九成金之數也. ㅠ再生於地, 地六成水之數也. ㅕ次之, 地八成木之數也. 水火未離乎氣, 陰陽交合之初, 故闔. 木金陰陽之定質, 故闢. ·天五生土之位也. ㅡ地十成土之數也. ㅣ獨無位數者, 盖以人則

합리적일지 모르나, 자음과 견주어 발음 실체가 유동적인 모음의 실체를 파악하고 질서를 세우려는 전략인 것이다.

[표 7] 15세기 자음의 조음 특성과 역 특성(훈민정음 해례본 제자해)

소리 분류		발음 특성		오행 특성						
15세기	현대 용어	발음 기관 특성	소리(聲) 특성	오행	오시	오방	오음	오장	오부	오상
목구멍 소리 (후음)	후음	깊숙하고 젖음 (邃而潤)	비어 있는 듯이 통하는 소리 (虛而通)	수	겨울	북	우음	콩팥	방광	슬기
어금닛 소리 (아음)	연구 개음	어긋나고 긺 (錯而長)	목구멍소리와 비슷하나 어딘가에 막혔다가 나는 소리 (似喉而實)	목	봄	동	각음	간	쓸개	어짊
혓소리 (설음)	치조음 설단음	재빠르게 움직임 (銳而動)	구르고 날리듯 나는 소리(轉而颺)	화	여름	남	치음	심장	대장	예의
잇소리 (치음)	치음	억세고 단단함 (剛而斷)	쇳가루 부서지듯 나는 소리로 걸리듯 소리남(屑而滯)	금	가을	서	상음	허파	소장	정의
입술 소리 (순음)	순음	모난 것이 합해짐 (方而合)	머금듯이 넓게 나는 소리(含而廣)	토	늦 여름	중앙	궁음	지라	위장	믿음

이러한 모음의 수리철학 적용은 다른 언어에 견주어 모음이 발달되어 있는 조선말의 실체를 문자로 제대로 재현하였을 뿐 아니라, 복잡한 모음 체계를 완벽한 대칭 구조와 위상 구조로 단순 명쾌하게 문자화하였다.[53]

無極之眞, 二五之精, 妙合而凝, 固未可以定位成數論也. - 정음해례 6ㄴ-7ㄱ_제자해
53 허웅(1996: 53~54)은 아래와 같은 맥락에서 자음자와 모음자의 차이와 모음자 만들기

세종은 한문 중심의 비합리적인 언어생활 문제를 근본적으로 극복하고자 하였다. 물론 이두 사용의 역사에 대해서도 냉정하게 주목했다. 소쉬르가 잘못된 역사 내용을 없애려고 그 형식까지 거부하는 우를 범했으나, 세종은 잘못된 역사 내용과 그렇지 않은 형식을 갈라보는 지혜를 발휘했다. 잘못된 역사를 배제할 수는 있지만 역사 자체를 배제할 수는 없는 것이다. 물론 제외하려는 것 자체가 또 다른 역사관일 뿐이다.

이제 '주체' 문제를 비교해보자. 소쉬르의 언어학에 '주체'가 없다는 일부의 비판은 과도한 것이다.[54] 마르크스주의적 주체는 없겠지만, 다른 주체는 얼마든지 있을 수 있다. 사실 주체 없는 과학은 없다. 어떤 주체를 거부했고, 어떤 주체를 내세웠느냐가 중요하다. 물론 소쉬르는 '주체' 자체에 대한 사유와 논의를 적극적으로 남기지 않았지만 분명 그는 주체를 상정했다. 언어의 사회성 또는 제도 차원의 측면은 주체(대중)를 염두에 두었다. 좀 세밀하게 보면, 칸트가 신이 아닌, 선험적 이성에 따라 주체가 구성된다

의 의미를 설명하고 있다.

"홀소리(가운뎃소리)는 그렇지 않다. 홀소리는 입 안에 아무런 막음도 생겨나지 않는다. 여러 가지 홀소리가 나누어지는 것은, 입안에서 취해지는 혀의 다양스런 굴곡상에 의해서다. 그런데 이 곡선은 좀처럼 정확하게 파악되지 않는 것이다. 헌데 음성학이 이 혀의 곡선을 정확하게 파악할 수 있는 것은 X-광선 사진에 의해서다. 그러므로 훈민정음을 만듦에 있어서 첫 글자보다 가운데글자를 만드는 데 더 큰 노력이 들었을 것은 능히 짐작할 수 있는 일이다. 그들은 가운데(소리)글자 만드는 원리를 완전히 다른 데에서 구하였다. 닿소리와 홀소리는 서로 다르므로 그렇게 하지 않을 수 없었을 것인데, 이 방법은 성공적이었다."

[54] 김성도(2007: 143)의 "소쉬르에 가해진 반주체성과 반역사성의 혐의와 낙인은 끈질기고도 성실한 소쉬르 연구자들의 치밀한 해석에 힘입어 소쉬르가 얼마나 언어 속에서 주체성의 문제를 집요하게 탐색하고 있었는지를 여실히 보여 주었다"라는 반박은 매우 적절하지만, 우리에게 필요한 것은 소쉬르가 언어 주체를 중요하게 여겼는가의 여부가 아니라 어떤 주체를 상정했느냐이다.

고 했듯이, 소쉬르는 랑그와 구조에 따라 주체가 구성된다고 보았다.[55]

이때의 주체는 바로 모든 대중들이 동일하게 상정되는 거시적 주체다. 이는 그가 언어를 랑그와 파롤로, 통시태와 공시태로 나누고 파롤과 통시태를 철저히 배제하는 순간 예견된 것이다. 다만 이러한 거시적 주체를 구성적 관점으로 봄으로써 '주체' 중심의 다른 근대 주체와는 구분되었고, 이 점이 탈근대 주체로 나아가는 디딤돌이 되었다. 이는 대상이 관점에 따라 구성된다는 소쉬르의 인식론과도 맞아 떨어진다.[56] 이러한 열린 근대적 주체 상정은 파롤과 차이에 따른 미시적 주체가 구성되는 길을 열어 놓았다.[57]

이와 달리 세종의 언어학 중심에는 주체가 있다. 훈민정음을 만든 핵심 이유가 민본주의에 따른 인간 주체의 문제였기 때문이다. 그가 새 문자를 만든 핵심 동기와 목표가 조선의 백성들을 교화의 대상으로 삼아 왕조 이데올로기를 보급하기 위해서였다 하더라도 중요한 것은 하층민을 최소한의 언어 사용 주체로 보았다는 점이다. 물론 그 당시 신분 질서와 사회 관습으로 보아 진정한 주체가 되기는 어려웠다. 그러나 언어 사용의 주체가 될 수 있는 가능성과 구체적인 제도와 시스템을 만들었다는 점이 중요하다. 세종은 양반과 한자 중심의 언어 주체론을 정면으로 부

---

[55] 소쉬르 언어학에서의 관점 문제는 Claudine Nomand(2007)의 글 참조.

[56] "it is the viewpoint that creates the object(Ferdinaud de Saussure, 1959, 8)."

[57] '랑그'는 추상적, 보편적 체계를 지향함으로써 언어의 근대성의 기본 단위가 되었지만, 또 한편으로는 실체가 아니라 형식이라는 측면에서, 그러한 형식은 관계 속의 구조라는 탈근대적 속성을 지니고 있기도 하다. 이런 점을 부정적으로 본다면, 소쉬르 언어관의 모순이자 한계라고 지적할 수 있다(김점석, 1999). 그러나 통합적 관점에서 보면 언어의 다중 성격이나 연구의 다중 전략을 보여준 것이다.

정하고 뒤집었다.

훈민정음을 하향적 도구(교화, 지배)로만 설정한 것이 아니라 상향적 도구(하층민의 불만 토로)로 설정해 하층민을 쌍방향 언어 주체로 상정했다. 훈민정음 반포 3년 만에 언문 벽서 사건이 일어난 것이 바로 극명한 효과였다.

> 하연(河演)은 까다롭게 살피고 또 노쇠하여 행사에 착오가 많았으므로, 어떤 사람이 벽 위에다 (언문으로) 쓰기를, '하 정승(河政丞)아, 또 공사(公事)를 망령되게 하지 말라'고 하였다.[58]

4. 맺음말

소쉬르의 언어학은 그야말로 역설 그 자체이다. 언어학의 고유 영역을 건설하고자 한 소쉬르의 문제설정과 전략은 오히려 다른 학문과의 융합이나 통합을 전제로 하거나, 그런 결과를 요청했다. 랑그를 강조하면서도 끊임없이 파롤로 미끄러져 갔으며, 언어의 동일성에 대한 과학을 추구하면서도 언어의 중층성을 여지없이 드러냈다. 언이 연구의 진근대상을 철저히 벗어났으면서도 너무 과도하게 앞서나가 근대를 넘어 탈근대 언어학의 정초를 마련했다.

세종의 훈민정음 창제 또한 역설의 결과물이라고 하거나 그와 같은 의미

---

[58] 演 苛察, 又老耄, 行事多顚錯, 人有以諺字書壁上曰: 河政丞 且休妄公事 -《세종실록》 세종 31/1449/10/5.

를 부여할 수 있다. 훈민정음은 조선의 문자였으되 조선만의 문자가 아니었다. 조선만의 독특한 문자(특수성)를 만들었으나 과학적인 문자의 보편성을 이뤄낸 것이다. 곧 세종은 조선의 임금이었으되 조선만의 임금이 아니었다. 세종은 훈민정음을 하층민을 위해 만들었지만, 하층민만의 문자는 아니었다. 훈민정음은 인간을 위한 문자였으되 인간만을 위한 문자는 아니었다. 자연 원리에 철저한 문자였기 때문이다. 훈민정음은 세종이 만들었지만 그가 혼자서 만들 수 있는 문자는 아니었다. 역사가 세종을 만들었고 세종은 훈민정음 창제로써 역사를 철저히 새로 썼기 때문이다. 훈민정음은 문자이면서 문자를 뛰어넘은 예술이며 음악이며 과학이다.

　소쉬르는 그의 사상이 세상에 드러나는 것을 극도로 사렸지만 오히려 그의 시대가 만개했다. 세종 또한 그의 언어학 사상과 업적을 문자 창제의 결과 외에는 거의 드러내지 않았지만, 훈민정음은 첨단 정보화 사회에 전문가들의 찬탄을 받는 길이 되었다.[59]

59　신숙주가 대표 집필한 《동국정운》도 세종의 언어학 사상이 집약된 것으로 보아야 한다.

세종학의 위상 2: 세종과 들뢰즈

1. 머리말: 왜 세종과 들뢰즈인가?

 이 장은 15세기 '훈민정음'이라는 소리 문자를 창제한 세종의 언어관(문자관)과 20세기 최고의 철학자로 여겨지는 들뢰즈의 언어관을 비교함으로써 이들 언어관의 역사적 가치와 의미를 밝히려는 것이다.
 푸코는 『르 누벨 옵세르바퇴르(Le Nouvel Observateur)』와 『크리틱(Critique)』지에 실린 논문에서 들뢰즈의 「차이와 반복」과 「의미의 논리」를 소개하면서, "아마도 20세기는 들뢰즈의 것이 될 것이다."라고 말한 것은 널리 회자되는 바다. 이런 푸코의 예언은 적중하여 들뢰즈는 다양한 학문 분야나 대중문화 담론의 중심에 섰고 20세기는 들뢰즈의 것이 되고도 남음이 있다. 그렇다면 필자는 "21세기는 세종의 것이 될 것이다."라고 말하고 싶다.
 아마도 들뢰즈(1925~1995)가 생전에 세종을 알았거나 한글을 알았다면 그는 당장에 한국으로 달려오거나 한글과 세종을 익히는 데 푹 빠져들었을 것이다. 자신의 사유나 사유 방식에 딱 들어맞는 문자와 그 문자를 발명한 세종에 놀라움을 감추지 못했을 것이기 때문이다.
 필자는 전혀 다른 시기에 살았던 두 인물을 접속하여 두 인물이 이룩한 업적이나 성과를 새롭게 드러내고자 한다. 특히 문자관을 중심으로 한 언어관을 비교하여 그들이 추구했던 언어의 맥락적 의미를 규명할 것이다. 물론 공평한 비교는 아니다. 들뢰즈를 끌어들여 세종을 새롭게 조명하려는 것이니 논의의 초점은 세종에 쏠려 있다. 그도 그럴 것이 학문 담론에서는 세종이 약자(소수자, 마이너리티)이니 약자 편을 드는 것이 순리다. 들뢰즈는 가장 인기 있는 철학자로 주목받고 있지만 세종은 위대한 문자를 발명한 왕 정도로만 인식되고 있을 뿐이다. 다행스럽게도 Margaret Thomas(2011) 의 "King Sejong the Great(1397~1450)"(*Fifty Key Thinkers on Language and Linguistics*, London and New York: Routledge, pp.49~55)에서 토마스는 세종을 50대 언어와 언어학 분야 50대 사상가로 뽑았고 세종이 국제적으로 언어학 사상가로 자리매김하고 있음을 보여준다. 토마스(Thomas, 2011)는 이 글에서 한글에 대해 "한글은 아주 적절한 언어학을 반영한 디자인으로 한국어 공동체에 특별한 가치가 있었으며, 한글은 표기법의 본질에 관한 유럽 중심의 가설을 뛰어넘어 언어의 일반 연구에 영향을 미쳤다.[60]"라고 한글의 가치를 통해 이러한 한글을 창제한 세종을 평가하고 있다. 그러나 이러한 평가는 들뢰즈 평가에 비해서는 턱없이 부족하다.

한글이 로마자 알파벳처럼 오랜 세월 자연스럽게 발생하고 축적된 문자가 아니고 인공 문자인 이상 그러한 문자를 만들 수 있는 학문적 실체는 분명한 것이다. 학문 배경 없이 위대한 인공 문자가 나올 수는 없기 때문이다. 위대한 문자는 인정하면서도 그러한 문자를 만든 세종을 학자나 사상

---

[60] In addition to its felicitous linguistic design, and its specific value to Korean speech communities, Hangeul contributes to the general study of language by disrupting ethnocentric assumptions about the nature of writing systems.
 - Thomas(2011: 49)

가로 제대로 조명해오지 않은 것은 1차적으로 후손들의 불찰이다.

아직도 한국에서는 훈민정음 공동 창제설 따위로 세종의 업적이나 위상을 제대로 평가하고 있지 않지만, 오히려 외국에서 먼저 더 주목한 셈이다. 세종은 언어학자이자 과학자이자 예술가였다. 한글이란 문자 자체가 이러한 융합적 학문 속성이 담겨 있다. 한글은 이성의 문자이자 욕망의 문자이다.

세종의 언어관은 훈민정음의 창제 배경과 주요 원리 가치 등을 기술한, 세종과 8인이 공저한 《훈민정음(1446)》 해례본을 중심으로 살펴볼 것이다.

들뢰즈는 가타리와 공저한 『안티 오이디푸스 l'Anti-Oedipe』로 간행했던 『자본주의와 정신 분열 Capitalisme et schizophrénie』의 후속편인 『천 개의 고원(Gilles Deleuze & Félix, Guattari, 1980, *Mille Plateaux - Capitalisme et Schizophrénie.*)』의 '4. 언어학의 공준들'에서 촘스키의 언어관을 비판하며 자신의 언어관을 직접 밝혔다.[61] 기존의 철학사를 메타 비평하면서도 새로운 철학을 건설한 언어 자체가 이미 그의 언어관의 실체를 드러내는 것이지만, 그 언어 자체가 난해한 만큼 직접 언어관을 밝힌 4장은 단행본의 한 장에 지나지 않는 짧은 글이지만 그의 언어관을 엿보고 분석하는 데는 충분하다.

이 장에서 비교하고자 하는 두 텍스트인 세종 외(1446)의 《훈민정음》과 들뢰즈와 가타리(1980)의 『천 개의 고원』은 각각 차원이 다른 문자와 철

---

61 『천 개의 고원』은 김재인 옮김(2001)의 한국어판이 있고 『천 개의 고원』을 자세히 풀고 비평한 이진경(2002)가 있다. 필자는 이 논문 관련 세미나에서 프랑스어판과 영어판 등을 여럿이 정독하였지만, 두 한국어판에도 힘입은 바 크다.

학을 열었다는 점에서 서로 맞닿아 있다.

세종(이도)·정인지·최항·박팽년·신숙주·성삼문·이 개·이서로·강희안 (1446), 《훈민정음》, 조선왕조.[62]

Gilles Deleuze & Félix, Guattari(1980). *Mille Plateaux - Capitalisme et Schizophrénie*, Paris: Les Édition De Minuit;[63] 김재인 옮김(2001), 『천개의 고원 - 자본주의의 분열증 2』, 새물결.

2. 논의의 배경

필자가 이러한 글을 쓰게 된 직접적 계기는 김슬옹(2008)에서 세종과 소쉬르를 비교하는 논문을 발표하면서이다.(이 책에 수록) 세종과 들뢰즈의 언어관을 비교하기 위해서는 상반된 언어관을 극명하게 보여준 소쉬르(1916)의 『일반언어학 강의』가 준거 역할을 한다. 소쉬르는 랑그 중심의 근대적 언어관과 파롤 중심의 탈근대적 언어관의 방법론을 모두 보여주었기 때문이다. 동질성 중심의 랑그와 차이 중심의 파롤은 이질적이기는 하지만 모두 언어의 속성이자 실체이다. 언어 현상 자체에서는 다양성으로 존재하는 것이지만 언어학자들은 철저하게 이 두 분야를 순수언어학과 응용언어학이라는 이분법 구도로 확대 재생산하였다.[64]

---

[62] '세종'은 운명 뒤 붙여진 이름이다. 원래 이름은 '이도'이다.

[63] 영어판: Gilles Deleuze & Félix Guattari, Translation and Foreword by Brain Massumi(1987), *A THOUSAND PLATEAUS: Capitalism and Schizophrenia*, University of Minnesota Press, Minneapolis.

이러한 이분법 구도를 극복한 언어학을 우리는 통합언어학이라 부른다. 통합언어학은 응용언어학과는 다르다. 응용언어학은 순수언어학의 배타성을 비판하며 그 반대쪽에 서고자 하지만 통합언어학은 순수언어학과 응용언어학이라는 구분 자체를 비판하고, 설령 그렇게 구분한다 해도 맥락에 따라 한쪽을 강조할 수도 있고 융합할 수도 있다.

소쉬르는 언어학의 고전으로 자리매김하고 있는 『일반언어학 강의』(1916)에서 근대적 언어관과 탈근대적 언어관을 모두 밝혀 융합적 언어관을 정립했다. 랑그와 파롤은 방법론으로서의 분리일 뿐 그러한 이분법이 언어의 실체는 아니다. 이러한 융합적 언어관은 세종 역시 8명과 공저한 훈민정음 해례본(1446)에서 밝혔다. '해례'에서 문자 과학의 체계를 가장 이상적으로 보여준 것은 랑그식 언어관이었으며, 자유로운 표현과 소통의 매개체로서의 문자 이상은 파롤식 언어관이었다.

소쉬르의 근대적 언어관을 더욱 발전시킨 이가 촘스키(1956)의 '변형생성문법'이고 탈근대적 언어관을 발전시킨 이가 들뢰즈(1980)이다. 공교롭게도 들뢰즈는 촘스키의 언어관을 Gilles Deleuze & Félix, Guattari(1980)에서 신랄하게 비판했다. 그런데 소쉬르(1916)에 앞서 근대적 언어관과 탈근대적 언어관을 철저하게 융합한 이가 세종(1446)이며 들뢰즈(1980)에 앞서 욕망과 생성의 언어관을 보여준 이도 세종(1446)이다.

---

64 언어의 형식과 내용, 기호와 의미, 기호와 지시체 각각을 분리하는 '자의성'은 언어의 역사성과 관습성을 거부하고 과학적 언어 체계를 세운다는 측면에서는 근대적 언어 속성으로, 역동적인 언어 사용의 장치로는 탈근대적 언어 속성으로 작동한다. 공동체의 언어 약속을 뜻하는 '사회성'도 합리적인 사회적 규약 측면에서는 근대적 언어 속성으로, 사회 구성원의 역동적 구성체로서의 '사회성'은 탈근대적 언어 속성이라 볼 수 있다.

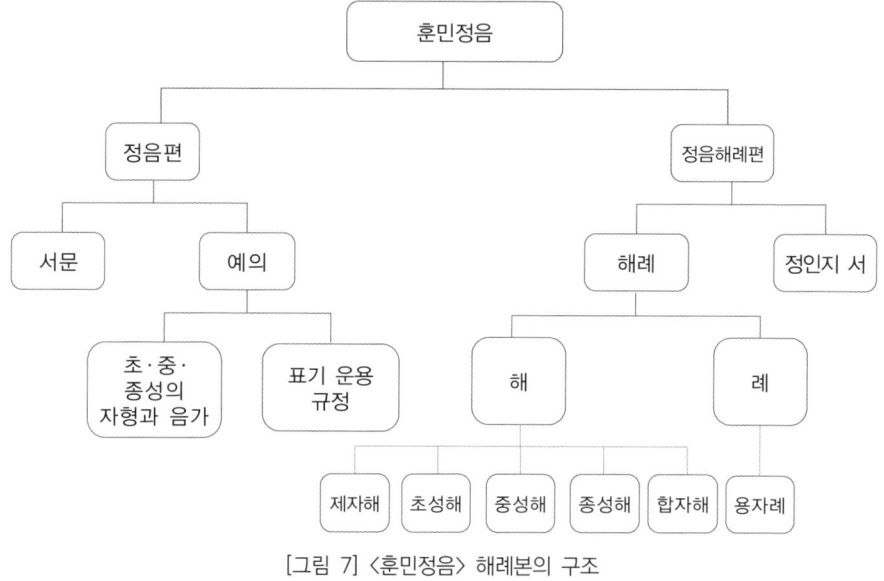

[그림 7] 〈훈민정음〉 해례본의 구조

3. 세종의 언어관, 문자관

　세종의 언어관은 훈민정음이라는 전무후무한 소리 성질 문자(자질문자, featural writing system; Sampson, 1985)로서 드러난 것이지만 창제 전의 문자에 대한 여러 언급에서도 뽑아낼 수 있다. 이에 대해 그간 많은 연구가 이루어져 왔지만, 언어관의 실체를 명확히 드러내지는 못했다. 필자도 관련 논문과 저서를 여럿 발표했지만 여기서는 새로운 방식으로 언어관을 정리하기로 한다.
　첫째, 실용주의 언어관이다. 이는 새 문자를 창제하기까지의 과정에서 생생하게 드러나 있고 세종실록에 낱낱이 기록되어 있다. 창제 전 문자에 대한 세종의 고민을 보면 한자나 한자·한문 변형체인 이두문이 어려움을

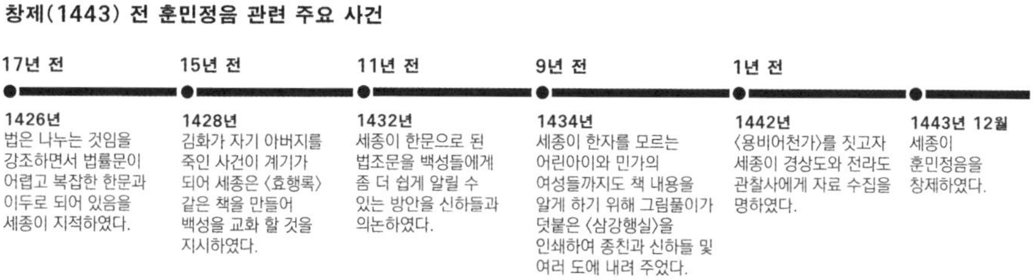

창제(1443) 전 훈민정음 관련 주요 사건

17년 전	15년 전	11년 전	9년 전	1년 전	
1426년 법은 나누는 것임을 강조하면서 법률문이 어렵고 복잡한 한문과 이두로 되어 있음을 세종이 지적하였다.	1428년 김화가 자기 아버지를 죽인 사건이 계기가 되어 세종은 《효행록》 같은 책을 만들어 백성을 교화 할 것을 지시하였다.	1432년 세종이 한문으로 된 법조문을 백성들에게 좀 더 쉽게 알릴 수 있는 방안을 신하들과 의논하였다.	1434년 세종이 한자를 모르는 어린아이와 민가의 여성들까지도 책 내용을 알게 하기 위해 그림풀이가 덧붙은 《삼강행실》을 인쇄하여 종친과 신하들 및 여러 도에 내려 주었다.	1442년 〈용비어천가〉를 짓고자 세종이 경상도와 전라도 관찰사에게 자료 수집을 명하였다.	1443년 12월 세종이 훈민정음을 창제하였다.

[그림 8] 창제 전 훈민정음 관련 주요 사건의 입체도

고민하고 있다. 창제 17년 전인 1426년에는 법은 나누는 것임을 강조하면서 법률문이 어렵고 복잡한 한문과 이두로 되어 있음을 세종이 지적하였다(1426.10.27.). 15년 전인 1428년에는 김화가 자기 아버지를 죽인 사건이 계기가 되어 세종은 《효행록》 같은 책을 만들어 백성을 교화할 것을 지시하였다(1428.10.3.). 그리하여 1432년에는 세종이 한문으로 된 법조문을 백성들에게 좀 더 쉽게 알릴 수 있는 방안을 신하들과 의논하였고(1432.11.7.) 1434년에 세종이 한자를 모르는 어린아이와 민가의 여성들까지도 책 내용을 알게 하기 위해 그림풀이가 덧붙은 《삼강행실》을 인쇄하여 종친과 신하들 및 여러 도에 내려 주었다(1434.4.27., 11.24.).

1434년에 만화를 곁들인 《삼강행실(도)》라는 책까지 펴내며 한문이 어려운 점을 해결하려 하였으나 불가능함을 알고 아예 하루아침에 배우는 쉬운 문자 창제에 나서게 된 것이다. 책이야말로 문자의 실용성이 가장 잘 드러나는 매체이고 문자가 어렵다면 책의 가치와 실용성은 제한적일 수밖에 없다.

둘째 민본주의 언어관이다. 훈민정음은 다목적용으로 만들었지만, 문자(한자)로부터 소외당한 하층민을 배려한 것이 가장 강력한 동기이다. 이 점은 세종이 직접 쓴 서문과 최만리 반대상소문에 잘 드러나 있다.

[사진 4] 《삼강행실도》 한문본(1434)(세종대왕기념사업회 소장)

"우리나라 말이 중국과 달라 한자와는 서로 통하지 않는다. 그래서 어리석은 백성이 말하고자 하는 바가 있어도 끝내 제 뜻을 펴지 못하는 사람이 많으니라. 내가 이것을 가엾게 여겨 새로 스물여덟 글자를 만드니, 모든 사람들로 하여금 쉽게 익혀서 날마다 쓰는 데 편하게 하고자 할 따름이니라."(國之語音, 異乎中國, 與文字不相流通. 故愚民, 有所欲言, 而終不得伸其情者, 多矣. 予, 爲此憫然, 新制二十八字, 欲使人人易習, 便於日用耳)   － 세종 서문

사형 집행에 관한 법 판결문을 이두 문자로 쓴다면, 글 뜻을 알지 못하는 어리석은 백성이 한 글자의 착오로도 원통함을 당할 수도 있으나, 이제 그 말을 언문으로 직접 써서 읽어 듣게 하면, 비록 지극히 어리석은 사람일지라도 모두 다 쉽게 알아들어서 억울함을 품을 자가 없을 것이다.[65](若曰如刑殺獄辭, 以吏讀文字書之, 則不知文理之愚民, 一字之差, 容或致冤. 今以諺文直書其言, 讀使聽之, 則雖至愚之人, 悉皆易曉而無抱屈者.)   －《세종실록》1444. 2. 20.

---

[65] 최만리 외 6인의 갑자 상소(1444)에서 세종의 말로 인용된 구절이다.

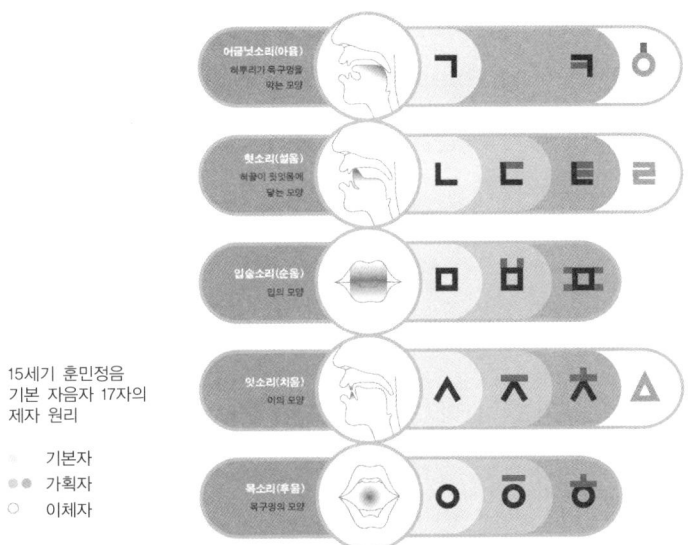

[그림 9] 훈민정음 제자원리와 기본 자음 17자

셋째, 생태주의 언어관이다. 세종은 입말(한국어)과 글말(한문)이 다른 절대 모순을 해결하기 위해 자연스러운 말소리를 가장 자연스럽게 적고자 했다. 그러기 위해서는 한자와 같은 뜻글자 또는 낱말글자가 아닌, 일본 가나와 같은 음절 글자가 아닌, 로마자처럼 한 문자가 여러 음소를 표기하는 단순 자모 문자가 아닌, 그야말로 소리 성질을 과학적으로 반영한 소리 성질 문자가 필요했다.

(1) 天地自然之聲, 則必有天地自然之文. 所以古人因聲制字, 以通萬物之情, 以載三才之道. 而後世不能易也(천지자연의 소리가 있으면 반드시 천지자연의 문자가 있다. 그러므로 옛 사람이 소리를 바탕으로 글자를 만들어서 만물의 뜻을 통하고, 천지인 삼재의 이치를 실었으니 후세 사람들이 능히 글자를 바꿀 수가 없었다.)　　　　－〈훈민정음 정인지서〉

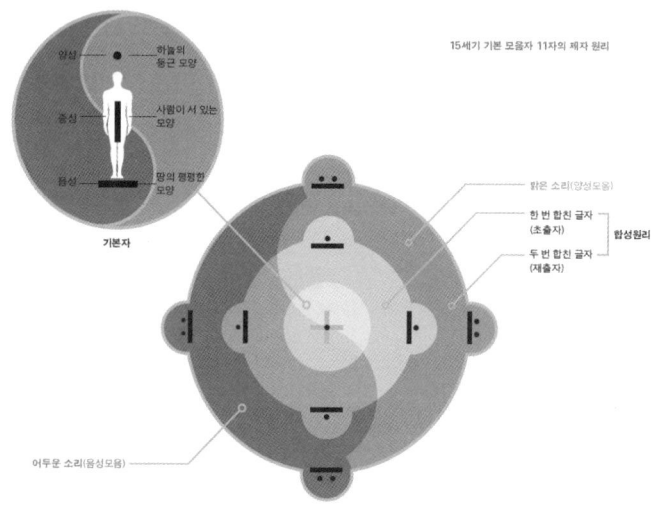

[그림 10] 기본 모음 제자 원리와 기본 모음 11자

(2) 天地絪縕 大化流行 而人生焉 陰陽相軋 氣機交激 而聲生焉. 聲旣生而七音自具. 七音四聲.(하늘과 땅이 화합하여 조화가 유통하매 사람이 생기고, 음양이 서로 만나 기운이 맞닿으매 소리가 생기나니, 소리가 생기매 칠음(七音)이 스스로 갖추이고, 칠음이 갖추이매 사성(四聲)이 또한 구비된지라.) －〈동국정운서〉

넷째, 과학주의 언어관이다. 과학은 크게 보면 관찰과 경험에 의한 자연과학이 있고 규칙성과 체계성의 객관성으로 인해 언제 어디서나 누구에게나 보편적인 방법론이나 특성으로서의 과학이다. 훈민정음 두 가지 과학의 속성을 모두 갖고 있어 문자 과학 또는 과학적인 문자라고 한다. 자음 다섯 자를 발음 기관과 발음 작용을 본뜬 것이 첫 번째 과학 특성을 반영한 것이고 가획 원리에 의한 자음자 확장(그림 9 참조), 합성 원리에 의한 모음자 확장(그림 10 참조)가 두 번째 과학 특성을 반영한 것이다.

이 모든 언어관은 결국 천지자연의 바른 소리, 백성의 소리를 바르게 적고자 하는 정음관에서 비롯된 것이므로 정음 언어관이라 볼 수 있다.

4. 들뢰즈의 언어관

들뢰즈의 언어관을 한마디로 규정하기는 어렵다. 촘스키의 보편적 언어관을 비판하고 있지만 그렇다고 그 반대쪽의 화용론의 계보를 그대로 잇고 있다고 보기도 어렵기 때문이다. 분명한 것은 복합적이고 중층적인 언어를 과학의 잣대로 균질적이고 획일적인 언어로 환원하는 이른바 순수언어학의 접근을 강력히 비판하고 있다는 점이다. 이런 흐름 속에서 들뢰즈의 언어관을 네 가지로 정리해 볼 수 있다.

첫째, 중층적 뿌리식 언어관이다.[66] 이런 언어관은 들뢰즈의 리좀식 사유에서 추출한 것이다. 뿌리는 하나의 줄기로 연상되는 나무와는 달리 수많은 뿌리가 얼키설키 얽혀 뿌리가 뿌리를 만들고 끊임없이 새로운 의미를 만들어 나간다. 한 뿌리에서 나온 듯하지만, 뿌리와 뿌리가 만나 새로운 뿌리를 만들면서 각각의 뿌리는 새로운 뿌리를 만들어내는 주체가 된다. 서로 다른 뿌리들이 접속을 통해 수없이 많은 뿌리를 생성해 나간다. 하나의 뿌리는 그 자체가 주체인 듯하지만 다른 뿌리와의 접속을 통해 진정한 주체가 된다.

요즘 페이스북 소통에서의 언어가 바로 뿌리식 언어 사용의 실체를 보

---

66 '중층성'이란 말은 다양한 요소들이 분리되어 있되, 수많은 잣대로 서로 연관되어 하나의 복합체를 이루는 특성을 가리킨다.

여준다. 한 사람이 갖가지 의미와 욕망을 담아 글을 페이스북에 올리지만 올리는 순간 수많은 이질적인 접속을 통해 그 글의 의미는 다양하게 생성되며 글을 올린 주체의 자리와 의미가 그 빛깔을 띠게 된다. 올린 글에 대하여 아는 사람의 접속, 모르는 사람의 접속, 아는 사람의 모르는 사람의 접속, 모르는 사람의 아는 사람의 접속, 알지만 친하지 않은 사람의 접속, 친하지 않은 사람의 친한 사람의 접속……. 여기에 페이스북의 교묘한 유혹 장치인 '좋아요, 공유' 등의 기계적 접속까지 더해 그야말로 무한대의 언어 양식과 의미가 창출된다. 그냥 스쳐 지나가는 눈팅식 접속도 그 방식이 수십 가지다.

페이스북이라는 첨단 매체가 아니더라도 우리가 매일 쓰는 단어이든 문장이든 기본적인 맥락은 같다. 그러한 언어를 어떤 상황에서, 어떤 맥락에서 쓰느냐에 따라 의미와 소통 양식은 달라진다. 비교적 실체가 분명한 '학교'라는 단어부터 대단히 현실적이고 개인적이면서도 매우 사회적인, 그래서 더 복잡한 '자유'라는 단어에까지 그 어떤 단어든 우리가 어떤 상황에서 쓰이느냐에 따라 의미와 언어 주체의 양식은 다양한 색깔을 띤다. 예를 들지 않아도 문장 이상의 실제 언어 사용에서는 그 빛깔은 더욱 다채로움을 우리는 잘 안다. 언어의 배치와 눈에 보이지 않는 사회적 코드에 이르기까지 언어의 접속 양식은 그야말로 뿌리의 증식과 다를 바가 없다.

이러한 뿌리식 언어관은 결국 상황과 관계와 접속을 중요하게 여기는 두 번째의 역동적 맥락 언어관을 끌어낼 수 있다. 언어학에서 '맥락'의 사용 양상은 두 가지다. 하나는 순수언어학에서 배척하고 응용언어학에서 중요하게 여기는 맥락이 있고, 후자 쪽을 중요하게 여기되 맥락을 배제하는 순수언어학의 전략까지도 맥락으로 수용하는 맥락이 있다. 들뢰즈는 '맥락'이라는 말을 쓰지는 않았지만, 굳이 이렇게 복잡한 맥락이란 용어를 사용하여 언어관을 규정짓고자 하는 것은 언어학계의 용어 가운데 들뢰즈의 언어관을 설명하기에 가장 적합한 용어이기 때문이다. 다만 역동적이란 수식어를 붙여야 들뢰즈 언어관의 실체를 좀 더 분명히 드러낼 수 있다. 들뢰즈에게 언어는 맥락이 중요하긴 하지만 맥락에 종속되는 것은 아니기 때문이다. 졸고 김슬옹(2012ㄴ)에서 설정한 맥락의 구성 요소를 통해 설명해 보면 특정 요소들은 맥락을 창출하거나 재구성하는 장치이기도 하다.

[표 8] 맥락의 구성 요소(김슬옹, 2012 재구성)

갈래			의미
상황 맥락 ·상황1: 실제 ·상황2: 텍스트 ·상황3: 가상		주체	상황 관련 사건 주체, 주체의 의도
		목적	사건이 일어난 구체적인 동기나 목적
		내용	사건의 현상, 사건의 주제
		시간	사건이 발생한 때
		공간	사건이 발생한 장소
사회, 문화, 역사 맥락	물리적 배경	국가, 권력 기관	한 나라의 정치 체제, 주요 국가 권력 기관
		제도	공공의 공식적인 행정 정책
		계층	사회를 구성하는 경제적, 정치적 동질 집단
		문화 매체	영화관, 전시물과 같은 물리적 문화 매체
	정신적 배경	이데올로기, 시대 이념	특정 사회 이념, 정치적 이념, 한 시대를 지배하는 핵심 이념
		권력	사회적 힘으로 작동되는 정치적 힘
		공동체의 가치	한 사회가 추구하는 바람직한 이념
		문화 행위	영화 보기와 같은 구체적인 문화 수용과 생산 활동
언어 맥락		분절적 언어 맥락	음운 맥락, 단어 맥락, 문장 맥락
		비분절적 언어 맥락	준언어(고저장단) 맥락, 몸짓언어 맥락
		문체 맥락	문어의 다양한 문맥 효과

자료와 매체 맥락	표현 양식 맥락	문어 맥락, 구어 맥락
	의미 맥락	언어 의미 맥락
	자료 맥락	언어 자료 맥락, 영상 자료 맥락 등
	매체 맥락	인터넷 매체 맥락, 전화 매체 맥락 등

결국 개인적인 언표행위란 없으며 그러한 언표행위의 주체도 없다. 언표의 개인화와 언표행위의 주체화는 비개인적인 집합적 배치가 그것을 요구하고 결정하는 한에서만 존재한다. 다양한 맥락의 교차와 접속 또는 배치가 다양한 언어적 주체를 생성해 내며 그러한 주체의 언어 수행에 의해 수많은 맥락이 생성된다.

셋째, 소수자(마이너리티) 중심 언어관이다. 들뢰즈는 언어는 명령어라는 관점에서 언어의 권력성, 정치성에 주목한다. 명령어란 명령문처럼 명시적인 언술의 구체적인 범주가 아니라 모든 낱말이나 언술의 암묵적 전제이면서 실제 수행되는 언어행위(acts de parole)라는 것이다. 그래서 권력을 가진 사람들의 언어 사용 또는 남성형/여성형 등의 언어 고유의 장치 등은 가시적인 명령문이 아니더라도 사회적 의무로 작동된다. 따라서 언어활동은 삶에 명령을 주는 것이며 언어활동이란 정보 전달이 아니라 명령어의 전달이다. 문법적으로 맞는 문장을 만든다는 것은 정상적인 개인에게 사회적인 법에 복종하는 전제조건이 되는 것이다. 언어는 정치적이다.

"고급언어/저급언어, 지배언어/피지배 언어, 다수언어/소수 언어"와 같은 구별이 중요한 것은 이러한 구별과 배치가 항상체의 권력으로 작용하느냐 변이의 힘으로 작용하느냐이다. 또한 이때의 소수자(minorité)의 개념은 매우 복합적이어서, 음악과 문학, 언어뿐만 아니라 법과 정치 분야까지 아우른다. 소수성과 다수성(majorité; 다수자)은 단지 양적인 차원

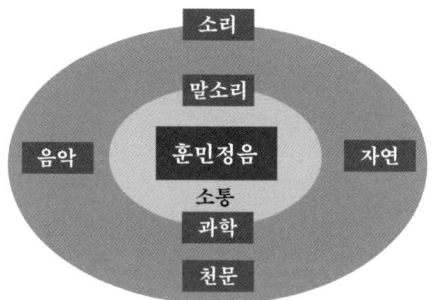

[그림 11] 훈민정음의 천문자연지문도

에서 대립하는 것은 아니다. 이는 마치 다수에 의해 지배되는 민주주의가 사실은 특정 권력을 가진 사람들에 의해 좌지우지되는 것과 같다. 이때는 오히려 다수인 민중이 소수자가 되고 소수인 권력자는 다수자가 된다. 따라서 두 가지 종류의 언어가 있는 것이 아니라 같은 언어를 다루는 두 가지 방식이 있는 것이다. 다수자의 언어는 변하지 않는 권력을 지향하지만, 소수자의 언어는 변이와 변화를 추구한다. 더욱 중요한 것은 다수언어 안에 또 다른 소수 언어가 있으며 소수 언어 안에 또 다른 다수언어가 있다. 전라도, 경상도 사투리는 표준어에 비해 소수 언어이지만 그 사투리 안에서 또 다른 다수언어와 소수 언어가 존재하기 마련이다.

넷째, 생성적 욕망의 언어관이다. 들뢰즈는 서로의 욕망을 억압하거나 제재하는 사회가 아니라 서로의 욕망이 횡단하는 사회를 꿈꿨다. 들뢰즈에게 욕망은 부족한 무언가를 바라는 것이 아니라 적극적인 뭔가를 만들어내는 변이의 추진체이다. 변이란 중심적 원칙을 분해하고 계속 융해되고 변형되는 형태의 연속적 전개를 중심적 형태로 대치시키는 것이다. 음악에서의 반음계는 욕망과 변이의 실체를 극명하게 보여준다.

언어 또한 사투리, 은어, 상인의 고함 등은 어휘의 수사학적 차이가 아니라 언어의 공통적 요소들에 대한 계속 변이를 작동시킨다. 문체는 계속 변이의 방식으로 개인의 심리적 창조가 아니라 언술행위의 장치이며 한 언어 속에서 다른 한 언어를 만드는 장치이다.

5. 세종과 들뢰즈의 통합언어학적 비교

세종과 들뢰즈의 언어관을 살펴보면 몇 가지 닮은 점이 포착된다.

첫째, 보편적이면서도 획일적인 언어주의를 거부했다. 15세기 조선은 중화주의에 절대복종해야 하는 사회였다. 한문은 중화주의의 절대 기호로 한자를 바탕으로 하는 이두문이나 구결문과 같은 변형은 가능해도 한자를 벗어난 그 어떤 문자도 용납이 안 되는 시대였다. 그래서 세종은 새로운 문자 창제를 비밀리에 할 수밖에 없었고 28자를 완벽하게 창제한 후 공표하고 한글이 한자를 대체하는 것이 아닌 다목적용임을 보여주어 사대부를 설득하게 된 것이다.

세종은 한 나라의 임금이었으되 문화, 사상 측면에서는 동아시아의 게릴라였다. 세종 역시 정치적으로는 중국 명나라에 대해 사대의 예를 극진히 했다. 그러면서 우리식 천문 과학, 우리식 음악을 완성했고 이를 바탕으로 우리식 문자 창제에 성공했다. 천문과 음악의 표준을 정하고 그것을 만백성에게 나눠 주는 것은 중국 황제의 특권이었다. 세종은 그런 시대적 절대 한계를 극복하고 마치 게릴라처럼 하나하나 중국과 다른 문화 대국을 건설했다.

들뢰즈 역시 언어의 동질성 추구에 대한 비판과 이질성에 대한 문제설정을 보여준다. 모든 언어는 본질적으로 이질적인 것이 혼합된 것이다.

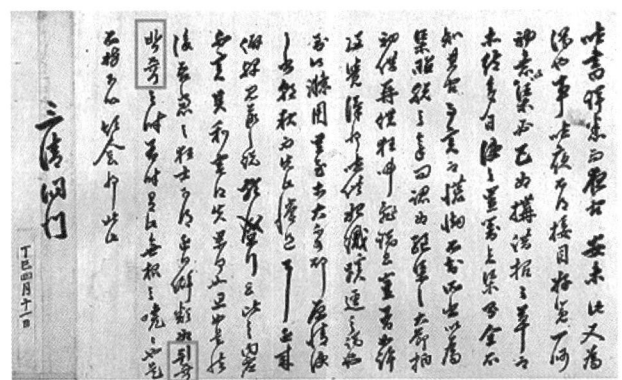

[사진 5] 정조가 심환지에게 1797년 4월 11일에 보낸 한문 편지.
일명 '어찰 뒤죽박죽'(안대회, 2010)이라 부른다.

언술과 행위 사이의 관계는 동질성이 없다. 차이의 반복일 뿐이다. 그래서 언어의 실체를 왜곡하는 촘스키식 언어학을 비판한다. 문장을 절대 지표로 구체적이며 생성적인 언어 수행이 아닌 하나의 보편 법칙으로 언어의 복잡성과 수행성을 환원하는 것을 수목 모델이라고 강력히 문제를 제기한 것이다. 곧 촘스키식의 언어학은 하나의 점 S에서 시작해 이분법에 따라 진행되며 S는 권력의 지표라는 것이다.

순수언어학이 과학성을 내세우는 것은 구조적 불변성이란 본질을 추구하기 때문이다. 과학적이 된다는 것은 동질화, 중심화, 표준화의 과정을 겪는 것으로 다수적이고 지배적인 권력의 언어가 되는 정치적인 모델과 하나가 되는 것이다. 이러한 과학으로서의 언어학의 조건에는 항상체의 개념이 담겨 있어 랑그의 항상체, 언어활동의 보편소 등이 설정된다. 촘스키의 '언어능력-언어 수행' 이분법의 모순은 언어능력을 복수화할 수 있다는데 그 모순이 극명하게 드러난다.

둘째, 언어는 욕망의 도구이다. 문자는 그 욕망을 가두기도 하고 해방

[표 9] 소리시늉말의 다채로움

갈래	양성모음끼리	음성모음끼리
예사소리	졸랑졸랑	줄렁줄렁
	잘랑잘랑	절렁절렁
된소리	쫄랑쫄랑	쭐렁쭐렁
	짤랑짤랑	쩔렁쩔렁
거센소리	촐랑촐랑	출렁출렁
	찰랑찰랑	철렁철렁

하기도 한다. 세종이 욕망이란 말을 쓴 적은 없다. 그러나 훈민정음은 자연의 소리를 문자로 담고자 하는 인간의 오랜 욕망을 실현한 것이며, 이는 가장 과학적인 쉬운 문자의 조건으로 인해 소통과 표현의 온갖 욕망을 드러내게 하는 장치이다. 1797년에 한문의 최고 대가인 정조가 신하에게 보낸 한문 편지에서 느닷없이 한글 '뒤죽박죽'을 드러낸 것은 글자와 욕망의 관계를 극명하게 보여준다. 조선의 지식인들은 말과 생각으로는 자연스러운 욕망 그대로 '뒤죽박죽'이라 하면 실제 글을 쓸 때는 그런 욕망을 '錯綜'이라는 한자에 가두었다. 그런데 정조는 마음이 급해서인지 그 욕망을 가두기 싫어서인지 한글로 그 욕망을 드러냈다.

한글은 굳이 정조 편지 예가 아니더라도 욕망을 드러내기 좋은 글자이다. 한국어에 발달하여 있는 '예사소리-된소리-거센소리'의 삼분법과 '음성-양성'의 이분법의 말 빛깔이 한글로 맘껏 드러난다.

물론 모든 문자는 욕망의 기호이기도 하다. 조선일보 사진(사진 6)을 보면 네 가지 방식으로 한자를 섞어 쓰거나 병기하고 있다. 1988년 한글전용을 전면화한 한겨레신문이 나온 뒤로 출판물에서 한글만 사용하는 흐름이 전면화된 지 오래지만 그야말로 '처절한' 방식으로 한자를 놓지 않

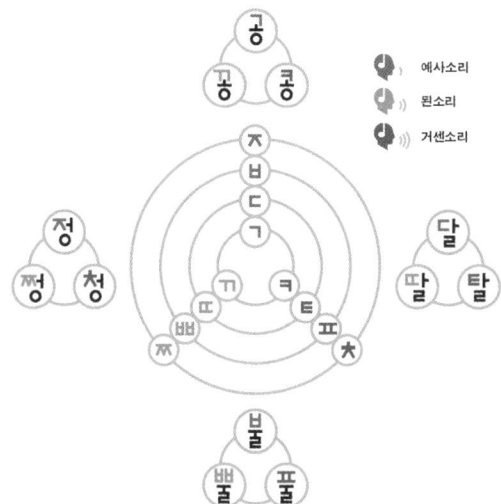

[그림 12] 예사소리, 된소리, 거센소리가 빚어내는 어휘 빛깔

고 있다. 이런 현상을 어떻게 해석해야 할까. 이때의 한자는 분명 한자 이데올로기인 것만은 분명하지만 그것만으로는 설명이 안 된다는 것이다. 한자 병기나 혼용을 전면화하지 않은 것으로 보아 문자의 기능성과 효용성만으로도 설명이 되지 않는다. 오히려 어떻게 하든 한자를 통해 모든 것을 지키고자 하는 간절한 욕망으로 보는 것이 합리적이다. 물론 이데올로기와 욕망을 이분법적으로 보고자 하는 것은 아니다. 욕망 측면에서 보면 이데올로기도 집단적 욕망이라 볼 수 있기 때문이다.

셋째, 언어는 이질적인 것들의 접속이며 생성이다. 들뢰즈에 의하면 다양한 발화나 언어 행위는 그러한 언어 구성 요소의 배치와 그러한 배치가 이뤄지는 맥락에 의해 의미작용과 의미효과를 일으킨다(그림 13 참조).

세종은 기본 문자소(모음 세 자, 자음 다섯 자)를 가장 단순한 직선, 점, 원이라는 도형 배치를 통해 온갖 소리를 역동적으로 담아낼 수 있는 생성의

[사진 6] 조선일보의 네 가지 한자 병기 방식

문자를 창출했다. 모음 기본자는 천지자연의 우주를 본뜨고 자음 기본자는 작은 우주인 사람의 발음 기관을 본떠 큰 우주와 작은 우주를 접속시켜 음소 문자이면서 음절 단위로 모아쓰는 전무후무한 문자 짜임새(시스템)를 만들어 냈다. 또한 모음에는 음양 이분법과 천지인 삼분법을 동시에 배치하고 자음에는 오행과 오시와 오방, 오음 철학을 적용과 과학과 이질적인 철학이 만나 조화로운 문자의 생성 의미를 부여했다(그림 15). 또한 [그림 16]처럼 최소의 자음과 모음이 최소의 규칙적인 움직임을 통해 최대의 글자를 생성해 내는 문자 생성의 극치를 보여준다. 이러한 한글의 생성적 배치 원리는 다양한 손전화에서 다양한 배치 효과로 나타난다.

넷째, 소수자 지향의 언어관이다. 들뢰즈는 차이의 보편성을 통해 소수자 지향의 언어관을 피력했다. 동질성으로서의 보편성이 아닌 차이로서의 보편성을 통해 소수자의 언어가 지향해야 할 맥락을 제시했다. 훈민정음은 절대 권력을 가진 임금(세종)이 창제했지만 철저하게 하층민을

[그림 13] 담론 구성도(김슬옹, 2009: 26)

배려한 문자이다. 세종은 입말(한국어)과 글말(한문)이 일치하지 않는 언어의 절대 모순 해결을 통해 한자를 몰라 글말로부터 철저히 소외당해온 하층민이 언어 주체로 나설 수 있는 길을 열었다.

1449년의 언문 벽서 사건은 소수자의 언어가 어떻게 역사에 드러나고 남을 수 있는지를 보여준다. 1449년에 어떤 사람이 "하 정승(하연)아, 나랏일을 어지럽게 망치지 마라."라고 비판한 한글 벽서를 썼다. 그 한글 벽서는 남아 있지 않으며 한문 번역만 전한다. 다음 한글 붓글씨는《조선왕조실록》1449년 10월 5일 자에 기록된 왼쪽의 한문 번역 내용을 그 당시 한글로 재현한 것이다.

이 밖에도 필자는 김슬옹(2005)와 김슬옹(2012ㄷ)에서 조선왕조실록 기록에 나오는 950여 건의 한글 관련 기록과 각종 문헌을 통해 절대적인 한문 주류 문자 속에서 역시 절대적인 비주류 문자인 한글이 어떻게 파열음을 내며 역사의 다양한 사건으로 흘러갔는지를 규명한 바 있다. 물론 한글의 긍정적 효과와 가치만을 얘기한 것은 아니다. 한글의 가치와 의미는 사용 맥락에 의해 결정되기 때문이다. 중요한 것은 다양한 접속이 가능한 문자와 그렇지 못한 문자의 차이는 분명하다는 것이다.

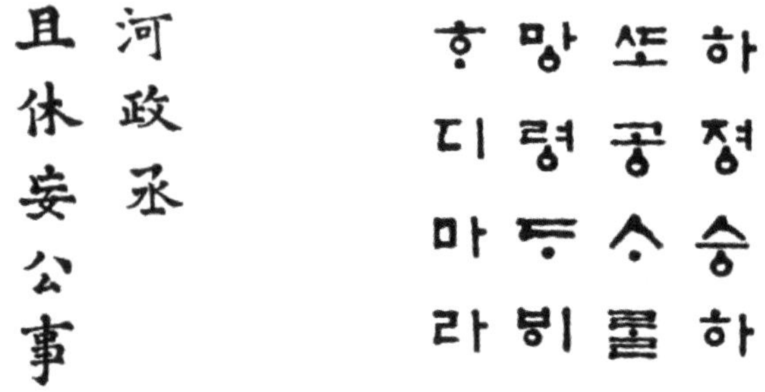

河政丞
且休安公事

하정승
쏘공
망령
ᄒᆞ디
마ᄃᆞᆨ스ᇰ
라비ᇙᄒᆞ

[그림 14] 1449년의 한글 벽서를 번역한 실록 기록(왼쪽)과 벽서를 재현한 글(오른쪽)

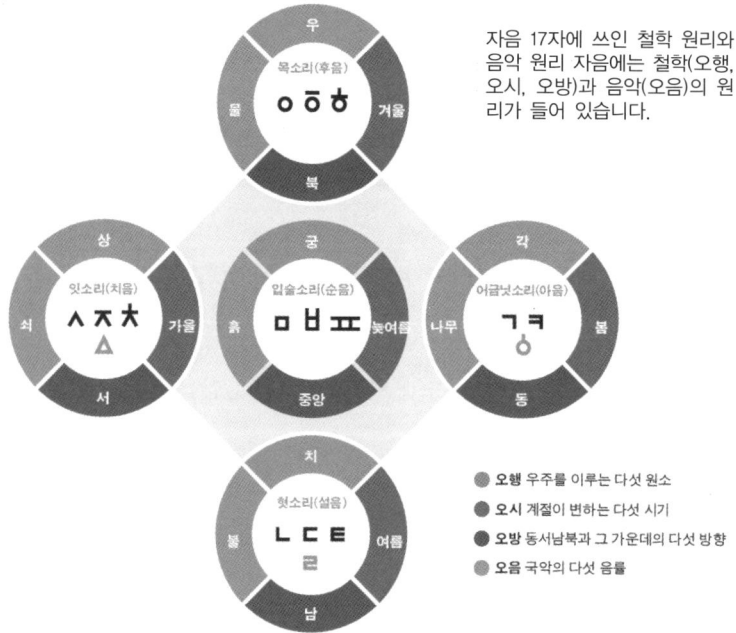

자음 17자에 쓰인 철학 원리와 음악 원리 자음에는 철학(오행, 오시, 오방)과 음악(오음)의 원리가 들어 있습니다.

● **오행** 우주를 이루는 다섯 원소
● **오시** 계절이 변하는 다섯 시기
● **오방** 동서남북과 그 가운데의 다섯 방향
● **오음** 국악의 다섯 음률

[그림 15] 자음에 부여한 오행 철학

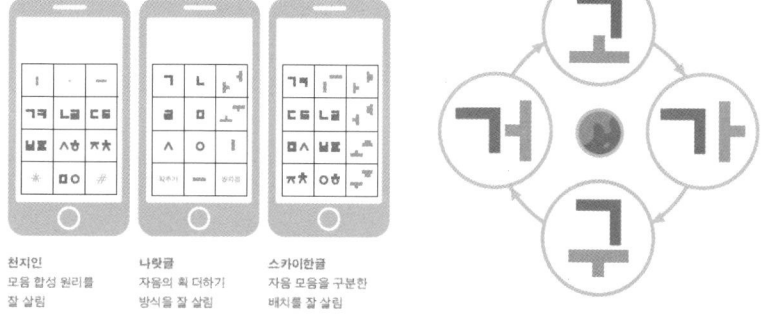

[그림 16] 자음자와 모음자의 다양한 배치와 결합

6. 맺음말

세종은 오랜 병마에 시달리다 54세에 운명했고 들뢰즈는 70세에 자살로 생을 마감했다. 실제 들뢰즈가 세종과 한글을 알았는지 몰랐는지는 모른다. 기록으로만 본다면 모른 게 분명하다. 만일 알았다면 들뢰즈의 삶도 달라졌을 것이다. 그가 구축했던 천 개의 고원 가운데 한 고원이 15세기 조선에서 우뚝 솟았다면 어찌 놀라지 않았겠는가? 당연히 『천 개의 고원』 4장은 촘스키 비판보다 세종에 대한 담구로 가득 채웠을 것이나. 아니면 마지막 고원을 세종과 한글에 관한 얘기로 채웠을지도 모른다.

세종학의 꽃, 정음학

1. 머리말

　소리와 뜻과 정보, 그리고 생각을 문자로 적으려는 인간의 욕망은 오래되었다. 그러한 욕망은 자연스럽게 싹튼 것이었으나 그것이 실제 문자로 탄생되고 발전되어 가는 과정에서 상당한 권력이 작용하고 문화적, 사회적 성숙도 필요했다. 그래서 인류의 말소리 역사에 비해 문자의 역사는 매우 짧은 편이고, 현재까지 자연 언어로 살아남아 있는 모든 문자는 그 어떤 문자든 숭고한 역사 그 자체라고 말할 수 있다.

　세계 문자사에서 한자 또한 소리와 뜻을 담는 문자로 자연스럽게 탄생해 발전을 거듭하면서 고대 문명부터 거대한 문화와 역사를 담아낸 문자였으나 섬세한 소리를 담고자 하는 욕망 앞에서는 한계를 드러낼 수밖에 없었다. 말소리를 섬세하게 반영할 수 없는 한자의 한계는 역설적으로 바른 소리[正音]를 적고자 하는 욕망을 더욱 부추겼으며 이른바 천지자연의 이치를 담은 정음 문자관이 발전하는 배경이 되었다.

　이 장은 중국의 한자 중심의 정음 문자관의 형성 배경을 바탕으로 이를 극복한 세종의 정음 문자관의 형성 배경과 실체의 맥락을 밝히려는 것이다.[67]

　말소리를 자연스럽게 적고자 하는 욕망은 15세기에 이르러서야 조선이라는 변방의 작은 나라에서 새로운 소리 문자로 탄생하였다. 그것은 말소리를 제대로 적을 수 없는 한자의 절대 모순과 그로 인해 발달한 중국의 성운학을 바탕으로 생겨난 것이지만 당대의 다른 문자와는 차원이 다른 독창적인 문자로 이룩되었다.

필자가 이 장에서 접근하는 관점과 방법론은 일종의 '통합 언어학'이자 '유통 문자관'이라 할 수 있다. 통합 언어학은 체계와 보편성 중심의 랑그 지향 근대 언어학과 차이와 다양성, 특수성 중심의 파롤 지향 탈근대 언어학을 통합하는 언어학이다.[68]

'유통'은 《훈민정음》 해례본(1446) 서문에 나오는 말이다. 세종의 정음 문자관을 도드라지게 보여 주는 말이다.

> 우리나라 말이 중국과 달라 한자와는 서로 통하지 않으니라. 그래서 어리석은 백성이 말하고자 하는 바가 있어도 끝내 제 뜻을 펴지 못하는 사람이 많으니라. 내가 이것을 가엾게 여겨 새로 스물여덟 글자를 만드니, 모든 사람들로 하여금 쉽게 익혀서 날마다 쓰는 데 편하게 하고자 할 따름이니라.(國之語音異乎中國與文字不相**流通**. 故愚民有所欲言而終不得伸其情者多矣. 予爲此憫然新制二十八字欲使人人易習便於日用耳.)

'유통'은 사람 사이의 소통뿐만 아니라 소리와 문자, 문자와 소리, 소

---

67 맥락 중심 통합언어학 방법론에 대해서는 단행본인, 김슬옹(2012ㄴ)으로 집약한 바 있다.
68 글쓴이는 김슬옹(2008)에서 근대적 언어관과 탈근대적 언어관의 융합을 보여 준 소쉬르(1916)의 통합적 언어관이 세종 외(1446)의 《훈민정음》 해례본에 담겨 있음을 논한 바 있다. 이때는 '정음 언어관'이라는 용어를 쓰지 않았다. 소쉬르(1916)는 Ferdinand de Saussure, (tr) Wade Baskin(1959)에 의한다.

리·문자와 사람 등 관련된 요소들의 자연스러운 상생적인 통합을 의미한다. '유통'의 관점으로 세종의 정음 문자관을 다시 조명하는 것은 정음의 본질을 최대한 잘 드러내고 정음을 둘러싼 맥락을 통합 또는 융합의 관점으로 보고자 하는 관점과 일치한다.[69] '유통'은 소통의 대상과 소통 과정, 그리고 소통의 맥락과 가치를 총체적으로 보여 주는 말이다.

2. '정음'의 개념과 '정음 문자관'의 역사적 배경

1) '정음'의 개념

이 글에서 사용할 핵심 용어는 다음과 같이 구별해 쓰고자 한다.

> 한글: 근대 이후의 한국어를 적는, 기본 24자로 구성된 한국의 고유 문자.
> 언문 또는 훈민정음: 세종(이도)이 창제한 15세기 조선의 말을 적는 기본 28자로 이루어진 조선의 고유 문자.[70]
> 정음: 사람의 말소리를 비롯한 들리는 자연의 소리를 가장 과학적으로 적을 수 있는, 세종이 창제한 보편 지향 문자.

'한글'과 '언문, 훈민정음'은 한국의 특수성과 민족주의와 떼려야 뗄 수 없는 용어이며, '정음'은 언문과 한글의 특수성과 한국 민족주의를 최대

---

69 훈민정음에 대한 융합 접근 방법론에 대해서는 백두현(2012)에서 총체적으로 이루어졌다.
70 '언문'과 '훈민정음'의 맥락적 의미는 이상혁(2006)에서 자세히 논의되었듯이 사뭇 다르다. 여기서는 기본 의미 차원에서 같은 용어로 묶은 것이다.

한 배제하는 의도를 담은 용어라 할 수 있다. 실제로 '훈민정음'과 '정음'이 혼용되어 사용되기도 했지만, 15세기 조선의 특수성을 반영한 '훈민-'이 붙은 용어와 '훈민'을 뺀 '정음'의 용어 맥락의 차이는 분명한 것이다. 물론 세종은 정음을 통해 한국어의 특수성과 말소리의 보편성을 아울렀지만, 맥락에 따라 한국어의 특수성과 인간 언어의 보편성은 엄격하게 구별되어야 한다.[71]

그렇다면 '문자'와 '소리'라는 일반 용어를 통해 '정음'의 실체와 의미에 좀 더 접근해 보자. '문자(文字)'라는 일반 용어로 본다면, 문자의 의미는 다음과 같이 네 가지 층위의 개념으로 나눌 수 있다.

문자1: 말소리를 적는 기호
문자2: 각 언어의 구체적인 입말을 적는 개별 글자로 중국어를 적는 한자,
 영어 알파벳, 아랍 문자, 훈민정음/한글 등
문자3: 한자
문자4: 자연의 소리를 최대한 잘 적을 수 있는 인류 보편 문자

'문자4'가 바로 '정음(正音)'이다. 중국어를 적기 위한 한자가 동아시아의 보편 문자가 되었듯이, 세종도 동아시아의 표준 표기 체계를 꿈꾸면서 조선의 말소리뿐만 아니라 다른 나라의 말까지 적을 수 있는 문자를 설계한 셈이다.[72] 이는 강신항(2003가: 50), 최영애(2003: 98), 이경희(2007: 197~198)

---

[71] 언어와 문자의 보편성과 특수성의 상호 관계에 대해서는 김슬옹(2008)에서 자세히 기술한 바 있다. 훈민정음학회가 주도한 인도네시아의 찌아찌아족 한글 사용 문제도 '한글'이 아닌 '정음'의 관점에서 쌍방향 소통과 교류가 이루어져야 한다. 물론 훈민정음학회는 그러한 관점에서 시도한 것이고 세종의 정음 문자관을 구체적으로 시도한 업적으로 기록될 것이다.

에서 지적했듯이, 파스파 문자가 몽골 말뿐만 아니라 한음의 정확한 표기와 여러 나라 말을 적기 위해 일종의 국제음성기호와 같은 다목적용으로 설계된 이치를 따랐다.

따라서 훈민정음의 '정음관'은 토박이말과 한국 한자음뿐만 아니라 중국의 전통 한자음과 현실 한자음, 기타 여러 나라의 말까지를 모두 적을 수 있는 포괄적 기능을 담은 문자관이 되었다.[73] 결국 중국이 천 년 이상 한자음 적기를 집대성한《홍무정운》운서의 한자음을 과감하게 훈민정음으로 옮긴《홍무정운역훈》을 펴낼 수 있었다. 신숙주가 쓴 이 책 서문을 보면, 세종은 성운의 처음과 끝을 모조리 연구한 끝에 헤아려 옳고 그름을 정해서 칠운·사성의 가로세로 하나의 줄이라도 마침내 바른 데로 돌아오게 하였다고 자신감을 표현했고, 이는 결국 중국이 한자음을 제대로 적기 위해 천백 년 동안 노력해 왔지만 해결 못 한 것을 열흘도 못 가 배울 수 있는 훈민정음으로 적게 되었다는 것이다(使七音四聲. 一經一緯. 竟歸于正. 吾東方千百載所未知者. 可不浹旬而學.).[74]

---

[72] 훈민정음의 복합적 표기 맥락에 대해서는 강신항(2003ㄱ: 15)에서 "① 순수한 국어의 표기, ② 개정된 우리 한자음의 완전한 표기, ③ 외국어음의 정확한 표기" 세 가지를 다 충족시킬 수 있는 문자로 명확하게 정리한 바 있다. 강신항(2013ㄱ)은 이어서 교화와 훈민 정책용으로서의 정치적 목적성과 더불어 여러 목적용으로 훈민정음이 창제 반포되었음을 밝혔다. 훈민정음 창제 동기와 목적에 대한 언어와 정치 측면의 중층성에 대해서는 김슬옹(2011ㄱ: 16~46)에서 집중 정리한 바 있다.

[73] 이영월(2009: 268)에서는 훈민정음의 정음관은 기본적으로 전통 운서의 바탕에 변화를 담아내는 중국 운서(운도)의 맥을 정확히 감지한 것을 바탕으로, 훈민정음은 한자음의 경우 "한국한자음이나 중국의 전통한자음 및 현실한자음을 모두 기록할 수 있는 여러 가지 기능과 목적을 동시에 탁월하게 충족시키는데 성공하였다."라고 하였다.

[74] 중국 운서에 대한 이해와 한자음 표기에 대한 세종의 자신감은 최만리 등 7인의 갑자상소에 대한 토론에서 단적으로 드러난 바 있다. "경들이 운서를 아시오?"라고 호통을

소리 측면에서 보면 다음과 같이 세 가지 층위의 소리가 있다.

> 소리1: 모든 자연의 객관적 실체로서의 소리(음향+음성)
>   소리1_1: 사람 이외의 소리(두루미 소리, 개 짖는 소리, 바람 소리)
>   소리1_2: 사람의 말소리
> 소리2: 들리는 소리로 사람의 인지 체계 안에 들어온 소리
>   소리2_1: 사람 이외의 소리(두루미 소리, 개 짖는 소리, 바람 소리)
>   소리2_2: 한국인의 말소리
>   소리2_3: 한국 이외 나라의 말소리(중국, 미국, 일본 등)
> 소리3: 말하는 소리

우리가 문자로 표기하는 말소리 이외의 자연의 소리는 결국 자연의 소리 그대로가 아니라 사람의 인지 체계 안에서 사람의 말소리로 바뀐 소리이다. 문제는 그러한 소리를 문자로 나타낼 때 문자 체계에 따라 객관적 실체로서의 소리에 근접할 수도 있고 그렇지 않을 수도 있다. 기본적인 음운론이나 문자 상식이 있다면 너무도 당연한 얘기이다. 실례로 EBS와 숭실대소리공학연구소에서는 지난 2013년 한글날에 방송된 동영상 '위대한 문자-한글의 재발견'에서 이를 간단한 실험을 통해 입증해 보였다. '한국/영어권/중국어권' 학생들을 여러 명씩 동원해 실험을 진행했다. 자연의 소리를 들려주고 각자가 사용하는 문자로 적고 읽어 보는 실험이었는데 한글 사용 학생들만이 모두 적은데다 서로 일치했다. 또한 중앙아프리카공화국 상고어 소리를 받아 적고 읽어보는 실험에서도 한글 적기와 읽기를 한 학생들의 공명 주파수가 원음 발음에 가장 잘 일치했다.[75]

친 것이 바로 그런 자신감의 표현이었다.

실험을 담당한 배명진 교수는 "모든 발성을 하면 반드시 입안에서 공명 울림이 나오고 그 울림의 변화를 가지고 무슨 발음을 정확하게 했는지를 분석했는데 한 글자로 그대로 읽어 들었을 때 첫 번째 두 번째 공명 울림이 정교하게 맞는 걸로 봐서 아프리카 상고어 발음을 정교하게 따라했다는 것이 분명하게 된 것입니다. 이로써 소리를 표기하는 데 세상에 어떤 문자보다 한글이 유리하다는 것이 과학적으로 입증된 셈입니다."라고 평하였다.

'정음'의 개념을 짜임새 있게 처음으로 정리한 것은 "홍기문(1946), 『정음발달사(正音發達史)』 하, 서울신문사 출판국, 44~46쪽"에서였다. 책 제목 자체가 '훈민정음발달사'가 아니라 '정음발달사'라고 한 데서도 알 수 있듯이 '정음'을 '언문'과 더불어 훈민정음을 가리키는 문자의 양대 명칭으로 규정하였다. 정음의 목적을 강조하기 위해 '훈민-'이 붙었을 뿐 실제 통용되던 명칭은 '정음'이라는 것이다.

그러나 '훈민'이 붙은 것을 이렇게만 보면 너무 가볍게 본 것이다. '훈민-'이 붙었기에 정음의 본질과 가치가 드러나는 것이고 중국의 소옹이 말하는 '정음'과 다른 본질적 가치가 있다. 훈민(訓民)이 가능한 '정음(正音)'과 그것이 거의 힘든 '정음'은 본질적으로 다르기 때문이다. 사실 세종의 정음 문자관은 문자의 가치와 창제 취지를 담은 '훈민정음'이라는 명칭에

---

75 박동근(2005)에서는 한국어의 의성어 목록에 없는 당나귀, 칠면조, 코끼리의 울음소리를 대상으로 한 의성어 창조 실험에서는 매우 다른 목록들이 나옴을 보고한 바 있다. 사람이 자연 그대로의 소리를 듣는 것이 아닌데다 기존 어휘 체계를 벗어난 경우이므로 이런 실험 목록은 일리가 있다. 중요한 것은 들리는 소리를 자연의 소리 비슷하게 적는 것은 분명 문자마다 질적인 정도차가 있다는 것이고 EBS 실험은 이런 시각에서 바라보아야 한다.

고스란히 담겨 있다. 이 명칭은 일반 명칭인 '언문'에 대비되는 특별 명칭이었다. 특별 명칭이었기에 문자 명칭임에도 그 맥락(배경, 근원)을 그대로 드러낸 것이다. 문자의 명칭임에도 왜 '-음(音)'으로 끝날까 고민이 불필요한 이유이기도 하다.[76]

홍기문(1946)은 중국과 우리나라 주요 문헌에서 쓰인 '정음'의 용례를 통해 다섯 가지 개념을 뽑아냈다.

[표 10] 홍기문(1946)에서 정리한 '정음' 개념 갈래

개념	근거 문헌
정확한 말소리	황극경세서
널리 통용되는 말소리	홍무정운
중앙 말소리	칠음략
본래 말소리	운회거요
정확한 소리이자 널리 통용되는 소리	석보상절

이런 분석 아래 "정음은 문자의 본질을 표시하는 이름이요, 언문은 그 용처를 표시하는 이름이다(홍기문, 1946: 하권, 46)"라고 개념을 정리하였다. 곧 문자 자체가 성음(聲音)을 표시하는 점에 있어서 '정음'이요, 우리말에 사용되는 점에 있어서는 '언문'이라는 것이다. 따라서 '정음'의 의미를 직접 다음과 같이 서술한 석보상절 서문의 의미를 두 가지로 추려 냈다.

---

[76] 박창원(2005: 44)에서도 "당시 중국어와 다른 조선인의 언어를 위한 문자를 만들고 그것을 '正字'나 '正文'이라 하지 않고, '正音'이라고 한 것은 소리와 문자란 그 이치가 동일한 것이어서, 문자가 소리의 이치를 그대로 반영하고 있기 때문이라는 인식의 소산으로 추성된다."고 하였다.

正졍音흠은正졍호소리니우리나랏마롤正졍히반드기올히쓰논그릴썬일후믈 正졍音흠이라ᄒᆞᄂᆞ니라.(정음은 바른 소리이니 우리나라 말을 바르고 반듯하 게 옳게 쓰는 글이므로 이름을 정음이라 하나니라.)   -《석보상절》서문

위 구절을 지금 말로 풀어 쓰면 "정음은 바른 소리라는 뜻이니, 우리나라 말을 반듯하고 옳게 쓰는 글이므로 이름을 '정음'이라 한다."라는 것이다. 홍기문은 이러한 정의에 담긴 정음의 뜻은 첫째로 틀린 소리를 바로잡아 정확하게 적는 글자라는 의미와 둘째로 표준어처럼 두루 통용되고 소통되는 소리를 적는 글자로 정리하였다. 따라서 홍기문은 '정음'의 본질을 정확성과 소통성으로 보았다. 그러나 석보상절 서문의 개념은 우리말에 한정된 개념이므로 '정음'의 개념을 총체적으로 보여 주진 못한다. [표 10]처럼 더 넓은 개념으로 보는 것이 옳다.

강신항(2003나)에서는 홍기문(1946)을 참고하지 않은 상황에서, 조선조, 중국, 일본 세 나라 문헌에 쓰인 '정음'의 의미를 분석한 뒤, '정음'의 개념을 우리말 어음의 표준음, 음악의 정음, 새로 개정한 동국정운식 한자음, 중국 표준음인 홍무정운식 한어자음(홍무정운역훈식 정음)을 포괄하는 개념으로 보았다.

2) 정음 문자관의 역사적 배경

소옹의 정음 문자관은 중국의 고대 문자관을 체계화시키고 이론화하여 형성됐다.[77] 중국은 불경 전래와 더불어 산스크리트 문자와 같은 음소 문자

---

[77] 소옹의 정음 이론이 중국의 음운학사에서 차지하는 의미에 대한 적극적인 평가와 논의는 심소희(2013)에서 이루어졌다.

의 영향으로 말소리를 연구하는 성운학이 더욱 발달하였고, 이를 바탕으로 11세기 송나라의 소옹(邵雍, 1011~1077)에 의해 정음 문자론은 정밀하게 체계화되었다.[78] 정초(1104~1162)가 지은 《통지》《칠음략서》에 "칠음에 관한 지식은 서역에서 생겨서 중국에 전해 들어왔다(七音之韻 起自西域 流入諸夏)"라고 했고, 신숙주가 쓴 '홍무정운역훈 서문'에 보면 "음운은 횡으로 칠운이 있고 종으로 사성이 있는데, 사성은 강 왼쪽 지역에서 시작되고 칠음은 서역에서 기원하였다(切惟音韻 衡有七音 縱有四聲 四聲肇於江左 七音起於西域)."라고 하여 중국 성운학의 발달 계보의 한 단면을 밝혔다.

중국의 음절을 중국인들은 성모와 운모 이분법으로 인식을 한다. 곧 한국인들은 '초성-중성-종성'으로 인식하고, 그것을 '초성자-중성자-종성자'로 그대로 기록한다. 하지만 중국인들은 운모에서 중성과 종성을 분석하지 못한다. 그러나 중국 성운학자들은 다음 그림과 같이 운모를 이론적으로 운두, 운복, 운미로 분석할 수 있었다. 다만 그것을 발음으로 적는 것은 로마자 병음 부호로 적으면서 가능했다.

[그림 17]에서 보듯 이들은 중국의 일반적인 소리 인식인 '성'과 '운'의 이분법을 넘어 '운'을 '두-복-미'로 분석해 내고 있는 것이다.

그러나 이러한 분석은 이론으로만 남고 바른 소리를 실제로 보여주거나 적는 데는 이르지 못하여 바른 소리, 곧 '정음(正音)'은 중국의 음운학자들에

---

[78] 《성리대전》에 나오는 소옹(소강절)이 쓴 황극경세서(皇極 經世書)의 주요 내용은 해와 달, 천체의 운동에 관하여 쓴 관물론(觀物論)으로 관물내편(觀物內篇)과 관물외편(觀物外篇)으로 구성되어 있고 관물외편 7절에서 '정음론'을 칠정(七政)과 매화역수(梅花易數)를 바탕으로 서술하였다. 소옹의 정음 사상은 주희의 성리학 사상과 채원정의 《율려신서(律呂新書)》의 바탕이 되었고 특히 소옹의 '황극경세성음창화도'는 성리학의 핵심으로 평가되고 있다.

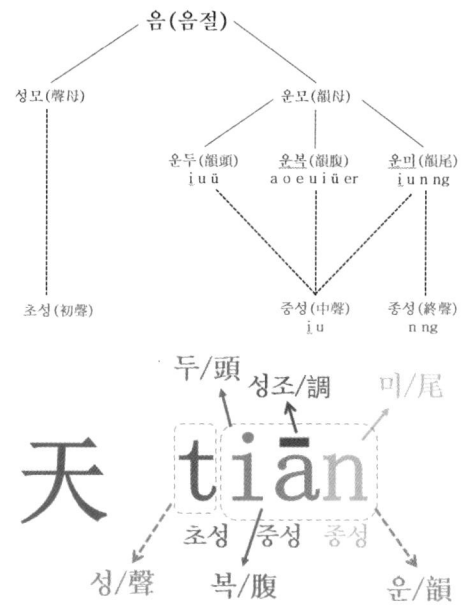

[그림 17] 중국 음절의 짜임새와 실제 분석 보기

게 보이지 않는 관념이었다. 이론과 관념으로는 분명 '정음'은 존재하고 그 가치와 의미는 풍성한데 실체를 보여줄 수 없었기 때문이다. 쉽게 말해 천지자연의 소리를 담은 문자를 제대로 보여 주지 못했다. 고대에는 기초적인 상형 문자를 통해 소리를 보여 주었다고 생각했다. 그러나 그것은 소리의 이미지였지 소리의 속성은 아니었고 단어 글자인 한자로는 불가능한 일이었다. 물론 음운 문자라고 소리를 그대로 보여주는 것은 아니지만 소리를 분절적으로 보여주는 것과 이미지로 보여주는 것은 차원이 다르다.

 소옹이 정음관을 체계화했던 시대에는 한자와는 전혀 다른 계열의 산스크리트와 같은 문자가 들어왔음에도 그런 다른 문자를 모방하거나 빌려 적을 생각을 하지 않아 정음을 보여 주지 못했다. 물론 세종 이전의 동양의 언어 전문가들이나 사상가들도 '반절법' 등의 편법을 통해 그 실체를 보여주려고 노력했다. 그러나 결과적으로 보면 진정한 노력이라 보기 어려웠기에 실체를 보여 주는 데 실패한 것이다. 바른 소리를 바르게 적을 수 없는 한자의 한계를 극복하려는 적극적인 노력을 하지 않았기 때문이다. 그러한 적극적인 노력은 주음부호가 개발(1918)되고 로마자가 도입(1926)되는 20세기에 와서야 이루어졌다.

이런 흐름으로 볼 때 세종은 소옹의 정음관을 접하고 이런 식의 고민과 탐구를 이어갔을 것이다.[79] "천지자연의 소리에 어울리는 천지자연의 문자가 있다고 했는데 왜 문자(한자)로 그들의 소리(중국어)조차 제대로 적을 수 없는 것일까? 그렇다면 조선의 소리는 문자(한자)로 더더욱 적을 수 없는데 우리의 말소리는 무엇으로 어떻게 적을 수 있단 말인가? 우리말과 중국 한자음을 두루두루 잘 적을 수 있는 문자를 만들 수는 없는가? 몽골 말도 적고 다른 말도 적을 수 있는 국제 문자로 창제된 파스파 문자의 문제는 무엇인가? 바뀌지 않는 소리와 바뀌는 소리를 자유롭게 적을 수 있는 문자는 없는 것인가? 소리가 문자로 되고 문자가 다시 소리로 쉽게 복원되는 문자는 만들 수 없는가?[80]"와 같은 질문이나 탐구 과정이

---

79 사실 세종이 《성리대전》에 나오는 소옹의 정음관을 직접 읽었는지는 알 수 없다. 분명한 것은 《성리대전》은 세종 1년에 조선에 들어왔고 세종이 이 책을 깊이 연구한 것만은 여러 관련된 기록이 나온다. 훈민정음 창제 공포 15년 전인 1428년에 세종은 집현전 응교 김돈에게 이르기를, "《성리대전서(性理大全書)》가 지금 인쇄되었는지라, 내가 이를 읽어 보니 뜻과 이치가 매우 정밀하여 이치를 깨닫기가 쉽지 않으나, 그대는 매우 꼼꼼한 사람이니 마음을 써서 한번 읽어 보라. - 《세종실록》, 1428/3/2."라고 했고, 이로부터 한 달 후인 4월 16일에는 명나라 사신에게 성리대전에 대해 물어보았다는 기록이 있는 것으로 보아 신하들과 함께 다각적으로 탐독하고 연구한 것으로 보인다.

80 세종의 정음 창제 과정과 그에 따른 사유와 학문의 역사적 배경을 실증적으로 밝히기는

있었을 것이다.

　세종은 음악과 과학 연구를 바탕으로, 지금의 시각으로 보면, 근대 언어학과 탈근대 언어학의 융합적인 언어학 지식을 결합시켜 정음을 보여주는 데 성공했다.[81] 언제부터 세종이 정음을 연구했는지는 알 수 없지만 그 결과는 세종이 47세 때인 1443년 12월(음력)에 이르러서야 정음의 기본 문자인 28자로 알렸다. 모든 소리를 보여주는 것은 불가능했으므로 소리 나는 원리와 이치를 파악해 그것을 가장 쉽고 간결하게 보여주었다.

　이러한 세종의 정음 문자는 1446년 9월 상한(음력)에 세상에 공표된 뒤, 단 한 사람도 공식적인 반대를 하지 않았을 정도로 지배층과 지식인들에게 자연스럽게 수용되었으나 한자를 대체하는 문자가 아닌 보완하는 2류 문자 정도로 여겨졌고 더욱 더 깊고 치밀한 연구는 이루어지지 않았다.[82] 훈민

　　관련 기록이 거의 없어 불가능에 가깝다. 그렇다면 관련된 간접 자료를 바탕으로 창제 전후 맥락을 통해 그 사유 구조를 추론하는 것은 정음 언어관의 실체를 밝히는 주요 연구 방법론이 될 수 있다. 객관성을 본령으로 삼는 자연과학의 주요 업적들도 과정으로 보면 대부분 상상과 추론의 방법론인 '가설'이란 절차를 통해 이룩된 것이다. 실제로 《세종실록》에는 이런 식의 사유 과정을 보여주는 예가 나온다. 상상의 동물인 용에 대한 사건은 정음의 실체에 접근해 들어간 세종의 사유방식을 보여 준다. 1436년에 제주도 안무사로 내려간 최해산은 1440년에 정의현에서 한 주민이 다섯 마리의 용이 한꺼번에 올라가는 것을 보았다는 긴급 보고를 올린다. 다급한 보고였지만 세종은 오히려 "용의 크고 작음과 모양과 빛깔과 다섯 마리 용의 형체를 분명히 살펴보았는가. 그 용의 전체를 보았는가, 그 머리나 꼬리를 보았는가, 다만 그 허리만을 보았는가. 용이 승천할 때에 구름 기운과 천둥과 번개가 있었는가. 용이 처음에 뛰쳐나온 곳이 물속인가, 수풀 사이인가, 들판인가. 하늘로 올라간 곳이 인가에서 거리가 얼마나 떨어졌는가. 구경하던 사람이 있던 곳과는 거리가 또 몇 리나 되는가. 용 한 마리가 빙빙 돈 것이 오래되는가, 잠시간인가. 같은 시간에 바라다본 사람의 성명은? 용이 이처럼 하늘로 올라간 적이 그 전후에 또 있었는가. 용을 본 시간과 장소는? -《세종실록》, 1440/1/30."라고 물었다. 이것은 왕의 물음이 아니라 학자와 사상가의 물음이었다.

81　훈민정음의 과학과 수학 특성에 대해서는 정희성(1989)에서 체계적으로 논의되었다.

정음은 다목적용으로 창제되었으므로 한자를 대체할 필요도 없고 대체할 수도 없었지만 지나치게 낮게 평가되어 온 것을 짚는 것이다.

17세기, 18세기, 19세기에 이르러 최석정, 신경준, 정동유, 유희 등 일부 실학자들이《훈민정음》해례본을 보지 않은 상황에서 훈민정음 연구 성과를 낸 것은 대단한 것이었으나 그런 연구 성과가 더 깊이 이어지지는 못했다. 조선 말기에 와서야 주시경이 과학적인 방법론으로 정음 연구를 이어가려 하였으나 뜻을 다 이루지 못하고 39세로 요절하였다. 다행히 1940년에《훈민정음》해례본이 발견되어 이를 반영한 최현배(1942), 홍기문(1946), 방종현(1948) 등의 연구가 본격적으로 이루어졌다.

그동안 세종의 정음 문자관에 관한 논의는 다방면으로 이루어져 왔다. 특히 정음 문자관에 대해 최초로 자세한 논의를 한 홍기문(1946)과 단일 논문으로 다룬 강신항(2003ㄴ), 정음 문자관을 단행본으로 집약한 한태동 (1983, 1998/2003)에서 집중 논의되어 왔다.[83]

---

82 최만리 외 6인의 반대상소와 같은 공식적인 반대는 이 상소 이후로는 실제 단 한 건도 발견되지 않았다. 물론 남아 있는 기록만이 역사의 진실은 아니다. 생생한 1차 공식 기록서인 승정원일기는 불타 없어진 기록이 더 많다. 그러나 김슬옹(2012ㄷ)에서 밝혔듯이 조선시대 사대부들은 언문의 우수성과 실용성은 인정하되 특정 영역에서만 사용되는 이류 문자 취급을 함으로써 한자의 권위를 유지하였으므로 최만리와 같은 반대를 공식적으로 할 필요가 없었다. 또한 그 밑바탕에는 세종이 언문을 다목적용으로 만들어 전면 반대를 못하게 한 고도의 문자 보급 정책이 성공한 요인이 깔려 있다.

83 한태동(1983)은 정음의 실체와 이론틀을《훈민정음》(해례본),《동국정운》,《악학궤범》을 바탕으로 통합 분석한 최초의 융합 연구로, 이를 단행본인 한태동(1998)으로 출판한 뒤 재편집하여 한태동(2003)으로 최종 출판하였다.

3. 세종의 '정음' 형성 과정과 주요 원리

소옹이 집대성한 정음관은 어떤 경로에 의해서건 세종에게 많은 영향을 끼쳤을 것이다. 설령 소옹의 이론을 모른다 하더라도 당대 언어와 문자 이론을 연구했을 세종이 동양의 전통적인 정음관을 살피지 않을 이유가 없다. 그렇다면 세종은 어떻게 그런 동양의 전통 정음관을 이어받으면서도 그와는 질적으로 다른 정음 문자를 만들어 낼 수 있었는지를 세 가지 원리로 추려낼 수 있다.

1) 상형 과학

역설스럽게도 정음 창제의 뿌리는 한자(漢字)다. 정음 창제의 핵심인 상형 원리는 한자에서 비롯되었고 더불어 한자로는 소리를 제대로 적기가 불가능한 절대 모순은 정반대에 있는 소리 문자 창제의 빌미가 되었기 때문이다.

> (1) 上親制諺文二十八字, 其字倣古篆(임금께서 친히 언문 28자를 만드니, 그 문자는 고전을 본떴다.)　　　　　－《세종실록》 1443/12/30.
>
> (2) 字形雖倣古之篆文(글자 모양은 비록 옛 전자를 본떴지만)
> 　　　　　－《세종실록》 1444/02/20. 세종 최만리 반대 상소문.
>
> (3) 가. 正音二十八字, 各象其形而制之(정음 28자 각 글자는 형태를 본떠 창제했다.)　　　　　－《훈민정음》 제자해
>
> 　　나. 天地自然之聲, 則必有天地自然之文. 所以古人因聲制字, 以通萬物之情, 以載三才之道(천지자연의 소리가 있으면 반드시 천지자연의 문자가 있다. 그러므로 옛 사람이 소리를 바탕으로 글자를 만들어서 만물의 뜻을 통하고, 천지인 삼재의 이치를 실었으니 후세 사람들

이 능히 글자를 바꿀 수가 없었다.)　　　　－《훈민정음》 정인지서
다. 象形而字倣古篆, 因聲而音叶七調. 三極之義, 二氣之妙, 莫不該括.(훈민정음은 꼴을 본떠 만들어 글꼴은 옛 '전서체'와 닮았지만, 말소리에 따라 만들어 그 소리는 음률의 일곱 가락에도 들어맞는다. 하늘·땅·사람의 세 바탕 뜻과 음양 기운의 신묘함을 두루 갖추지 않은 것이 없다.)　　　　－《훈민정음》 정인지서

(4) 가. 天地絪縕 大化流行 而人生焉 陰陽相軋 氣機交激 而聲生焉. 聲旣生而七音自具 七音具而四聲亦備.(하늘과 땅의 기운이 크게 움직여 자연의 큰 변화가 일어나니 사람이 생기었다. 음과 양이 서로 부딪치고 천지 기운과 사물의 기틀이 작용하여 소리가 생겨나고 소리가 생기니 칠음이 절로 갖추어지고, 칠음이 갖추어지니 사성[84] 또한 구비되었다.)
　　　　－《동국정운》 서
나. 是故 包犧畫卦 蒼頡制字 亦皆因其自然之理 以通萬物之情(이러한 까닭으로, 포희(복희씨, 중국 고대 전설의 임금)가 괘를 그리고 창힐(고대 한자를 만든 이)이 글자를 만든 것이 역시 다 그 자연의 이치에 따라서 만물의 뜻을 통한 것이다.)　　　　－《동국정운》 서

---

84 훈민정음에서, 중세 국어의 성조인 평, 상성 거성, 입성을 그대로 적용하여 네 종류로 나눈 것을 말한다.

사성	방점	훈민정음 (해례본)	언해본	성격	보기
평성	없음	안이화 安而和	ᄆᆞᆺ놋가본 소리 (가장낮은 소리)	낮고 짧은 소리(低調)	활(弓) 비(梨)
거성	1점	거이장 擧而壯	ᄆᆞᆺ노폰 소리 (가장높은 소리)	높고짧은 소리(高調)	·갈(刀) ·말(斗)
상성	2점	화이거 和而擧	처ᅀᅥ미 ᄂᆞᆺ갑고 내죵이 노폰 소리	낮은음에서 높은음으로 올라가는 긴소리	:돌(石) :말쏨미
입성	무점 1점 2점	촉이색 促而色	섈리 긋ᄃᆞᆫ 소리 (빨리 끝닫는 소리)	종성이 'ㄱ,ㄷ,ㅂ,ㅅ'인 음절의 소리	긷(柱) 입(口) :낟(穀)

창제와 반포에 관련된 사람들이 직접 쓴 이와 같은 논의의 핵심은 천지자연의 소리가 있으면 천지자연의 문자가 있고 그 문자는 상형 원리로 이루어졌으며, 그것은 옛 전자나 정음이나 한결같다는 것이다. (1)-(3)의 기록들은 그런 점을 한결같이 직접 서술하고 있고, 동국정운 서문의 (4)를 보면 그런 이치에 따라 고대 중국의 문자 신(고대 중국 황제의 사관)인 창힐이 한자를 소리와 뜻을 담아 만들었고 정음이 이를 이어받고 있다고 진술하고 있다.

한태동(2003: 3~10)은 그런 이치를 [표 11]의 예로써 보여 주었다.

[표 11] 고대 한자 제자 원리와 실제 예(한태동, 2003: 3~4)

고대 한자 제자 원리	'개(狗)'의 모습과 소리(꺼-을)를 함께 나타낸 상형 기호
실 / 소 … 모 / 의 (사면체)	(개 모양 기호)

이러한 상형 기호는 개 실체의 모습을 보여 주어 그 의미를 드러냄과 동시에 '꺼-을'이라는 소리의 이미지도 그대로 담고 있다고 여겼다. 따라서 상형 기호야말로 '천지자연지성 천지자연지문'의 이치를 담은 것이며 이 기호를 통해 자연스럽게 소리와 모습을 다시 연상해 낼 수 있다고 본 것이다.

이렇게 발음과 의미를 유기적으로 연관시켜 문자를 만들고자 하는, 한자와 정음이 갖고 있는 공통된 상형 원리로 보면 '자방고전(字倣古篆)'이란 말의 맥락은 자연스럽게 풀린다. 기존 논의의 대부분은 문자 구성 원리 측면에서 접근하고 있다. 그러나 형태적인 문자 구성 측면보다는 한태동(2003)에서처럼 소리와 문자를 일치시키려는 상형 원리로 보는 것이 더 옳다.

한자와 정음의 핵심적 차이는 '한자'가 갑골문으로 흔히 불리는 초기 일부 한자에만 사물 중심으로 상형 원리가 적용된 데 반해, '정음'은 기본 28자 모두 상형 원리를 바탕으로 하고 있고 그 상형 절차가 과학의 이치에 의해 이루어졌다는 점이다. 이때의 과학은 실제 과학이면서 언어과학이다.

한자의 경우 단어가 많아지고 뜻이 복잡해짐에 따라 사물을 그대로 상형하는 초기 의도는 약화되었다. 실제로 지금 한자는 상형 문자로 보기 어려울 정도로 1차적인 상형문자에서 멀어진 문자가 대부분이다. 사물과 대상을 있는 그대로 상형하고자 하는 한자 상형 원리의 한계는 소리 과학과 기하학의 원리를 도입한 세종에 의해 해결된 셈이다. 자음과 모음을 분리하여 자음과 모음에 서로 다른 상형 전략을 적용한 것이 상형 과학의 핵심이었다.

자음자의 경우 상형 기본자(ㄱ ㄴ ㅁ ㅅ ㅇ)를 발음 기관과 발음 작용을 그대로 상형하는 것이 아니라 가장 간결한 직선과 원으로 상형하고 다른 문자를 유기적 체계를 이루게 하는 철저한 상형 과학을 적용해 명실상부한 상형 문자를 만들었다. 소리 나는 기관을 상형함으로써 소리를 그대로 담아내려 한 "천지자연지문(天地自然之文)" 전략에도 성공하였다. 모음의 문자소(· ㅡ ㅣ)는 아예 천지자연의 세 요소를 상형하고 음양의 상징물(땅, 하늘)을 통해 모음조화의 우리말 특성까지 반영하여 역시 천지자연의 소리문자를 담았다.

'한자'와 '정음'은 모두 문자 전체를 관통하는 원리가 곧 상형인 셈이지만 소리 나는 이치를 반영한 상형과 그렇지 않은 상형은 질적으로 다르다. 여기서 우리는 정음 문자를 구현하고자 하는 세종의 치밀하고도 놀라운 전략을 보게 된다. 발음 나는 원리를 본뜸으로써 상형의 부담도 줄이고 그 효율성도 살릴 수 있었기 때문이다. 이러한 상형 원리는 실증성과 관찰을 바탕으로 대상을 객관적으로 일반화시키는 가장 기본적인 과학 절차에 의한 상형과학이었다.

한태동(2003: 2)에서 '정음'을 지은 목표는 "쉬운 한글로 복잡한 한자 풀이하는 데만 그치지 않고 글자의 모습과 소리가 이탈되어 있는 상태에서 다시 본연의 관계를 되찾아 주어 만물의 속정(-情)을 소통하는 소임을 하는 데 있다."라고 하였다. 고대에는 오히려 발음과 의미를 유기적으로 연관시켜 제자(製字)를 하였다고 본 것이다. 김석연(1993)에서는 이러한 상형과학이 '정음'의 핵심이라는 의미로 '정음'을 "인간의 소리를, 그 발음 기관에서 소리를 생산하는 조음 구조를 상형·시각화하여 글자로 만든 일과 동일 발음 부위 안에서 생산된 소리가 점층적으로 크고 약하게 들리는 변별적 자질까지도 반영하는 포괄적 명칭"이라고 정의를 내렸는데 이는 매우 적절한 평가이다.[85]

결국 세종의 상형 전략은 말소리의 분석에서 문자에 이르기까지 가장 과학적이면서도 보편적인 정음을 만들어낸 핵심 원리가 되었다.[86]

---

[85] 김석연(1993)은 Sek Yen Kim-Cho(2001)로 발전 기술되었다.

[86] 김주원(2013: 206)에서도 "인간이라면 누구나 가지고 있는 발음기관을 본뜬 것이므로 전 인류적 보편성을 지닌 것"으로 평가하였다. 알렉산더 멜빌 벨(Alexander Melville Bell)

2) 음률 배치 원리

정음을 구현하기 위해 음악 연구와 그 적용은 필수였다. 음악에서 소리와 음표의 필연적 관계, 기본 음표로 다양한 소리를 빚어내는 것은 정음의 이치와 같기 때문이다. 더욱이 음악은 바른 세상과 바른 정치의 표상이자 도구였다.

세종이 1430년에 펴낸 '아악보' 서문에서 정인지가 썼듯이 음악은 성인(聖人)이 성정(性情)을 기르고, 신과 사람을 서로 어울리게 하며, 하늘과 땅을 자연스럽게 하여, 음양을 조화시키는 방법이다.[87] 《악학궤범》 서문에서도 "음악이란 하늘에서 나와서 사람에게 붙인 것이요, 빔에서 발하여 자연에서 이루어지는 것이니, 사람의 마음으로 하여금 느끼게 하여 혈맥을 뛰게 하고 정신을 유통케 하는 것이다.(樂也者 出於天而寓於人 發於虛而成於自然 所以使人心感 而動盪血脉 流通精神也.)"[88]라고 하였다.

음악은 곧 천지자연의 조화, 하늘과 땅과 사람의 조화를 이루게 하는 핵심 요소이다. 소옹의 정음관에 의하면 바른 말소리와 바른 문자도 이런 음악과 같은 기능을 할 수 있다는 것이다. 중국의 정음론에서는 자음과 모음을 철저히 분리할 수 없는 중국 성운학의 한계로 그러한 음악 원리를 철저히 이루지 못한 데 반해, 세종은 정음을 통해 그런 점을 좀 더

이 세종의 업적을 모르는 상태에서 1867년에 펴낸 《보이는 음성: 보편 알파벳 과학(*Visible Speech: The science of Universal Alphabetics*)》이란 책에서 발음기관과 발음 작용을 상형한 문자야말로 가장 이상적이라고 하면서 실제 상형 부호를 보였지만 그것이 정음과 같이 상형 과학으로 이어지진 못해 더 이상 발전을 못한 듯하다.

87 樂者 聖人所以養性情 和神人 順天地 調陰陽之道也. -《세종실록》, 세종 12/1430/윤12/1.
88 이혜구(2000), 『신역 악학궤범』, 국립국악원, 31쪽 참조.

완벽하게 구현하였다.

세종 초에 들어온 《성리대전》에 실려 있는 음악이론서인 '율려신서'는 조선의 음악 연구에 절대적인 영향을 끼쳤을 것이다. 실록에 이와 관련된 기록이 있다.

> 공손히 생각하옵건대, 우리 주상 전하께옵서 특별히 생각을 기울이시와 선덕(宣德) 경술년 가을에 경연에서 채씨(蔡氏)의 《율려신서(律呂新書)》를 공부하시면서, 그 법도가 매우 정밀하며 높고 낮은 것이 질서가 있음에 감탄하시와 음률을 제정하실 생각을 가지셨으나, 다만 황종(黃鍾)을 급히 구하기가 어려웠으므로 그 문제를 중대하게 여기고 있었다.[89]   - 세종 12/1430/윤12/1.

《율려신서》를 지은 중국의 음악 이론가 채원정(蔡元定, 1135~1198)은 음악을 성리학과 과학 이론으로 풀어냈다. 세종과 박연(1378~1458)은 이를 더욱 발전시켜 아예 조선식 악기를 제정하여 우리식 음악 이론을 세워 훈민정음에 적용하였다.[90] 절대 음가를 바탕으로 다양한 음률과 화음을 만들어내는 이치를 정음에 그대로 적용하여 절대 음가를 나타내는 정음

---

89 恭惟我主上殿下, 特留宸念, 宣德庚戌秋, 御經筵講蔡氏 《律呂新書》, 歎其法度甚精, 尊卑有序, 思欲製律, 第以黃鍾未易遽得, 重其事也, 乃命臣等, 釐正舊樂. -《세종실록》, 세종 12/ 1430/윤12/1.

90 惟蔡元定之書 深得律呂之源 然未能布爪指而諧聲律 是猶抱鋤耒而未諳耕耘之術也. 由玆以觀 樂非自成 因人而成 樂非自敗 因人而敗(송나라 채원정의 저술이 깊이 율려의 근본을 얻었으나, 탄법(彈法)과 지법(指法)이 성(聲)과 율(律)에 맞게 펴지 못하였으니, 이는 마치 호미와 쟁기는 있지만 갈고 매는 것을 모르는 것과 같다. 이로써 보면 음악은 저절로 이루어지는 것이 아니라 사람에 의해 이루어지는 것이며, 악(樂)은 저절로 허물어지는 것이 아니라 사람에 의하여 허물어지는 것이다.) - 악학궤범 서문/이혜구 신역 (2000), 『악학궤범』, 국립국악원.

을 만든 것이다.[91]

고대 사회에서 음률은 천지자연의 흐름을 측정해 보이는 것이어서 우주의 흐름을 보여 주는 '역(曆)'과 변화의 이치를 보여 주는 '역(易)'과 더불어 3대 축에 해당된다(한태동, 2003: 227). 또한 표준음을 정하고 표준 악기를 만들어 이를 바탕으로 도량형을 제정하였으므로 음악은 과학과 생활의 바탕이 되기도 하였다.

소리와 음악과 문자와 정치에 대한 세종의 사유는 신숙주가 대표 저술한 《동국정운》 서문에서 "아아, 소리를 살펴서 음(音)을 알고, 음(音)을 살펴서 음악을 알며, 음악을 살펴서 정치를 알게 되나니, 뒤에 보는 이들이 반드시 얻는 바가 있으리로다(吁! 審聲以知音, 審音以知樂, 審樂以知政, 後之觀者, 其必有所得矣.)"라고 극명하게 드러낸 바 있다.

세종의 음악 연구는 박연과 더불어 본격적으로 진행되었고 그런 흐름은 박연이 올린 각종 상소와 이를 모아 놓은 《난계유고》,《세종실록》의 관련 기록에 그대로 남아 있다.[92] 더욱이 세종 당대의 음악 이론을 자세히 기술한 성종 때의 《악학궤범》이 있어 훈민정음 제자해의 음악 관련 기술을 자세히 이해할 수 있고, 한태동(1983, 2003)은 이를 당대의 이론과 현대 과학의 실증적 연구를 종합해 입증한 업적이다.

---

91 예악과 정음과의 상관 관계에 대해서는 박동근(1993), 허재영(1993)에서 일찍이 논의된 바 있다.
92 그간 박연의 훈민정음 관련 업적은 거의 조명되지 않았다. 아마도 《훈민정음》 해례본 저술 명단에 박연이 없다 보니 그런 듯하다. 그러나 훈민정음 창제 과정에서 박연의 역할은 해례본 공저자 못지않다고 본다. 박희민(2012)은 박연의 훈민정음 관련 업적을 최초로 조명한 단행본이다. 그러나 이 책에서는 훈민정음 창제 자체를 세종이 아니라 박연이 했다고 보는데, 이것은 납득하기 어렵다. 왜냐하면 훈민정음은 음악 지식과 연구만으로 이루어진 문자는 아니기 때문이다.

채원정의 《율려신서》에서는 자음과 모음을 제대로 분리하지 않은 상태에서 음악 이론을 적용했던 것을, 세종과 집현전 학자들은 자음(초성)과 모음(중성)을 철저히 분리하여 음성 과학 수준으로 끌어 올렸다.

[표 12] 훈민정음과 각종 운서의 오음 배치 비교

구분	궁	상	각	치	우	지은이와 출처
廣韻三十六字母之圖	후음	치음	아음	설음	순음	수나라 육법언(陸法言), 광운
洪武正韻 三十一字母之圖	후음	치음	아음	설음	순음	명나라, '홍무정운(洪武正韻)'
三十六字母之圖	후음	치음	아음	설음	순음	조선 영조, 신경준의 '운해훈민정음'
初聲二十五母之圖	후음	치음	아음	설음	순음	조선 순조, 유희의 '언문지'
韻會三十五字母之圖	순음	치음	아음	설음	후음	송나라 황공소(黃公紹), '운회자모도'
훈민정음 초성 23자모	순음	치음	아음	설음	후음	세종 외

대체로 중국의 운서에서는 '후음'을 '궁'으로 하고 '순음'을 '우'로 정하였는데, 훈민정음에서는 그와 반대로 '순음'(ㅁ)을 '궁'으로 하고 '후음'(ㅇ)을 '우'로 정하였다. 한태동(1998: 41)에서는 이렇게 중국의 대다수 운서와 다른 이유가 악리에 따라 실제 음정을 맞추었기 때문이라고 하였다. 최종민 (2013: 65, 주석 10)에서의 지적처럼 송나라 황공소가 지은 '운회삼십오자모도'만 중국의 다른 운서와 다른 측면도 주목해 보아야 한다.[93] 이상규(2015)에서 밝혔듯이 다음 표에서 드러나듯이 세종이 《훈민정음》 창제 당시 남방

---

93 《切韻指章圖》나 《四聲等子》, 《切韻指南》 등의 운서나 운도도 '순음-궁, 후음-우'로 배합하였다. 훈민정음의 음계 논증은 훈민정음만의 독창성을 증명하기 위한 것이 아니다. 우리말의 분절적인 원리와 음계의 체계적인 원리의 상관관계를 세종이 어떤 식으로 접근해 정음 문자관을 실현하고 있는가를 보는 것뿐이다.

음 계열인《원화운보》와《홍무정운》의 음계를 채택하지 않고 북방음 계열의《고금운회거요》의 음계를 좇은 결과로 보았다.

[표 13] 칠음과 오음계 대비

	아음	설음	순음	치음	후음	반설음	반치음
원화운보(806~820)	각	치	궁	상	우	변치	변상
운회(1292) (고금운회거요)	각	치	궁	상	우	반설	반치
훈민정음(1446)	각	치	궁	상	우	반설	반치
광운(1008)	각	치	우	상	궁	변치	변상
홍무정운(1375)	각	치	우	상	궁	반설	반치
홍무정운역훈(1455)	각	치	우	상	궁	반설	반치
동국정운(1448)	각	치	우	상	궁	반설	반치
사성통해(1517)	각	치	우	상	궁	반설	반치
오방원음(17세기)	각	치	우	상	궁	변치	변치

황공소의 '운회' 자모도는 원나라 때 편찬된《몽고운략》을 바탕으로 만들어 본래 중국 운서와 다른 것으로 보인다. 이에 대해서는 최세진이 '사성통해' 범례에서 그 내력을 밝힌 바 있다.

　황공소가《韻會》를 지을 때 글자의 어음 역시《蒙韻》에 따랐지만, 몽고 글자에서 하나의 음을 두 가지 글자로 표기하는 잘못을 그대로 따르고 있기 때문에, 지금 그 분류음의 방식은 취하지 않는다. 오직 주해에 있어서만큼은 모씨(《禮部韻略》을 지은 毛晃)의 잘못을 바로잡고 여러 학자들의 저서를 통해 더욱 상세하게 풀이하였으므로, 이제《通解》를 편찬함에 있어서 역시《韻會》의 주해를 취해 그 뜻을 풀이하였다.[94] (黃公紹作韻會字音則亦依蒙韻而又緣蒙字有一音兩體之失故

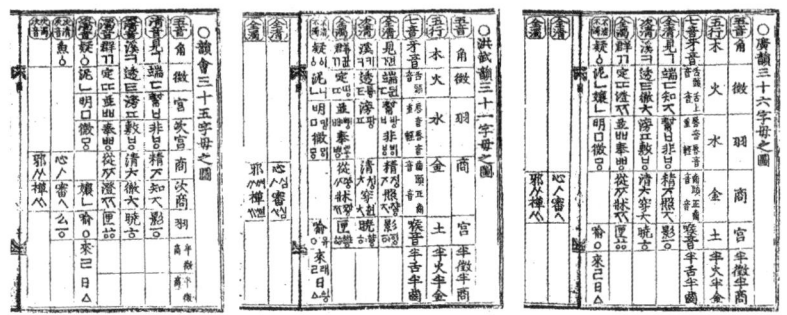

[사진 7] 최세진의 '사성통해' 범례의 정음 표기(운회, 홍무정운과 광운 자모지도)

今不取其分音之類也唯於注解則正毛氏之失聚諸家之著而友加詳切故今撰通解亦取韻
會主解爲釋.)

운서는 중국의 운서든 조선의 운서든 시기별로 끊임없이 편찬되었고, 그 내용도 여러 차례 변화를 겪었다. 이런 내력에 대해서는《고금운회거요》첫머리에 나오는 '公' 자에 대한 주해(案)에서 정확히 기술하고 있다.

성운학이 오래 전에 전해오던 것을 잃어버렸다. 강의 왼쪽에서 일어난 운서가 잘못되고 어긋나게 심해진 지 천 년이 넘었으므로 바로잡을 수가 없게 되었다. 근래에 이르러 사마문정공이 절운을 지었는데 일곱 개의 음운에 의거하여 아, 설, 순, 치, 후, 반설과 반치의 칠음의 성을 정하였다.《예기월령》에서 사시를 정할 때 사용한 각치궁상우 반상치와 반치상에 따라서 36 자모를 만들고 하나하나의 음을 청탁의 등위를 둔 이후에야 세상의 학사들이 성음의 바른 것을 알게 되었다. 이제 운을 편집하면서 거듭 고쳐 바로잡게 되었다.(聲韻之學 其傳久失 韻書起於江左 譌舛相承 千有餘年 莫之適正 近司馬文政公 作切韻 始

---

94 번역은 주성일(2009ㄱ)에 따르되 다듬어 인용함.

依七音韻 以牙舌脣齒喉 半舌 半齒 定七音之聲 以禮記月令 四時定 角徵宮商羽 半商徵 半徵商之次 又以三十六字母定 每音淸濁之等 然後 天下學士 始知聲音之正 今韻所編 重加考定.) - 《고금운회거요》 1권 3가(아세아문화사 영인본, 20쪽 위

곧 성운학이 많이 바뀌어 운서가 잘못되고 어긋나게 이어 온 지 천 년이 넘었는데, 성운학에 가장 가까운 절운(切韻)은 사마문정공(司馬文正公), 곧 사마 공이 지었다는 것이다. 사마광(司馬光, 1019~1086)은 《절운지장도》를 지은 사람으로 아설순치후·반설과 반치의 칠음에 따라 성모를 정하였고, 《예기월령(禮記月令)》에서 사시(四時)를 정할 때 사용한 각·치·궁·상·우· 반상치와 반치상에 따라 음에 청탁의 등위(等位)를 두어 36자모를 만들었으며, 그 이후에야 세상의 학사들이 성음(聲音)의 바른 것, 곧 정음이 무엇인지 알게 되었다는 것이다.[95]

《고금운회거요》는 중국에서 1297년에 간행되고 조선에서는 1433년 무렵에 재간행되어 훈민정음이 창제된 뒤인 1444년에 세종이 국역을 지시한 책[96]으로 《동국정운》(1449) 편찬의 바탕이 된 책이다. 이 구절을 인용한 것은 운서의 편찬 맥락을 보여 주기 위함이기도 하지만 여기서 '성음'을 알게 되었다는 구절이 기존 운서의 발달이나 성음론의 발달에 따른 중국에

---

95 박성원의 《華東正音通釋韻考》 서문에서는 "至於我東, 則初不明其牙舌脣齒喉闔闢出聲之妙, 故五音相混, 宮或爲羽, 商或爲齒, 尙無一定之音韻, 此實我東諺文爲二, 務於義而忽於音之致也.(우리나라에 이르러서는 처음부터 아설순치후 등의 초성과 닫음–엶과 같은 중성을 발음하는 이치에 밝지 못해서 오음의 음계가 뒤섞였다. 그래서 궁음이 혹 우음이 되고 상음이 혹 치음이 되어 아직도 일정한 음운이 없으니 이것은 실로 우리나라 언문이 일치하지 않고 또 뜻에만 힘쓰고 소리를 소홀히 한 결과이다.)"와 같이 음계 불일치를 부정적으로 보았으나 오히려 자주적 소리의 배치로 보는 것이 합리적이다.

96 물론 《세종실록》에는 "以諺文譯《韻會》 - 1444/2/16."라고만 나오고 실제 번역서는 남아 있지 않다.

서의 상대적 진보를 의미한다는 것을 지적하기 위해서이다.

문제는 '성음' 또는 '정음'을 알게 되었지만 그것은 이론이나 관념에 머무른 것이다. '정음'을 제대로 보고자 하는 이들의 꿈은 15세기 조선에서 만든 운서 《동국정운》(1448)과 중국의 운서를 훈민정음으로 보여주는 《홍무정운역훈》(1455)에서 이루어지기 때문이다. 중요한 것은 세종과 집현전 학사들이 기존의 동양의 성음 이론을 철저히 분석하여 실제 그런 문자를 만들었다는 점이다.

3) 민본주의 교화와 소통 원리

세종 정음관의 핵심에는 정음 사용자의 주체가 있다. 중국 고대의 정음관이나 소옹의 정음 이론에는 정작 정음을 누가 왜 사용하는가에 대한 주체의 문제가 없었다. 천지자연의 소리와 문자 논의는 풍성하지만, 정작 그 소리와 문자를 사용하는 주체 논의가 없는 것이다. 김슬옹(2008)에서는 소쉬르의 언어학과 세종의 언어학의 핵심 차이를 주체가 있고 없음으로 논의한 바 있다. 물론 성리학은 사람의 도리를 다루는 학문이므로 당연히 다음과 같이 주체의 문제를 다룬다.

　　天命之謂性 率性之謂道 脩道之謂敎　　　　　－《중용(中庸)》첫머리

하늘의 이치를 따르는 것이 사람의 본성이요 그러한 본성을 따르는 것이 도이고 그러한 도를 닦는 것이 가르침이라는 것이다. 하늘의 이치를 따르고 실천할 때 진정한 사람으로서의 구실을 다하는 것이고 그런 사람이 되기 위해 우리는 끊임없이 배우고 실천해야 한다는 뜻이다. 물론 중용의

시대적 배경에는 누구나 동등한 주체가 될 수 없는 신분제를 따르는 것도 본성이라 본 시대적 한계성은 있지만 무엇이 인간의 바른 길인가를 명확히 밝히고 있다. 소옹의 정음관도 이런 천지자연 본성론에 따르고 있지만, 정작 언어를 통한 소통의 문제 등은 중요하게 다루고 있지 않은 것이다.

그러나 세종은 교화와 소통 문제로 정음을 꿈꾸게 되었고 그 꿈을 28자를 통해 이루었다. 세종은 다목적용으로 정음을 만들기는 하였으나 그 근본 출발은 책을 통해 백성들을 가르치고 책을 통해 정보와 지식을 널리 나누고 싶은 데에 있었다. 한문이나 이두로는 그 뜻을 이룰 수 없어 정음을 창제하기에 이른 것이다. 물론 세종 때도 신분제의 한계가 있었으므로 책을 통한 소통 문제를 오늘날의 소통 차원으로 볼 수는 없다. 그러나 신분 차이와 관계없이 동일하게 발생하는 사람으로서의 섬세한 감성 표현까지 가능하게 하고 신분과 권력에 관계없이 배울 수 있는 문자를 만듦으로써 시대 한계를 극복할 수 있었던 것이다. 특정 계층만이 문자의 주체가 될 수 있고 그러한 주체조차 마음대로 감성의 주체가 될 수 없는 상황은 노비까지 문자를 사용하고 감성 표현의 주체가 되는 시대 상황과 근본적으로 차원이 다르다고 본다.[97]

'훈민정음'의 1차적 사용 주체는 조선의 백성이었으나 보편 문자로서의 '정음'에 주목한다면, 김석연(1993: 168)에서처럼 그 주체를 확대할 수 있다. 곧 김석연(1993)에서 정음을 사용할 '훈민'의 대상이 한국 국민만이 아니었음은, 정음을 보편적 문자로서 온 누리에 편민(便民)하게 하고 싶었던

---

[97] 조선 시대의 노비 계층의 한글 사용 문제에 대해서는 김슬옹(2005: 53~56)에서 처음으로 언급한 바 있고, 전반적인 조선시대의 훈민정음 발달사는 최현배(1942), 김슬옹(2012ㄷ)에서 총체적으로 기술되었다.

세종의 꿈과 청사진이 깔려 있는 원본의 제자 원리와 창제 의도에서 충분히 엿볼 수 있을 것이다.

결국 세종은 천지자연의 이치를 따르는 바른 사람이 되기 위해 바른 문자를 통한 소통과 교화에 힘써야 한다고 보았다. 신분제가 있는 상황에서의 소통은 근본적인 한계가 있지만, 표현조차 못하는 상황과 표현이 가능한 상황은 역시 차원이 다르다. 세종이 1446년에 발표한 세종 서문과 그 이전 신하들과의 토론, 회의 등을 종합해 보면, 하층민이 하고 싶은 말(글)을 한문으로 인해 하지 못하는 답답한 현실을 문제 삼았으며 그런 까닭으로 새 문자를 창제하게 되었다고 밝혔다. '정음'의 진정한 가치가 여기에 있다.

4. 세종 '정음'의 주요 특징

세종이 정음 창제에 성공한 주요 사상적 특징을 짚어보기로 한다.

1) 보편성과 특수성의 조화

세종의 정음 사상은 보편성과 특수성을 아울러 중요하게 여기는 성리학 사상을 문자를 통해 완벽하게 드러내어 더욱 발전시킨 것이다. 문중량(2006: 43)에서 지적했듯이 "성리학은 보편적인 '천지지성(天地之性)'과 함께 특수성을 강조하는 '기질지성(氣質之性)'도 중요하게 담아내는 사상체계"이다. '이일분수(理一分殊)'라는 말에서 드러나 있듯이 각 개체(특수성)에는 보편적 원리가 담겨 있고, 보편성은 각 개체의 특수성을 통해 드러난다.[98]

언어는 중층적이다. 근대 언어학의 창시자라 할 수 있는 소쉬르는 랑그와 파롤이라는 이분법을 통해 언어의 복합적 성격을 파악하고 이론화하였다. 그러나 소쉬르의 이러한 접근은 다른 중층성을 잘 보여주었지만 이분법식 접근 한계로 언어의 융합적 실체를 제대로 보여 주지 못했다. 반면에 세종은 훈민정음을 통해 음성 기호로서의 보편 문자 기능과 자연어로서의 특수성을 아울러 구현하여 보편성과 특수성의 융합을 이루었다.

현대 언어학은 50년 이상 소쉬르의 이분법을 확대 재생산하였고, 최근에 와서야 융합적인 흐름을 형성하는데, 이에 반해 세종은 이미 15세기에 그런 흐름을 보여준 것이다. 보편성과 특수성을 융합하는 원리는 《훈민정음》(1446) 해례본의 정인지 서문에 다음과 같이 언급되어 있다.

(1) 천지자연의 소리가 있으면 반드시 천지자연의 문자가 있다. 그러므로 옛 사람이 소리를 바탕으로 글자를 만들어서 만물의 뜻을 통하고, 천지인 삼재의 이치를 실었으니 후세 사람들이 능히 글자를 바꿀 수가 없었다. (有天地自然之聲, 則必有天地自然之文. 所以古人因聲制字, 以通萬物之情以載三才之道, 而後世不能易也.) —《훈민정음》 정인지서

(2) 가. 사방의 풍토가 구별되므로 말소리의 기운 또한 다르다. 대개 중국 이외의 딴 나라 말은 그 말소리에 맞는 글자가 없다. 그래서 중국의 글자를 빌려 소통하도록 쓰고 있는데, 이것은 마치 모난 자루를 둥근 구멍에 끼우는 것과 같으니, 어찌 제대로 소통하는 데 막힘이 없겠는가? 요컨대 모든 것은 각각의 처한 곳에 따라 편안하게 할 것이지, 억지로 같게 하여서는 안 될 것이다.(然四方風土區別, 聲氣亦隨而異焉. 蓋外國之語, 有其聲而無其字. 假中國之字以通其用, 是猶枘鑿之鉏鋙也, 豈能達而無礙乎. 要皆各隨所處而安, 不可强之使同也.)

나. 오직 우리말이 중국말과 같지 않다.(但方言俚語, 不與之同)

---

98 성리학적 언어관에 대해서는 강신항(2003ㄴ: 17~30) 참조.

(1)에서는 문자의 보편성을 설명하고 있다. 천지자연의 말소리가 있으면 당연히 그것을 적는 천지자연의 문자가 있어야 한다. 그래서 옛 사람들도 천지자연의 말소리에 맞는 천지자연의 글자를 만들었고, 그 글자에 만물의 뜻을 담고 천하의 이치를 담았기에 후세 사람들이 쉽게 바꿀 수 없었다는 것이다. 말소리와 문자를 일치시키려는, 말소리와 문자의 유기적 관계로서의 보편성이 중요함을 강조하고 있다.

(2가)에서는 말소리와 문자의 특수성을 강조하고 있다. 사는 곳이 다르면 말소리 또한 다르기 마련인데 중국 이외의 다른 나라들은 대개 그 말소리에 맞는 글자가 없다. 그래서 중국 글자를 빌려 쓰지만 이것은 마치 둥근 구멍에 모난 자루를 끼우는 격이라 소통하는데 문제가 많다. 그렇다면 각 지역에 맞는 문자를 쓸 일이지 한자 같은 문자를 빌려 억지로 쓰게 할 필요는 없다. 즉 (2나)처럼 각 지역의 방언은 같지 않다는 것이다.

보편성과 특수성을 융합한 대표적인 보기는 초성자와 종성자의 인식과 문자화이다. 정음은 '초성부용초성'에서 보여 주듯 변이음을 정확히 인식하여 초성자와 종성자를 같은 모양으로 디자인하고 간결한 문자로 말소리를 기술할 수 있게 하였다. 순경음 비읍(ᄫ)과 같이 모국어 화자의 일상 언어생활에서 인식되지 않는 음까지 표기하는 문자를 만들고도 종성자처럼 변이음을 실제 기본 문자에 반영하지 않음으로써 표기와 소통의 효율성을 이루었다.

정음은 사성을 나타내는 가점법(加點法)과 같은 초분절음소 표기 체계를 통해 말소리의 특수성을 보편적 체계로 드러내는 최대의 성과를 보여 주었다. 정우영(2013)의 지적처럼 이는 세계 문자사에서 그 유례를 찾기 힘들 정도로 독특한 것이다. 이에 대해 정우영(2005)은 "일반적으로 분절음소만 적는 일반 문자와 달리 '훈민정음' 표기법은 초분절음소를 문자화할 수 있을 뿐만 아니라 문자화된 기록을 현실 발화로 재현할 수 있게끔 되었다."라고 기술하며 같은 방식으로 당시 국어를 표기한 15세기 국어 문헌은 '문자로 기록된 소리 책'이라 평가하였다.

이렇게 말소리와 문자 기호의 유통이 자유로운 것은 말소리의 보편적 규칙(랑그)에 따라 문자를 창제했음에도 다양한 말소리(파롤)를 적을 수 있는 문자 체계를 이루었기 때문이다. 곧 세종의 정음은 소쉬르가 랑그를 통해 강조한 체계와 과학에 기반한 공통성으로서의 보편성과 들뢰즈(Gilles Deleuze, 1969)가 강조한 차이로서의 보편성을 아울러 드러내는 문자이다.

2) 자연주의 문자관과 과학주의 문자관의 융합

문자관에서의 '자연주의'는 문자는 자연의 소리로서의 말소리를 있는 그대로를 존중하고 반영하는 표상체로 보고자 하는 것을 말한다. 이때의 문자는 말소리의 연속적 실체이며 말소리의 자연스런 모사 기호이다. 반면에 '과학주의'는 말소리를 적는 과정의 방법론과 문자 시스템의 체계성, 규칙성을 뜻한다.

세종의 정음 문자관에는 이러한 두 가지 관점이 융합되어 있지만 1차적인 문자관은 자연주의 문자관이다. 자연의 소리 이치에 따라 문자를 만들고자 하는 것을 가장 큰 목표와 이상으로 삼았기 때문이다. 곧 앞서 살펴본 "天地自然之聲, 則必有天地自然之文. 所以古人因聲制字, 以通萬物之情, 以載三才之道"라는 정인지 서문에 이런 사상이 극명하게 드러나 있다. 천지자연의 소리를 가장 정확하게 문자에 담아 소리와 문자가 자연스레 '유통'하게 하는 것은 오랜 역사이자 전통이라는 것이다. 따라서 이러한 문자에는 자연스럽게 하늘과 땅과 사람이 조화롭게 존재하고 생성

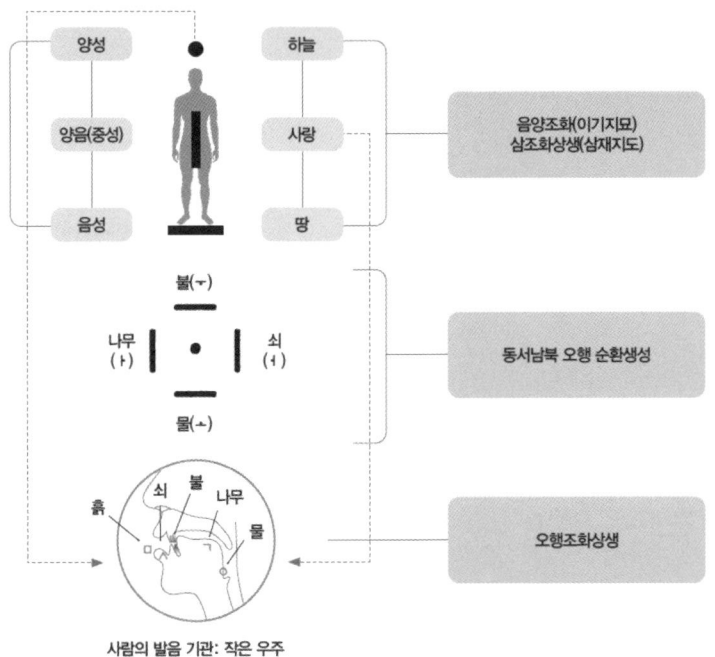

[그림 18] 훈민정음의 자모음 기본자에 적용한 음성과학과 동양철학

되는 천지인 삼재 사상이 담겨 있는 것이다. 이러한 고대의 기본 문자관을 후세 사람들은 함부로 바꿀 수 없고 그대로 따라야 한다는 것이다.

  세종은 이런 문자관을 기본 문자에 반영하여 다음 그림에서 보듯 모음소의 대표격인 아래아(ㆍ)부터 자음소의 대표격인 'ㅇ'까지 동양의 유기적 철학을 부여하였다. 거시적인 하늘과 미시적인 사람의 목 부분까지 음양오행의 논리를 적용해 천지자연의 질서를 반영했으며 이는 동양의 전통에 따른 보편성을 최대로 이루고자 하는 과정이었다.

  동양의 전통적 음양오행론을 철저히 구현하면서도 그것을 철저히 현대 언어 과학으로 융합하고 있다.[99]

'·(아래아)'의 경우 문자 측면에서도 모음의 중심이므로 천지자연의 중심인 하늘의 의미를 부여했고 가장 기본적인 모음의 특성(실체 과학)을 부여했다. 아래아가 현대 표준어에서는 배제되고 변화의 양상이 복잡해 음소냐 아니냐의 논쟁까지 있지만 그 이면에는 가장 원초적인 발음인 측면도 있을 것이다.[100]

/·/ 소리는 [표 14]와 같이 《훈민정음》 해례본 설명대로라면 입술은 /ㅏ/보다는 좁히고 /ㅗ/보다는 더 벌려 내는 소리로 입술 모양이 /ㅏ/처럼 벌어지지도 않고 /ㅗ/처럼 오므라지지도 않는 중간쯤 되는 소리다. 혀는 /ㅏ/ 와 /ㅗ/와 같이 정중앙 쪽으로 오그리는 것으로 /ㅡ/를 낼 때보다 더 오그리고 혀를 아예 오그리지 않는 /ㅣ/보다는 훨씬 더 오그리는 소리다. 혀뿌리를 중앙으로 당기듯이 오그리다 보니 성대가 살짝 열리면서 소리는 성대 깊숙이 울려 나온다. 입술 모양은 둥근 모음과 안둥근 모음의 중간 정도 되는 소리다.

[표 14] 15세기 기본 모음자의 소리 특성 비교

갈래	혀 특성 (오그리기↑)		소리 성질 (깊이 정도↑)		음양 상징 자질	위치 상징 자질
●	舌縮	혀 오그리기	聲深	깊은 소리	하늘(양성)	자

---

99 훈민정음의 과학성에 대해서는 "김슬옹(2012ㄱ), 「한글 우수성, 과학성, 독창성에 대한 통합 연구」, 『문법교육』 16호, 문법교육학회, 37~82쪽."에서 논의한 바 있으므로 여기서는 줄인다.
100 한태동(2003: 70)에서는 아래아(·) 소리는 신생아 때부터 제일 흔히 쓰는 음으로 구강의 모든 근육과 목젖까지 이완시킨 상태에서 나오는 소리이고, 말을 구사하기 이전에 분화되지 않은 제일 자연스러운 소리로 유아들이 [엄마]라 발음할 때 내는 [으 머] 소리에 들어 있는 음으로 보았다.

| | 舌小縮 | 혀 조금 오그리기 | 聲不深不淺 | 깊지도 얕지도 않은 소리 | 땅(음성) | 축 |
| ㅣ | 舌不縮 | 혀 오그리지 않기 | 聲淺 | 얕은 소리 | 사람(중성) | 인 |

/ㅣ/의 경우도 혀끝 뒷부분이 아랫니에 닿으면서 입을 살짝 벌리고 혀를 높이 올려 나오는 고모음인데, 혀 앞에서 나오는 전설 모음을 대표하는 기본 모음 역할을 한다. /ㅡ/는 아랫니에 닿아 있던 혀를 떼고 '혀를 약간 내리면서 혀 뒤쪽으로 발음이 나오는 고모음 소리로 혀 뒤에서 발음이 나므로, 후설 모음을 대표하는 기본 모음이다. 결국 /이/와 /으/ 발음은 다양한 모음의 기준 역할을 한다. 그래서 세종은 /이/와 /으/를 모음자를 만드는 기본 모음 음운으로 삼았을 것이고, 각각을 나타내는 'ㅣ', 'ㅡ'를 기본 문자로 삼았으며, 'ㅣ'는 서 있는 사람, 'ㅡ'는 평평한 땅의 상징적 의미를 부여했다.

/으/는 혀 뒤쪽에서 나오는 약한 발음이라 '쓰+어=써'에서와 같이 잘 탈락된다. 이런 발음 현상은 인류 보편 현상이고, 그래서 대부분의 언어에서는 문자로 형상화지 못했다. 특히나 로마자권 사람들은 /ㅡ/ 발음을 거의 못할 뿐 아니라 그것을 나타내는 독립된 문자도 없다. 그러나 한국어는 다른 언어에 비해 /ㅡ/ 발음이 섬세하게 발달된 편이고 세종은 이를 정확히 포착하여 문자로 형상화하는 데 성공하였다. 이러한 모음의 기본 특성에 대한 과학적 관찰과 천지자연의 삼요소인 삼재와 연결시켜 정음으로서의 실체와 가치를 극대화한 것이다.

자음의 경우는 'ㅇ'가 문자 차원에서도 작은 우주의 중심이니 사람, 그 말소리의 중심인 목을 본떴고 그런 문자의 기본 특성을 말소리로도 갖고 있다. 훈민정음 제자해에서는 "대저 사람의 말소리가 있는 것도 그 근본은 오행에 있는 것이다[夫人之有聲本於五行]."라고 하면서 가장 먼저 목구멍소리의 특성을 설명하고 그 다음 '어금닛소리 - 혓소리 - 잇소리 - 입술소리' 순으로 기술하고 있다. 목구멍은 깊숙하고 물기가 있으니 '물'에 해당되며 소리가 비고 거침없음은 물이 투명하고 맑아 잘 흐르는 것과 같다는 것이다.

한태동(2003: 174)에서는 'ㆍ'의 음관 상태가 관련된 근육을 이완시킨 가장 자연스러운 본연의 상태를 보여 자음 'ㅇ'의 음관 상태도 'ㆍ'와 같은 것으로 구조적으로 같은 공명 소리를 낸다고 보았다.

이렇게 자연스러운 말소리 이치를 문자에 반영하다 보니 정인지 서에서는 "故人之聲音, 皆有陰陽之理, 顧人不察矣. 正音之作, 初非智營而力索, 但因其聲音而極其理而已."라고 하여 사람의 성음(聲音)에도 모두 음·양의 이치가 있는 것인데, 스스로 노력하면 찾을 수 있는 것을 사람들이 살피지 못했을 뿐이라 하였다.

이러한 자연주의 언어관은 자연스럽게 자음 기본자의 발음 기관 상형이라는 경험과 관찰에 의한 과학과 우리말 모음의 기본 특성을 반영하는 모음 기본자의 통합 과학으로 융해되었다. 더욱이 자음 확장자의 가획과 모음 확장자의 합성이라는 규칙성으로서의 과학 등의 문자 과학으로 융합되어 문자의 가치와 효용성은 극대화되었다.

5. 세종 '정음'의 주요 가치와 의미

훈민정음의 정음관과 그 가치에 대해서는 많은 논의가 있어 왔다. 신경준(1750: 6)에서도 "정음은 우리나라에게만 혜택을 주는 것이 아니라 천하의 말소리(성음)를 기록할 수 있는 큰 경전이다.(正音不止惠我一方而可以爲天下聲

音大典也)"라고 하였고, 한태동(1983: 130)에서는 "정음은 어느 특정된 나라의 어음이 아니고 언어를 위한 언어로 구성되어 모든 언어의 기틀이 되는 위대한 언어 체계인 것이다. 그런 의미에서 정음은 만민을 위한 언어학의 기틀이 될 것이고 자연히 그렇게 될 것이다."라고 하였다. 김석연(1993: 168)에서는 "정음을 사용할 '훈민'의 대상이 한국 국민만이 아니었음은, 정음을 보편적인 문자로서 온 누리에 편만하게 하고 싶었던 세종의 꿈과 청사진이 원본 밑에 깔려 있는 제자 원리와 창제 의도에서 충분히 엿볼 수 있는데…"라고 하였고, 정우영(2005)에서는 "지역성을 초월하여 교정적, 인위적, 이상적인 성격을 띤 한국어의 표준 발음 또는 그것을 적는 문자 체계"라 하였다.[101] 박선우(2009: 143)에서도 "정음이 당대의 음성학적 연구를 바탕으로 창제되었으며 자질성을 포함하여 음성부호로서의 보편성을 가진 체계이었다는 점이다."라고 평가한 바 있다.

  세종의 정음관은 역사적인 자연주의와 과학 생성주의의 결합으로 이루어진 것이다. 당대의 성운학에 대한 역사적 연구를 수용하면서도, 또한 완전히 다른 정음을 창제하였기 때문이다.[102] 소옹의 논리가 아무리 뛰어나다 하더라도 그것을 그대로 좇았다면 새로운 정음 창제는 불가능했을 것이다. 세종은 선행 이론과 역사적 흐름을 존중하되 완전히 새로

---

[101] 박종국(2006: 65)에서도 "정음이라는 이름은 정자나 정문과 같은 뜻을 품고 있는 것으로 중국 글자를 말하는 한자나 그 밖의 다른 나라 글자들보다 상위의 글자라는 것을 나타내기 위한 세종대왕의 숨은 뜻에 의해 지어진 글자 이름"이라 하였다.

[102] 이런 의미에서 심소희(2013: 383)는 세종의 정음 업적을 "결국 우리는 외래 사상인 정음관을 주체적으로 섭취하여 창조적으로 우리의 토양에 맞게 변용하고 또 우리의 삶을 개선시키는 도구로 활용하였으므로, 결국 정음관은 우리 민족의 사상으로서 기능하는 것이다."라고 평가하였다.

세종학의 꽃, 정음학   139

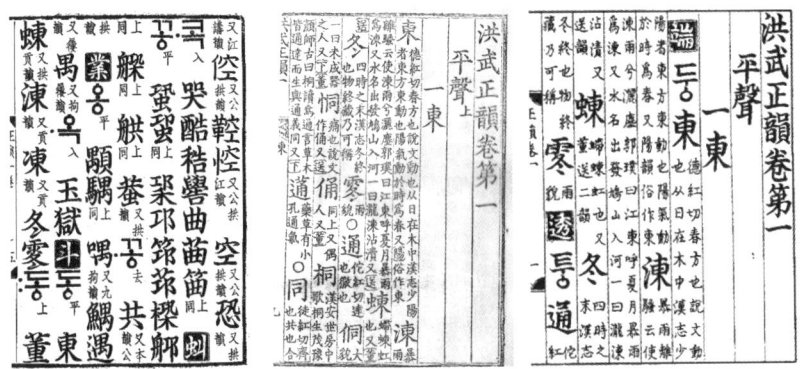

[사진 8] 《동국정운》(1448)과 《홍무정운》(1375), 《홍무정운역훈》(1455)

운 역사를 만들어냈다.

　세종과 집현전 음운학자들은 《훈민정음》(1446) 해례본의 자신감을 바탕으로 중화의 문자 표준을 동국의 문자 표준으로 가져오는 담대한 정음 도전을 하게 되었는데 그것이 《동국정운》(1448)이었고 이를 바탕으로 중국이 천 년 이상을 해결 못한 운서의 발음 표기 《홍무정운》을 과감하게 입증해 보인 것이 《홍무정운역훈》(1455)이다.[103] 《홍무정운》 편찬의 기본 목표는 이 책 서문에서 밝혔듯이 그 당시 통용되는 현실 한자음을 바로 잡으려는 것이었고 《동국정운》은 철저히 이 책을 근간으로 편찬되었다. 그러나 《홍무정운》은 소리를 제대로 적을 수 없는 한자의 절대 모순 때문에 그런

---

103 이 책의 가치에 대해 중국음운학자인 이영월(2009: 272) 교수는 "《홍무정운역훈》은 중국음운학사상 획기적인 문헌자료로서 이것은 이방민족(異邦民族)의 문자 체계로 한자음(중국음)을 체계적으로 표기한 성공적인 사례이다."라고 하면서 이는 서양의 마테오리치와 니콜라스 트레이드의 《서유이목자》(1625)보다 170여 년이나 앞선 것으로 15세기 중국음을 연구하는 중요한 자료로 보았다. 또한 이영월(2009: 271)에서는 《홍무정운역훈》의 매우 탁월한 가치에 대한 중국 학계의 사건을 전하고 있다.

목표를 이룰 수 없는 반쪽 운서에 머무른 것이며 《동국정운》이 대안 운서로서의 방법론을 보여주고 《홍무정운역훈》은 아예 《홍무정운》에서 보이지 않던 소리를 보여주었다.[104] 이는 황제 권위에 대한 도전이었으나 다행인지 불행인지 명나라 집권 세력과 당대의 중국 음운학자들은 이런 도전의 가치와 의미를 알아차리지 못했다.[105]

《동국정운》과 《홍무정운역훈》은 한자와 한문이 갖고 있는 문어로서의 동아시아적 보편성을 또 다른 보편 문자인 정음으로 그 한계를 극복한 것이었다.[106] 황제의 나라 중국이 밝히지 못한 정음의 실체를 눈으로 보게 된 그 기쁨을 신숙주는 이렇게 표현하였다.

> 우리 세종대왕께서는 타고나신 성인으로 고명하고 통달하여 깨우치지 아니한 바 없으시어 성운의 처음과 끝을 모조리 연구한 끝에 헤아려 옳고 그름을 정해서 칠운·사성의 가로세로 하나의 줄이라도 마침내 바른 데로 돌아오게 하였으니, 우리 동방 천백 년에 알지 못하던 것을 열흘이 못 가서 배울 수 있으며, 진실로 깊이 생각하고 되풀이하여 이를 해득하면 성운학이 어찌 정밀하기 어렵겠는가. 옛사람이 말하기를, '산스크리트어가 중국에 행해지고 있지

---

[104] 이런 맥락을 처음으로 세밀하게 다룬 논저는 성원경(1971, 1976)이다.
[105] 알려진 공적 반응이 없는 것으로 보아 알았다 하더라도 무시했을 가능성이 높다.
[106] 김세환(2008: 55~56)에서 다음과 같이 이와 같은 맥락을 평가한 바 있다.
"《洪武正韻譯訓》에서 볼 수 있듯이 우리의 문자로 외국어를 나타낼 수 있게 되었다. 이는 漢字를 중국문자와 우리의 문자로 구분하는 기준이 되기도 한다. 우리는 漢字의 宗主國인 중국이 이루지 못한 것을 이루었다. 중국은 현대에 와서 로마자를 빌어 拼音의 方案을 겨우 만들었지만 이는 단지 부호일 뿐이지 문자가 아니다. 로마자를 이용한 신문자 운동은 可讀性이 없기 때문에 실패할 수밖에 없었고 결국 注音符號나 한어병음 방안을 만들어 보조적으로 사용하는 데 그쳤다. 훈민정음은 그 자체가 문자이다. 다만 漢字와 병행하면 문자의 기능이 중국 문자나 또는 일반 표음문자보다 비교할 수 없이 효율적으로 바뀐다는 점이 크게 다르다."

만, 공자의 경전이 인도로 가지 못한 것은 문자 때문이지, 소리 때문이 아니다.'라고 하였다. 대개 소리가 있으면 글자가 있는 법이니 어찌 소리 없는 글자가 있겠는가. 지금 훈민정음으로써 번역하여 소리가 운(韻)과 더불어 고르게 되면 음화(音和)·유격(類隔)·정절(正切)·회절(回切) 따위의 번거롭고 또 수고로울 필요가 없이 입만 열면 음을 얻어 조금도 틀리지 아니하니, 어찌 풍토가 똑같지 아니함을 걱정하겠는가.(我世宗大王天縱之聖. 高明博達. 無所不至. 悉究聲韻源委. 而甚酌裁定之. 使七音四聲. 一經一緯. 竟歸于正. 吾東方千百載所未知者. 可不浹旬而學. 苟能沈潛反復. 有得乎是. 則聲韻之學. 豈難精哉. 古人謂梵音行於中國. 而吾夫子之經. 不能過跋提河者. 以字不以聲也. 夫有聲乃有字. 寧有無聲之字耶. 今以訓民正音譯之. 聲與韻諧. 不待音和類隔正切回切之繁且勞. 而擧口得音. 不差毫釐. 亦何患乎風土之不同哉) -《홍무정운역훈》 서문

정음 창제가 얼마나 큰 도전이었는지 제일 먼저 알아차린 이들은 최만리를 비롯한 갑자상소 주역들이었다.

우리 조선은 조상 때부터 내려오면서 지성스럽게 대국을 섬기어 한결같이 중화의 제도를 따랐습니다. 이제 문자(한문)도 같고 법과 제도도 같은 시기에 언문을 창제하신 것은 보고 듣기에 놀라움이 있습니다. 설혹 말하기를 "언문은 모두 옛 글자를 본뜬 것이고 새로 된 글자가 아니라." 하지만, 글자의 형상이 비록 옛날의 전자를 모방하였을지라도 음을 쓰고 글자를 합치는 것은 모두 옛것에 반대되니 사실 근거가 없사옵니다. 만일 이 사실이 중국에라도 흘러들어가서 혹시라도 비난하여 말하는 자가 있사오면 어찌 대국을 섬기고 중화를 사모하는 데에 부끄러움이 없사오리까?(我朝自祖宗以來, 至誠事大, 一遵華制, 今當同文同軌之時, 創作諺文, 有駭觀聽. 儻曰諺文皆本古字, 非新字也, 則字形雖倣古之篆文, 用音合字, 盡反於古, 實無所據. 若流中國, 或有非議之者, 豈不有愧於事大慕華.)

갑자상소는 중국이 천 년 이상을 해결하지 못한 한자음 적기를 해결한 세종이 창제한 언문(정음)의 신묘함에 놀라면서도 정작 그 한자음 적기보다는 중국이 해결 못 한 것을 조선이 해결한 '과도함'이 지나치다고 세종의 문자 정책을 비판하고 있는 것이다. 중국에 알려질까 봐 두려워하고 있으나 그 두려움은 자기 검열식 두려움일 것이다.

중국의 시각에서 보면 오랑캐 나라가 오랑캐 문자를 갖는 것은 전혀 관심 대상이 아니다. '정음'이 아무리 뛰어나도 그것을 중국에서 볼 때 오랑캐 나라의 오랑캐 문자일 뿐이다. 실제 훈민정음 반포 이후 중국의 공식 반응은 전혀 알려진 바가 없다. 중국의 지배층이나 음운학자들은 용 보기를 간절히 원했으면서도 정작 용이 변방의 작은 나라에서 나타나자 철저히 무시한 셈이다.

세종의 융합적 정음관은 고대의 정음관을 15세기에 맞게 변용한데다 시간 변화와 관계없이 응용 확대 사용이 가능하다는 점에서 그 의의를 찾을 수 있다. 곧 세종은 자연주의 문자관과 과학 생성주의 문자관을 융합하여 정음의 창조성을 높였다.

6. 맺음말

중국의 정음관은 근본적으로 소리를 기록하는 데 집중하여 문자가 다시 소리로 돌아오는 이치를 제대로 주목하지 않았다. 또한 소리와 문자의 주체인 사람 사이의 소통에도 소홀하였다. 곧 진정한 '정음'이 아니었다.

이런 역사적 흐름 속에서 세종의 '정음 문자관'은 어떻게 형성되었고 실제 성과를 거두었는가가 중요하다. '정음(正音)'은 사람의 말소리를 비롯

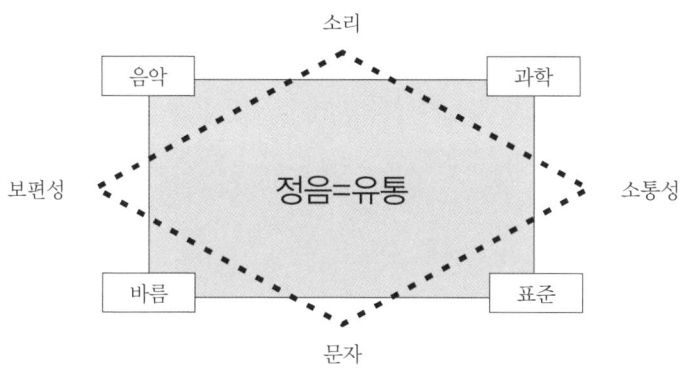

[그림 19] '정음' 특성 구성도

한 들리는 자연의 소리를 가장 과학적으로 적을 수 있는 보편 문자에 대한 특별 명칭이다. 세종은 정음을 통해 소리와 문자를 유통(流通 - 세종 서문)하게 함으로써 사람 사이의 유통이 가능하게 하였다.

이런 관점에 따라 세종의 정음 또는 정음관의 핵심 형성 과정을 상형 과학과 음률 배치, 소통 주체 측면에서 다시 규정하였다. 그 배경 원리로 보편성과 특수성의 융합 원리와 자연주의 철학과 과학 생성주의의 융합 원리를 설정하여 이를 바탕으로 정음관의 실체를 조명하였다.

세종은 소리와 문자에 대한 과학적 분석을 통해 각 자소의 절대 음가를 구현하면서도 그것이 빚어내는 다양한 말소리의 역동성도 함께 담아냄으로써 정음의 '바름'이 지향해야 하는 바른 세상의 길을 시공간을 초월하여 제시하였다.

세종 정음의 실체는 소리와 문자의 보편성을 바탕으로 사람 사이의 소통성을 이룬 것이며 이를 음악과 과학 방법론으로 소리와 문자의 바름과 표준이 가능하게 하였다. 따라서 이러한 정음 문자관은 문자 맥락을 구성하는 모든 요소들이 자연스럽게 상생으로 융합되는 '유통' 정신으로 이루어졌다.

물론 세종의 정음관 또는 정음이 완벽하다는 것을 얘기하는 것은 아니다. 사람의 말소리 자체가 시대와 공간에 따라 역동성을 띠므로 그것을 담아내는 완벽한 문자는 있을 수 없다. 그러나 역동성 안에 담겨 있는 기본 원리나 바탕 원리는 있는 것이며 세종은 바로 그런 원리를 문자에 담는데 성공한 것이다.

세종 융합 인문학의 특성

1. 머리말: 왜 인문학인가?

 인문학은 인기가 있든 없든 늘 우리 삶의 중심에 놓여 있다. 그래서 시류와 관계없이 인문학을 제대로 세우고 다른 학문과 더불어 발전시킬 수 있는 길을 찾아야 한다. 그런데 깔맞춤으로 15세기 세종대왕이 바로 인문학을 중심으로 자연과학을 동시에 발전시킨 전무후무한 임금이자 학자였다.
 인문학은 모든 학문의 바탕이자 모든 학문을 아우르는 학문이기도 하다. 인문학은 사람다운 세상을 꿈꾸는 학문으로 인문 정신 곧 사람다움의 뜻을 담은 학문이기 때문이다. 그래서 인문학의 위기는 곧 사람의 위기, 더불어 배려하며 살아가는 공동체의 위기를 뜻한다.
 인문학은 넓게 보면 사람다움에 대한, 사람다움을 추구하는 모든 학문을 가리키지만 좁게 보면 대략 네 가지 영역으로 나눌 수 있다. 사람답게 살기 위해 주고받는 배려와 소통의 언어학, 상상의 나래를 통해 서로 다른 세상을 품을 수 있는 총체성으로서의 더불어 문학, 왜 그래야 하는지를 물어 왜 더불어 살아가야 하는지 근본을 따지는 상생의 철학, 더 나은 세상을 위해 우리가 걸어온 발자취를 되돌아보는 성찰의 역사학 등이 그것이다. 사람다운 아름다움의 가치를 추구하는 미학 등도 인문학의 주요 뼈대가 될 수 있을 것이다.

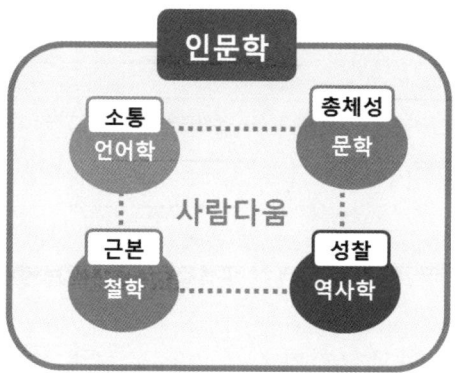

[그림 20] 인문학 구성도

2. 융합 인문학과 세종

인문학은 다양함을 담는 넉넉함이 살아 있는 학문이다. 넓은 의미의 인문학을 좀 더 발전시키면 '융합 인문학'이라는 새로운 용어나 개념을 이끌어 낼 수 있다. 과학과 예술도 사람다운 삶을 위한 문제를 다룬 것이라면 인문학의 품 안으로 들어올 수 있다.

이러한 융합적 인문학은 사람다움을 가르치고 배우는 길을 다루는 교육학과 마음과 정신의 문제를 다루는 심리학, 사회적 실천과 응용문제를 다루는 사회학을 아우르거나 그러 개별 학문과 연계될 수 있다. 그래서 사람다운 삶을 다루는 인문학은 언어학, 문학, 역사학, 철학, 예술뿐만 아니라 과학, 심리학, 교육학, 사회학 등이 함께 녹아드는 학문이기도 하다.

이러한 융합 인문학의 이상을 보여준 이가 세종이었다. 세종은 성리학을 중심으로 하되 다양한 개별 학문에 몰입하고 발전시키되 철저하게 사람다운 가치와 실용으로 집약하고 융합시켰기 때문이다. 성리학은 사람이 하늘의 이치대로 어떻게 살 것인가를 추구하는 학문이다. 공자와 맹

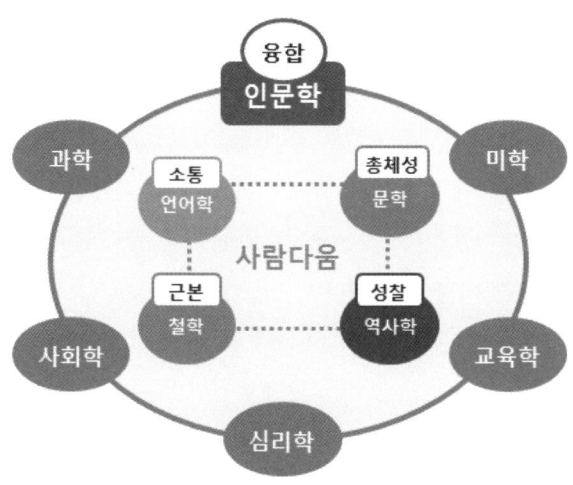

[그림 21] 융합 인문학 구성도

자의 사상을 바탕으로 발전한 학문이었다. 조선은 성리학을 이념으로 세운 나라였기에 학문으로 보더라도 중국 못지않게 발전했고 그런 성리학을 가장 발전시킨 임금이 세종이었다. 왜 그런가 보자. 성리학의 이념을 가장 잘 담고 있는 중용의 첫 구절을 보자.

天命之謂性(천명지위성) 率性之謂道(솔성지위도) 修道之謂敎(수도지위교).

천명을 가리켜 '성정(마음씨)'이라 하고, 그런 성정대로 사는 것을 도라하고, 도를 닦는 것을 가르침이라 한다는 뜻이다. 곧 하늘의 뜻대로 사는 것이 도인데 그 도는 주어지는 것이 아니라 교육 곧 가르침과 배움을 통해 갈고 닦을 수 있다는 것이다. 이것이 성리학적 세계관의 핵심이다. 그래서 양반 사대부들은 끊임없이 하늘의 이치를 담고 있는 경전, 곧 사서삼경을 끊임없이 외워가며 공부했던 것이다. 문제는 그런 경전들이 한문으로 되어 있어 누구나 쉽게 가르치고 배울 수 없었다는 것이다. 그런데 세종은 누구나 쉽게 읽고 쓸 수 있는 문자, 훈민정음을 만들어 진정한 교육의 길을 열었으니 세종이야말로 성리학을 가장 잘 배울 수 있는 길을 연 것이었다. 이건 혁명이었다. 왜냐하면 한문을 아는 사람만이 성리학을 실천할 수 있는 것인데 그 틀을 깨고 한문을 몰라도 성리학을 할 수 있는 세상을 연 것이기 때문이다.

그래서 세종은 1446년 훈민정음을 반포한 뒤 얼마 안 돼 사서(논어, 중용, 대학, 맹자) 번역을 지시한 것이었다. 《세종실록》 1448년 3월 28일자에 "상주사 김구를 역마로 부르다. 구는 상주사가 된 지 반년도 못 되었는데, 집현전에서 어명을 받들어 언문으로 《사서》를 번역하게 하였다. 직제학 김문이 이를 맡아 했었으나, 문이 죽었으므로, 집현전에서 구를 천거하기에 특명으로 부른 것이며, 곧 판종부시사를 제수하였다.(驛召尙州[牧]使金鉤. 鉤爲尙州未半年, 時集賢殿奉敎以諺文譯四書, 直提學金汶主之, 汶死, 集賢殿薦鉤, 故特召之, 尋拜判宗簿寺事.)"라고 기록하고 있기 때문이다. 1448년이면 채 반포한 지 2년도 안 된 시점인데 이미 이전에 번역을 시도한 것이다. 김문은 최만리와 더불어 훈민정음 반대 상소를 올린 사람이었으나 집현전 학사로서 학문이 뛰어나고 언문 실력도 뛰어나 용서하고 중책을 맡겼던 것으로 보인다.

결국 배움의 문제와 소통의 문제를 동시에 해결한 훈민정음이야말로 인문 정신의 꽃이었으며 세종식 인문학의 바탕이었다.

그렇다고 하늘의 이치를 알고 실천하는 것이 성리학과 인문학만으로 될 일은 아니었다. 하늘의 이치를 정확히 알기 위해서는 과학이 필요했다. 그래서 세종은 세종 3년(1421)에는 노비 출신인 장영실을 윤사웅, 최천구와 함께 명나라에 유학 보냈고 이로부터 10여 년 후인 1430년대에는 세계 최고의 과학 시대를 열게 만들었다. 이토 준타로(伊東俊太郞) 등이 1983년에

세종 융합 인문학의 특성 149

[그림 22] 세종 융합 인문학 구성도

펴낸 《과학사 기술사 사전(科學史技術史事典)》(홍문당, 도쿄)에 의하면 15세기, 세종대왕 시대의 세계 중요 과학기술 업적은 조선이 29건, 명나라가 5건, 일본은 0건이었고, 동아시아 이외 세계는 28건이었다고 하니 당대 과학 수준을 충분히 짐작할 수 있다.[107]

세종은 이순지가 대표 저술한 《제가역상집》(1445) 같은 책을 통해 동양의 과학을 집대성하고 《칠정산내외편》을 통해 우리식 과학을 바로 세우고 실제 자격루와 앙부일구, 측우기 같은 과학 기기로 과학의 업적이 드러나게 했다. 특히 앙부일구는 1434년 훈민정음 창제 9년 전에 세작된 것으로 문자 모르는 백성을 위해 시각 표시를 동물로 표시해 시각을 백성들에게 나눠 주었을 뿐 아니라 소통을 철저히 배려했다.

또한 세종은 《자치통감》 같은 중국의 역사책을 연구하며 성찰의 역사에 충실했다. 《자치통감》은 중국 북송(北宋)의 사마광(司馬光)이 1065년~

---

[107] 박현모(2014), 『세종이라면』, 미다스북스, 78쪽.

1084년에 편찬한 편년체 역사서인데 세종은 1434년 7월 16일에 직접 갑인자로 간행하고 1436년 4월 4일(세종 18년 40세)에는 《자치통감훈의(資治通鑑訓義)》를 편찬 배포하여 역사서의 가치를 나누었다.

우리다운 표준음을 제정하고 우리식 악기 제작을 하고 정인지가 대표 저술한 《아악보》(1430)를 통해 그 성과를 정리했다. 이 책 서문에서 정인지는 세종 관련 내용을 다음과 같이 기술하고 있다.

> 음악은 성인(聖人)이 성정(타고난 마음씨)을 기르며, 신과 사람을 조화롭게 하며, 하늘과 땅을 자연스럽게 하며, 음양을 조화롭게 하는 방법이다. 우리나라는 태평한 지 40년을 내려왔는데도 아직까지 아악(제례 음악)이 갖추어지지 못하였다. 공손히 생각하옵건대, 우리 주상 전하께옵서 특별히 생각을 기울이시와 경술년 가을에 경연에서 채씨(채원정)의 《율려신서(律呂新書)》를 공부하시면서, 그 법도가 매우 정밀하며 높고 낮은 것이 질서가 있음에 감탄하시와 음률을 제정하실 생각을 가지셨으나, 다만 황종(표준음)을 갑자기 구하기가 어려웠으므로 그 문제를 중대하게 여기고 있었다.[108]
> – 《아악보》(1430) 서문 번역(《세종실록》 수록 번역본)

《용비어천가》(1447)와 같은 서사시 문학을 통해서 후대 왕들이 백성들을 다스리는데 부지런할 것을 명문화하여 후대 왕들을 경계했다. 왕조의 정당성은 제대로 된 정치를 통해 입증되어야 함을 정치와 정치학의 본령으로 말하고 있는 것이다.

---

[108] 樂者, 聖人所以養性情, 和神人, 順天地, 調陰陽之道也. 國家昇平垂四十年, 而雅樂尙有未備. 恭惟我主上殿下, 特留宸念, 宣德庚戌秋, 御經筵講蔡氏《律呂新書》, 歎其法度甚精, 尊卑有序, 思欲製律, 第以黃鍾未易遽得, 重其事也. –《세종실록》, 세종 12/1430/윤12/1.

3. 융합 인문학을 위한 세종의 노력

세종 시대는 15세기였으므로 지금처럼 학문의 분화가 이루어진 시기는 아니었다. '인문학, 철학, 과학, 사회학' 등은 근대 이후에 학문의 분화로 기존의 학문이 재정립된 것이기 때문이다. 이러한 근대 학문의 분화는 학문을 더욱 세밀하게 발전시키는 결정적인 역할을 했지만 역설적으로 학문과 삶의 괴리라든가 학문의 파편화라는 비판에 부딪치게 되었다. 그래서 근대적 학문의 문제를 극복하고자 하는 노력이 학제적 연구로 이뤄지게 되었고, '통합, 통섭, 융합' 등의 핵심어가 더욱 부각되었다. 따라서 15세기의 학문을 근대 학문 시각으로든 '융합'이라는 시각으로든 지금의 잣대로 이러쿵저러쿵 비평할 수는 없는 것이다. 다만 '인문학'과 '융합'이라는 지금의 시각으로 보아도 세종이 이룩한 학문 세계는 그런 점을 충분히 담아내고 있을 뿐 아니라 바람직한 방향까지 일러준다.

세종은 다양한 인재 양성을 통해 언어학, 역사학, 과학, 음악학, 문학 등을 꽃피우게 했다. 언어학의 위상을 보여주고 있는 《훈민정음》(1446) 해례본은 하층민의 소통을 배려한 문자의 이상을 담고 있다.

이렇게 세종은 당시 학문을 근대 학문처럼 과정과 방법을 엄격히 하여 사람 중심의 세상으로 연결되도록 했습니다. 신분제의 엄격함이 살아 있는 한 사람다운 세상을 이루는 데는 한계가 있지만 그러한 시대의 한계 속에서 사람다움을 배려한 학문과 정치로 그 길을 연 것은 기적이었다. 《세종실록》은 세종의 이러한 학문 태도를 이렇게 정리하고 있다.

> 임금은 매일 4고(북을 네 번 칠 때)에 일어나서, 환하게 밝으면 군신의 조참을 받은 연후에 정사를 보며, 모든 정사를 처결한 연후에 신하들을 차례로 불러 나라를 다스리는 도리를 묻고, 수령의 하직을 고하는 자를 불러 보고 면담

하여, 형벌 받는 것을 불쌍하게 생각하며, 백성을 사랑하라는 뜻을 타이른 연후에, 경연에 나아가 성인의 학문에 깊이 몰두하여 고금을 강론한 연후에 내전으로 들어가서 편안히 앉아 글을 읽으시되, 손에서 책을 떼지 않다가, 밤중이 지나서야 잠자리에 드시니, 글은 읽지 않은 것이 없으며, 무릇 한 번이라도 귀나 눈에 거친 것이면 종신토록 잊지 않았는데, 경서를 읽는 데는 반드시 백 번을 넘게 읽고, 다양한 실용서와 역사서는 반드시 30번을 넘게 읽고, 성리학의 학문을 정밀하게 연구하여 고금에 모든 일을 널리 통달하셨습니다. 집현전을 설치하여 선비들을 모아 연구하고 자문하는 제도를 갖추었으며, 또, 널리 고금의 충신과 효자·열녀의 역사 기록과 그림으로 그린 전기를 모아 시와 기리는 말을 써서 이름하기를, '《삼강행실》'이라 하여 안팎에 반포하니, 궁벽한 촌 동리의 아동 부녀에 이르기까지 보고 살피지 않는 이가 없게 하였습니다. 또, 주나라 처음부터 이제까지와 우리나라의 모든 흥하고 망하는 것으로서 본받을 만한 것과 경계하여야 할 일을 널리 찾아 기록한 것이 모두 1백 50권인데, 이름하기를 '《치평요람》'이라 하였습니다. 음률이나 천문에 이르기까지도 모두 밝게 통달하며, 신하를 예도로서 대우하여 왕의 세상이 끝나도록 사대부로서 형벌에 죽은 자 없었습니다.[109] — 세종 32/1450/2/22.

이러한 세종의 성실한 학문적, 정치적 노력 덕에 인문학도 과학도 골고루 발전하고 꽃을 피운 시대가 열렸다. 그 노력의 결정판은 역시 《훈민

---

109 王每日四鼓而起, 平明受群臣朝參, 然後視事; 處決庶政, 然後聽輪對, 咨訪治道. 引見守令拜辭者, 面論恤刑愛民之意, 然後臨經筵; 潛心聖學, 講論古今, 然後入內. 燕坐讀書, 手不釋卷, 夜分乃寢. 於書無所不讀, 凡一經耳目, 終身不忘, 而其讀經書, 則必過百遍, 子史則必過三十遍, 精研性理, 博通古今. 設集賢殿, 聚儒士以備顧問. 又裒集古今忠臣孝子烈女事迹, 圖形紀傳, 係以詩讚, 名曰《三綱行實》, 頒諸中外, 至於窮村僻巷兒童婦女, 莫不觀省. 又自熙周之初, 迄于今, 以及吾東方, 凡治亂興亡可法可戒之事, 廣搜該載, 共百五十卷, 名曰《治平要覽》. 至於音律天文, 皆所洞曉, 禮遇臣下, 終王之世, 士大夫無遭刑戮者. -《세종실록》, 세종 32/1450/2/22.

정음》(1446, 해례본)이다. 새 문자의 이론적 근거와 가치를 기술한 이 책에서 세종은 철학과 과학을 융합하고 근대 언어학과 탈근대 언어학을 접속하였으며 음악과 사회학 등의 가치를 집약했기 때문이다. 모든 학문 내용을 손쉽게 담아내고 소통할 수 있는 문자 창제와 그 배경 설명만큼 뛰어난 학문 업적이 어디 있겠는가. 그래서 훈민정음학은 인문학의 결정체이며 융합 인문학의 꽃이다.

4. 맺음말: 세종 융합 인문학의 현대적 의미

세종대왕이 이룩한 융합 인문학의 성과는 600년이 지난 오늘날에도 여전히 빛나고 있다. 세종은 인문학과 과학을 넘나들며 학문의 경계를 허물고, 그 중심에 '사람다움'을 두었다. 이는 현대 사회가 추구하는 융합과 통섭의 이상을 이미 15세기에 구현한 놀라운 업적이다.

특히 훈민정음의 창제는 단순한 문자 발명이 아닌, 철학, 과학, 음악, 언어학, 사회학적 가치가 총체적으로 집약된 융합 인문학의 결정체였다. 세종은 이를 통해 지식과 정보의 민주화를 이루고, 모든 백성이 배움의 기회를 얻을 수 있는 평등한 사회의 기틀을 마련했다.

오늘날 학문의 파편화와 전문화가 심화되는 가운데, 세종의 융합 인문학은 우리에게 중요한 시사점을 제공한다. 세종이 보여준 '사람 중심'의 학문과 정치는 현대 사회의 여러 문제를 해결하는 데 필요한 통합적 사고와 실천적 지혜의 모델이 될 수 있다.

결국 세종 융합 인문학의 핵심은 학문이 단순한 지식의 축적이 아닌, 모든 이가 더불어 살아가는 사람다운 세상을 만드는 데 기여해야 한다는 가치관에 있다. 이러한 세종의 학문적 이상과 실천은 학문과 삶이 분리되지 않는 진정한 인문정신의 표상으로서, 현대 인문학의 나아갈 방향을 제시하고 있다.

지

세종학의 갈래별 특성

세종, 끊임없는 질문으로 세상을 바꾸다

1. 머리말: 왜 질문인가?

"한국 기자들에게 질문권을 하나 드리고 싶군요. 정말 훌륭한 개최국 역할을 해주셨으니까요."

2010년 서울에서 열린 G20 폐막 기자 회견장. 버락 오바마 미 대통령은 특별히 한국 기자들에게 질문할 기회를 주는 파격적인 배려를 한다. 그러나 단 한 명의 기자도 손을 드는 이가 없다.

"Anybody?"

"질문할 한국 기자 누구 없나요?"

결국 질문권은 중국 기자에게 넘어가는 해프닝이 벌어진다. 한국 기자들의 부끄러움이자 한국의 부끄러움이었다. 기자는 질문하기 위해 존재하는 이들이기 때문이다. 그러나 기자들의 잘못은 아니었다. 질문을 가로막아 온 한국 교육의 잘못이고 한국 문화의 부끄러움이었다.

질문은 생각의 출발이고 교육의 출발이고 대화의 출발이다. 더 나아가 "나는 생각한다. 고로 존재한다."라는 데카르트의 명제에 빗대어 보면, "나는 질문한다. 고로 존재한다."라고 할 수 있으니, 질문은 존재의 뿌리요 바탕이라고 할 수도 있다.

하부르타라는 이스라엘식 질문 토론 교육도 특정 주제에 대해 서로 질문을 해가며 대화하고 토론하는 교육이다. 대단히 좋은 교육이지만 이것이 마치 유행처럼 번지고 유행처럼 끝나서는 안 되겠기에 오히려 이런 유행이 달갑지만은 않다. 이스라엘은 이러한 교육이 가정에서, 학교에서, 사회에서 하나의 생활양식으로 자리 잡고 있는데 우리는 그렇지 않기 때문이다. 그 어떤 교육도 생활양식으로 터 잡지 않는 한 유행으로 그치거나 교육 도구로 전락할 확률이 높다.

그래서 필자는 2000년부터 또물또 운동을 벌여오기도 했다. 또 묻고 또 묻자는 것이다. 더욱이 우리에게는 질문으로 위대한 업적을 남기고 새로운 세상을 연 질문대왕 세종이 있었다. 역사상 질문으로 유명한 성현으로는 공자와 소크라테스가 있다. 공자의 질문식 교육의 흔적은 제자들이 엮은《논어》에, 소크라테스가 던진 질문은 플라톤이 엮은『국가』를 비롯한 여러 책에 남아 있다. 세종의 질문은 32년간의 기록인《세종실록》에 낱낱이 남아 있다.

2. 상식과 순리에 따른 세종의 질문

우리나라 사람들이 질문을 못하는 이유는 가정에서나 학교에서나 일방적인 전달 교육에 길들여져 있기 때문이다. 거기다가 전통 사회의 체면 문화와 질문을 잘못하면 창피당하지 않을까 하는 자기검열이 심한 탓도 있을 것이다. 이러다 보니 질문을 어떻게 하는지조차 모르는 처지가 되었다. '질문을 어떻게 하는지'는 사실 특별하고 거창한 것이 아님에도 질문을 던지지 못한다.

이런 사람들을 위해 지극히 평범하고 상식적인 질문으로 위대한 학자가 되고 위대한 정치가가 되었던 세종의 질문법을 배울 필요가 있다. 1440년 세종 22년 1월 30일 기록에서 우리는 세종의 평범하지만 다채로운 세종의 질문의 힘을 발견할 수 있다.

"병진년(1436)에 최해산이 도안무사가 되어 급히 아뢰기를, '정의현(旌義縣)에서 다섯 마리의 용이 한꺼번에 승천하였는데, 한 마리의 용이 도로 수풀 사이에 떨어져 오랫동안 빙빙 돌다가 뒤에 하늘로 올라갔습니다.'"[1](세종 22/1440/1/30.)'라고 하였다는 신고가 제주에서 바다를 건너 말을 달려 급히 세종 임금에게 보고되었다. 그 당시 용은 상상의 동물로 판명이 난 것이고 신령스런 동물이라 임금과 관련된 곳에만 연결시키던 때였다. 이런 때에 실제 용을 다섯 마리나 보았다고 하니 이것은 대형 사건이었던 것이다. 오늘날 UFO 다섯 대를 봤다는 보고 이상의 충격 사건이었을 것이다.

이런 보고를 받은 세종은 어떤 반응을 보였을까 각종 강연에서 청중들에게 묻곤 한다. 대부분은 '노인을 잡아 대령하라'라는 엉뚱한 답변이 많았다. 그나마 나은 반응은 본 것을 자세히 조사해서 그림으로 그려오라는 반응 정도였다. 이때 세종이 보인 반응은 임금만이 가능한 특별한 반응이 아니었다. 평범한 초등학생조차 가능한 반응이었다.

세종은 다음과 같은 질문을 교지로 내렸다.

(1) 용의 크고 작음과 모양과 빛깔과 다섯 마리 용의 형체를 분명히 살펴보았는가.
(2) 그 용의 전체를 보았는가, 그 머리나 꼬리를 보았는가, 다만 그 허리만

---

[1] 歲在丙辰, 崔海山爲都按撫使, 馳報云: "旌義縣, 五龍一時昇天, 一龍還墜叢薄間, 盤旋久之, 後乃昇天." -《세종실록》, 세종 22/1440/1/30.

을 보았는가.
(3) 용이 승천할 때에 구름 기운과 천둥과 번개가 있었는가.
(4) 용이 처음에 뛰쳐나온 곳이 물속인가, 수풀 사이인가, 들판인가.
(5) 하늘로 올라간 곳이 인가에서 거리가 얼마나 떨어졌는가.
(6) 구경하던 사람이 있던 곳과는 거리가 또 몇 리나 되는가.
(7) 용 한 마리가 빙빙 돈 것이 오래 되는가, 잠깐인가.
(8) 같은 시간에 바라다 본 사람의 이름은?
(9) 용이 이처럼 하늘로 올라간 적이 그 전후에 또 있었는가?
(10) 이전에 보았다면 본 시간과 장소는 무엇인가?

상상의 동물을 직접 보았다고 하니 이런 구체적인 실상을 파악하게 하는 질문이 중요했던 것이다. 일단 세종은 (1), (2)와 같이 보았다는 사실을 확인하는 질문을 던지고 있다. 1차적인 사실 관계가 불확실하다면 사건 자체가 성립되지 않기 때문이다. 그런 다음 일반 통념을 확인하는 질문(3)을 던졌다. 통상 용이 승천할 때는 천둥 번개가 요동치고 구름 기운과 더불어 승천한다고 알려져 있기 때문이다. 그런 다음 구체적인 정황을 확인하는 질문(4, 5, 6, 7)을 던지고 그런 중요한 사건은 혼자 목격하기 어려우므로 함께 목격한 사람(8)을 묻고 있다. 마지막으로 동일한 사건의 예가 있는지(9, 10)를 통해 이 사건의 의미를 되짚고 있다.

그 노인에게 상을 주든지 벌을 주든지는 이런 확인을 한 다음의 문제였다. 당연히 이런 식의 질문이 필요했고 이런 질문은 어린이조차 가능한 질문이었다. 문제는 우리는 평소 이런 단순하면서도 꼭 필요한 질문들을 제대로 던지지 않는다는 데 있다. 이런 질문에 평소 익숙해 있다면 한국에 온, 눈앞에 서 있는 오바마 대통령에게 던질 질문이 얼마나 많았겠는가?

이 질문이 더욱 가치가 있는 것은 한 나라 임금이 변방의 제주도의 한 노인에게 던진 질문이라는 것이다. 질문에는 그 어떤 경계도 없다. 나이도 신분도 성별도 벽이 될 수 없다. 설령 벽이 있다 하더라도 그 벽을 허무는 게 질문이다. 질문으로 우리는 대화를 열고 토론을 열고 문제 해결의 길을 연다.

사실 세종 임금은 이 사건 훨씬 전인 1430년 윤12월 19일에 신하들과 학술 토론을 하는 가운데 용에 대해 토론한 적이 있다. 중국 책에 어느 황제가 "누런 용과 푸른 용은 길한 징조요, 흰 용과 검은 용은 재난 징조이다. 내가 황제에 오른 뒤에 검은 용을 한 번 보았으니 이것은 재난 징조이다."라고 말한 것을 보고 세종은 이렇게 물었다.

"사람이 용을 볼 수 있느냐."
라고 물으니, 김빈이 대답하기를,
"지난번에 양산군의 용연못에서 용이 나타났는데, 사람들은 그 허리만을 보고 머리와 꼬리는 보지 못하였습니다."
라고 하니 세종은 이렇게 자세히 말했다.
"구름과 비 사이에서 굼틀굼틀하며 움직이며 어떤 형태를 이룬 것을 보고 사람들은 이것을 용이 하늘로 올라간다고 하지만, 나의 생각으로는 이것은 용이 아니요, 곧 구름·안개·비·우레의 기운이 우연히 뭉쳐서 형태가 이루어져서 그런 것인 듯하다. 사람들이 말하기를, "어느 연못가에 개가 쭈그리고 앉아 있기에 가서 보았더니, 개가 아니고 용이었다." 하는데, 이것도 꼭 믿을 수 없다."[2]고

---

2 "人可得見龍乎?" 檢討官金鑌對曰: "往者有龍見于梁山郡 龍塘, 人見其腰, 不見頭尾." 上曰: "雲雨間有搖動成形之物, 人謂之龍上天子, 意以爲此非龍也, 乃雲霧雷雨之氣, 偶爾成形而然也. 人言: '留後司朴淵邊有狗蹲踞, 就視之, 非狗乃龍也.' 是亦未可必其然否也." -《세종실록》, 세종 12/1430/12/19.

말한 적이 있다.

이런 논쟁을 벌인 지 10년 만에 제주에서 실제 용을 보았다고 하니 이렇게 자세히 물은 것이다. 이런 논쟁이 아니었다 하더라도 누구나 던질 수 있는 질문이었다. 문제는 누구나 이런 질문을 던지지 않는다는 것이다.

세종의 노인에 대한 질문은 잘 전달되어 뒤에 제주 안무사는 이렇게 아뢰었다.

"시골 노인에게 물으니, 지나간 병진년 8월에 다섯 용이 바다 속에서 솟아 올라와 네 용은 하늘로 올라갔는데, 구름 안개가 자우룩하여 그 머리는 보지 못하였고, 한 용은 해변에 떨어져 금물두(今勿頭)에서 농목악(弄木岳)까지 뭍으로 갔는데, 비바람이 거세게 일더니 역시 하늘로 올라갔다 하옵고, 이것 외에는 전후에 용의 형체를 본 것이 있지 아니하였습니다.[3]"

세종의 합리적인 물음이 있었기에 이런 과학적인 답변이 나왔다. 세종은 끊임없이 물었다. 왜 우리는 죽어서까지 중국의 음악을 들어야 하는가? 왜 우리는 우리 실정에 맞지 않는 중국 농서를 보고 농사를 지어야 하는가? 왜 우리는 중국 황제가 중국 하늘을 보고 만든 표준 시간을 따라야 하는가? 왜 우리는 우리말과 말소리를 제대로 적을 수 없는 한문만을 써야 하는가?

세종과 다른 사대부의 차이는 임금과 신하라는 차이보다 더 무서운 게 바로 이런 묻는 태도였다. 사대부들은 이런 물음을 던지지 않았고 던질

---

[3] "訪諸古老, 去丙辰年八月, 五龍自海中聳出, 四龍昇天, 雲霧濛暗, 未見其頭. 一龍墜海邊, 自今勿頭至弄木岳陸行, 風雨暴作, 亦昇天. 此外前後, 未有見龍形者."-《세종실록》, 세종 22/1440/1/30.

생각을 하지 않았다. 이러한 세종의 물음은 다양한 학문으로 발전되었고 정치로 이어져 많은 업적을 낳았고 세상을 바꾸는 힘의 뿌리가 되었다.

3. 세종, 토론으로 새로운 세상을 열다

세종은 22살의 젊은 나이에 왕위에 올라 임기 내내 의논, 토론 등을 매우 중요하게 실천했다. 세종 즉위년인 1418년 "내가 인물을 잘 알지 못하니, 좌의정·우의정과 이조·병조의 당상관(堂上官)과 함께 의논하여 벼슬을 제수하려고 하오."[4](8월 12일)라는 식의 열린 국정을 이끌어 갔다.

또한 신하들끼리 중요한 문제를 토론하여 의견을 모을 수 있었다. 풍수지리를 잘 보는 고중안(高仲安)·최양선(崔揚善) 등과 안숭선의 묘자리에 관한 의견이 서로 다르자 "이양달을 불러서 중안·양선과 더불어 토론하게 하라."라고 지시를 내렸다. 이양달의 의견이 양선등과 같았지만 좀 더 신중히 검토하기 위해 "내일 아침 회의 때에 내가 친히 하교하겠다."라고 했다.

또한 세종은 중요한 문제는 끝장 토론으로 문제를 해결하도록 했다. 역시 즉위년 12월 17일 경연에서 탁신(卓愼)이 강론 주제에 대해 종일토록 토론하기를 청하자 이를 허락하고 점심밥을 주도록 해 격려하였다. 이 경우는 임금의 명령이 아니라 신하들이 자발적인 요청에 따른 점이 중요하다. 그런 분위기를 만든 것이 중요하기 때문이다.

세종은 토론에서 경청을 매우 중요하게 여겼다. 세종 1년(1419) 1월 11일

---

4 予未知人物, 欲與左右議政, 吏兵曹堂上, 同議除授. -《세종실록》, 세종 즉위년/1418/8/12.

에 중국 황제 법도를 따르는 문제에 대해 김점과 허조의 격론이 세종 임금이 지켜보는 가운데 벌어진다. 참찬 김점이 아뢰기를, "전하께서 하시는 아랫일은 마땅히 중국 황제의 법도를 따라야 될 줄로 아옵니다."라고 하니, 예조 판서 허조는 아뢰기를, "중국의 법은 본받을 것도 있고 본받지 못할 것도 있습니다."라고 이의제기를 한다. 곧 김점은 "신은 황제가 친히 죄수를 끌어내어 자상히 심문하는 것을 보았습니다. 전하께서도 본받아 주시기를 바라옵니다."라고 하니 허조는 "그렇지 않습니다. 관을 두어 직무를 분담시킴으로써 각기 맡은 바가 있사온데, 만약 임금이 친히 죄수를 결제하고 대소를 가리지 않는다면, 관을 두어서 무엇하오리까."라고 맞받아친다. 그러자 김점은 "온갖 정사를 전하께서 친히 통찰하시는 것이 당연하옵고 신하에게 맡기시는 것은 부당하옵니다."라고 하니, 허조는 "그렇지 않습니다. 어진 이를 구하기 위하여 노력하고, 인재를 얻으면 편안해야 하며, 맡겼으면 의심을 말고, 의심이 있으면 맡기지 말아야 합니다. 전하께서 대신을 선택하여 육조의 장을 삼으신 이상, 책임을 지워 성취토록 하실 것이 마땅하며, 몸소 자잘한 일에 관여하여 신하의 할 일까지 하시려고 해서는 아니 됩니다."5라고 하였다.

  여기서 끝이 아니었다. 다시 김점은, "신은 뵈오니, 황제는 위엄과 용단이 측량할 수 없이 놀라와, 6부의 장관이 나랏일을 아뢰다 착오가 생기면, 즉시 금의(錦衣)의 위관(衛官)을 시켜 모자를 벗기고 끌어 내립니다."라고

---

5 參贊金漸進曰: "殿下爲政, 當一遵今上皇帝法度." 禮曹判書許稠進曰: "中國之法, 有可法者, 亦有不可法者." 漸曰: "臣見, 皇帝親引罪囚, 詳加審覈, 願殿下効之." 稠曰: "不然. 設官分職, 各有攸司, 若人主親決罪囚, 無問大小, 則將焉用法司?" 漸曰: "萬機之務, 殿下宜自摠攬, 不可委之臣下." 稠曰: "不然. 勞於求賢, 逸於得人, 任則勿疑, 疑則勿任. 殿下當愼擇大臣, 俾長六曹, 委任責成, 不可躬親細事, 下行臣職. -《세종실록》, 세종 1/1419/1/11.

하니, 허조는, "대신을 우대하고 작은 허물을 포용하는 것은 임금의 넓으신 도량이거늘, 이제 말 한마디의 착오 때문에 대신을 죄로 몰아 죽이며 조금도 사정을 두지 않는다면, 너무도 부당한 줄 아옵니다."라고 하였다. 그러자 김점은 "시왕(時王)의 제도는 따르지 아니할 수 없습니다. 황제는 불교를 존중하고 신앙하여, 중국의 신하들은 《명칭가곡(名稱歌曲)》을 외고 읽지 않는 자 없습니다. 그 중에는 어찌 이단으로 배척하는 선비가 없겠습니까마는, 다만 황제의 뜻을 본받기 위해서 그렇지 않을 수 없는 모양입니다."라고 하니, 허조는, "불교를 존중하고 신앙하는 것은 제왕의 성덕이 아니옵기로, 신은 적이 취하지 않습니다."[6]라고 하였다.

길지만 전문을 모두 인용해 본 것은 이러한 신하들의 열띤 토론이 세종 임금 앞에서 이루어진 것이라는 점이다. 세종은 끝까지 지켜보며 더 합리적인 의견을 찾았다. 세종의 최종 토론평을 사관이 이렇게 정리해 놓고 있다. "김점은 발언할 적마다 지리하고 번거로우며, 노기만 얼굴에 나타나고, 허조는 서서히 반박하되, 낯빛이 화평하고 말이 간략하니, 임금은 허조를 옳게 여기고 김점을 그르게 여겼다."[7]

마치 한 편의 토론 드라마를 보는 듯하다. 세종이 신하들과 직접 대등한 토론을 벌이는 일이 당연히 자주 있었다. 세종 12년인 1430년 10월 25일에

---

6 漸曰: "臣見, 皇帝威斷莫測, 有六部長官奏事失錯, 卽命錦衣衛官, 脫帽曳出." 稠曰: "體貌大臣, 包容小過, 乃人主之洪量. 今以一言之失, 誅戮大臣, 略不假借, 甚爲不可." 漸曰: "時王之制, 不可不從. 皇帝崇信釋敎, 故中國臣庶, 無不誦讀《名稱歌曲》者. 其間豈無儒士不好異端者? 但仰體帝意, 不得不然." 稠曰: "崇信釋敎, 非帝王盛德, 臣竊不取." - 《세종실록》, 세종 1/1419/1/11.

7 漸每發一言, 支離煩碎, 怒形於色, 稠徐徐折之, 色和而言簡, 上是稠而非漸. - 《세종실록》, 세종 1/1419/1/11.

과거 시험 제도에 대한 토론이 벌어졌다. 상정소라는 기관에서 "문과의 초장(初場)에서 강경(경전 외우기)과 제술(논술시험)을 교대로 실시하게 하옵소서."라고 건의하자 세종은 다음과 같이 차분하게 자신의 의견을 제시한다.

"강경은 대면하여 사사로운 감정을 보이는 폐단이 있다. 그러므로 옛적에 권근(權近)은, '이것이 좋지 못하다.' 하였고, 근년에 변계량(卞季良)도 좋지 못하였다고 말하였는데, 다만 박은(朴訔)이 강력히 태종께 말씀을 드리어 마침내 강경하는 법을 실시하였던 것이다. 그러나 내 생각에 제술로 할 때에도 사사로운 정을 쓸 수 있다고 염려하여, 답안지를 꿰매고 책을 바꾸게 하여 협잡을 방지하였는데, 더구나 면대하여 외워 말하게 한다면 공정하지 못한 폐단이 어떻게 없을 수 있겠는가. 무술년 이후에 강경 제도를 폐지하기를 요청한 사람이 상당히 많았고, 대사성 황현(黃鉉)도 변춘정(卞春亭)의 말을 따라, 강경을 폐지할 것을 요청하고 《오경(五經)》 가운데에서 두 가지 문제만을 뽑아내어 제술을 하게 하였는데, 법을 세운 지 얼마 되지 않아 황현(黃鉉)은 다시 아뢰기를, '선비들이 글을 베껴 모으기[抄集]에만 힘을 쓰고 경학(經學)을 숭상하지 아니하니, 강경 제도를 다시 살리기를 원합니다.' 하니, 황현 한 사람으로서도 말하는 것이 이와 같이 이랬다저랬다 하는구나."

그러자 총제(摠制) 정초(鄭招)가 대답하기를, "신의 생각으로는 강경이란 기억하고 외는 것뿐이요, 제술은 문장에만 힘쓰는 것이니, 성인의 성명도덕(性命道德)의 학문이 아닙니다. 역대에서 인재를 시험보이는 데에 모두 제술의 제도를 썼고, 또 명경(明經)의 과목이 있었습니다. 만일 경학(經學)과 역사에 마음을 가진 사람이라면, 아무리 기억하고 외는 공부를 한다 할지라도 오히려 이치에 통달하며 사리를 알게 되는 이익이 있을 것입니다. 베껴 모으는 것만 일삼고 실제의 학문에는 힘쓰지 않는 것이 오늘날에 있어서 큰 폐단이 되고 있사옵니다."라고 했다.

　세종은 "아무리 베껴 모으는 일에 힘쓴다 할지라도 이것도 모두 경(經)과 역사에서 나오는 글인데, 그렇게 공부한대서 무엇이 나쁜가."라고 하였다. 정초(鄭招)가 대답하기를, "만일 옛날 학자들이 지은 문장을 모아 가지고 그것을 본받는다면 좋습니다. 지금 과거에 응시할 공부를 하는 사람들은 대부분이 그의 친구들이 지은 글 중에서 남들이 잘 지었다고 칭찬 받는 것들을 주워 모아서, 밤낮으로 외며 생각하여 행여나 한번 들어맞게 될 것을 바라고 있사오니, 그 취지가 매우 비열합니다. 뒤에 과거에 합격된다 하더라도 무엇에 쓰겠습니까. 강경하는 제도를 교대로 시행하는 법을 지금에는 사용하지 않는다 할지라도, 만일《육전(六典)》에서 삭제하지 않고 그대로 둔다면, 선비들이 어떤 방향으로 시험을 보일지 모르기 때문에 자연 경학(經學)에 대해서도 게을리 하지 않을 것입니다."라고 하니 세종은 "실시하지 않는다면 삭제해 버리는 것이 옳지, 속이는 방법을 쓸 필요야 있겠는가."라고 돌직구를 날린다.

　정초도 결코 만만하게 물러서지 않았다. 정초가 "혹 10년에 한 번씩이라도 세상의 경향이 달라지는 것을 보아서 그것을 교대로 사용하여 장래의 폐해를 방지하는 것이 좋겠습니다."라고 하니 세종은 "이 법이야말로 장래의 폐해가 있을 것이다."라고 하였다. 그러자 정초가 "제술로 시험을 보이는 데도 오히려 '집에서 찰밥을 먹어도 과거에 이름이 오를 수 있다.'라는 비난이 있는데, 더구나, 면대(面對)하여 강경을 실시하는 데에 어찌 정실이 없다고 할 수야 있겠습니까. 그러나 한 사람만이 도맡아서 하는 것도 아니요, 또 대간이 참석해 있고, 처음 책을 펴는 데에서 강문(講問)한 것을 가지고 어떤 의(義)를 해석한 것은 '조'(粗)라 하고 어떤 의(義)를 통달한 것은 '통'(通)이라 하여 엄정하게 규정을 세워 가지고 시험을 치르는데, 어떻게 공정하지 못한 폐단이 있겠습니까."라고 하니 세종은 "이것은 사실 폐단이 있는 방법이다. 내가 다시 연구하여 시행하겠다."라고 하였다.

토론은 대등하되 최종 판단은 되도록 합리적으로 하기 노력하고 있음을 알 수 있음은 토론이 끝난 뒤 세종의 처신에서 알 수 있다. 좌우에 토론하던 사람들이 모두 나가니, 임금이 비서관인 도승지 등에게 다시 물었다. 아무래도 폐단의 문제가 더 크다고 생각했기 때문이다.

도승지 등도 폐단 사례를 말하자 세종은 "내 마음으로 생각해 보아도 잘 아는 사람이 시험에 들어온 것을 보고 어떻게 대답하기 곤란한 문제를 질문하겠는가."라고 하고, 상정소에 "강경 제도는 다시는 시행하지 않을 것이니 학문을 진흥시킬 수 있는 다른 방법을 논의하여 보고하라."라고 최종 행정 명령을 내렸다.

세종의 질문을 통한 학문과 토론 정치를 되돌아 볼 일이다. 세종 32년간의 《세종실록》에는 세종이 어떻게 그런 위대한 학자가 되었고 위대한 정치를 통한 업적을 남겼는지가 고스란히 실려 있다. 끝없이 묻고 대화하고 토론을 통한 태도가 빛나는 세종 시대의 힘이었다. 세종 시대의 정점인 세종 15년(1433) 7월 21일 기록만 보아도 이런 사실을 확인할 수 있다.

세종은 영의정 황희, 좌의정 맹사성, 우의정 권진 등을 불러 의논하며 먼저 "강녕전은 나만이 가질 것이 아니고 그것이 만대에 전할 침전인데, 낮고 좁고 또 어두워 만일 늙어서까지 이 침전에 거처하면 반드시 잔글씨를 보기가 어려워 만 가지 정무를 처결할 수가 없을 것이니, 내가 고쳐지어 후세에 전해 주고자 하는데 어떻겠는가."라고 묻는다. 이날 세종은 궁궐 건축 분야에 대해 중요한 문제든 아니든 질문과 대화를 통해 정책을 의논하고 결정했다. 건축 관련 권도 상소문을 읽고는 직접 불러 상소문 내용을 확인하고 의논하기도 했다.

4. 맺음말: 질문과 토론, 세상을 바꾸다

이렇게 상세한 토론 과정이 그대로 담겨 있는 조선왕조실록을 보면 기록 대국으로서의 전통이 놀랍고 그 내용을 보면 질문과 토론이 주는 힘에 대해 다시금 더 놀라게 된다. 이런 기본적인 대화와 토론에서는 세종은 절대 권력을 가진 임금이 아니라 질문과 토론을 즐기고 이를 통해 더 나은 학문과 정치를 하고 그런 학문과 정치로 만백성을 위한 세상을 열어 보려고 하는 성실한 학자요 정치가였다.

질문은 관심과 열정과 배려에서 나온다. 질문은 학교에서뿐 아니라 가정에서 직장에서 사회에서 활발한 질문으로 서로를 배려하고 함께 상생하는 세상을 열어가야 한다.

질문 방법과 수준 또한 천차만별이다 "네 생각은 무엇이며, 어떻게 생각하며, 왜 그렇게 생각하는가?"라는 기본 질문부터 "과연 옳은 생각인가, 다르게 볼 수는 없는가, 더 좋은 방향은 없는가, 다른 대안은 무엇인가, 다르게 생각할 수는 없는가?"라는 비판적이며 도발적인 질문까지 다채롭게 펼쳐진다. 질문은 질문을 낳고 대답은 다시 질문으로 이어지며 끝도 없는 대화와 토론이 벌어질 수 있다.

우리 교육계에서 하브루타 열풍이 부는 것은 좋은 교육 방식을 본받자고 하는 것이니 반길 일이다. 그만큼 우리 사회가 질문이 죽어 있음을 의미하기도 한다. 오죽하면 서울시가 '질문 있는 교실'이라는 교육 정책을 내걸었을까. 질문이 없으면 교실이 아닌데 우리는 그동안 무슨 교육을 해왔나 반성부터 앞서게 된다. 필자는 2000년부터 '또 묻고 또 묻자'는 또물또 운동을 펴왔지만 특정 개인의 운동으로 해결될 문제는 아니었다.

이참에 우리 여성들의 수다 문화를 질문 토론 문화 운동으로 끌어왔으면 좋겠다. 그동안 우리는 여성들의 수다를 부정적으로 보아 왔고 사전에서도 "쓸데없이 말수가 많음(표준국어대사전)"으로 부정적 풀이를 해 놓았다. 상황과 맥락에 맞지 않게 지나치게 말을 많이 한다면 당연히 잘못된 것이지만 서로 즐겁게 조잘조잘 유쾌하게 대화를 이어가는 것을 부정적으로 볼 수 없다. 수다를 살천스레 바라보는 것은 지극히 권위적인 남성 중심의 문화가 낳은 삐딱한 시선이었다. 이제는 여성이든 남성이든 수다 떨든 대화를 하고 토론을 하는 사회를 만들어야 한다.

신바람 대화가 '수다'다. 가정에서 학교에서 수다를 떨어보자. 수다는 더불어 문제를 나누는 것이며 함께 지혜를 찾는 과정이다. 정답을 찾지 못해도 상관이 없다. 수다를 떨었다는 것 자체가 이미 문제를 푸는 징검다리를 놓은 것 아닌가.

[사진 1] 세종대학교 학생들이 단추로 '또물또'를 새긴 스승의 날 선물 옷

세종인문학의 꽃, 인재 혁명,
인재를 키우고 더불어 뜻을 이루다

1. 머리말: 세종 시대는 세종 혼자 이룬 것이 아니었다

　세종 시대 32년간에 이룩한 찬란한 업적과 문명은 분야를 가릴 필요도 없이 거의 모든 분야에 걸쳐 꽃피웠다. 당연히 세종 혼자 이룬 것이 아니라 수많은 인재들이 있었기에 가능했고 세종의 핵심 리더십은 바로 인재들을 키우고 그들의 재능을 더불어 맘껏 발휘하게 한 데 있었다.

　　정인지, 박연, 최항, 신숙주, 성삼문, 김종서, 최윤덕, 이순지, 김담, 이천, 장영실, 황희, 맹사성……

　세종시대를 빛낸 인재들, 끝이 없다. 분야를 가릴 것도 없다. 특히 정인지처럼 음악, 언어, 과학 등 여러 분야에서 빛을 낸 융합형 인재도 한둘이 아니다. 심지어 노비 출신 장영실도 있다. 이들이 있었기에 세종은 나라를 다스린 32년간 의료, 음악, 국방, 과학 등 온갖 분야의 업적을 이루었고 당대 최고 수준으로 끌어 올렸다.

　세종 시대에 태어나 젊은 시절을 보낸 매월당 김시습은 《매월당집》에서 "인재는 국가의 주춧돌이다. 그러므로 나라를 다스리는 데는 인재를 얻는

[그림 1] 집현전 학사도
(세종대왕기념사업회 소장)

것으로 근본을 삼으며, 교화를 일으키는 데는 인재를 기르는 일을 먼저 한다.(5권)"라고 갈파한 바 있다. 세종이 인재를 얼마나 중요하게 여겼는가는 1418년 8월 10일 즉위하고 11일에 즉위 교서를 발표한 지 채 두 달도 되지 않은 10월 7일, 경연에서 세종은 과거를 설치하여 선비를 뽑는 것은 참다운 인재를 얻으려 함이라고 하고 어떻게 하면 인재를 인재답게 키울 것인가 신하들과 의논하였고 이를 위해 끊임없이 노력하였다.

2. 세종의 인재 양성

세종의 인재 양성은 크게 교육, 기관과 제도를 통한 인재 양성, 인재들의 연구를 장려하고 선진 학문을 배워오게 하는 오늘날의 유학과 같은 해외 파견, 공동 연구나 협동 작업으로 인한 재능 발휘의 극대화였다. 세종은 인재 양성이야말로 국가 발전의 바탕임을 실제 정책을 통해 실천하고 이룬 셈이다. 인재 양성의 가장 기본이 되는 길은 교육이며 이러한 교육의 바탕은 책이고 책의 바탕은 문자다.

좀 더 세밀하게 살펴보자. 첫째, 세종 때 이르러 각종 학교(향교, 학당) 제도가 크게 정비 되었고 평민 이상이라면 누구나 학교에 들어갈 수 있는 길이 열렸다. 세종은 즉위 초부터 교육 정책에 힘을 쏟았다. 즉위년인 1418년에 "학교는 풍속과 교화의 근원이니, 서울에는 성균관과 오부 학당을 설치하고 지방에는 향교를 설치하여, 권면하고 가르치고 일깨우게 한 것이 지극하지 않음이 없었는데도, 성균관에서 배우는 자가 오히려 정원에 차지 않으니, 생각건대 교양하는 방법이 그 방법을 다하지 못한 때문인가. 사람들의 대세가 다른 데 좋아하는 점이 있기 때문인가. 그 추켜세우는 방법을 정부와 육조(六曹)에서 검토 연구하여 아뢸 것이다. 더구나 향교 생도는 비록 학문에 뜻을 둔 사람이 있더라도, 있는 곳의 수령이 자세히 쓰는 일을 나누어 맡기고 손님을 응대하는 등, 일에 일정한 때가 없이, 일을 하게 하여 학업을 폐하게 하니, 지금부터는 일절 이를 금지시키고, 그 공부하는 선비(유사)들이 사사로이 서원을 설치하여, 생도를 가르친 자가 있으면, 위에 아뢰어 포상하게 할 것이다.(세종 즉위년/1418/11/3.)"[8]라고 유시하였다.

더욱이 책을 매우 좋아하고 그 가치와 효용성을 잘 알았던 세종은《용비어천가》등 중요한 책들은 국가에서 펴내 신하들에게 직접 나눠 주었고 백성들이 쉽게 책을 볼 수 있게 하기 위해 훈민정음을 만들었다.

둘째, 핵심 연구소이자 자문 기관인 집현전을 크게 일으켜 인재들이 맘껏 연구하고 기량을 펼 수 있게 하였다. 집현전은 왕에게 경서와 사서를 강론하는 경연, 세자를 교육하는 서연, 도서의 수집 보관 및 이용, 학문 등의 업무를 담당하는 곳이었다. 집현전의 인재들에게는 국가에서 책이 나오면 가장 먼저 볼 수 있도록 하였다.

집현전은 고려 인종 때인 1136년부터 있었지만 세종은 세종 2년(1420)에

---

8 學校, 風化之源, 內設成均, 五部學堂, 外設鄕校, 勸勉訓誨, 無所不至, 而成均受學者, 尙未滿額. 意者敎養之方, 未盡其術歟? 人之趨向, 他有所好歟? 其振起作成之術, 政府六曹講求以聞. 且鄕校生徒, 雖有志學者, 所在守令, 如損分書役, 應對賓客等事, 無時使喚, 以致廢業, 自今一禁, 其有儒士私置書院, 敎誨生徒者, 啓聞褒賞. -《세종실록》, 세종 즉위년/1418/11/3.

[사진 2] 세종 때 집현전을 설치했던 경복궁 수정전

집현전을 새로 정비하고 관원을 크게 늘렸다. 훈민정음 반포를 위한《훈민정음》해례본(1446) 집필에 참여한 정인지, 최항, 박팽년, 신숙주, 성삼문, 이개, 이선로(강희안은 나중에 집현전 학사가 됨) 모두 집현전 학사였다. 물론 훈민정음 반포를 반대했던 최만리, 신석조, 김문, 정창손, 하위지, 송처검, 조근 등도 집현전 학사였다. 임금이 학술 토론을 통해 정치를 논하던 경연과 똑같은 방식의 왕세자의 서연도 이곳에서 이루어졌으므로 그 당시 집현전이 얼마나 학술 연구와 정치 비중이 큰지를 알 수 있다.

[그림 2]와 같이 집현전 위치도를 보면 세종이 이 기관을 얼마나 중요하게 여겼는지를 알 수 있다. 궁궐 안 중심인 근정전 가까운 곳인 핵심 권력 기관인 승정원과 가장 아름다운 경회루 사이에 있었던 것이다.

셋째, 특정 인재들에게는 오늘날 안식년(일을 쉬면서 연구에 몰두하게 하는 제도)과 같은 사가독서제를 실시하였다. 주로 집현전 학사들에게 주어졌는데 업무에서 벗어나 오로지 독서와 연구만 할 수 있는 특별휴가 제도였다.

세종 8년 때인 1426년 12월 11일의 실록 기록에 의하면, 집현전 권채,

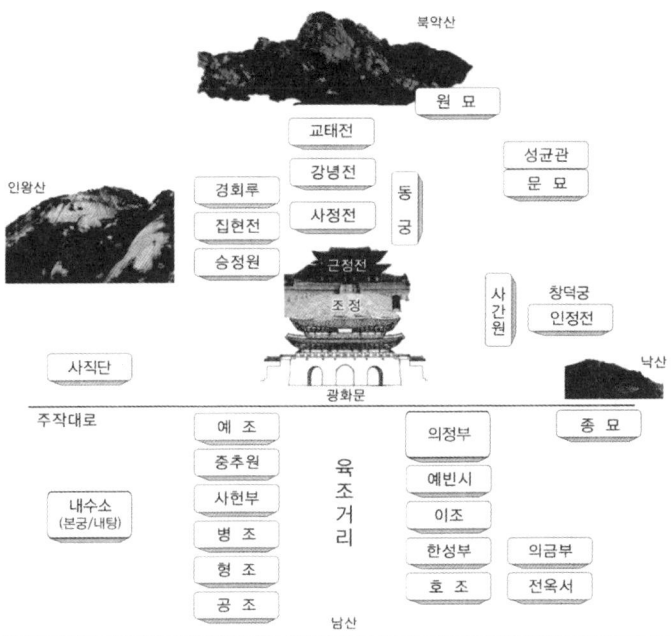

[그림 2] 집현전 위치도(조병인(2016), 『세종식 경청』, 문우사, 44쪽)

신석견, 남수문 등을 불러 이렇게 말했다.

    내가 그대들을 집현전 관리로 임명한 것은 나이가 젊고 장래가 있으므로 다만 글을 읽혀서 실제 효과가 있게 하고자 함이었다. 그러나 각각 직무로 인하여 아침저녁으로 독서에 전심할 겨를이 없으니, 지금부터는 출근하지 말고 집에서 열심히 글을 읽어 성과를 나타내어 내 뜻에 맞게 하고, 글 읽는 규범에 대해서는 변계량의 지도를 받도록 하라.[9]   － 세종 8/1426/12/11.

---

9 召集賢殿副校理權綵, 著作郞辛石堅, 正字南秀文等, 命曰: "予以爾等除集賢官者, 以其年少有將來, 祇欲其讀書有實效也. 然各緣職事早暮, 未暇專心讀書. 自今勿仕本殿, 在家專

당대 최고 학자인 변계량의 지도까지 받게 하는 섬세함도 잊지 않았다. 이렇게 돌아가면서 인재들에게 맘껏 연구할 기회를 주었고 이들은 훗날 적재적소에서 기량을 맘껏 드러내는 인재들이 된다.

넷째는 그 당시 중국, 명나라로 유학을 보내 선진 학문을 배워오게 하는 것이다. 집현전을 만든 그 다음 해인 1421년(세종 3년 25세) 남양 부사 윤사웅, 부평 부사 최천구, 동래 관노 장영실을 중국으로 유학을 보냈다. 이때 세종은 노비 출신 장영실에 대한 사대부들의 눈초리를 염두에 둔 듯 공개적으로 "영실은 비록 지위가 천하나 재주가 민첩한 것은 따를 자가 없다. 그대들이 중국에 들어가서 각종 천문 기계의 모양을 모두 눈에 익혀 와서 빨리 모방하여 만들어라."라고 일렀다. 또한 많은 비용을 주어 중국의 각종 책과 과학 관련 각종 기관, 기구 등의 도면을 그려오게 하였다. 이런 노력이 있었기에 10년 뒤인 1430년대에 온갖 과학 기구가 발명되고 쓰이는 과학 르네상스 시대가 열렸다.

1431년 3월에는 명나라에 김한, 김자안을 수학을 배우게 하는 유학을 보내면서 이런 말을 남겼다.

> 산법(수학)이란 유독 천문과학책에만 쓰는 것이 아니다. 만약 병력을 동원한다든가 토지를 측량하는 일이 있다면, 산법 없이는 달리 구할 방도가 없다.[10]
> - 세종 13/1431/3/2.

우리가 손전화 판매로 천문학적인 돈을 벌지만 번 돈의 많은 부분은

心讀書, 以著成效, 以副予意. 其讀書規範, 當受卞季良指畫." -《세종실록》, 세종 8/1426/12/11.

10 算法, 非獨用於曆也. 若有起兵量地之事, 則捨是無以他求. -《세종실록》, 세종 13/1431/3/2.

다시 미국 쪽의 수학자들에게 저작권료로 보낸다. 오랜 세월 동안 수학은 모든 과학이나 실용 분야의 원천임을 강조한 세종의 정신을 이어받지 못하고 수학을 홀대한 탓이다.

다섯째 적재적소의 인물을 찾아내고 끊임없이 대화하고 토론하였다. 《한비자(韓非子)》에 보면 "닭으로 하여금 밤을 담당하게 하고, 고양이로 하여금 쥐를 잡게 한다."라고 인재는 적재적소에서 재능을 발휘하게 하는 것이 중요하다고 하였는데 다음 풍수학 인재에 대한《세종실록》기록을 보면 세종은 이를 잘 실천했던 것이다.

"역대의 거룩한 임금을 보건대 통하지 않음이 없었다. 그러므로 천문 지리까지도 이치를 모르는 것이 없었고, 그만 못한 임금으로서 천문 지리의 이치를 몸소 알지는 못하더라도 아래에서 그 직무를 받들어서 한 자가 세대마다 각기 인재가 있었으니, 진(晉)나라의 곽박(郭璞)과 원(元)나라의 순신(舜臣)이 그러했고, 우리나라의 일로 말하더라도 도읍을 건설하고 능 자리를 정하는 데에 모두 술수 전문가의 말을 채용해 왔는데, 지금 헌릉(獻陵) 내맥(來脈)의 길 막는 일에 있어서 이양달(李陽達)과 최양선(崔揚善) 등이 각기 제가 옳다고 고집하여 분분하게 굴어 정하지 못하고, 나도 역시 그런 이치를 알지 못하기 때문에 그 옳고 그름을 결단하지 못하겠는지라, 장차 집현전의 유신들을 데리고 양달과 함께 날마다 그 이치를 강론하겠으니, 지리에 밝은 자를 널리 선택하여서 보고하게 하라."라고 하니, 지신사 안숭선(安崇善) 등이 아뢰기를, "경연(經筵)은 오로지 성현의 학문을 강론하고 구명하여 정치 실시의 근원을 밝히는 곳이온데, 풍수학(風水學)이란 것은 그것이 잡된 술수 중에서도 가장 황당하고 난잡한 것이오니, 강론에 참예시킴이 옳지 못하옵니다."라고 하매, 임금이 말하기를, "비록 그러하더라도 그 근원을 캐 보아야 하겠다."[11]　　　　　－세종 15/1433/7/7.

여섯째, 세종은 거의 모든 분야에서 공동 연구로 인재활용의 효율성을 높였다. 여러 명의 수재가 힘을 합치면 연구 결과가 극대화되면서도 개인과 공동체는 상생이 됨을 잘 알고 실천한 것이었다. 세종 시대를 빛낸 중요한 책을 저술한 학자들을 보면 이런 협업의 놀라운 효과를 볼 수 있다.

[표 1] 훈민정음 관련 사업 참여 인사 현황(김슬옹(2017), 『한글혁명』, 살림터, 104쪽)

사업명 참여인사명	훈민정음 해례본 (1443~1446)	운회 언문으로 번역하기 (1444)	용비어천가 (1447)	동국정운 (1448)	홍무정운역훈 (1455)	직해동자습 역훈평화	참여횟수
신숙주	O	O	O	O	O	O	6
성삼문	O		O	O	O	O	5
최항	O	O	O	O			4
박팽년	O	O	O	O			4
이선(현)로	O	O	O	O			4
이개	O	O	O	O			4
강희안	O	O	O	O			4
정인지	O		O				2
조변안					O	O	3
김증					O	O	3
손수산					O	O	2

---

11 歷觀聖王, 無所不通, 故天文地理, 靡不究致. 自聖而下, 雖不親解其理, 然下之供此職者, 代各有人, 晉之郭璞, 元之舜臣是已. 以我朝之事言之, 建都卜陵, 皆用術者之言, 至于當今獻陵來脈之防路, 李陽達, 崔揚善等各執自是, 紛紜未定, 予亦未知其理, 故未能決其是非, 將率集賢殿儒臣, 與陽達日講其理, 廣擇明於地理者以聞.知申事安崇善等啓曰: "經筵, 專是講明聖學, 以濬出治之源也. 風水學, 乃雜技中之最荒亂者也, 不可參講." 上曰: "雖然不可不究其源也." -《세종실록》, 세종 15/1433/7/7.

권제				0				
안지				0				
신영손				0					1
김하							0		
이변							0		
감장 (감독)	동궁		0						1
	진양 대군		0			0			2
	안평 대군		0						1
	화의군						0		1
	계양군					0	0		2
모두		8인	9인 (감독 3)	11인	9인	7인 (감독 2)	9인 (감독 2)	53 (중복 포함)

일곱째 인재에 대해 적절한 보상으로 예우하고 믿음으로써 대했다는 것이다.

"행 사직(行司直) 장영실은 그 아비가 본래 원나라의 소주(蘇州)·항주(杭州) 사람이고, 어미는 기생이었는데, 공교(工巧)한 솜씨가 보통 사람에 뛰어나므로 태종께서 보호하시었고, 나도 역시 이를 아낀다. 임인·계묘년 무렵에 상의원(尙衣院) 별좌(別坐)를 시키고자 하여 이조 판서 허조와 병조 판서 조말생에게 의논하였더니, 허조는, '기생의 소생을 상의원에 임용할 수 없다.'라고 하고, 말생은 '이런 무리는 상의원에 더욱 적합하다.'라고 하여, 두 의논이 일치되지 아니하므로, 내가 굳이 하지 못하였다가 그 뒤에 다시 대신들에게 의논한즉, 유정현(柳廷顯) 등이 '상의원에 임명할 수 있다.'라고 하기에, 내가 그대로 따라서 별좌에 임명하였다. 영실의 사람됨이 비단 공교한 솜씨만 있는 것이 아니라 성질이

똑똑하기가 보통에 뛰어나서, 매양 강무할 때에는 나의 곁에 가까이 모시어서 내시를 대신하여 명령을 전하기도 하였다. 그러나 어찌 이것을 공이라고 하겠는가. 이제 **자격궁루(自擊宮漏)를 만들었는데 비록 나의 가르침을 받아서 하였지마는, 만약 이 사람이 아니었더라면 암만해도 만들어 내지 못했을 것이다.** 내가 들으니 원나라 순제(順帝) 때에 저절로 치는 물시계가 있었다 하나, 그러나 만듦새의 정교함이 아마도 영실의 정밀함에는 미치지 못하였을 것이다. 만대에 이어 전할 기물을 능히 만들었으니 그 공이 작지 아니하므로 호군(護軍)의 관직을 더해 주고자 한다."[12]

– 세종 15/1433/9/16.

비록 노비 출신으로 반대 세력이 많았지만 그에 개의치 않고 적절한 관직으로 보상하였고 그에 힘입어 장영실은 1430년대 찬란한 과학 업적의 중심 역할을 하였다.

3. 융합형 인재 양성의 길

세종대왕은 세종 25년인 마흔일곱 살 때 훈민정음을 창제했고, 세종 28년인 쉰 살에 반포하고 32년의 통치를 끝으로 쉰네 살에 운명했다. 인류의 최고 발명품이라는 문자, 그중에서도 최고라는 문자가 생애와 통치

---

12 "行司直蔣英實, 其父本大元 蘇·杭州人, 母妓也. 巧性過人, 太宗護之, 予亦恤之. 壬寅癸卯年間, 欲差尙衣院別坐, 議于吏曹判書許稠, 兵曹判書趙末生, 稠曰: '妓産不宜任使於尙衣院.' 末生曰: '如此之輩, 尤宜於尙衣院.' 二論不一, 予不敢爲, 其後更議大臣, 柳廷顯等曰: '可任尙衣院.' 予從之, 卽差別坐. 英實爲人, 非徒有巧性, 穎悟絶倫, 每當講武, 近侍予側, 代內堅傳命. 然豈以是爲功乎? 今造自擊宮漏, 雖承予敎, 若非此人, 必未製造. 予聞元順帝時, 有自擊宮漏, 然制度精巧, 疑不及英實之精也. 能製萬世相傳之器, 其功不細, 欲加護軍之職." –《세종실록》, 세종 15/1433/9/16.

막바지에 이루어진 것이다.

학문 차원으로는 오랜 세월 천문학, 음악학 등 다양한 학문에 대한 연구와 섭렵을 바탕으로 정음학을 완성하고 이를 바탕으로 훈민정음 창제가 이루어졌다. 세종은 과학자이자 음악가였으며 언어학자였다.

세종의 이러한 업적을 통해 세종형 인재 유형을 설정할 수 있다. 세종형 인재는 분파적인 지식이 아닌 융합형 지식을 바탕으로 현실 문제를 해결하는데 기여함으로써 우리의 꿈과 이상을 이뤄가는 사람이다. 융합형 지식은 여러 가지를 서로 연계시키거나 어느 하나를 중심으로 합치는 통섭식 지식이다.

훈민정음은 통섭 지식과 통섭형 인물이 아니면 창제가 불가능한 문자였다. 우리는 15세기에 위대한 통섭형 지식인이 있었기에 호사스러운 문자생활을 누리고 있다.

그런데 우리나라는 이러한 통섭식 융합형 지식인을 키우는 데 세 가지 큰 걸림돌이 있다. 하나는 고등학교에서 문과와 이과를 지나치게 경직되게 나누는 것이다. 한국은 전 세계에서 문과와 이과를 유별나게 나누는 대표적인 나라이다. 학생들의 진로 지도의 편의를 위해서라고 하지만 그로 인한 부작용이 더 크다고 본다.

문과와 이과를 나누게 하는 기준도 수학이나 과학을 잘하면 이과, 국어를 잘 하면 문과 식의 지나친 편의주의가 넘친다. 우리가 흔히 과학 시간에 배우는 진화론만 하더라도 통섭식 접근이 얼마나 중요한지를 알 수 있다. 굳이 우리 교과 식으로 얘기하면 역사 지식과 과학 지식을 철저하게 연계시켜야 진화론을 제대로 이해할 수 있기 때문이다. 라마르크의 용불용설은 프랑스 대혁명이라는 정치적, 역사적 배경과 함께 이해해야 하고 다윈의 적자생존설은 산업 발달 등과 연계시켜 이해해야 한다.

프랑스 대혁명이 일어났을 당시 라마르크는 왕실 식물원 책임자였다. 당연히 혁명 세력에 의해 죽임을 당할 처지였지만 혁명군은 오히려 막대한 연구비를 주며 라마르크를 지원한다. 특정 개체의 노력에 의해 진화가 이루어진다는 라마르크의 생각이 프랑스 대혁명을 주도한 세력들의 사고방식과 맞아떨어졌기 때문이다.

그러나 그런 시대도 가고 산업 혁명의 발전으로 시스템이나 환경 변화가 중요한 시대가 열리고 다윈의 진화론이 등장하면서 라마르크의 진화론은 역사에서 멀어져 갔다. 우리처럼 이과 문과를 지나치게 나누는 교육에서는 이런 식의 진화론의 실체와 변화를 제대로 이해하기 어려울 것이다.

두 번째 걸림돌은 입학사정관제다. 입학사정관제는 획일적인 교과 성적이나 수능 성적이 아니라 바로 이런 통섭형 인재를 많이 뽑는 데 활용되어야 하는데 그 점이 부족하다. 여러 대학 입학사정관들을 사적으로 만나 보니 과학 경시대회와 독서논술 대회에서 동시에 상을 받았다든가, 이과 쪽 진로를 문과 쪽으로 바꿨다든가 하면 일관성이 부족하다는 이유로 매우 불리하거나 떨어질 확률이 높다고 한다.

일찍감치 중학교 때 꿈을 정하고 일관되게 밀고 나가는 모습을 증명해야 합격에 유리하다고 한다. 물론 그런 인재도 필요하다. 그러나 중학교 때는 과학자를 꿈꾸다가 고등학교에 와서 문학가로 바꾼 학생의 고민과 도전 정신은 왜 존중받지 못하는가. 꿈과 진로는 바뀌면 안 되는 것인가. 싸이가 경제학도로서의 길을 고집했던들 강남 스타일이 어찌 가능키나 했을까.

세 번째 걸림돌은 입시에 좌지우지 되는 독서·토론·논술 교육 현실이다. 독서·토론·논술 교육은 궁극적으로는 범교과 교육으로 누구나가 모든 교과에서 꾸준히 교육받거나 실천해야 하는 영역이다. 그런데 우리는 입시를 위한 논술을 준비하거나 토론 대회를 나가려는 학생들만 그런 교육을 받는다.

세종형 인재는 팔방미인형 인재가 아니다. 우리 삶의 문제를 해결하기 위해 다양한 전략을 활용하면서도 어느 하나에 몰입하며 끊임없이 노력하는 인간형이다. 이런 인재가 존중받는 사회가 되도록 교육과 사회 제도 등을 전면적으로 바꿔야 한다.

4. 맺음말: 세종 인재 양성의 현대적 교훈

세종대왕의 인재 혁명은 단순한 인재 등용을 넘어 국가 발전의 핵심 동력이었다. 세종은 '인재양성이 나라 경영의 지름길'이라는 신념 아래, 체계적인 교육 체계 구축, 집현전이라는 연구기관 설립, 사가독서제와 같은 집중 연구 지원, 해외 유학을 통한 선진 지식 습득, 그리고 협업과 공동 연구를 통한 시너지 창출이라는 현대적 인재 개발 시스템을 600년 전에 이미 구현했다.

세종의 인재 혁명에서 주목할 점은 신분의 벽을 넘어선 열린 인재관과 적재적소 배치의 원칙이다. 노비 출신 장영실을 명나라에 유학 보내고, 훈민정음 창제와 같은 혁신적 프로젝트를 위해 다양한 전문가를 결집시킨 것은 오늘날의 다양성과 포용성을 중시하는 인재 경영의 선구적 모델이라 할 수 있다.

또한 세종은 인재 개발에 있어 '독서'와 '연구'의 중요성을 강조했다. 사가독서제를 통해 집현전 학사들에게 업무에서 벗어나 오직 연구와 학문에만 몰두할 수 있는 환경을 제공했던 것은 오늘날의 안식년 제도와 유사한 선진적 인사 시스템이었다.

　세종의 인재 혁명이 현대 사회에 주는 교훈은 분명하다. 국가와 조직의 발전은 결국 사람에게서 시작되며, 인재를 발굴하고 키우고 적재적소에 배치하는 리더십이야말로 진정한 혁신의 원동력이라는 점이다. 오늘날 우리가 추구해야 할 인재 정책의 방향성은 세종의 인재관에서 그 해답을 찾을 수 있을 것이다.

　훈민정음 창제와 과학 기술의 발전, 문화예술의 융성으로 대표되는 세종 시대의 찬란한 문화는 결국 인재들이 자신의 재능을 마음껏 발휘할 수 있는 환경을 조성한 세종의 리더십이 있었기에 가능했다. 이것이 바로 세종 인재 혁명의 진정한 가치이며, 오늘날 우리 사회가 계승해야 할 소중한 유산이다.

세종의 성찰 인문학, 역사를 바로 세우다

1. 머리말: 뿌리 깊은 나무, 샘이 깊은 물

"뿌리 깊은 나무는 바람에 아니 흔들리므로 꽃 좋고 열매 많나니
샘이 깊은 물은 가뭄에 아니 그치므로 냇물이 되어 바다에 가나니"
― 《용비어천가》 2장 현대말

세종대왕은 나라를 다스린 지 28년째 되는 해인 1446년에 훈민정음을 반포하고 그 다음 해인 1447년에 새 문자를 적용하여 《용비어천가》를 신하들과 함께 펴냈다. 위 시는 125수 가운데 훈민정음만으로 표기한 대표적인 시가 2장이다. 1442년부터 본격적으로 준비하여 5년 만에 책으로 펴낸 것이다. 간결하지만 이 짧은 시에 세종의 원대한 꿈과 역사에 대한 경외감이 담겨 있다.

세종은 22세에 즉위하던 해인 1418년 12월 25일에 경연 자리에서 "《고려사》를 보니 공민왕 때부터의 역사 기록은 정도전이 들은 바에 많이 의존하다보니 어떤 것은 더 쓰고 어떤 것은 줄이고 하여, 역사 기록을 맡은 사관들의 처음 원고와 같지 않은 곳이 매우 많으니, 어찌 뒷세상에 미쁘게 전할 수 있으랴. 차라리 이런 역사책은 없는 것만 못하니라.[1]"라고 말하고 있다. 고려 공민왕 이하의 역사 기록이 정도전 등 개국공신들로 말

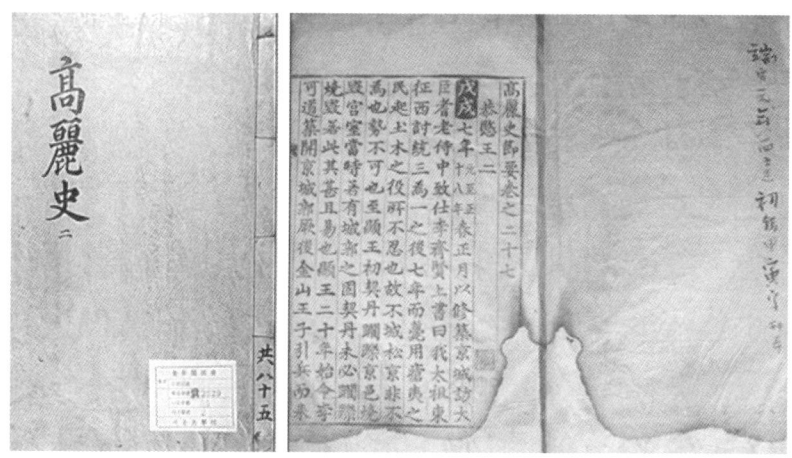

[사진 3] 세종의 명으로 시작하여 문종 때 펴낸 《고려사》- 왼쪽,
고려사가 나온 그 다음해 펴낸 편년체 《고려사절요》

미암아 실제 사실과 다른 것이 많았던 것이다. 잘못된 역사책은 차라리 없느니 못하다고 하며 역사 바로 세우기의 중요성을 강조하고 있다.

세종이 임금이 되자마자 역사 바로 세우기에 나선 것은 그만큼 역사관이 투철했음을 의미한다. 역사에 대한 성찰 없이 미래를 열어갈 수 없기 때문이다. 더욱이 이때는 조선이 세워진 지 28년밖에 안 되었기에 역사 바로 세우기가 절실했다.

과거의 모든 사실이 역사가 되는 것은 아니므로 1차적으로 기록에 의해 쓰여진 역사가 중요하다. 사실이 기록되는 순간 해석이 되고 의미가 부여된 사건이 된다. 그러다 보니 누가 어떻게 기록하는가가 중요하니 기록을 담당한 역사가의 역할이 더 중요하게 된다. 그러나 그 어떤 기록

---

1 《高麗史》恭愍王以下, 鄭道傳以所聞筆削, 與史臣本草不同處甚多, 何以傳信於後世? 不如無也. - 《세종실록》, 세종 즉위년/1418/12/25.

이든 어떤 역사가든 객관적 사실을 존중하지 않는다면 역사에 대한 새로운 해석이 아니라 '역사 왜곡'이 된다.

역사에서 이러한 기록의 중요성에 대해 세종 시대는 사관들과 세종이 관점을 같이하고 있다. 곧 세종 2년(1420)에 세종이 유관(柳觀)에게《고려사》교정하는 일을 물으니, 유관이 "역사란 만세의 귀감이 되는 것이온데, 전에 만든《고려사》에는 자연 재해와 이상 기후에 대한 것을 모두 쓰지 아니하였으므로, 지금은 모두 이를 기록하기로 합니다."라고 하였다. 이때 세종은 "모든 선과 악을 다 기록하는 것은 뒤의 사람에게 경계하는 것인데, 어찌 재난과 이상 징후라 하여 이를 기록치 아니하랴."라고 말했다.

세종 6년(1424) 11월 4일에도, "내가 일찍이《삼국사략》,《동국사략》을 보니, 신라에 일식이 있었는데 백제에서는 쓰지 아니하였고, 백제에 일식이 있었는데 신라에서는 쓰지 아니하였다. 어찌 신라에는 일식이 있는데, 백제에는 일식이 없었다 하겠는가. 아마도 사관의 기록이 자상한 것과 소략한 것이 다르기 때문인가 한다."라고 말했다. 그래서 세종은《고려사》에서 천재지변과 지진 등 자연 변화의 흐름도 다 기록하지 않은 것은 다시 실록을 상고하여 다 싣도록 하라고 했다.

객관적 사실을 기록했다 하더라도 수많은 사실 가운데 취사선택이 이루어진 것이므로 이미 역사가의 주관이나 관점이 개입이 된 것이나 다름없다. 그래서 역사가는 늘 겸손하면서도 예리한 눈으로 사실을 바라보는 안목이 필요하게 된다. 세종 5년(1423) 12월에 고려사 고쳐쓰기에 대한 변계량과의 토론에서 그런 점이 잘 드러났다. 세종은 중국의 역사책《자치통감》이 명분을 바로잡고 사실을 상세히 기록하여, 만대의 역사에서 해와 별과 같이 환히 밝은 것이 있음을 강조했다. 그래서 '앞사람의 과실을 뒷사람이 쉽게 안다.'라는 옛사람의 말을 인용하며 사관이 사실을 기록하

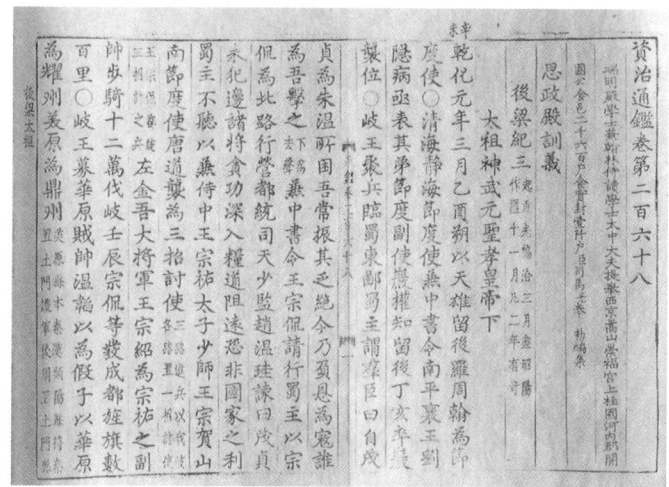

[사진 4] 세종대왕기념사업회 기념 그림엽서 사진으로 들어간 《자치통감》
(세종 16/1436)

는 것이라면 그 사실이 잘못된 내용이라도 고치면 안 된다는 의견을 피력하기도 했다.

그렇게 기록된 역사에 의해 우리는 역사의 지혜를 얻기고 하고 반면교사의 교훈을 얻기도 한다. 그래서 E. H. 카의 말대로 역사는 과거와 현재의 대화라고 하거니와 역사는 현재와 미래의 거울이기도 하다. 사람답게 살기 위한 학문이 인문학이라면 과거에 대한 성찰은 사람답게 살기 위한 가장 바탕이 되는 행위이다. 그래서 역사학은 성찰 인문학이다.

그리하여 세종 1년(1419) 9월 20일에 세종은 변계량 등에게 《고려사》를 고쳐 쓰도록 지시하였고 세종 3년(1421) 1월 30일에 유관과 변계량이 1차 교정을 마무리하였다. 여기서 끝은 아니었다. 세종 5년(1423) 12월 29일, 유관·윤회에게 다시 《고려사》를 고치게 했고 세종 6년(1424) 8월 11일 다시 고쳐 편찬한 《고려사》가 완성이 되었고 윤회는 개정 과정을 매우 자세하게

세종의 성찰 인문학, 역사를 바로 세우다 189

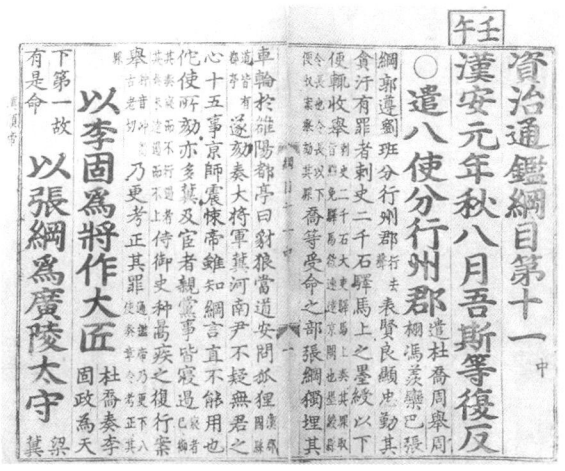

[사진 5] 세종대왕기념사업회 기념 그림엽서 사진으로 들어간
《자치통감강목》(세종 18/1438)

서문에 그대로 적었다. 윤회는 이 글에서 역사를 짓는 것의 어려움과 더불어 세종의 강력한 의지에 의해 교열하고 교정한 과정을 적고 있다.

이렇게 개정 작업은 세종 말년까지 지속되고 문종 1년(1451년)에서야 "세가(世家) 46권, 지(志) 39권, 연표(年表) 2권, 열전(列傳) 50권, 목록(目錄) 2권"으로 완성이 된다. 그 바치는 글 첫 마디가 우리의 심금을 우린다.

"신 등은 그윽이 듣건대, 새 도끼 자루는 헌 도끼 자루를 보아 법으로 삼고 뒷 수레는 앞 수레를 거울삼아 경계한다고 하니, 대개 이미 지나간 흥망의 자취는 실로 오는 장래의 타이르고 경계하는 것이 되므로 이에 역사책을 엮어 감히 임금께 바칩니다."[2]

---

2 臣等竊聞, 新柯視舊柯以爲, 則後車鑑前車而是懲, 蓋已往之興亡, 實將來之勸戒, 玆紬編簡, 敢瀆冕旒. -《문종실록》, 문종 1/1451/08/25.

2. 자주적인 역사관

세종이 1446년에 펴낸 훈민정음 해례본에는 우리 겨레를 가리키는 말이 두 번 나온다.

> 一朝制作侔神工(일조제작모신공) 大東千古開矇矓(대동천고개몽롱)
> – 정음해례24ㄱ:7-8_합자해갈무리시
> 하루아침에 신과 같은 솜씨로 정음을 지어내시니 우리 겨레 오랜 역사의 어둠을 비로소 밝혀주셨네.

> 夫東方有國(부동방유국) 不爲不久(불위부구) 而開物成務之大智(이개물성무지대지) 盖有待於今日也欤(개유대어금일야여). – 정음해례29ㄱ:5-7_정인지서
> 무릇 동방에 나라가 있은 지가 꽤 오래되었지만, 만물의 뜻을 깨달아 모든 일을 온전하게 이루게 하는 큰 지혜는 오늘을 기다리고 있었던 것이다.

우리 겨레가 아주 오랜 역사를 가졌지만 '훈민정음'으로 인하여 모든 지혜를 깨닫고 나눌 수 있게 되었다는 것이다. 한문으로는 우리 말을 제대로 적을 수 없고 지혜의 핵심인 지식과 정보를 맘껏 나누고 전할 수 없기 때문이다. 이는 세종의 역사관이 단지 조선 왕조에 머무르고 있었다면 '훈민정음'과 같은 문자는 나오지 않았을 것이다.

《세종실록지리지》 154권 평안도 평양부에 보면 단군 조선의 역사를 다음과 같이 명확히 기록하고 있다.(번역: 온라인 조선왕조실록).

> 본래 평양은 삼조선(三朝鮮)의 옛 수도이다. 요임금(중국 고대 제왕 이름) 무진년에 신인(神人)이 박달나무 아래에 내려오니, 나라 사람들이 그를 세워 임금을 삼아 평양에 도읍하고, 이름을 단군(檀君)이라 하였으니, 이것이 전조선(前朝

鮮)이요, 주나라(기원전 1046~771) 무왕(武王)이 상나라(기원전 1600~1046)를 이기고 기자(箕子)를 이 땅에 봉하였으니, 이것이 후조선(後朝鮮)이며, 그의 41대 손(孫) 준(準) 때에 이르러, 연(燕)나라 사람 위만(衛滿)이 망명하여 무리 천여 명을 모아 가지고 와서 준(準)의 땅을 빼앗아 왕검성(王儉城)을 세우니 곧 평양부(平壤府)이다.

– 줄임 –

《단군고기(檀君古記)》에 이르기를, "상제(上帝) 환인(桓因)이 서자(庶子)가 있으니, 이름이 웅(雄)인데, 세상에 내려가서 사람이 되고자 하여 천부인(天符印) 3개를 받아 가지고 태백산(太白山) 신단수(神檀樹) 아래에 강림하였으니, 이가 곧 단웅천왕(檀雄天王)이 되었다. 손녀(孫女)로 하여금 약(藥)을 마시고 사람이 되게 하여, 단수(檀樹)의 신(神)과 더불어 혼인해서 아들을 낳으니, 이름이 단군(檀君)이다. 나라를 세우고 이름을 조선(朝鮮)이라 하니, 조선(朝鮮), 시라(尸羅), 고례(高禮), 남·북 옥저(南北沃沮), 동·북 부여(東北扶餘), 예(濊)와 맥(貊)이 모두 단군의 다스림이 되었다. 단군이 비서갑(非西岬) 하백(河伯)의 딸에게 장가들어 아들을 낳으니, 부루(夫婁)이다. 이를 곧 동부여(東扶餘) 왕(王)이라고 이른다. 단군이 당요(唐堯)와 더불어 같은 날에 임금이 되고, 우(禹)가 도산(塗山)의 모임을 당하여, 태자(太子) 부루(夫婁)를 보내어 조회하게 하였다. 나라를 누린 지 1천 38년 만인 은(殷)나라 무정(武丁) 8년 을미에 아사달(阿斯達)에 들어가 신(神)이 되니, 지금의 문화현(文化縣) 구월산(九月山)이다.

1425년 9월 25일(세종 7년)에 예조의 건의를 받아들여 평양에 단군 사당을 세우게 하는 등 역사의 뿌리 세우기에도 관심을 기울인 결과 이런 생생한 기록이 가능했다. 세종 9년(1427) 8월 21일에는 단군과 기자(箕子)의 묘제(廟制)를 다시 의논하고, 신라·고구려·백제의 시조(始祖)에게 묘를 세워 제사 지내는 일을 모두 옛 제도를 상고하여 상세하게 정하여 아뢰라."라고 하여 이 모든 것이 정비되어 《세종실록지리지》에 상세하게 실렸다.

3. 역사책을 중요하게 여긴 세종

세종의 투철한 역사관은 역사책을 중요하게 여기고 가까이 한 것에서도 알 수 있다. 세종 20년 12월 15일, 경연에서 세종은 이렇게 말한다.

> 경서와 역사책은 본체와 응용이 서로 필요로 하는 것이니 어느 한쪽으로 기울게 할 수는 없다. 그러나 지금 학자들은 혹시 경서를 연구하는 데 끌려서 사학을 읽지 아니하고, 그 경서를 배우는 자도 때로는 제자백가 주석한 것에만 힘쓰고, 본문과 주자(朱子)가 여러 사람의 주석을 모은 것을 연구하지 아니한다.[3] － 세종 20/1438/12/15.

경서는 경전에 버금가는 책들로 무언가의 토대가 되는 뼈대이고 바탕이 되는 이론을 제공해 주는 책들이다. 이와 달리 역사책은 끊임없이 살아 움직이는 피요 살인 실용에 해당된다. 이러한 두 가지는 서로 상생이 되는 관계인데 그 당시 학자들은 경전 연구에만 매달린다는 것이다. 그것도 응용과 맥락을 중요하게 여긴 주자의 풀이보다 경직돼 있는 제자백가 풀이에만 매달려 세종이 이를 비판한 것이다.

물론 세종은 경서와 역사책 모두를 중요하게 여겼다. 세종 3년(1421) 11월 7일 경연 기록을 보면, "내가 《자치통감강목(資治通鑑綱目)》을 보고자 하니, 변계량이 성리학에 관한 글을 보기를 청하므로, 오늘 비로소 《사서(四書)》를 강(講)하게 하니, 경들은 이를 알 것이다."[4]라고 하였다. '자치통감강목'은

---

3 經與史, 體用相須, 不可偏廢. 然今學者或有牽於窮經而不讀史學, 其學經書者, 或驚於諸家輯釋, 而不究本文與朱子輯註. －《세종실록》, 세종 20/1438/12/15.

4 子欲觀 《資治通鑑綱目》, 卞季良請觀性理之學. 今日始講四書, 卿等其知之. －《세종실록》, 세종 3/1421/11/07.

사마광의 역사서 《자치통감》을 보완한 역사책이다. 이 기록 끄트머리에 사관이 평하기를, 세종은 본디부터 유학(儒學)을 좋아하여, 매양 맑은 새벽에 업무를 보고, 경연에 나아가서 강론하기를 게을리하지 아니하였다고 한다. 궁중에 있을 적에는 글을 읽어 밤중이 되어도 그만두지 않으니, 태상왕이 그의 정신이 피로할까 염려하여, 금지시키며 이르기를, "과거를 보는 선비는 이와 같이 해야 되겠지마는, (임금은) 어찌 이같이 몹시 고생할 수 있느냐."라고 하였다.

세종은 이렇게 경서 위주의 경연에서 《자치통감》과 같은 역사서 강론을 도입하고 역사 공부와 역사서 편찬을 독려하였다. 학자들이 역사에 어두움을 염려하여 이미 자치통감 해설서인 《자치통감훈의(資治通鑑訓義)》를 1434년부터 편찬하게 하여 세종 18년(1436)에 펴냈다. 이 책을 매우 중요하게 여겨 편찬 작업하는 관원들에게 15일마다 회식을 직접 베풀어 주었을 정도이다(세종 16/1436/7/1.).

이해 7월 17일 기록을 보면, 《자치통감》을 인쇄할 종이를 전국 각처에 나누어 무려 30만 권이나 만들게 하였다. 그러면서 닥나무 재료는 국고의 쌀로써 바꾸고, 스님들을 시켜 종이 뜨는 일을 하게 하되, 의복과 음식을 주고, 쑥대와 밀·보릿짚, 대껍질 등과 닥나무 재료를 섞어 종이 힘을 강하게 하면서 귀한 닥나무를 적게 사용하여 책을 박기에 적합한 방법까지 일러주고 있을 정도로 국가와 통치자의 역량을 총동원하고 있다.

4. 기록하지 말라고 하는 세종의 말까지 기록한 사관 정신

세종의 역사관은 신하들과의 치열한 토론과 당시 사대부들의 춘추필법의 올곧은 역사관에 의해 이루어지고 실행된 것이다. 임금까지 사관의 눈치를 볼만큼 사관 위에 하늘이 있다고 했을 정도다. 세종이 기록하지 말라고 당부했는데도, 오히려 "기록하지 말라"라는 말까지 기록했을 정도이다. 사연인즉슨 세종의 첫째 아들 세자(훗날 문종)의 두 번째 세자빈 봉 씨에 관한 사건이다. 봉 씨는 세자와의 사이가 안 좋아 세자가 거의 찾지 않자 궁녀와 동성애를 하다 발각이 되어 폐출당하게 된다. 첫 번째 세자빈 김 씨도 폐출당했고 두 번째는 금기시되는 '동성애' 사건으로 폐출당하게 되었으니 이때 세종의 참담한 마음은 누구나 짐작하고도 남는다.

세종 18년(1436) 10월 26일자 기록에 보면 세종은 사정전에서 도승지 신인손과 동부승지 권채만을 가까이 불러 은밀하게 말하기를, "근년 이후로 일이 성취되지 않음이 많아서 마음이 실로 편치 않았다. 요사이 또 한 가지 괴이한 일이 있는데 이를 말하는 것조차도 수치스럽다.⁵"라고 말을 꺼내면서 봉 씨를 간택하기까지의 과정과 사건의 전모를 상세하게 털어놓았다. 세자와 봉 씨 사이가 안 좋은 것을 알고 소헌왕후와 함께 자주 가르치고 타일러 조금 나아지는 듯했지만 개선이 안 됐다는 것이다. 그래서 세종은 "침실 일까지야 비록 부모일지라도 어찌 자식에게 다 가르칠 수 있겠는가."라고 탄식하며 폐빈 관련 교지를 만들어 바치라고 하면서 다음과 같이 말했다.

옛날에 김 씨를 폐할 적에는 내가 한창 나이가 젊고 의기(意氣)가 날카로와서, 빈을 폐하고 새로 다른 빈을 세우는 것은 중대한 일이므로 애매하게 할

---

5 比年以來, 事多不諧, 心實無聊, 近又有一異事, 言之亦可羞恥. -《세종실록》, 세종 18/1436/10/26.

수 없다고 여긴 까닭으로, 그 일을 교서에 상세히 기재하였으나, 지금은 그렇게 할 필요가 없다. 봉 씨가 궁궐의 여종과 동숙한 일은 매우 추잡하므로 교지에 기재할 수는 없으니, 우선 성질이 질투하며 아들이 없고, 또 노래를 부른 네댓 가지 일을 범죄 행위로 헤아려서, 세 대신과 더불어 함께 의논하여 속히 교지를 지어 바치게 하라.[6]

부끄러운 가정사이므로 교지에 기록하지 말라는 것이다. 실제 교지에는 덜 상세하게 기록되었는지 모르지만 두 신하에게만 은밀하게 속삭인 내용과 "기록하지 말라"라는 말은 실록에 적혀 우리 눈앞에 생생한 재현 드라마처럼 펼쳐지고 있는 것이다.

일제 총독부에서 편찬한 고종실록, 고종 5년(1868) 7월 4일에 보면 영의정 김병학은 고종 임금께 이렇게 아뢴다.

우리 세종대왕께서는 집현전의 여러 신하들에게 명하여, 《자치통감》의 훈의(訓義)를 편찬하게 하고는 친히 교정을 하여 어떤 때는 한밤중에 이른 적도 있었습니다. 가까운 신하들에게 말하기를, '이 책을 보게 되니 자못 책을 읽는 것이 유익하다는 것을 깨닫게 되며 총명이 날로 늘어난다.'라고 하였습니다. 그 책이 완성되자 《사정전훈의(思政殿訓義)》라고 명명하였습니다. 전하께서 여기에서 이름 붙이신 뜻을 생각하신다면 조종조(祖宗朝)께서 학문에 부지런히 힘쓰신 모습이 더더욱 눈에 선하게 될 것입니다. 이제부터 성학(聖學)에 더욱 힘써서 하늘을 공경하고 조상들을 본받는 근본을 확립하소서.

6　昔金氏之廢, 予方年少氣銳, 謂廢立重事, 不可曖昧, 故詳載其事於敎書, 今則不必然也. 奉氏與宮婢同宿之事極醜, 不可載於敎旨, 姑以性妒無子, 又唱歌等四五事數之, 與三大臣同議, 速製敎旨以進. -《세종실록》, 세종 18/1436/10/26.

임금에게든 신하에게든 세종의 역사와 학문에 대한 고귀한 뜻은 이렇게 전해지고 있었다. 그러나 실제로 제대로 이어졌다면 우리의 역사(고종, 순종실록)조차 침탈자의 책임 아래 편찬되는 비극은 없었을 것이다.

5. 맺음말: 세종의 역사관, 오늘의 우리에게

세종대왕의 역사에 대한 통찰과 실천은 600년이 지난 오늘날에도 여전히 깊은 울림을 준다. "뿌리 깊은 나무는 바람에 아니 흔들리므로 꽃 좋고 열매 많나니"라는 《용비어천가》의 구절처럼, 세종은 역사를 바로 세우는 일이 나라의 뿌리를 튼튼히 하는 작업임을 명확히 인식했다.

세종의 역사 바로 세우기는 즉위 초부터 시작되었다. 《고려사》의 편찬에 심혈을 기울이고, 자연 재해와 이상 기후까지 기록하게 한 것은 역사의 객관성과 완전성을 추구한 결과였다. 세종은 "모든 선과 악을 다 기록하는 것은 뒤의 사람에게 경계하는 것"이라 강조하며, 사실의 기록이 역사의 핵심임을 분명히 했다.

또한 세종은 단군 조선의 역사를 《세종실록지리지》에 명확히 기록하고, 단군 사당을 세우게 하는 등 자주적 역사관을 실천했다. 이러한 역사 인식은 훈민정음 창제의 바탕이 되었고, "우리 겨레 오랜 역사의 어둠을 비로소 밝혀주셨네"라는 훈민정음 해례본에서의 찬사에서 볼 수 있듯이 우리 민족의 정체성을 확립하는 데 큰 기여를 했다.

세종은 역사서를 단순한 기록물이 아닌 국가 경영의 지침으로 여겼다. 《자치통감》과 같은 역사서 강론을 도입하고, 《자치통감훈의》 편찬에 국가의 역량을 총동원한 것은 "경서와 역사책은 본체와 응용이 서로 필요로 하는 것"이라는 그의 신념을 보여준다.

가장 주목할 만한 것은 세종시대 사관들의 독립성과 기록 정신이다. 임금이 기록하지 말라고 당부한 내용까지도 사초에 남긴 사관들의 정신은 역사 앞에 권력도 겸손해야 함을 보여주는 귀중한 유산이다.

오늘날 우리는 역사 왜곡과 진실 규명의 문제를 여전히 직면하고 있다. 고종·순종실록이 일제의 손에 의해 편찬되는 비극적 상황은 역사 바로 세우기가 단절될 때 민족의 정체성마저 위협받을 수 있음을 경고한다.

세종의 역사관은 과거에 대한 객관적 기록과 성찰이 현재와 미래를 위한 지침이 된다는 깊은 통찰을 담고 있다. 이러한 성찰 인문학의 정신을 계승하는 것이야말로, 오늘날 우리가 세종의 유산에서 배워야 할 가장 중요한 교훈일 것이다.

세종, 음악과 도량형과 문자를 하나로 소통하다

1. 머리말: 어느 세종 음악회 이야기

 2018년, 세종대왕이 임금 자리에 오른 지 600돌이 되는 해를 앞두고 2017년 12월 24일 세종 신악 연주회가 있었다. 신악은 우리의 전통 음악인 향악, 중국 음악인 당악, 중국식 제례음악인 아악을 융합하여 새로 만든 세종식 음악을 말한다. 때마침 성탄절 잔치 분위기가 무르익어가는 때인지라 국립국악원 예악당에서는 모든 자리가 가득 찬 가운데 세종 신악을 편곡한 장중한 곡이 작은 숨소리조차 빨아들이고 있었다. 신선희 연출, 최경자 안무의 세종 신악, '뿌리 깊은 나무 샘이 깊은 물' 공연(12.22~27)이었다.
 세종 신악을 그대로 재현한 연주회는 여러 번 보았으나 이렇게 편곡하여 하는 연주회는 처음이었다. 재현이든 편곡이든《세종실록》에 당시의 방대한 악보가 실려 있어 가능한 일들이고 그 어떤 일이든 잠자고 있는 세종의 영혼을 불러내는 장엄하고도 가슴 벅찬 제례였다. 마침 주최 측에서는 공연 끄트머리에 세종에게 차와 꽃을 바치는 '헌작'을 준비했고 관객들 모두 그 꽃을 받아 들고 있던 터라 무대 위 어느 악공의 손떨림이 그대로 전달되는 듯했다.
 7시, 시간을 알리듯 정확히 무대가 열렸다. 우주의 여명을 알리는 까치 신령들의 제천무에 이어 용비어천가 1장, 2장을 바탕으로 한 '해동의 나라'에 이르자 세종 신악과 춤사위가 그야말로 용의 노래가 되어 쉼 없이 흘렀다. 세종대왕에 이르기까지 왕업의 초석을 놓은 태조와 태종, 그리고 그 조상인 목조, 익조, 도조, 환조를 여섯 용에 비유하여 새 나라가 우연히 세워진 나라가 아님을 강조한 용비어천가 1장과 2장의 노래였다.

> 해동의 여섯 용이 날으시어 모든 일이 천복이라
> 옛날 성인들이 하신 일들과 부절이 합쳐 맞으심이라
> 뿌리 깊은 나무는 바람에 아니 흔들릴 새
> 꽃 좋고 열매 많으니
> 샘이 깊은 물은 가물에 아니 그칠 새
> 내가 되어 바다로 가느니라.

느릿하지만 때로는 격렬한 춤사위와 노래와 더불어 나는 어느새 세종시대를 거닐고 있었다.

2. 새로운 시대를 알리는 놀라운 청음 사건

세종 15년(1433) 설날, 경복궁에서는 새해맞이 아악(정아한 음악이라는 뜻으로 의식용 음악) 연주회(회례연)가 신하들과 궁인들이 모두 모인 가운데 열렸다. 이와 관련된 편경에 대한 대화 내용이 같은 날짜에 수록되어 있다. 편경 연주를 들은 세종이 박연과 나눈 대화이다. 이 부분만 인용해 보면 다음과 같다.

"이칙 1매(夷則 1枚, 두 번째 줄 첫째 매 소리)가 그 소리가 약간 높은 것은 무엇 때문인가?"
"가늠한 먹이 돌에 아직 남아 있으니 돌을 다 갈지 아니한 것입니다."[7]

- 세종 15/1433/1/1.

돌에 먹물이 아직 마르지 않아 박연이 먹물을 말리니 음이 제대로 나왔다고 한다. 이 사건을 회고하는 기록이 16년 뒤인 세종 31년(1449) 12월 11일자에 박연이 일찍이 옥경(맑은소리돌)을 올렸는데, 임금께서 쳐서 소리를 듣고 말씀하시기를, "이칙(둘째 줄 첫째 돌)의 경쇠소리가 약간 높으니, 몇 푼(길이의 단위. 한 푼은 한 치의 10분의 1로, 약 0.3cm)을 감하면 조화롭게 될 것이다."[8]라고 하시므로, 박연이 가져다가 보니, 돌 가는 장인(경쇠공)이 잊어버리고 쪼아서 고르게 하지 아니한 부분이 몇 푼이나 되어, 모두 임금의 말씀과 같았다고 증언하고 있다. 표현은 조금 다르지만 같은 돌을 가리키는 것과 그 이유가 비슷하므로 같은 사건에 대한 기록이다.

이때 세종이 잡아낸 '먹물'로 인한 음정의 차이는 "송혜진(2012)의 「세종음악과 문예 정책」(세종리더십연구소 편, 『세종, 음악으로 다스리다』, 한국학중앙연구원·세종리더십연구소, 39쪽")에 의하면 반음의 10분의 1정도 차이라고 한다. 이는 편경 김현곤 악기장이 제작소에서 직접 실험해 본 결과라고 한다(KBS 한국사 傳, 2008.2.2.).

여기서 우리는 세종의 절대음감을 칭송하자는 것이 아니다. 이 무렵 조선의 음악은 이제 완전한 기틀을 잡아 천세만세 소리가 이어지는 시대

---

[7] 但夷則一枚, 其聲差高, 何哉? 墁卽審視而啓曰: "限墨尙在. 未盡磨也" - 《세종실록》, 세종 15/1433/1/1.
[8] 上擊聽之曰: "夷則磬聲差高, 減幾分可調" - 《세종실록》, 세종 31/1449/12/11.

[사진 6] 세종 신악 공연 장면(2017.12.24. 국립국악원 예악당)

가 열렸음을 의미한다. 세종 시대 음악을 2017년에 맞게 완벽하게 편곡할 수 있었던 것도 세종 시대 음악의 빛나는 수준이 그대로 이어져 가능한 것이었다.

　음악에 조예가 깊었던 세종은 실제로 음악가이자 작곡가였다. 물론 세종의 음악 연구와 정책은 박연이 없었으면 어려웠을 것이다. 박연은 대금을 잘 불었고 음악 이론에도 능했으며 학문 또한 뛰어나 세종의 왕자 시절에 글을 가르친 시강원 스승이었다. 이밖에도 당대 최고의 음악 전문가인 맹사성을 비롯하여 이름 없는 악공에 이르기까지 동서고금에 없는 찬란한 음악 시대를 연 주인공들이다. 그 후예들이 예악당을 가득 메우니 마치 세종시대 악공들이 환생한 듯하였다.

　세종은 박연과 더불어 우리나라에 잘 어울리는 악기를 만들고 표준음을 제정하고 실제 많은 노래를 작곡했다. 세종은 음악 재능이 뛰어나 이미 어린 시절 거문고와 비파와 그림에 정통하였다는 사관의 평이 실록에 실려 있을 정도다(세종 7년(1425) 5월 초3일). 성현이 대표 저술하여 성종 때 펴낸 《악학궤범》 서문에서도 "세종대왕께서는 하늘이 내신 성군으로, 음률에 정통하셨다."라고 써 놓았다. 세종 스스로도 "나도 음률을 제법 아는데, 지금 연향할 때에 남악이 음률에 맞지 않는 것이 많으며……. (然予頗知音律, 今宴饗之時……. -《세종실록》, 세종 25/1443/4/17.)"라고 했다.

세종은 음악 연구에 골몰한 나머지 임금이란 신분도 잊고 막대기로 땅을 두드리면서까지 연구에 연구를 거듭했음을 사관들은 다음과 같이 증언하고 있다.

> 세종 임금은 음률을 깊이 깨닫고 계셨다. 신악의 조정은 모두 임금이 제정하셨는데, 막대기를 짚고 땅을 치는 것으로 음계를 삼아 하루저녁에 제정하셨다.[9]
> - 세종 31/1449/12/11.

더 구체적인 증거로 세종이 직접 창안한 정간보로 작곡된 세종악보가 《세종실록》 부록으로 무려 636쪽이나 실려 있다. 이렇게 바로잡은 음악을 바탕으로 세종은 음악 정치를 통해 백성들이 평화롭고 조화롭게 사는 태평성대를 열었다. 더욱 중요한 것은 음악 정비는 생활과 경제의 기본인 길이와 부피와 무게에 대한 도량형의 표준과 훈민정음 창제를 위한 소리와 문자 연구로 곧바로 이어졌다는 점이다. 왜 그런지 차근차근 짚어보자.

---

9 上邃曉音律, 新樂節奏, 皆上所制, 以杜杖擊地爲節, 一夕乃定. -《세종실록》, 세종 31/1449/12/11.

세종, 음악과 도량형과 문자를 하나로 소통하다 203

[사진 7] 공연 중에 바친 꽃을 든 사람들(맨 왼쪽이 필자)

3. 표준 악기와 표준음을 세우다

세종 15년, 1433년의 청음 사건은 몇 가지 중요한 의미를 던져 준다. 훈민정음 창제 10년 전이기도 한 이해는 세종이 32년간 통치의 중반을 넘기는 시점이다. 이러한 중요한 시기에 음악의 표준 이론과 더불어 실제 정밀한 악기와 음악이 정비되었음을 의미한다.

세종 시대 이전에는 악기를 중국에서 수입해서 썼다. 특히 고려시대 때 중국 송나라에서 보내 준 편종을 사용했는데 아주 먼데서 옮겨 와서 그런지 음이 제대로 맞지를 않았다. 이점에 대해서는 정인지가 그가 대표 집필한 《아악보》 서문에서 "고려 예종 때에 송나라 휘종(徽宗)이 준 편종과 공민왕 때에 고황제(高皇帝)가 준 종(鍾)과 경(磬) 수십 개가 있으며, 우리 왕조에 이르러 또 태종 문황제(太宗文皇帝)가 준 종과 경 수십 개가 있을 뿐이다.¹⁰ – 정인지, 《아악보》 서문"이라고 기록하고 있다. 고려는 오랜 몽골 지배로 나라가 어수선했고 음악가들이 제대로 연주하며 일을 할 수 없었다. 이런 실정이 조선 초기까지 이어졌다고 볼 수 있다.

15세기에 표준음을 정하고 표준 악기를 만드는 것은 중국 황제의 특권이었으나 세종은 우리식 표준음과 표준 악기를 통해 아악(공식 행사에서 연주하는 음악)을 정비하고 우리식 음악인 신악을 몸소 만들었다.

특히 세종은 이른바 '정간보'라는 악보를 만들어 실제 많은 음악을 만들어 보급하였다. 정간보는 정확히 언제 만들었는지 알 수 없지만 훈민정음 반포해인 1446년 앞뒤로 본다. 이 용어는 세종이 직접 사용한 용어는 아니지만 바둑판처럼 우물 정(井) 자 모양으로 칸(間)을 나누었다고 해서 정간보라 부른다. 곧 '정(井)'이란 용어는 쓰였지만 '정간보'라는 악보 명칭은 현대에 와서 쓰인 것이다. 문헌으로는 이혜구(1948)의 '한국의 구기보법(舊記譜法)'에서 처음 사용되었다고 한다. '세종악보'라는 용어도 후세의 용어이므로 누가 처음 사용하였는지는 알 수 없으나 학위 논문인 "위철(2001), 《세종악보》와 《대악후보》의 치화평·취풍형·봉황음·만전춘 비교, 서울대 대학원 석사 학위논문"과 "최종민(2003), 훈민정음과 세종악보의 상관성 연구, 상명대 대학원 박사 학위논문"에서 본격적으로 사용되었다.

정간보는 칸 수로는 음의 장단을, 칸 안의 음 이름으로는 음의 고저를 나타내는 동양 최초로 음높이와 리듬을 동시에 표기하는 입체 악보로 세계 음악사에서도 매우 중요한 의미를 갖고 있다. 성경린(1985)의 "『세종 시대의 음악』, 세종대왕기념사업회, 76쪽"에서 정간보가 음의 높낮이를 표시할 수 없는 약점을 지녔다고 한 것은 정간보 도형 구조만으로 봐서 그렇게

---

10 在高麗 睿宗時, 宋 徽宗所賜編鍾; 恭愍王時, 高皇帝賜與鍾磬, 共數十枚; 及我朝, 又有太宗文皇帝賜與鍾磬數十枚而已. -《세종실록》, 세종 12/1430/윤12/1.

지적한 것이다. 정간보에 대해서는 서한범 교수의 쉬운 설명이 있으니 그대로 인용해 보자.

> 정간보는 간편한 악보다. 몇 가지 기본적인 원칙만 익힌다면 매우 쉬운 악보인 것이다. 정간보는 위에서 아래로 읽어 나가는 악보이다. 왼쪽에서 오른쪽으로 읽어 나가는 5선 악보와는 대조를 보인다. 또한, 오른쪽 첫째 줄이 제1행이고 왼쪽으로 제2행, 제3행, 제4행의 순서대로 읽어나간다. 이것도 윗단에서 아랫단으로 읽어 나가는 5선의 기보 체계와는 다르다.
> 위에서부터 맨 아래 정간까지의 1줄을 '1행' 또는 '1각'이라고도 하고 '첫째 장단'이라는 용어를 쓰기도 한다. 그러므로 세로로 이루어진 한 단위의 줄은 '행'이나 '각'을 쓰기도 하지만, 일반적으로는 '첫째 장단', '둘째 장단'이라고 부른다.
> 한 장단을 이루는 정간의 수는 악곡에 따라 느리고 긴 악곡은 20 정간도 있고 '가곡'과 같은 음악은 16 정간이며 '취타'는 12 정간, 그리고 악곡에 따라 10 정간, 8 정간, 6 정간이 대부분이고 제일 빠른 악곡인 '양청도드리'는 4 정간으로 되어 있다.
> 정간악보의 1 정간은 1박이다. 그러므로 2 정간은 2박이 되고 3 정간은 3박이 된다. 또한, 1박 내에서의 1/2박, 1/3박, 1/4박, 1/5박, 1/6박 등의 기보는 아래의 '보례'처럼 표기된 율명의 위치에 따라 정해지고 그 순서대로 읽는 것이다.
> — 서한범(2012), 「국악속풀이」, 『우리문화신문』 2012.5.16.
> (http://koyaculture.mediaon.co.kr)

《세종악보》는《세종장헌대왕실록》에 연대기와 별도로 부록처럼 136권부터 146권까지 11권으로 실려 있다. 이 가운데서 136권과 137권은 아악보(한자악보)이고, 138권부터 146권까지 9권이 32개의 정간보로 구성된 악보이다. 9권 중에서도 140권부터 145권까지는 '봉래의(鳳來儀)'라고 하는 악곡으로 여기에 가사로 사용된 것이《용비어천가》이다. '봉래의'는 "봉황이

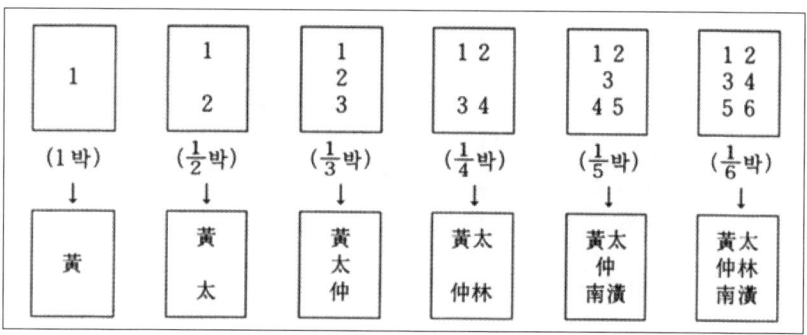

[그림 3] 정간의 분박 요령과 읽는 순서(『국악통론』, 서한범, 태림출판사, 20쪽)

와서 춤을 춤"을 뜻하는 '봉황래의(鳳凰來儀)'의 준말로 태평성대를 칭송하는 노래의 명칭인 셈이다.

봉래의는 다섯 부분으로 구성되었는데 '전인자와 진구호'는 전주곡과 구호이고 '여민락'은 용비어천가 한문가사로 부르는 노래이고 '치화평'은 훈민정음으로 표기된 용비어천가 국문가사로 부르는 노래이다. '취풍형'은 치화평과 같이 훈민정음으로 표기된 용비어천가 국문 가사를 부르는 노래이고 '후인자와 퇴구호'는 후주곡과 구호로 이루어진다.

'치화평'은 "지극한 화평에 이른다"는 뜻으로 용비어천가 국문가사 제1~16장, 125장. 모두 17장으로 구성되어 있다. 앞의 3장을 현대 표기로 인용해 보면 다음과 같다.

[제1장]
제1절: 海東六龍이 나라샤/ 일마다 天福이시니/古聖이 同符하시니/
[제2장]
제1절: 불휘 깊은 남간/ 바라매 아니뮐쎄/ 곶됴코 여름하나니/
제2절: 새미 기픈 므른/ 가마래 아니 그츨새/ 내히 이러바라래 가나니/

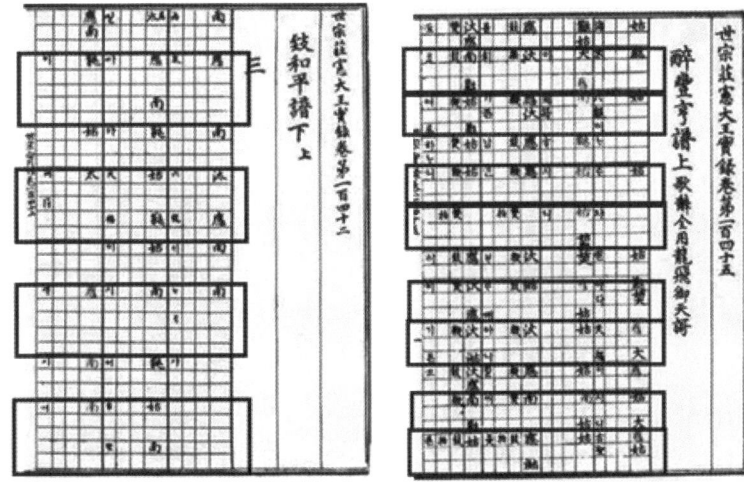

[그림 4] 훈민정음 표기 가사가 쓰인 치화평(왼쪽)과 취풍형(오른쪽)

[제3장]
　제1절: 周國大王이/ 豳谷애 사라샤/ 帝業을 여르시니/
　제2절: 우리 始祖ㅣ/ 慶興에 사라샤/ 王業을 여르시니/

　이러한 놀라운 악보가 이루어진 것은 용비어천가 가사가 편집된 1445년부터 훈민정음이 반포되고 온전하게 훈민정음 표기가 이루어져 최종 출판된 1447년 무렵으로 전문가들은 추정한다. 이런 성과를 얻기까지 대략 20년이 걸렸다. 세종이 박연과 더불어 본격적으로 우리식 음악 제정에 매달리기 시작한 것은 세종 7년인 1425년 무렵이기 때문이다.
　1425년에 경기도 남양에서 중국의 경석(맑은 소리가 나는 돌) 못지않은 돌이 발견되어 우리식 편경을 만들 수가 있었다. 남양은 바닷가 고장인데 근처에 낮은 산들이 있었다. 《세종실록지리지》 1427년 기록에 보면 경기 수원도호부 남양 사나사라는 절 서쪽 산에서 경석이 난다고 기록해 놓았다. 그 돌은 빛이 푸르고 흰 것이 섞이고, 빛깔 무늬가 있는데 소리가 음률에 맞았다고 한다.

　음악 연주와 이론의 대가였던 박연이 직접 검증해 낸 돌이었다. 이 돌은 석회암과 대리석이 섞인 돌로 맑은 소리가 난다고 하여 경석이라 부르고 실제 편경의 소리는 맑고 청아한 소리의 음계가 아주 정확하다. 이런 돌을 기역자 형태로 갈아 쇠뿔로 만든 각퇴로 쳐서 연주한다. 왜 기역자 형태로 만들었는지는 기록에 나와 있지 않고 현대 음악전문가들도 밝혀내지 못했다.

　돌로 만들었으니 습도나 온도에 영향을 받지 않아 소리 변형이 없어 조율할 필요가 없기에 표준 악기로 쓰이는 것이다. 초기 편경은 2년간의 준비 끝에 1427년에 완성되었다. 이때 만든 편경이 지금과 같은 16개 돌이 아닌 12개 돌로 이루어진 편경인지는 명확하지 않다. 그러나 1430년 세종 대의 아악 정비가 완성될 무렵인 12년부터 16매 편경이 사용되었다고 한다.《악학궤범》에도 16매 편경으로 나왔고 세종 12년 이후《세종실록》에 실려 있는 악보는 모두 16성으로 되어 있다.

　송혜진 교수에 의하면(페이스북 세종사랑방) 중국의 송에서 고려로 보내온 편경도 12매로 된 것과 16매로 된 것 2종이었고 이후 공민왕 때와 조선 태종 때에 명에서 16매 편경이 왔다고 한다. 분명한 것은 세종 12년 무렵에는 16매 편경이 제작되었다는 점이다. 이는 "임금이 사정전에서 아악과 사청성을 열람하였다. 박연이 새로 만든 편종과 편경이다(御思政殿, 閱雅樂及四淸聲, 朴堧新造鍾磬也 -《세종실록》, 세종 12/1430/8/18.)"라는 기사를 통해 알 수 있다. 16매 편경의 4청성이 있어야 '군신민(君臣民)'의 음인 '궁상각(宮商角)'이 서로 차례와 질서를 무너뜨리지 않는 원리를 충족시킬 수 있었기 12매 편경의 사용은 중지되고 대신 16매 편종이 상용되었다고 한다.

세종, 음악과 도량형과 문자를 하나로 소통하다 209

[그림 5] 《세종실록》〈오례의〉에 있는 편경 그림(왼쪽)과
1433년 음력 1월1일 세종의 지음도(세종대왕기념사업회 소장)

결국 《세종실록》〈오례의〉에 실려 있는 12매 편경은 12율만으로 연주하는 것으로 '4청성을 쓰면 안 된다'는 중국학자 진양(陳暘)의 《악서(樂書)》를 참고하여 수록한 것이고 송혜진 교수는 《세종실록》〈오례의〉 악기 도설 및 악현도는 세종 대에 시행된 내용이 수록된 것이 아니라 예제를 정비하는 과정에서 수집된 자료를 정리했기 때문으로 보았다. 따라서 실제 세종 시대 현실과 다를 수 있다는 것이다. 세종대왕기념사업회에서 그린 청음도는 〈오례의〉를 바탕으로 그린 것인데 1433년의 사건을 그린 그림이므로 16매 편경 그림을 그려야 한다는 것이 송혜진 교수의 주장이다.

표준음 잡기와 편경 제작은 돌만 가지고 악기가 되지는 않는다. 표준음을 잡는데 필요한 잘 영근 곡식이 있어야 했는데 지금의 황해도 옹진군에서 좁쌀보다 큰 기장이 있었다. 좁쌀은 너무 작아 소리 표준을 잡는 도구로

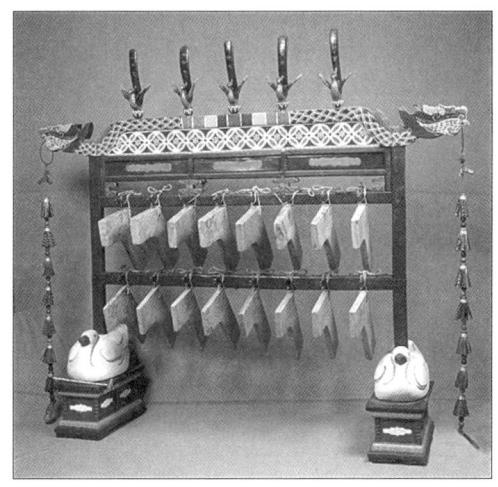

[사진 8] 현대 편경 사진. 보통 16음으로 그 음색은 자연석에서 우러나오는 순수함과 특유의 청아한 느낌을 준다. (한국민족문화대백과 제공)

사용할 수 없었고 그보다 크면서 더 찰진 기장쌀이 유용하게 사용된 것이다.

이때 표준음을 잡는 것은 대나무 통에 곡식을 넣어 잡는 방식이었다. 기장 알 90개를 늘여 놓은 크기의 대나무 통에 기장 알 1,200개를 넣어 나는 소리와 3분의 1인 400알을 빼거나 더하거나 하는 이른바 '삼분 손익' 방식으로 열두 소리관을 만들어 표준음을 잡아내 표준 악기인 편경에 적용했다. 그런데 곡식 알 크기와 부피가 일정하지 않으니 실제로는 밀랍으로 만들어 사용했음을 1433년 1월 1일 실록 기사를 통해 확인할 수 있다.

우리나라는 지역이 동쪽에 치우쳐 있어 중국 땅의 풍토와는 전연 다르므로, 기운을 살펴서 음률을 구하려 하여도 응당 징험이 없을 것을 요량하고, 이에 해주의 기장쌀 모양으로 밀[蠟]을 녹여 큰 낱알을 만들어서 푼(分)을 쌓아 관(管)을 만들었는데, 그 모양이 우리나라 붉은 기장쌀의 작은 것과 꼭 같았다. 곧

한 낟알을 1푼으로 삼고 열 낟알을 1촌(寸)으로 하는 법을 삼았는데, 9촌을 황종(黃鍾)의 길이로 삼았으니 곧 90푼이다. 1촌을 더하면 황종척(黃鍾尺)이 된다. 원 둘레를 3푼 4리(釐) 6호(毫)의 법을 취하였다. 이에 대나무로서 단단하고 두껍고 몸이 큰 것을 골라 뚫으니 바로 원 둘레의 푼수(分數)에 맞으며, 관(管)의 길이를 비교해서 계산하니 바로 촌법(寸法)에 맞았다. 문득 밀을 가지고 기장 낟알 1천 2백 개를 만들어서 관(管) 속에 넣으니 진실로 남고 모자람이 없었고, 이를 불어 보니 중국 종(鍾)·경(磬) 황종의 소리와 당악(唐樂)의 피리 합자(合字) 소리와 서로 합하였다. 그러므로 이 관(管)을 삼분손익(三分損益)하여 12율관(律管)을 만들어 부니 소리가 곧 화하고 합하였다.[11]   – 세종 15/1433/1/1.

오늘날 학자들이 황종음을 복원해 측정해 보니 황종음의 주파수는 278.5Hz로 서양의 '도'보다 약간 높았다고 한다. 황종의 1/3 음이 임종, 임종의 길이에 1/3 덧붙인 음이 태주, 태주의 길이에 1/3 줄인 음이 남려이다. 이렇게 하여 12가지 기본음을 만들었다.

우리식 음악의 필요성에 대해 세종은 1430년 9월 11일 이렇게 말하고 있다.

---

[11] 我國祭樂, 八音未備, 工人只學李常龜藏十二管譜, 而不知音律之爲何事也. 每當祭時, 磬用瓦磬, 鐘亦雜懸, 不具其數, 琴瑟妄作, 習以爲常. 乙巳秋, 稷奏生於海州, 丙午春, 磬石産於南陽, 上憲然有革舊更新之志, 乃命朴堧造編磬. 但我國本無協音之器, 輒取海州栢秠, 積其分寸, 依古說制黃鍾一管吹之, 其聲差高於中國鐘磬黃鐘之音及唐樂龜笒合字聲, 故因考前賢之議曰:「地有肥磽, 秠有大小, 聲音高下, 代各不同.」陳暘亦云:「不如多栽竹候氣之爲正.」然我國地偏東域, 其與中土風氣頗殊, 候氣求律, 料應無驗, 乃因海州栢秠之形, 用蠟熔成次大之粒, 積分成管, 其形與我國丹秠之小者正同. 卽以一粒爲一分, 累十粒爲寸法, 以九寸爲黃鍾之長, 乃九十分也. 添一寸爲黃鍾尺度也. 圓經取三分四季六毫之法, 乃擇海竹之堅厚軟大者, 鑽透孔穴, 正得圓經之分, 較量管長, 正得寸法. 却將蠟造秠粒千二百管, 入於管中, 固無盈縮, 吹之, 與中國鐘磬黃鐘聲及唐樂龜笒合字聲相協. 因此此管三分損益, 以成十二律管吹之, 聲乃諧協 –《세종실록》, 세종 15/1433/1/1.

아악은 본시 우리나라의 소리가 아니고 실은 중국의 음인데 중국 사람들은 평소에 익숙하게 들었을 것이므로 제사에 연주하여도 마땅할 것이다. 우리나라 사람들은 살아서는 향악(鄕樂)을 듣고, 죽은 뒤에는 아악을 연주한다는 것이 과연 어떨까 한다.   - 세종 12/1443/9/11.

이렇게 실제 악기와 소리 연구를 철저히 하여 마침내 1430년 윤12월에는 《아악보》라는 책까지 펴냈다. 정인지가 대표 저술했는데 그 서문은 이렇게 출발하고 있다.

"음악은 성인의 마음씨를 기르며, 신과 사람을 조화롭게 하며, 하늘과 땅을 자연스럽게 하며, 음양을 조화시키는 방법이다. 우리나라는 태평한 지 40년을 내려왔는데도 아직까지 아악(제례음악)이 갖추어지지 못하였다. 공손히 생각하옵건대, 우리 주상 전하께옵서 특별히 생각을 기울이시와 중국의 채원정이 쓴 《율려신서(律呂新書)》를 공부하시면서, 그 법도가 매우 정밀하며 높고 낮은 것이 질서가 있음에 감탄하시와 음률을 제정하실 생각을 가지셨으나, 다만 황종(표준음)을 갑자기 구하기가 어려웠으므로 그 문제를 중대하게 여기고 있었다. 마침내 신 등에게 명하시와 옛 음악을 수정하게 하였다."

《율려신서(律呂新書)》는 대단히 훌륭한 음악 이론서이지만 그 음악 이론에 맞는 실제 음악 악기와 음을 조선에서 이루게 되었다는 것이다. 그 가슴 벅찬 감동을 정인지는 다음과 같이 정리하고 있다.

옛 음악은 이미 다시 볼 수 없으나, 이제 황종(黃鍾, 표준음)을 소리 기운의 바탕에서 찾아내어 28성을 마련하였고, 크고 작으며 높고 낮은 것이 서로의 질서를 벗어나는 것이 없으니 비로소 주자(朱子)와 채씨(蔡氏, 채원정)의 뜻이 천 년 이후에 이르러 조금이라도 펴게 되었으니, 이것은 반드시 성스러운 우

리 왕조를 기다리어 이루어졌다고 아니할 수 없다.¹²

— 정인지, 《아악보》— 세종 12/1430/윤12/1.

성스러운 우리 왕조에 이르러 진정한 음악이 완성되었다는 것이다. 이러한 자부심은 음표와 같은 훈민정음 반포로 이어져 그 의미를 적은 정인지 서와 신숙주가 정리한 《홍무정운역훈서》에서도 비슷한 표현법으로 정리하고 있다.

무릇 동방에 나라가 있은 지가 오래지 않음이 아니로되, 만물의 뜻을 깨달아 모든 일을 온전하게 이루게 하는 큰 지혜는 오늘을 기다리고 있었던 것이다. (夫東方有國, 不爲不久, 而開物成務之大智, 蓋有待於今日也欤.)

— 정음해례29ㄱ:5-7_정인지서

우리 세종대왕께서는 하늘이 내린 성인으로 식견이 높고 널리 통달하여 지극하지 아니한 바 없으시어 성운(聲韻)의 처음과 끝을 모조리 연구하여 헤아리고 옳고 그름을 따져 칠음·사성과 하나의 세로 음과 가로 음이라도 마침내 바른 데로 돌아오게 하였으니, 우리 동방에서 천백 년 동안이나 알지 못하던 것을 열흘이 못 가서 배울 수 있으며, 진실로 깊이 생각하고 되풀이하여 이를 해득하면 성오학이 어찌 지세히 밝히기 어렵겠는가.(我世宗大王天縱之聖, 高明博達, 無所不至, 悉究聲韻源委而斟酌裁定之, 使七音四聲, 一經一緯竟歸于正, 吾東方千百載所未知者, 可不浹旬而學, 苟能沉潛反復有得乎, 是 則聲韻之學, 豈難精哉.)

— 홍무정운역훈서3ㄴ:5-9

---

12 古樂旣不可復見矣, 若其求黃鍾於聲氣之元, 制二十八聲, 大小尊卑, 不相奪倫, 朱子, 蔡氏之志, 少伸於千載之下, 則必不能無待於聖朝焉. —《세종실록》, 세종 12/1430/윤12/1.

4. 음악 표준과 더불어 도량형의 표준을 세우다

표준음을 잡아낸 황종율관은 도량형의 기준이 된다. 황종율관을 바탕으로 황종척을 만들고 그 잣대로 다양한 자가 만들어졌다. 황종율관 2개의 양이 1홉이고 10홉이 1되, 10되가 1말이다. 이러한 도량형을 적용해 9등분의 '수표'를 만들어 지금의 청계천에 설치하여 가뭄과 물난리에 대비했다.

기원전 600년경에 나온 중국의 고전인 오경 가운데 하나인 《서경(書經)》을 송나라 때 주희(朱熹)가 제자 채침(蔡沈)을 시켜서 주석을 달아 만든 《서전(書傳)》에서는 한지(漢志)를 인용하여 다음과 같이 기술하고 있다.

> 우(虞; 요순시대)의 율, 도, 량, 형은 멀고, 가까운 것을 가지런히 하여 백성들에게 믿음을 심어주는 것이다. 도(度)는 황종의 길이에서 비롯된다. 검은 기장 가운데치들의 총넓이가 90분이다. 황종의 길이, 하나를 일 분, 십 분을 촌이라 하고 십 촌이 척, 십 척을 장, 십 장을 인, 도합 5등급으로 헤아린다. 양은 황종의 약(龠; 황종관의 내부)에서 판단한다. 검은 기장알 1200개가 약(龠)에 들어간다. 10약이 합, 10합이 승, 10승이 두, 10두가 곡. 곡의 제도는 위는 곡, 아래는 두, 왼쪽은 승, 오른쪽은 합, 약은 합의 아래에 둔다. 저울은 황종의 무게에서 판단한다. 1약의 기장의 무게가 12수(銖)이고, 24수(銖)가 1량(兩), 16량(兩)이 1근(斤), 384수 30근이 균(鈞)으로 1월의 수다. 11,520수(銖)가 만물의 수에 상당한다. 4균이 석(石)의 무게가 되어 120근은 12월을 헤아린다.(漢志云 虞之律度量衡所以齊遠近立民信也 度始於黃鐘之長 以秬黍中者 一黍之廣度之九十分 黃鐘之長一爲一分十分爲寸 十寸爲尺 十尺爲丈 十丈爲引而五度審矣. 量起於黃鐘之龠其容秬黍中者千二百實 龠中以井水準其槩 十龠爲合 十合爲升 十升爲斗十斗爲斛 斛之爲制上爲斛下爲斗左耳爲升右耳爲合 龠附于合之下 衡起於黃鐘之重 一龠之黍重十二銖 積二十四銖而爲一兩 十六兩爲斤而三百八十四銖 三十斤而爲鈞 一月之數也 萬有一千五百二十銖所以當萬物之數 四鈞爲石重百二十斤象十二月也.
>
> ─《書傳》12

세종, 음악과 도량형과 문자를 하나로 소통하다 215

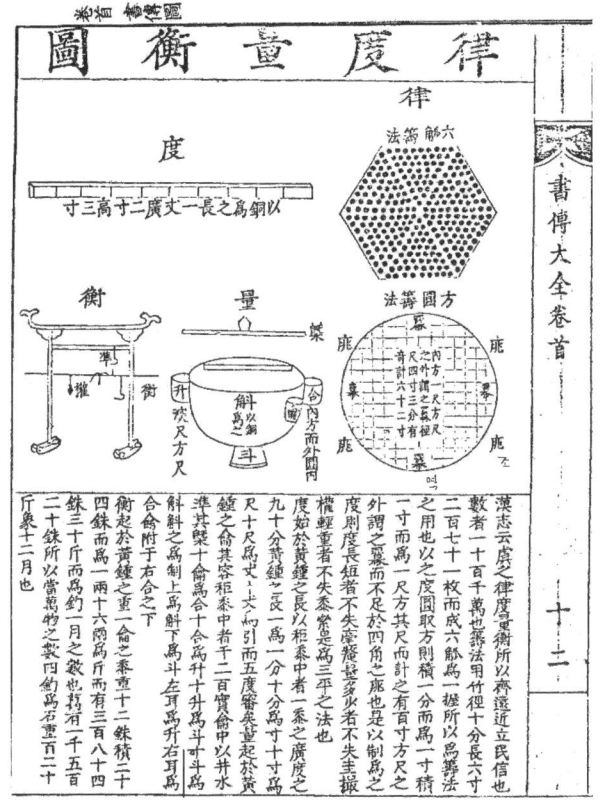

[그림 6] 《서전(書傳)》의 도량형 그림과 설명

위 기록에 의하면 이미 중국 고대 요순 시대부터 도량형의 표준이 매우 엄격하게 책정되었음을 알 수 있다. 한나라는 유방이 세운 중국의 두 번째 통일 왕조로서 이런 표준 문제가 매우 중요하므로 기록으로 남긴 것이다.

5. 정간보와 같은 훈민정음 문자를 만들다

절대 청음 사건이 일어난 1433년은 훈민정음 창제 10년 전이다. 이 사건은 단순히 세종의 절대음감의 천재성을 보여주는 이벤트성 사건으로만 봐서는 안 된다. 음악 연구를 통한 소리 연구가 완벽하게 끝났음을 보여주는 의미로 보아야 한다. 이러한 절대 음계에 대한 자신감으로 사람의 말소리를 연구하였을 것이고 그래서 실제 음악의 이치를 적용한 절대음계와 같은 소리를 닮은 문자 훈민정음 28자가 1443년 12월 겨울에 세상에 드러날 수 있었다. 음악은 국가의 표준이었고 그것으로 생활의 표준이 되는 도량형이 완성되고 합리적인 소통을 위한 문자가 제정되었다.

중국의 경우도 송나라 때의 채원정이 《율려신서(律呂新書)》를 통해 음악 이론과 철학을 완성함으로써 이것이 바탕이 되어 '황극경세 성음창화도'라는 말소리의 정음 체계가 성립이 되었고 이것이 성리학(性理學)의 핵심사상이 되었다. 채원정은 중국의 천재 음악 이론가였으나 두 가지 문제가 있었다. 뛰어난 이론이 실제 악기와 문자로 이어지지는 못했던 것이다. 먼저 음악의 문제에 대해서는 세종의 음악 이론을 정리한 성현이 다음과 같이 지적하고 있다.

> 다만 채원정의 책이 깊이 율려의 본원(源)을 얻었으나, 율려(律呂)의 변화에 어울리는 탄법(彈法)과 지법(指法)에 맞게 펴지 못하였다. 이는 마치 호미와 쟁기는 있으나 (논)갈고 (밭)김매는 것을 모르는 것과 같다.(惟蔡元正之書 心得律呂之源 然未能布爪指而諧聲律 是猶抱鉏耒而未諳耕耘之術也.)
> ― 《악학궤범(樂學軌範)》 서문(序文)

'탄법'과 '지법'은 거문고나 가야금 등의 악기를 연주하는 기법을 말한다. 음악 이론은 뛰어났으나 실제 음악 악기 연주로는 이어지지 못했다는 것이다. 세종이 먼저 이와 같은 맥락에서 채원정의 《율려신서》를 비판한 바 있다.

> 임금이 음악에 대하여 이야기하면서 이르기를,
> "박연(朴堧)이 조회(朝會)의 음악을 바로잡으려 하는데, 바르게 한다는 것은 어려운 일이다.《율려신서(律呂新書)》도 형식만 갖추어 놓은 것뿐이다. 우리나라의 음악이 비록 다 잘 되었다고 할 수는 없으나, 반드시 중국에 부끄러워할 것은 없다. 중국의 음악인들 어찌 바르게 되었다 할 수 있겠는가."[13]
> – 세종 12/1430/12/7.

형식만 갖추어 놓았다는 것은 이론으로만 머물렀다는 것이다. 겸손하게 우리의 음악이 잘 되었다고 볼 수 없다고 했지만 중국 음악과 견준 자부심을 은근히 드러낸 것이다.

이러한 자부심을 바탕으로 세종은 정간보를 통해 소리와 길이와 높이의 절대 음가를 반영한 악보에 담자 그와 맥락에서 생각과 느낌과 뜻을 맘껏 표현할 수 있는 음가와 같은 문자를 만들었다.

---

13 上論樂曰:"今朴堧欲正朝會樂, 然得正爲難,《律呂新書》, 亦文具而已. 我朝之樂, 雖未盡善, 必無愧於中原之樂, 亦豈得其正乎?"-《세종실록》, 세종 12/1430/12.

[표 2] 초성의 조음 특성과 역 특성 설명 내용과 순서

15세기	초성(자음)	발음 기관 특성	말소리 특성	음악 특성	계절	오행	방위
순음 (입시울 쏘리)	ㅁ ㅂ ㅍ	모난 것이 합해짐 (方而合)	머금고 큼(含而廣)	궁	중심 계절	토	중앙
치음 (니쏘리)	ㅅ ㅈ ㅊ(ㅿ)	강하고 단단함 (剛而斷)	부서지고 걸림 (屑而滯)	상	가을	금	서
아음 (엄쏘리)	ㄱ ㅋ ㆁ	어긋나고 긺 (錯而長)	목소리와 같으나 막힘(似喉而實)	각	봄	목	동
설음 (혀쏘리)	ㄴ ㄷ ㅌ(ㄹ)	재빠르게 움직임 (銳而動)	구르고 날림 (轉而颺)	치	여름	화	남
후음 (목소리)	ㅇ ㆆ ㅎ	깊숙하고 젖음 (邃而潤)	비어있는듯이 통함(虛而通)	우	겨울	수	북

입술소리는 소리의 기본이자 표준인 궁음에 해당된다. 다음의 잇소리가 상음이고 어금닛소리가 각음, 혓소리가 치음, 목소리가 가장 높은 우음이 된다. 이러한 음계를 정확히 문자에 적용했기에 문자 자체가 음률을 담고 있을 뿐 아니라 그런 음률을 담은 노랫가락을 정확히 표현할 수 있다고, 훈민정음 해례본에서 정인지는 다음과 같이 선언하고 있다.

글자의 운으로는 맑고 흐린 소리를 구별할 수 있고 노랫가락으로는 음률을 명확하게 표현할 수 있다.(字韻則淸濁之能辨, 樂歌則律呂之克諧.)
— 정음해례28ㄱ:5-6_정인지서

그래서 우리 문자가 없어 소리로만 떠돌던 백제 가요, 고려 가요까지 적을 수 있게 된 것은 기적이었다. 이러한 예악 정치와 한글 반포를 기리는 공연 막바지 노래가 어찌 벅찬 감동으로 다가오지 않을 수 있겠는가.

경계 무너져 오래도록 수리 못 해
강자는 겸병하고 약자는 빼앗겨 기세가 대단하네
우리 임금 경계 바로 잡아 창고는 가득차고 백성은 편안하네
임금님은 백성과 정을 통해야 하는지라
언로를 활짝 열어 모든 총명 얻으시네
덕으로 다스림은 예악에서 나오니
가까이는 안방에서 온 나라에 달하도다
하늘의 소리 땅에 내려와
천지의 분별로 사람의 마음 움직이는도다
임금이 백성의 뜻을 담아 한글노래 부르시니
이 공덕은 무극과 짝하리라
　　　　　　－ 여민락 5–7장 선율 차용, 합창과 관현악/공연 도록 15쪽.

6. 맺음말: 음악과 문자, 생활의 표준을 하나로 통합한 세종의 위대 업적

　세종대왕은 음악, 도량형, 문자를 하나의 완전한 체계로 통합하여 조선의 문화적 독립과 정체성을 확립했다. 이 세 가지 요소는 서로 긴밀히 연결되어 하나의 거대한 문명 프로젝트를 이루었다.

　음악에서 시작된 세종의 개혁은 절대 청음 사건이 보여주듯 단순한 음악적 재능의 발현이 아니라, 국가의 문화적 기반을 다지는 체계적인 노력이었다. 남양에서 발견된 경석으로 제작한 편경, 표준음 '황종'의 설정, 정간보의 발명은 단순한 음악적 성취를 넘어 국가 표준 체계의 정립이었다.

　이러한 음악적 표준은 자연스럽게 도량형의 표준으로 이어졌다. 황종율관을 바탕으로 만든 황종척은 길이, 부피, 무게의 기준이 되어 국가 경

제와 생활의 기틀을 마련했다. 이는 백성들의 일상생활에서 공정한 거래를 보장하고, 국가 운영의 효율성을 높이는 실질적인 개혁이었다.

가장 주목할 만한 성취는 음악과 도량형의 표준을 기반으로 창제된 훈민정음이다. 정간보와 같은 체계적인 구조를 가진 훈민정음은 소리의 높낮이와 길이를 정확히 반영할 수 있는 과학적 문자였다. "맑고 흐린 소리를 구별할 수 있고 노랫가락으로는 음률을 명확하게 표현할 수 있다"는 정인지의 선언은 이 문자의 과학적 완성도를 증명한다.

세종의 위대함은 이 세 가지 영역을 유기적으로 연결하여 하나의 완전한 체계로 통합했다는 점에 있다. 중국의 채원정이 《율려신서》에서 뛰어난 음악 이론을 제시했으나 실제 악기와 문자로 구현하지 못했던 것과 대조적으로, 세종은 이론과 실천을 완벽하게 조화시켰다.

이처럼 음악, 도량형, 문자를 하나로 통합한 세종의 업적은 600년이 지난 오늘날에도 우리 문화의 근간이 되었다. 국악의 전통, 한글의 과학성, 그리고 정확한 도량형에 기반한 질서는 세종이 남긴 위대한 유산이다. "뿌리 깊은 나무는 바람에 아니 흔들리므로 꽃 좋고 열매 많나니"라는 용비어천가의 구절처럼, 세종이 다진 문화적 기반은 오늘날까지 한국 문화의 풍성한 열매를 맺게 한 근원이 되었다.

세종, 책으로 인문학을 키우다

1. 머리말: 인쇄기술과 책, 세종의 문화혁명의 핵심

15세기 조선에서 책은 단순한 지식의 저장소가 아니었다. 세종대왕에게 책과 인쇄기술은 국가 문명의 수준을 높이고 백성들에게 지식을 널리 보급하기 위한 핵심 수단이었다. 인쇄기술의 혁신은 세종 시대 문화정책의 중심축이었으며, 이는 훈민정음 창제와 함께 세종의 인문주의적 비전을 실현하는 데 결정적인 역할을 했다.

이 글에서는 세종대왕이 주자소를 특별히 관리하고, 활자 인쇄기술을 획기적으로 개량하며, 책의 대량 보급을 위해 기울인 노력들을 살펴볼 것이다. 경자자에서 갑인자로 이어지는 금속활자 개량의 역사, 인쇄 속도와 품질의 비약적 향상, 그리고 이를 통해 이루어진 지식의 확산 과정을 통해 세종의 인문학적 사상과 정책이 어떻게 구현되었는지 조명하고자 한다.

세종은 고려시대부터 이어져 온 뛰어난 인쇄 전통을 계승하면서도, 이를 더욱 발전시켜 백성들의 삶을 향상시키는 도구로 활용했다. 조선의 인쇄기술이 서구의 구텐베르크 인쇄술과 어떤 차이점을 가졌는지, 그리고 세종의 인쇄술 혁신이 궁극적으로 어떤 문화적 의미를 지니는지도 함께 살펴볼 것이다.

2. 인쇄 관청 주자소에 대한 특별 정책

세종 3년, 1421년 3월 24일, 지금의 서울 충무로 지역, 늘 조용하던 인쇄 관청인 '주자소'가 왁자지껄 소리가 거리로 넘쳤다. 세종 임금이 친히 보낸 술 120병이 도착하였기 때문이다. 임금 심부름으로 온 내시는 주자소 관원들에게 술병의 의미를 설명하였다.

> 그대들이 애쓴 탓에 인쇄 속도가 빨라져 더 많은 책을 빨리 찍어낼 수 있게 되었다고 전하께서는 더없이 기뻐하셨소. 그동안 고생 많았으니 오늘은 맘껏 쉬며 술을 마시고 회포를 풀라는 어명이오.

책을 유달리 좋아했던 세종은 임금 자리에 오른 지 얼마 안 된 시기였지만 출판 인쇄 정책에 온 힘을 쏟았다. 나무에 새기는 목판 인쇄는 충분히 발달되어 있어 빨리 많이 찍어낼 수 있었지만 짧은 시간에 마모되어 정확한 글자체로 계속 찍어낼 수 없는 흠이 있었다. 그래서 금속활자 기술 개량에 더 힘을 쏟았다. 그러던 터에 인쇄 기술이 크게 좋아지자 이렇게 인쇄 관청 근무자들을 크게 격려한 것이다. 이로부터 14년 후인 세종 17년(1435)에는 주자소를 경복궁 안으로 아예 옮기게 하였다. 궁궐 안에는 '궐내각사'라 하여 주요 관청들이 들어와 있었는데 주자소 같은 관청을 궁궐 안으로 옮긴 것은 그만큼 인쇄 정책을 중요하게 여겼다는 뜻이다.

주자소는 태종 때 처음 설치되었다. 태종은 두 번에 걸친 왕자의 난을 거쳐 임금이 되었지만 문화를 통해 나라를 안정시키고 더욱 발전시켜야 함을 잘 알고 있었다. 그래서 태종 3년(1403)에는 계미자라는 새로운 금속활자까지 개발하였다. 이전의 금속활자보다 더 크고 튼튼하게 만든 것이다.

세종 또한 왕위에 오른 지 얼마 안 된 세종 2년(1420)에 남급, 김익정,

정초 등으로 하여금 주조한 활자가 경자자였다. 1422년에는 세종의 명으로 변계량이 인쇄용 글자 개량에 관한 발문을 짓게 하였는데 인쇄술 개량의 감동 역사를 담았다.

주자를 만든 것은 많은 서적을 인쇄하여 길이 후세에 전하려 함이니, 진실로 무궁한 이익이 될 것이다. 그러나 그 처음 만든 글자는 모양이 다 잘 되지 못하여, 책을 박는 사람이 그 성공이 쉽지 않음을 병 되게 여기더니, 영락 경자년 겨울 11월에 우리 전하께서 이를 몹시 고민한 뒤 공조참판 이천에게 명하여 새로 글자 모양을 고쳐 만들게 하시니, 매우 정교하고 치밀하였다. 지신사(知申事) 김익정과 좌대언(左代言) 정초에게 명하여 그 일을 맡아 감독하게 하여 일곱 달 만에 일이 성공하니, 인쇄하는 사람들이 이를 편리하다고 하였고, 하루에 인쇄한 것이 20여 장에 이르렀다. 삼가 생각하건대, 우리 광효 대왕(태종)이 앞에서 창작하시고, 우리 주상 전하께서 뒤에서 계승하셨는데, 일을 처리하는 도리가 주도면밀함은 그전 것보다 더 나은 점이 있다. 이로 말미암아 글은 인쇄하지 못할 것이 없어, 배우지 못할 사람이 없을 것이니, 문화와 교육의 일어남이 마땅히 날로 앞서 나아갈 것이요, 세도의 높아감이 마땅히 더욱 성해질 것이다. 저 한나라, 당나라 임금들이 단지 재물 이익과 군대 개혁에만 정신을 쏟아, 이를 국가의 급선무로 삼은 것에 비교한다면, 하늘과 땅의 차이뿐만이 아닐지니, 실로 우리 조선 만세에 한이 없는 복이다.[14]　　　　　　　　　　　　 – 세종 4/1422/10/29.

---

14 鑄字之設, 可印群書, 以傳永世, 誠爲無窮之利矣. 然其始鑄, 字樣有未盡善者, 印書者病其功未易就. 永樂庚子冬十有一月, 我殿下發於宸衷, 命工曹參判李蕆, 新鑄字樣, 極爲精緻. 命知申事金益精, 左代言鄭招, 監掌其事, 七閱月而功訖. 印者便之, 而一日所印, 多至二十餘紙矣. 恭惟我光孝大王作之於前, 我主上殿下述之於後, 而條理之密, 有又加焉者. 由是而無書不印, 無人不學, 文敎之興當日進, 而世道之隆當益盛矣. 視彼漢, 唐人主, 規規於財利兵革, 以爲國家之先務者, 不啻霄壤矣, 實我朝鮮萬世無疆之福也. –《세종실록》, 세종 4/1422/10/29.

[그림 7] 주자소도
(세종대왕기념사업회 기록화)

[사진 9] 서울 충무로의 주자소 터 새김돌
(지금도 주자소가 있던 서울 충무로 근처를 주자동이라 부른다.)

 이런 성과를 바탕으로 세종은 1425년에는 사마천의 《사기》를 찍어 문신들에게 나누어 주기도 하였다. 세종은 인쇄술을 더욱 발전시켜 1434년에 갑인자를 만들었다. 갑인자는 크기가 10×11mm인 경자자의 글자체를 키우고 활자와 조판 틀을 더 완벽하게 짜서 인쇄능률을 향상했다. 이 일은 이천, 장영실 등이 참여하여 세종 16년 갑인년 7월 초에 크고 작은 활자 20여만 자를 새로 만들었다. 크기가 14×15mm인 이 활자는 고르고 네모나게 만들었으므로 판을 짤 때에 밀랍을 녹여 붓는 대신 대나무 조각으로 틈새를 메우는 조립식 판짜기로 하여 인쇄 분량은 하루에 40여 장으로 앞서보다 두 배 이상 늘었다.
 세종이 인쇄 개량 전에는 글자를 구리판에 새겨 놓고 사이사이 납을

끓여 부어, 단단히 굳은 뒤에 찍었기 때문에 납이 많이 들고, 하루에 찍어내는 것이 두어 장에 불과하였다. 이때에 세종이 이천과 남급으로 하여금 구리판을 다시 주조하여 글자의 모양과 꼭 맞게 만들었더니, 납을 녹여 붓지 아니하여도 글자가 이동하지 아니하고 더 정확하여 하루에 수십 장에서 백 장까지 찍어낼 수 있었다.

이러한 인쇄술의 섬세한 개량 과정을 세종 16년(1434) 《세종실록》에서 찾아 볼 수 있다.

> 임금이 지중추원사 이천을 불러 의논하기를, "태종께서 처음으로 주자소를 설치하시고 큰 글자를 주조할 때에, 조정 신하들이 모두 이룩하기 어렵다고 하였으나, 태종께서는 억지로 우겨서 만들게 하여, 모든 책을 인쇄하여 중외에 널리 폈으니 또한 거룩하지 아니하냐. 다만 초창기이므로 제조가 정밀하지 못하여, 매양 인쇄할 때를 당하면, 반드시 먼저 밀[蠟]을 판(板) 밑에 펴고 그 위에 글자를 차례로 맞추어 꽂는다. 그러나 밀의 성질이 본디 부드럽고, 식자한 것이 굳지 못하여, 겨우 두어 장만 박으면 글자가 옮겨 쏠리고 많이 비뚤어져서, 곧 따라 고르게 바로잡아야 하므로, 인쇄하는 자가 괴롭게 여겼다. 내가 이 폐단을 생각하여 일찍이 경에게 고쳐 만들기를 명하였더니, 경도 어렵게 여겼으나, 내가 강요하자, 경이 지혜를 써서 판을 만들고 주자를 부어 만들어서, 모두 바르고 고르며 견고하여, 비록 밀을 쓰지 아니하고 많이 박아 내어도 글자가 비뚤어지지 아니하니, 내가 심히 아름답게 여긴다. 이제 대군들이 큰 글자로 고쳐 만들어서 책을 박아 보자고 청하나, 내가 생각하건대, 근래 북쪽 정벌로 말미암아 병기를 많이 잃어서 구리쇠의 소용도 많으며, 더구나, 이제 공장들이 각처에 나뉘어 있어 일을 하고 있는데, 일이 매우 번거롭고 많지마는, 이 일도 하지 않을 수 없다" 하고, 이에 이천에게 명하여 그 일을 감독하게 하고, 집현전 직제학 김돈, 직전 김빈, 호군 장영실, 이세형, 사인(舍人) 정척, 주부 이순지 등에게 일을 주장하게 맡기고, 경연에서 다루었던 《효순사실》·《위선음즐》·《논어》 등 책의 글자꼴을

글자 바탕으로 삼아, 금속활자 20여만 자를 만들어, 이것으로 하루의 박은 바가 40여 장에 이르니, 글자체가 깨끗하고 바르며, 일하기의 쉬움이 예전에 비하여 갑절이나 되었다.[15]　　　　　　　　　　　　　　　　　　　　－ 세종 16/1434/7/2.

이해 7월 16일자 실록 기록을 보면, 세종은 "이제 큰 글자의 주자를 주조하였으니 귀중한 보배가 되었다. 나는《자치통감》을 박아서 중외에 반포(頒布)하여 노인들이 보기 쉽도록 하고자 하는데, 만약 종이 30만 권만 준비하면 5, 6백 질(秩)을 인쇄할 수 있다. 그 종이와 먹을 준비하는 계책은 승정원에서 마련하라"라고 하였다. 이리하여 그 다음 날 "《자치통감》을 인쇄할 종이를 각처에 나누어 만들게 하되, 5만 권은 조지소(造紙所)에서 만들고, 10만 5천 권은 경상도에서, 7만 8천 권은 전라도에서, 3만 3천5백 권은 충청도에서, 3만 3천5백 권은 강원도에서, 합하여 30만 권을 만들라"고 지시하였다. 세종은 아예 구체적인 방법까지 지시한다. "닥나무는 국고의 쌀로써 바꾸고, 성안의 중들을 시켜 종이 뜨는 일을 하게 하되, 의복과 음식을 주고, 쑥대[蒿節]와 밀·보릿짚[麰麥節], 대껍질[竹皮]·삼대[麻骨] 등은 준비하기가 쉬운 물건이므로, 이를 5분(分)마다에 닥나무 1분을 섞어서 만

---

15 召知中樞院事李藏議曰: "太宗肇造鑄字所, 鑄大字時, 廷臣皆曰: '難成.' 太宗强令鑄之, 以印群書, 廣布中外, 不亦(違)[偉] 歟! 但因草創, 制造未精, 每當印書, 必先以蠟布於板底, 而後植字於其上. 然蠟性本柔, 植字未固, 纔印數紙, 字有遷動, 多致偏倚, 隨卽均正, 印者病之. 予念此弊, 曾命卿改造, 卿亦以爲難, 予强之, 卿乃運智, 造板鑄字, 竝皆平正牢固, 不待用蠟, 印出雖多, 字不偏倚, 予甚嘉之. 今者大君等, 請改鑄大字印書以觀, 予念近因北征, 頗失兵器, 銅鐵所用亦多, 矧今工匠分役各處, 務甚繁夥, 然此亦不可不爲也." 乃命藏監其事, 集賢殿直提學金墩, 直殿金鑌, 護軍蔣英實, 僉知司譯院事李世衡, 舍人鄭陟, 注簿李純之等掌之. 出經筵所藏《孝順事實》,《爲善陰騭》,《論語》等書爲字本, 其所不足, 命晋陽大君 㼁書之, 鑄至二十有餘萬字, 一日所印, 可至四十餘紙. 字體之明正, 功課之易就, 比舊爲倍. －《세종실록》, 세종 16/1434/7/2.

들면, 종이의 힘이 조금 강할 뿐만 아니라 책을 박기에 적합하고, 닥을 쓰는 것도 많지 않을 것이다"라고 하였다.

세종과 관련 전문가들이 두루두루 애쓴 덕에 갑인자는 조선시대 표준 글꼴 구실을 하였다. 많은 선비들이 이 글꼴을 표준으로 글씨를 쓰기도 하였으므로 표준 글씨의 모범이 된 셈이다.

이렇게 세종은 인쇄술을 발전시켜 출판문화를 꽃피우고 1446년 한글 반포 후에 갑인자를 이용해 직접 훈민정음 불경서 《월인천강지곡》을 1448년에 펴냈다.

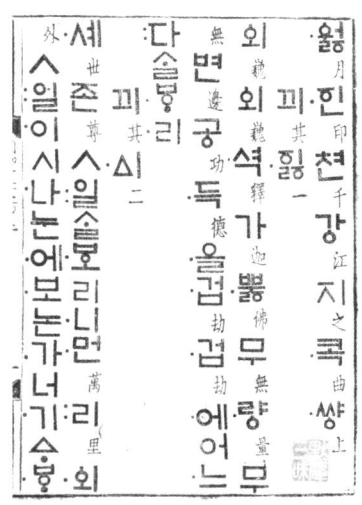

[사진 10] 《월인천강지곡》 원본 사진 첫 쪽(대한교과서 소장)

《월인천강지곡》은 세종이 직접 지어 훈민정음 반포 2년 뒤인 세종 30년(1448)에 펴낸 책이다. 《훈민정음》(1446, 해례본)같이 정자체이지만 훈민정음 해례본은 목판본인 데 반해 이 책은 구리활자인 갑인자로 출판되었다. 이 책은 세종이 직접 석가의 공덕을 칭송하여 쓴 악장 형식의 일종의 찬불가집이다. 실제 노래 가사로도 불렸다. 그래서인지 널리 퍼지고 한글 보급에 많은 영향을 끼쳤다.

다른 책들이 대개 한자는 크게 한글은 작게 썼지만 이 노래 가사는 한글을 크게 새겼다. 세종이 직접 지은 노래라 그런 것이겠지만 노래 가사 형식이라 자연스럽게 한글 위주가 된 것으로 보인다. [사진 12]은 실제 활자본을 복원하여 다시 찍은 사진이다.

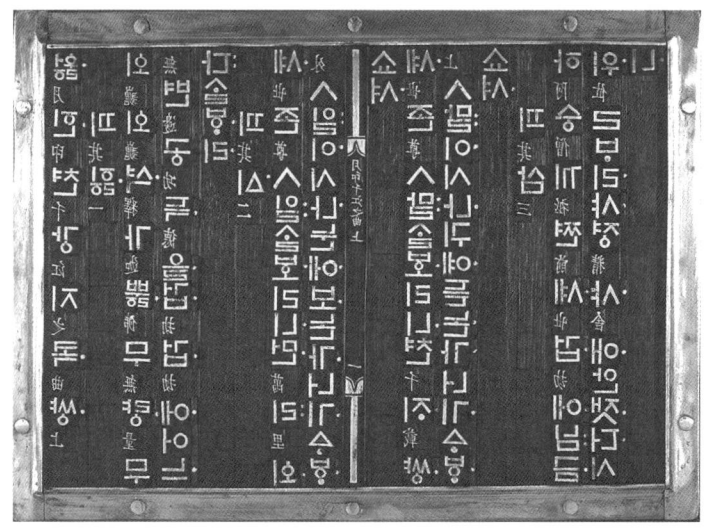

[사진 11] 《월인천강지곡》의 금속활자본의 재현(청주고인쇄박물관)

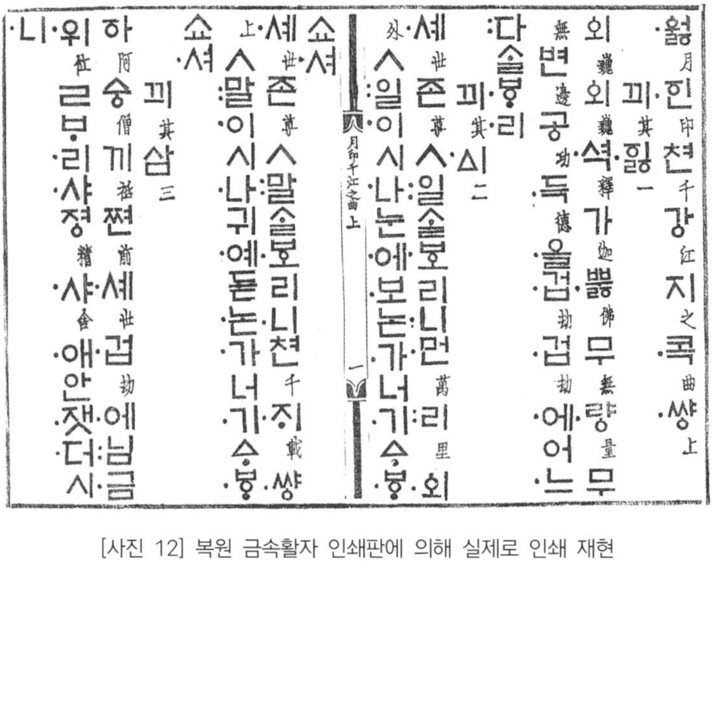

[사진 12] 복원 금속활자 인쇄판에 의해 실제로 인쇄 재현

[사진 13] 팔만대장경 목판

3. 인쇄 최고 기술, 문명국의 나라 한국

우리나라는 원래 인쇄 강국이었다. 신라시대인 751년에 나온 다라니경은 현재 전하는 세계에서 가장 오래된 목판 인쇄이고 1236년부터 1251년까지 간행된 팔만대장경은 5,200만 자의 목판인쇄물로 세계기록유산으로 등재되었다.

고려시대 목판인쇄가 발달한 가장 큰 까닭은 나라에서 불교를 장려하여 불교관련 서적이 많이 필요했기에 대량인쇄가 가능했던 목판 인쇄술이 발달하였다. 또한 사찰이 산속에 있어 목재를 쉽게 구할 수 있는 지리이점과 스님들의 노동력과 불경에 대한 수요가 맞물려 목판인쇄 기술은 더욱 발전하였다. 팔만대장경은 2007년에 유네스코 세계기록유산으로 지정될 정도도 목판인쇄의 최고 걸작이다.

[사진 14] 보협인다라니경 - 목판인쇄본

 1234년에 나온 《상정고금예문》은 세계 두 번째 금속활자였고 1377년의 《직지심체요절》은 현존하는 세계 첫 번째 금속활자이다. 《직지심체요절》은 2001년도에 유네스코 세계기록유산에 등재되었으나 안타깝게도 조선 말에 약탈해간 프랑스의 국립도서관에서 소장하고 있다.
 고려 금속활자가 발달한 까닭은 잦은 전란으로 목판 손실과 파괴, 목판 인쇄술의 기술적 한계 등으로 금속활자가 발명되고 발전되었다. 원래 고려시대 금속 공예술은 통일신라시대와 송·원나라의 기술적 영향을 받아 높은 수준의 기술을 보유하였고 이러한 뛰어난 금속공예술을 바탕으로 금속활자 인쇄출판이 활성화되었다.

세종, 책으로 인문학을 키우다   231

[사진 15] 《직지심체요절》- 금속활자

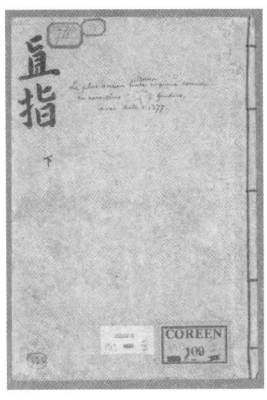

[사진 16] 《직지》 표지

[그림 8] 요하네스 구텐베르크

[사진 17] 성경책

4. 세종 시대 인쇄술의 인문주의와 한계

1997년 베를린 G7 정상회담, 미국 부통령이었던 엘 고어는 매우 충격적인 말을 던졌다.

"금속활자는 한국이 세계 최초로 발명하고 사용했지만, 인류 문화사에 영향력을 미친 것은 독일의 금속활자이다."

인류 인쇄술의 역사를 정확히 간파한 말이었다. 우리의 놀라운 인쇄 역사에 대한 칭찬이기도 하고 그것을 대량 인쇄로 발전시키지 못한 역사에 대한 비판이기도 했다. 독일 마인츠의 구텐베르크 박물관의 한국실에는 고려시대《직지(直指)》를 비롯한 우리나라 인쇄기술 발달사가 정연하게 전시하고 있다고 한다.

세종이 훈민정음을 반포하기 1년 전인 1445년 서양에서는 구텐베르크 금속활자 인쇄에 성공하였다. 1455년에는 구텐베르크 성서 인쇄가 성공하여 대량 인쇄 시대를 열었고 서양 르네상스는 더욱 활짝 꽃피우게 되었다.

요하네스 구텐베르크는 서양의 인쇄술을 최초로 창시한 인물인 셈이다. 구텐베르크가 발명한 활판 인쇄술은 대량인쇄를 가능하게 하였고 특권층만 소유하고 있던 성경책을 대량인쇄하여 민중들도 성경책을 소유할 수 있게 되었다. 결국 대량인쇄와 함께 지식의 대량보급이 이루어져 민중들은 많은 지식을 깨우치고 그것이 종교혁명으로 이어져 인류의 학문과 문명에 큰 영향을 끼쳤다.

세종은 인쇄도 백성들을 위한 민본주의 차원에서 철저히 효율성을 추구한 것이다. 세종 때 만든 갑인자는 지금 기술로 봐도 뛰어난 활자이다. 구텐베르크는 상업적 용도로 인쇄술 발명하였지만, 세종은 백성을 위해 인쇄술을 발전시켰다.

다만 서양의 인쇄술은 로마자 기본 자음자와 모음자 낱글자별로 주조하면 되므로 활자 자체가 대중화될 수 있어 손쉽게 대량인쇄를 할 수 있었으나 우리는 낱글자가 아닌 자음자와 모음자가 결합된 음절자 단위로 주조하다 보니 글자체 만드는 일이 대중화되기에는 한계가 있었다. 다행히 컴퓨터 시대가 되어 이 문제가 완전히 해결되었으나 컴퓨터가 나오기 전까지는 서양의 인쇄 대중화보다 뒤질 수밖에 없었다.

5. 맺음말: 책으로 비추는 세종의 인문정신과 그 유산

세종대왕의 인쇄 기술 혁신과 출판 정책은 단순한 기술 발전의 차원을 넘어, 그의 인문주의적 사상이 국가 정책으로 구현된 대표적 사례였다. 궁궐 안으로 주자소를 옮기고, 경자자에서 갑인자로 이어지는 금속활자 개량 작업에 직접 관여하며, 책의 대량 보급을 위해 종이 제작까지 세심하게 챙긴 세종의 모습에서 우리는 그의 깊은 문화적 안목과 실천력을 엿볼 수 있다.

특히 주목할 점은 세종의 인쇄술 혁신이 철저하게 '민본주의'에 기반했다는 사실이다. 서구의 구텐베르크가 상업적 목적으로 인쇄술을 발전시켰다면, 세종은 백성들의 교육과 계몽, 나아가 문화적 수준 향상을 위해 인쇄 기술을 발전시켰다. "문화와 교육의 일어남이 마땅히 날로 앞서 나아갈 것이요, 세도의 높아감이 마땅히 더욱 성해질 것이다"라는 변계량의 말처럼, 세종의 인쇄 정책은 문화와 교육의 진흥을 통한 국가 발전의 비전을 담고 있었다.

물론 한자의 특성상 음절 단위로 활자를 주조해야 했던 기술적 한계로 인해, 조선의 인쇄술은 서구처럼 폭발적인 대중화로 이어지지는 못했다. 그러나 이러한 한계에도 불구하고, 세종이 이룩한 인쇄 기술의 발전과 책을 통한 지식의 보급은 한국의 문화적 토대를 튼튼히 하는 데 결정적인 역할을 했다.

오늘날 우리가 세종의 인쇄 정책에서 배울 수 있는 것은, 기술 혁신이 인문학적 가치와 결합될 때 진정한 문화적 발전을 이룰 수 있다는 점이다. 세종이 꿈꾸었던 문화와 교육을 통한 국가 발전의 이상은, 현대 사회에서도 여전히 유효한 가치로 남아 있다. 그의 인쇄 정책은 백성을 위한 문화, 소통과 교육을 중시한 진정한 인문주의의 실천이었으며, 이는 오늘날 우리가 계승해야 할 소중한 유산이다.

끝없이 낮은 데로 향했던 세종의 복지 정책

1. 머리말

　어느 시대든 그 시대가 사람답게 살만한 세상인가를 가늠해 볼 수 있는 척도가 있다. 그중 으뜸은 질병이나 사회 약자에 대한 정책이나 배려가 얼마나 잘 돼 있는가이다. 세종 시대의 복지 정책은 지금도 본받아야 할 만큼 여러모로 바람직한 점이 많았다. 질병, 여성 출산 문제, 노인과 어린이, 장애인, 죄수 등의 약자들에 대한 여러 정책이나 사건들을 모아서 살펴보기로 한다.

　세종의 복지 정책은 단순한 구휼이나 일시적인 혜택에 그치지 않았다. 그는 백성들의 삶을 근본적으로 개선할 수 있는 제도적 장치를 마련하고자 했다. 의학 서적의 편찬과 보급을 통한 의료 환경 개선, 하층민과 관노비의 복지 향상, 사회적 약자에 대한 특별한 배려, 그리고 억울한 죄인이 생기지 않도록 하는 사법 제도의 개선에 이르기까지 세종의 복지 정책은 실로 광범위하고 체계적이었다.

　이 장에서는 세종이 펼친 다양한 복지 정책들을 살펴보며, 그의 정치가 얼마나 낮은 곳을 향하고 있었는지, 그리고 그 정책들이 당시 백성들의 삶에 어떤 영향을 끼쳤는지를 고찰해 보고자 한다. 세종의 복지 정책은 오늘날의 관점에서도 놀라울 정도로 선진적이고 인본주의적인 면모를 보여주고 있으며, 현대 복지국가의 이상을 이미 600여 년 전에 구현하고자 했던 그의 노력은 우리에게 많은 시사점을 제공한다.

2. 책을 통해 질병 문제를 근본적으로 해결하다

세종은 질병 치료를 위한 의료 책 발간을 매우 중요하게 여겼다. 세종 11년인 1429년 1월 29일 세종은 제주 안무사에게 의학책 17벌을 보내 의생들을 가르쳐 백성들의 질병을 구하도록 했다(今送醫書十七件, 其教誨醫生, 以救疾病. -《세종실록》, 세종 11/1429/1/29.). 직접 의생을 파견하기보다는 의서를 보내 의생을 가르치는 방식을 썼다.

질병 개선 정책에 누군가 지침서로 사용할 수 있는 책이 중요했음을 보여준다. 이렇게 세종은 새로운 의서를 만들어 지방에 많이 보급하는 정책을 펴 백성들의 질병 치료에 온 힘을 기울였다.

1431년에는 유효통, 노중례, 박윤덕 등을 시켜 《향약채취월령(鄉藥採取月令)》이란 책을 펴냈다. 《향약채취월령》은 민간에서 달마다 채취하여야 될 약재 명칭을 정리한 것으로, 이때는 한글 반포 전이므로 이두로 약재 명칭을 있는 그대로 표기하여 정확한 처방이 될 수 있게 하였다. '향약'은 우리 땅에서 나는 약재를 바탕으로 하는 것이니 시골 방방곡곡에서 누구나 약재를 구할 수 있는 것을 중요하게 여긴 것이다. 이런 책이 나오기 전에는 주로 고려 때 만든 《향약구급방(鄉藥救急方)》이란 책을 보거나 중국 책을 참고했는데, 어렵거나 현실에 맞지 않아 실제로 도움이 되지 않을 때가 많았다. 이 책 원간본은 전하지 않고 일본인이 필사한 필사본이 전하고 있다.

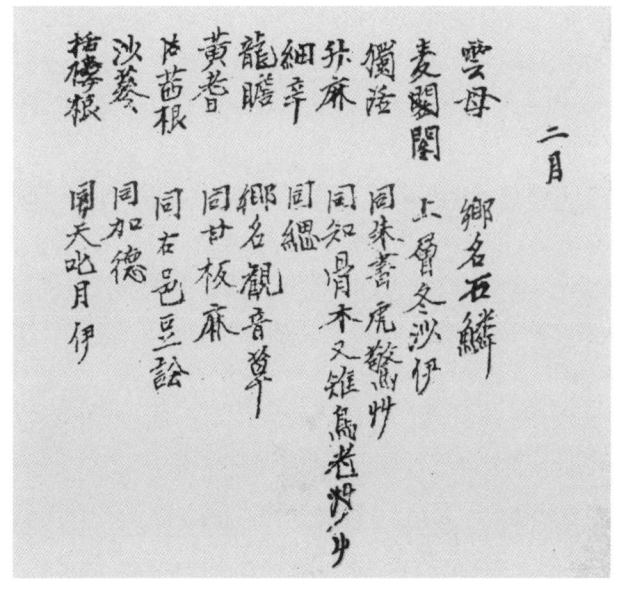

[사진 18] 《향약채취월령》 일부(대제각 영인본)

이때만 하더라도 치료 기관과 치료서가 턱없이 부족했다. 그만큼 환자들은 민속 신앙에 의존하는 경우가 많았고, 민속 신앙을 억제하기 위해 아예 무당을 국가기관에 귀속시켜 놓을 정도였다. 세종은 1431년부터 무속 신앙에 의한 치료를 엄금하고 향약을 통한 치료에 적극 나서게 된 것이다.

세종 14년(1432)에는 《신찬팔도지리지(新撰八道地理志)》를 펴냈는데, 이 책을 통해 전국 각지의 향약이 있는 곳을 정확하게 알 수 있었다. 이리하여 《향약집성방》은 세종 15년인 1433년 6월 11일에 완성이 되었다. 권채가 쓴 이 책 서문이 《세종실록》 세종 15년(1433) 6월 11일자에 실려 있다.

오직 우리나라는 하늘이 한 구역을 만들어 한겨레를 세우고, 산과 바다에는 무진장한 보화가 있고 풀과 나무에는 약재를 생산하여 무릇 민생을 기르고 병을 치료할 만한 것이 구비되지 아니한 것이 없으나, 다만 옛날부터 의학이 발달되지 못하여 약을 시기에 맞추어 채취하지 못하고, 가까운 것을 소홀히 하고 먼 것을 구하여, 사람이 병들면 반드시 얻기 어려운 중국의 약을 구하니, 이는 7년 병에 3년 묵은 쑥을 구하는 것과 같을 뿐만 아니라, 약은 구하지 못하고 병은 이미 어떻게 할 수 없게 되는 것이다. 민간의 옛 늙은이가 한 가지 약초로 한 병을 치료하여 신통한 효력을 보는 것은, 그 땅의 성질에 적당한 약과 병이 서로 맞아서 그런 것이 아닐까. 무릇 천 리를 멀다 하지 아니하고 이름 없이 퍼져 있는 것을 구하려 하는 것은 사람들의 보통 생각인데, 하물며 나라 안에서 나가지 아니하고 병을 치료할 수 있는 것이랴. 알지 못하는 것을 걱정할 뿐이다.[16] － 세종 15/1433/6/11.

이러한 서문 내용을 보면 정작 우리 땅에서 나는 약재를 제대로 활용하지 못해 치료를 못했던 안타까운 역사가 담겨 있다. 세종은 민간의 어르신들이 한 가지 약초로 한 병을 치료하여 신통한 효력을 보는 것은 그 땅의 성질에 적당한 약과 병이 서로 맞아서 그런 것임을 간파했다.

그렇다고《향약집성방》이 우리식 치료법만 담은 것은 아니다. 이 책은 중국에서 널리 쓰이는 치료법과 약재도 수용했는데 959가지 질병 치료를 내과학, 외과학 등 전문분야로 나눠 진단법과 치료법을 다룬 중국 의서들을 160종 이상 인용하였다. 중국 치료법을 우리 실정에 맞게 다시 분류하고 정리한 다음, 우리의 토속 치료법을 더해 정리한 것이다.

---

16 惟我國天作一區, 據有大東, 山海寶藏之興, 草木藥材之産, 凡可以養民生, 而療民疾者, 蓋亦無不備焉, 但自古醫學疎廢, 採取不時, 忽其近而求之遠, 人病則必索中國難得之藥, 是奚啻如七年之病, 求三年之艾而已哉! 於是藥不能得, 而疾已不可爲也. 唯民間故老, 能以一草療一病, 其效甚神者, 豈非宜土之性, 藥與病値而然也? 夫不遠千里, 求伸無名之指者, 人之常情也, 況不出國中, 而可以療疾者乎? 人患不知耳. －《세종실록》, 세종 15/1433/6/11.

《향약집성방》을 편찬하기 위해 세종은 사신들이 중국에 갈 때 의관을 골라서 따라 가게 하여 중국 북경에 가서 치료책을 널리 구하게 하였다. 또한 중국 황제에게 도움을 청해 중국 의료기관의 협조를 얻어 약명의 그릇된 것을 바로잡게 하기도 했다. 이렇게 하여 집현전의 유효통, 노중례, 박윤덕 등이 세종의 명으로 85권의 《향약집성방》을 편찬하여 이 책이 나오게 된 것이다.

예전에 판문하(判門下) 권중화가 '여러 책'을 뽑아 모아서 《향약간이방(鄕藥簡易方)》을 짓고, 그 뒤에 또 평양백(平壤伯) 조준 등과 더불어 약국 관원에게 명하여 다시 여러 책을 상고하고, 또 우리나라 사람들의 경험을 취하여 분류 편찬하고 목판으로 간행하니, 이로부터 약을 구하기 쉽고 병을 치료하기 쉬우므로, 사람들이 모두 편하게 여겼다. 그러나 처방책이 중국에서 나온 것이 아직 적고, 약명이 중국과 다른 것이 많은 까닭에, 의술을 업으로 하는 자도 미비하다는 탄식을 면치 못하였다. 우리 주상 전하께서 특히 이에 유의하여 의관(醫官)을 골라서 매양 사신을 따라 북경에 가서 처방책을 널리 구하게 하고, 또 황제에게 아뢰어 중국 큰 의원의 자문을 받아 그릇된 약명을 바로잡으며, 선덕(宣德) 신해년 가을에 집현전 직제학 유효통·전의(典醫) 노중례·부정(副正) 박윤덕 등에게 명하여 다시 향약방(鄕藥方)에 대하여 여러 책에서 빠짐없이 찾아내고 종류를 나누고 더 보태어 한 해를 지나서 완성하였다. 이에 구증(舊證)은 3백 38가지인데, 이제는 9백 59가지가 되고, 구방(舊方)은 2천 8백 3가지인데, 이제는 1만 7백 6가지가 되었으며, 또 침·쑥뜸법 1천 4백 76조와 향약 본초(鄕藥本草) 및 산지가공법을 붙여서 합해 85권을 만들어 올리니, 이름을 '향약집성방'이라 하였다.[17]

---

17 昔判門下臣權仲和嘗加採輯, 著《鄕藥簡易方》, 其後又與平壤伯 趙浚等, 命官藥局, 更考諸方, 又取東人修驗者, 分門類編, 鋟梓以行. 自是藥易求而病易治, 人皆便之. 然方書之出於

중국 책도 많이 참고하고 많은 연구 끝에 펴낸 책임을 밝혀 놓았다. 그래서 권채는 서문 말미에 세종의 의료 정책의 효용성을 "지금부터 이 책으로 인하여 약을 먹어 효력을 얻고, 앓는 사람이 일어나고 일찍 죽는 것이 변하여 수명을 얻고 무궁토록 화기(和氣)를 얻게 하는 것"으로 높이 평가하고 세종의 어진 마음과 어진 정치에서 나온 것이라고 칭송하고 있다.

백성들은 세종 임금이 의약으로 백성을 구제하는 일에까지 이와 같이 힘을 쓴다고 크게 기뻐하였다. 이 책으로 인하여 아픈 이가 약을 먹어 효력을 얻고, 앓는 사람이 일어나며 사람들이 일찍 죽지 않고 오래 살게 된 것이 임금의 마음과 어진 정치에서 나온 것이라 하나같이 말하였다.

세종은 이 책을 전라도와 강원도에 나누어 인쇄하도록 했는데 이는 최대한 많은 지역에 보급하기 위해서였다. 이렇게 이 책은 동네마다 응급조치 지침서가 되었다. 이 책에는 709종의 약재를 활용하고 있는데, 광물성이 109종, 동물성이 220종, 식물성이 374종이나 되었다. 참고로 당시 유럽에서는 식물성 약재만을 활용하던 때였다.

1433년 10월에 세종은 평안도, 함길도 감사에게 내린 교지에서 "백성들이 만약 질병에 걸리게 되면 약을 얻지 못하여서 목숨을 잃는 경우에 이르게 되니, 진실로 가엾고 민망하다. 그러므로 내가 널리 향약을 준비하여 그들의 목숨을 건져 주고자 한다.(如遇疾病, 不得藥餌, 以至殞命, 誠可憐悶, 思欲

中國者尚少, 藥名之異於中國者頗多, 故業其術者, 未免有不備之嘆. 恭惟我主上殿下, 特留宸慮, 命揀醫官, 每隨使如京, 廣求方書, 且因申奏, 就太醫院, 考正藥名之謬. 宣德辛亥秋, 乃命集賢殿直提學兪孝通, 典醫正盧重禮, 副正朴允德等, 更取鄕藥方編, 會諸書搜檢無遺, 分類增添, 歲餘而訖. 於是舊證三百三十八, 而今爲九百五十九, 舊方二千八百三, 而今爲一萬七千六. 且附以針灸法一千四百七十六條, 鄕藥本草及炮製法, 合爲八十五卷以進, 名曰《鄕藥集成方》-《세종실록》, 세종 15/1433/6/11.

廣備鄕藥, 以救其生. -《세종실록》, 세종 15/1433/10/12.)"라고 말하여, 우리나라에서 생산되는 약재로 치료를 하게 하고 이에 관련된 의서를 편찬하게 된 배경을 밝혔다.

《향약집성방》은 의서 편찬의 시작이었다. 1434년 3월 5일에 세종은 노중례에게 명하여 산모와 아기를 치료하는《태산요록(胎産要錄)》을 편찬하게 하고, 주자소(鑄字所)로 하여금 인쇄하여 반포하게 하였다. 상권에는 임산부가 태아를 어떻게 잘 길러야 하는지를 상세히 논하고, 하권에는 아이의 보호 육성법을 구체적으로 기록하게 했다. 이 책으로 인하여 많은 산모와 아기를 구할 수 있었다.

세종은 지방에 기존 의서를 보내거나 의사를 보내 치료하는 한편, 새로운 의서를 편찬하는데도 계속해서 총력을 기울였다. 이렇게 세종은 백성이 병약한 것에 대해 많은 관심을 가졌다. 백성의 질병을 치료하던 제생원(濟生院)과 활인원(活人院)의 운영에 깊은 관심을 가졌고, 기아와 고아 보호기능을 강화하기 위한 시설을 확충했다. 세종은 또한 의학의 발전과 유능한 의원을 양성하기 위해 의학교육과 의술 보급을 위해 많은 의서를 편찬하였다.

1442년에는 집현전의 김몽례, 유성원, 민보화 등이 의서의 기본 편찬을 끝낸 후, 김문, 신석조 등에게 다시 편찬하게 하고, 안평대군 용과 도승지 김사철 등에게 감수를 맡겨 완성하였다. 1445년에는 3년에 걸쳐 준비한 의학 백과사전이라고 할 수 있는《의방유취(醫方類聚)》가 완성되었다. 이때가 세종 27년이었고 세종이 운명하기 5년 전이었다. 그는 통치 내내 의서 편찬을 위해 힘을 기울였던 것이다.

3. 노비 부부에게 출산 휴가를 주다

질병 문제와 더불어 세종이 크게 바로잡은 것은 하층민의 복지 정책이었다. 세종 임금 이전에 산모는 출산 전에 한 달, 출산 후에는 7일이 주어져 모두 37일을 쉴 수 있었는데 아기를 낳고나서 7일 만에 다시 일을 하라는 것은 산모 상태로 보아 매우 위험한 일이었다. 세종은 세종 8년(1426) 4월 17일에 이 문제의 심각성을 깨닫고 여성의 출산 휴가 제도를 담당하고 있는 형조에 지시하기를, "관노비가 아이를 낳으면 휴가를 백 일 동안 주게 하고, 이를 일정한 규정으로 삼게 하라."라고 하였다.

그 후 1430년 10월 25일에 조선시대 국가의 법규, 법전을 제정하거나 정책과 제도를 마련하기 위해 설치한 임시기구인 상정소(詳定所)를 통해 관청에서 복무하는 여종이 출산 예정이 있는 한 달과 출산 후 백 일 충분히 몸조리할 수 있도록 휴가를 더욱 강화하였다. 이로부터 4년 뒤인 1434년 4월 26일에는 출산한 여종의 남편에게도 30일 휴가를 주었다.

> 여종들이 아이를 배어 출산에 임한 자와 산후 1백 일 안에 있는 자는 일을 시키지 말라 함은 일찍이 법으로 세웠으나, 그 남편에게는 전연 휴가를 주지 아니하고 그전대로 구실을 하게 하여 산모를 구호할 수 없게 되니, 한갓 부부가 서로를 돕는 뜻에 어긋날 뿐 아니라, 이 때문에 혹 목숨을 잃는 일까지 있어 진실로 가엾다 할 것이다. 이제부터는 여종인 아내가 아이를 낳으면 그 남편도 만 30일 뒤에 일을 하게 하라.[18]   — 세종 16/1434/4/26.

---

18 京外婢子孕兒臨産朔與産後百日內, 勿令役使, 已曾立法. 其夫全不給暇, 仍令役使, 不得救護, 非徒有乖於夫婦相救之意, 因此或致隕命, 誠爲可恤. 自今有役人之妻産兒, 則其夫滿三十日後役使. -《세종실록》, 세종 16/1434/4/26.

이렇게 세종은 관청에서 일하는 여성 노비의 출산 휴가를 100일 가량 늘렸을 뿐만 아니라 그 남편에게까지 출산 휴가를 주어 하층민의 복지 정책에도 힘을 쏟았다.

4. 사회 약자에 대한 배려

세종은 즉위년 지방 신료들에게 내린 교시에서 사회 약자에 대한 정책을 표방하였다.

> 홀아비, 과부, 고아, 늙어서 자식이 없는 사람과 노인질환자, 폐질환자 등은 정치에서 마땅히 불쌍히 여겨야 될 바이니, 안으로는 한성부(漢城府)의 5부(部)와 밖으로는 감사(監司)와 수령이 상세히 심문(審問)하여, 곡식 빌려주기와 흉년 구제하기를 우선 나누어 주어 그들의 처소를 잃지 말게 할 것이다. 더구나 지금 흉년을 만났으므로, 직업을 잃은 백성이 혹시 굶주림을 당할까 염려되니, 각 고을의 수령이 만약 진휼할 때를 놓쳐 일반 백성들이 굶어서 구렁에 죽어 있다면, 반드시 잘못을 꾸짖고 형벌을 행할 것이다. 가난하여 아무 것도 없는 집에서 시집보낼 나이가 이미 지났는데도 시집보내지 못한 사람과, 장사지낼 날짜가 이미 지났는데도 매장하지 못한 사람은 실로 불쌍하니, 감사와 수령이 관서 사재와 양식을 주어 비용을 보조하여, 때를 놓치지 말게 할 것이다. 혹시 부모가 다 죽었는데, 동복 형제(同腹兄弟)와 일족(一族)이 노비와 재산을 다 차지할 욕심으로 혼가(婚嫁)를 시키지 않는 자는 엄중히 처벌할 것이다.[19]
> — 세종 즉위년/1418/11/3.

---

19 鰥寡孤獨, 疲癃殘疾, 王政所當哀矜. 內而漢城府五部, 外而監司守令, 詳加審問, 還上賑濟, 爲先分給, [國俗, 義倉所貸, 謂之還上.] 毋致失所. 且今適值凶歉, 慮恐失業之民, 或值飢饉. 各官守令, 如有失於賑濟, 匹夫匹婦, 餓莩(講)[溝]壑, 定行責罰. 貧乏之家, 有嫁

세종의 이런 약자 정책은 나이 많은 사람을 존경해야 효도에 대한 풍속이 두터워진다고 한 다음 기사에서 잘 드러내고 있다.

어르신들을 공경하는 예(禮)가 내려온 지 오래다. 예전 제왕들이 혹은 친히 연락(宴樂)에 나아가 존경하는 뜻을 보이고, 혹은 아들이나 손자에게 부역을 면제하여 공양하는 일을 이루게 하였다. 내가 백성의 위에 있으므로 이 늙은 이들을 돌아보아 이미 중외(中外)로 하여금 향례(饗禮)를 거행하게 하고, 또 자손의 부역을 면제하였으니, 거의 선왕의 제도를 따른 것이나, 그러나, 한갓 혜양(惠養)의 이름만 있고 우대하고 존숭하는 실상은 나타나지 못하였다. 고전(古典)을 상고하니, 당 현종(唐玄宗)이 나이 많은 남녀에게 봉작(封爵)을 제수하였고, 송(宋) 태종(太宗)이 작(爵) 1급(級)을 주었으니, 어르신들을 우대하고 높인 법을 소연하게 상고할 수 있다. 지금 나이 90세 이상 평민에게는 8품을 주고, 원직(元職)이 9품 이상인 사람에게는 각각 1급을 올려 주고, 백 세 이상은 백신으로부터 원직이 8품인 사람에게까지는 6품을 주고, 원직이 7품인 사람에게는 각각 1급씩을 뛰어올려 주되 모두 3품을 한계로 하여 그치고, 부인(婦人)의 봉작은 여기에 준한다. 천민들은 90세 이상의 남녀는 각각 쌀 2석을 내려 주고, 백 세 이상인 남녀는 모두 천인을 면하여 주고, 인하여 남자에게는 7품을 주고, 여자에게는 봉작(封爵)하여 늙은이를 늙은이로 여기는 어짊을 베푸는도다. 슬프다. 고년(高年)을 존경하고 나이를 높이어 효제(孝悌)의 풍속을 두터이 하고, 업(業)을 즐기고 생(生)을 편안히 하여 함께 인수(仁壽)의 지경에 오르는도다. 너희 예조는 나의 지극한 생각을 본받아서 중외에 효유(曉諭)하라.   - 세종 17/1435/6/21.

年已過, 而不能婚嫁者, 有葬期已盡, 而不能埋葬者, 誠可哀悶. 監司守令官給資糧, 以助支費, 毋致失時. 或父母歿而同産一族, 利於全執奴婢財産, 不肯婚嫁者, 痛行科罪. -《세종실록》, 세종 즉위년/1418/11/24.

세종은 나라가 아무리 궁핍해도 노인에 대한 복지는 줄이지 말도록 했다. 세종 18년인 1436년은 각종 자연 재해로 나라 재정이 고갈될 정도였다. 궁여지책으로 고위직 관리부터 3개월마다 지급하는 녹봉(3개월치 월급)을 줄이게 한다. 급기야 7월 27일에는 강원도 감사가 경비가 부족한 이유로 백 세 된 노인 김 씨에게 주는 식량에서 쌀 5섬(열 가마)을 줄이자고 했다. 이에 세종은 "백 세가 된 노인은 세상에 항상 있지 않으니 의리상 마땅히 후하게 구휼하여야 될 것이다. 전에 주던 수량대로 10섬을 주게 하라.(1436년 음력 7월 27일)"고 하였다.

세종의 이런 정책 의지에 힘입어 예조에서도 앞장서 장애인에 대한 배려 정책 건의를 하기도 했다. 관현악기를 다루는 시각장애인 중 천민인 자도 재주를 시험하여 채용하라고 한 것이다.

> 예조에서 아뢰기를, "관습도감에서 관현악기를 다루는 맹인은 재주를 시험하여 직책을 받도록 이미 일찍이 입법되어 있으나, 그 중 천민 신분에 관계된 자는 재주를 시험하여 직책을 받지 못하니, 각 방면의 장인에게 직업을 주는 예에 따라, 18품계 이외의 잡직에 재주를 시험하여 특별 임용하게 하소서." 하니, 그대로 따랐다.[20]
> – 세종 16/1434/11/24.

이 다음에 예조는 아이들에게는 겨울철에 먹을 것을 넉넉히 주고, 제생원에서 항상 관찰하게 하게 하는 정책을 건의하여 시행하기에 이른다.

---

[20] 禮曹啓: "慣習都監管絃盲人, 試才受職, 已曾立法. 然其中干係賤口者, 不得試才受職, 依諸色匠人賤口受職例, 於流品外雜職, 試才敍用." 從之. –《세종실록》, 세종 16/1434/11/24.

"서울 안 5부에서 미아가 된 어린아이를 모두 본원(本院)으로 보내어 보호 양육하는데, 다만 본원에 방이 없음으로 인하여 모아서 양육하지 못하고 여성 노비에게 나누어 주어서 기르게 하고 검찰하오나, 그 여성노비들이 모두가 한결같은 마음이 없고 군색한 사람들이어서 비록 친자식일지라도 보호할 수 없거늘, 하물며 유실된 아이를 어찌 마음을 두어 구호하려 하겠습니까. 이 때문에 날마다 야위고 파리하여지니 실로 가여운 일입니다. 원(院) 옆에다 집 3간을 지어서 한 간은 온돌, 한 간은 서늘한 방, 한 간은 밥 짓는 곳으로 하여, 원(院)의 노·비 각각 한 명과 양민과 천인 중에서 떳떳한 마음이 있고 자원하는 사람으로 하여금 구호하게 하고, 그 옷과 요(料)는 시체를 묻는 스님에게 예를 갖춰 주도록 하며, 어린아이들의 겨울철의 덮개와 소금·장(醬)·진어(陳魚)·젓갈·미역 등의 물건도 모두 넉넉히 주고, 또 원관(院官)과 제조(提調)로 하여금 항상 검찰하게 하소서."하니, 그대로 따랐다.[21]   – 세종 17/1435/6/22.

두 정책 모두 예조에서 건의한 것을 세종이 그대로 따른 것이다. 세종의 민본주의 정치 신념이 제도와 시스템으로 자리 잡았음을 보여준다. 임금의 일방적 지시에 의한 것이 아니라 관청 스스로 그런 정책을 입안하고 재가를 받고 있기 때문이다.

---

21 禮曹據濟生院呈: "京中五部遺失孩兒, 皆送本院護養, 但因本院無房屋, 不能聚會養育, 分付婢子以養而檢察之, 其婢子等, 率皆無恒心. 艱窘之人, 雖其親子, 不能保護, 況遺失兒童, 豈肯留心救護哉? 以故日就羸瘦, 實爲可惜. 可於院傍造家三間, 一間溫堗, 一間涼房, 一間炊飯, 令院奴婢各一名及良賤中有恒心自願人救護, 其衣料, 依埋骨僧例給之. 孩兒等冬節銀蓋鹽醬陳魚醢藿等物, 亦皆優給. 又令院官及提調常加檢察." 從之. -《세종실록》, 세종 17/1435/6/22.

5. 죄인도 병으로 죽게 해서는 안 된다. 삼복제도와 《신주무원록》

1444년 2월 20일에 최만리 등이 올린 갑자 상소문에는 세종의 말을 다음과 같이 인용하고 있다.

> "사형 집행에 대한 법 판결문을 이두문자로 쓴다면, 글의 뜻을 알지 못하는 백성이 한 글자의 착오로도 원통함을 당할 수도 있으나, 이제 그 말을 언문(훈민정음)으로 직접 써서 읽거나 정확히 듣게 하면, 비록 지극히 어리석은 사람일지라도 모두 다 쉽게 알아들어서 억울함을 품을 자가 없을 것이다."[22]
>
> — 세종 26/1444/2/20.

실제로 가장 중요한 훈민정음 창제의 핵심 동기가 바로 이러한 소통 문제를 해결하기 위해서였다. 세종은 자신이 직접 쓴 《훈민정음》(해례본) 서문에서 그런 점을 밝히기도 했다. "우리나라 말이 중국과 달라 한자와는 서로 통하지 않으므로 어리석은 백성이 말하고자 하는 바가 있어도 끝내 제 뜻을 펴지 못하는 사람이 많으니라."라고 하였는데 바로 재판 과정에서 한자 사용으로 인한 불소통 문제를 정곡으로 찌른 것이다.

통치자가 죄인과 관련된 문서나 판결문에 쓰인 문자까지 고민하고 배려한 사례는 세계사적으로도 없는 일이다. 죄는 미워하되 사람은 미워하지 말라고 했다. 설령 죄인이라 하더라도 죄인의 인권을 존중할 필요가 있다. 하물며 죄인이 아닌데도 죄인으로 몰리는 억울함을 당하는 일은 절대 있

---

22 若曰如刑殺獄辭, 以吏讀文字書之, 則不知文理之愚民, 一字之差, 容或致冤. —《세종실록》, 세종 26/1444/2/20.

어서는 안 된다. 그런데 요즘도 이런 일이 많은데 15세기는 더욱 심했을 것이다.

세종 시대의 위대함은 관청이나 신하들도 세종과 같은 생각을 가진 이들이 많았던데 있다. 이런 일도 있었다. 세종 7년(1425) 3월 24일에 죄인을 가두고 벌주는 일을 담당하는 형조에서 이렇게 세종 임금께 아뢰었다.

"각 고을 감옥에 수감되어 있는 사람들이 수사를 마치기도 전에 죽는 자가 있으니, 이것은 필시 죄 지은 사람이라 하여 병들거나 굶주려도 전혀 구호하지 않고 내버려 두어서 죽음에 이르게 한 것입니다. 이는 죄수에 대하여 신중히 심의하라고 하신 전하의 뜻에 어긋난 것입니다.

또 수사할 때 부질없는 형을 가하여 죽게 하는 수사관도 더러 있습니다. 비록 정말 죽을죄를 지은 자라 할지라도 재판도 끝나기 전에 옥중에서 죽는 것은 진실로 타당하지 않은 일이오니, 이제부터는 옥에 구류된 죄수로서 병을 얻은 자가 있으면, 사람을 보내어 성의껏 치료하여 죽는 일이 없도록 하며, 또 과도한 형을 가하지 못하도록 하고, 이를 어기는 자는 감사가 적발하여 엄히 문책하소서."23
— 세종 7/1425/3/24.

형조 고급 관리들조차 이렇게 죄수의 인권 문제를 신중하게 다루게 된 것은 세종이 이렇게 말했기 때문이다.

"감옥이란 것은 죄 있는 사람을 징계하자는 것이지 본의가 사람을 죽게 하

---

23 外方各道各官囚人, 推考未畢, 或有致死者. 此必以爲犯罪之人, 或得病或飢饉, 全不救護, 使至於死, 已違欽恤之意. 且於推考時, 枉刑致死者, 亦或有之. 雖眞死罪, _獄事不成, 在獄而死, 誠爲未便. 自今如有獄囚得病者, 差人專心救療, 毋令致死, 且不得枉刑. 違者, 監司糾擧, 移文本曹. -《세종실록》, 세종 7/1425/3/24.

자는 것이 아니거늘, 옥을 맡은 관원이 마음을 써서 살피지 아니하고 심한 추위와 찌는 더위에 사람을 가두어 두어 질병에 걸리게 하고, 혹은 얼거나 주려서 비명에 죽게 하는 일이 없지 아니하니, 진실로 가련하고 민망한 일이다.

중앙과 지방의 관리들은 나의 지극한 뜻을 본받아 항상 몸소 상고하고 살피며 옥내를 수리하고 쓸어서 늘 정결하게 할 것이요, 병 있는 죄수는 약을 주어 구호하고 치료할 것이며, 옥바라지할 사람이 없는 자에게는 관에서 옷과 먹을 것을 주어 구호하게 하라. 그 중에 마음을 써서 거행하지 않는 자는 서울 안에서는 사헌부에서, 지방에서는 감사가 엄격히 규찰하여 다스리게 하라."[24]

– 세종 7/1425/5/1.

이렇게 감옥의 환경과 내부 관리까지 섬세하게 살피고 옥바라지를 못받는 죄수까지 배려하는 정책을 폈기에 억울한 죄인을 줄일 수 있었다. 일벌백계만이 능사가 아님을 세종은 잘 알고 있었던 듯하다.

세종은 법 집행에 대해서는 다음과 같이 말했다.

형이란 진실로 성현도 조심하는 바라, 올리고 내리는 적용에서 조금의 차이라도 더욱 정상을 살펴야 할 것인데 지금 법을 맡은 관리가 형을 적용할 때에 대개 무거운 법을 적용하니, 내 심히 딱하게 여기노라. 죄가 가벼운 듯도 하고 무거운 듯도 하여 의심스러워서, 실정이 이렇게도 저렇게도 할 수 있는 경우면 가벼운 법을 따르는 것이 마땅하고, 만약 실정이 무거운 편에 가까운 것이면 아무쪼록 법에 알맞도록 하라.《서경(書經)》이란 중국 경전에 '조심하고 조심하라. 형을 시행함에 조심하라.' 한 말은 내 항상 잊지 못하는 바이며, 이대로

---

[24] 獄者, 所以懲有罪, 本非致人於死. 司獄官不能用心考察, 囚人於祈寒盛暑, 或罹疾病, 或因凍餓, 不無非命致死, 誠可憐憫. 中外官吏, 體予至意, 無時身親考察, 修掃囹圄, 常令潔淨, 疾病罪囚, 施藥救療, 無養獄者, 官給衣糧救護. 其中不用心奉行者, 京中憲府, 外方監司嚴加糾理. –《세종실록》, 세종 7/1425/5/1.

해야 나라가 오래 태평할 것이다. 수사나 재판을 맡은 관리들은 깊이 유념할 것이며, 형조에서는 이 점을 널리 알리도록 하라.[25] - 세종 7/1425/7/19.

세종이 서경에서 인용한 "조심하고 또 조심하라."는 말이 억울한 죄인을 막고자 하는 세종의 민본주의에 의한 형 집행 정책과 의지를 잘 드러낸다. 오늘날도 억울한 죄인을 막기 위해 지방법원, 고등법원, 대법원으로 설정된 삼심 제도를 시행하고 있는데 이런 제도 역시 세종 시대에도 있었던 것이다.

세종 3년인 1421년 12월 22일에 세종은 "무릇 사형 죄를 세 차례 거듭 조사해서 아뢰게 하는 것은, 사람의 목숨을 소중히 여겨, 혹시 착오가 있을까 염려하는 까닭이다. 지금 형조에서 두 차례 거듭 조사하고 세 차례 거듭 조사할 때에, 다시 최초 판결을 상고하지 않으니, 법을 마련한 본뜻에 어긋남이 있다."[26]라고 하면서 사형수 판결을 신중하게 할 것을 거듭 당부하고 있다.

이것이 바로 그 당시 삼심 제도인 삼복법이다. 이렇게 '죄인도 사람이다. 더 중요한 것은 억울한 죄인이 생기지 않게 하라.'는 세종의 의지가 조선의 최고법전인《경국대전》에도 반영되었다. 세종은 또한 인체의 중요한 부분을 치는 고문을 엄금하였고, 법의학서인《신주무원록(新註無冤

---

25 夫刑, 固聖賢之所愼, 而上下比附毫釐之際, 尤所當恤, 今之法吏, 於比附之際, 率從重典, 予甚憫焉. 罪之疑於輕, 疑於重, 情理相等者, 則當從輕典, 若其情理近於重者, 務合於法.《書》曰: '欽哉欽哉, 恤刑之欽哉!' 予所服膺. 又曰: '式敬爾由獄, 以長我王國.' 攸司其念之. 惟爾刑曹, 曉諭中外. -《세종실록》, 세종 7/1425/7/19.

26 凡死罪三覆啓者, 以重人命, 恐或差誤也. 今刑曹二覆三覆時, 更不考元券, 有違立法之意. 自今二三覆啓時, 元券備細相考定議, 然後啓聞, 以爲恒式 -《세종실록》, 세종 3/1421/12/22.

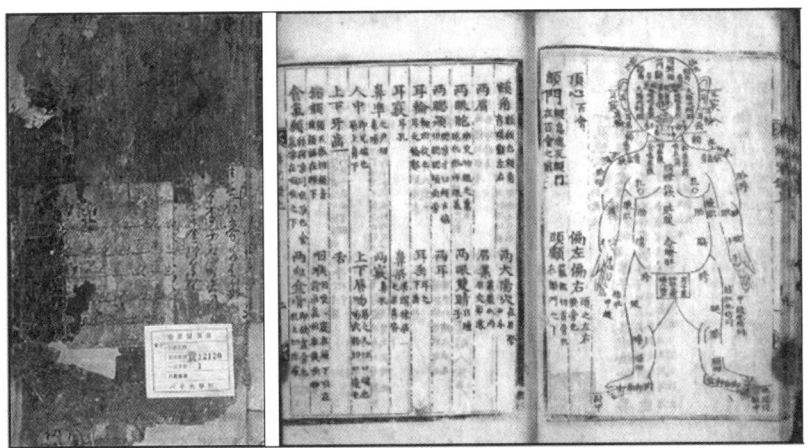

[사진 19] 세종 20년(1438) 최치운(崔致雲) 등이 펴낸 법의학서 《신주무원록(新註無寃錄)》

錄)》(1438년)을 펴내 과학적인 수사를 하게 하였다. 《신주무원록》을 대표 집필한 최만리는 발문에서 이렇게 적고 있다.

"《신주무원록》이 책이 원래 원나라에서 만들어진 것이지만 이제 조선에서 자세히 해설하여 내용이 명백해졌다. 형옥을 다스리는 자들이 진심을 다해 이에 근거하여 부검하고 검증한다면 거의 적중하고 백성들이 원통함이 없게 할 수 있을 것이다. 이로써 임금이 백성을 사랑하고 형륙을 신중하게 하려는 임금의 뜻에 부합할 수 있는 것이다."[27]   — 최만리 발문

《신주무원록》에는 시체를 검안하는 방식부터 시체를 씻기고 의복 등

---

27 是書編輯於皇元, 至我朝而註解詳明白. 自令典獄者, 各盡乃心, 據此檢驗, 咸庶中正, 俾民無寃, 以副 聖上恤民謹刑之意 – 왕여 지음/최치운 외 주석/김호 옮김(2003), 『신주무원록』, 사계절, 560~561쪽.

으로 덮는 방법 등 수십 가지의 사체 검시를 중심으로 한 극악 범죄 관련 내용을 자세히 밝히고 있다. 섬세한 신체 용어와 정밀한 의학 용어가 빼곡한 책으로 18세기에는 한글로 번역되어 수사와 재판에 더욱 크게 이바지한 책이다.

재판이나 죄인 다루는 형률 문제에 대한 세종의 섬세한 배려와 정책은 감옥 정비부터 관련 책 출판까지 철저히 이루어졌고 그런 탓에 세종 당대에는 공평한 재판 기강이 바로잡히게 되었다.

6. 맺음말

지금까지 세종의 복지 정책을 살펴보았다. 질병 문제를 해결하기 위한 의서 편찬, 관노비 부부에게 출산 휴가를 주는 정책, 사회 약자에 대한 전방위적 배려, 죄인의 인권까지 세심하게 고려한 형사 사법 제도 등 세종은 끊임없이 낮은 곳을 향한 정치를 실천했다. 이는 단순한 시혜적 복지가 아닌, 제도적이고 체계적인 복지 시스템 구축을 통해 백성들의 삶의 질을 근본적으로 향상시키고자 한 노력이었다.

세종의 복지 정책이 더욱 놀라운 것은 그것이 15세기라는 시대적 배경 속에서 이루어졌다는 점이다. 당시 세계 어느 나라에서도, 여성 노비의 출산 휴가를 100일로 늘리고 그 남편에게도 출산 휴가를 부여하는 정책을 시행한 사례는 찾아보기 어렵다. 또한 형벌의 집행에 있어서도 "조심하고 또 조심하라"는 원칙을 세워 억울한 죄인이 생기지 않도록 삼복제도를 확립하고, 나아가 과학적 수사를 위한 법의학서인 《신주무원록》을 편찬한 것은 당대로서는 획기적인 일이었다.

세종의 이러한 복지 정책은 그의 통치 이념이 철저하게 백성 중심의 민본(民本) 사상에 기반했음을 보여준다. 그는 백성들의 고통과 불편을 자신의 것으로 여기고, 그들의 삶을 개선하기 위해 끊임없이 고민하고 실천했다. 더욱 중요한 것은 그의 이러한 정신이 단순히 개인적 차원에 머물지 않고, 예조와 같은 관청에서도 자발적으로 사회 약자를 위한 정책을 입안하는 등 정부 시스템 전반에 깊이 뿌리내렸다는 점이다.

오늘날 우리 사회가 복지국가를 지향하며 다양한 복지 정책을 모색하는 시점에서, 세종의 복지 정책은 여전히 유효한 가치와 교훈을 제공한다. 가장 낮은 곳에 있는 사람들, 사회적 약자들의 삶을 개선하는 것이 진정한 통치의 목적임을 보여준 세종의 철학은, 오늘날 우리 사회가 지향해야 할 방향을 명확히 제시하고 있다. 끝없이 낮은 데로 향했던 세종의 복지 정책은, 600여 년이 지난 오늘날에도 여전히 우리에게 깊은 울림을 주고 있다.

세종의 민본과학의 꽃, 앙부일구

1. 머리말

조선 세종 시대는 과학기술의 황금기로 평가받는다. 그중에서도 앙부일구(仰釜日晷)는 세종 임금이 추구한 민본과학의 정신을 가장 잘 보여주는 발명품이다. 1434년, 세종은 장영실, 이순지 등과 함께 일반 백성들과 어린이들도 쉽게 시간을 알 수 있는 오목한 형태의 해시계를 발명했다. 이 시계는 단순히 시간만 알려주는 것이 아니라, 24절기와 방위까지 알 수 있도록 설계되었다.

앙부일구의 가장 큰 특징은 한자를 모르는 백성들도 이해할 수 있도록 시간을 동물 모양의 시간신(時神)으로 표시했다는 점이다. 또한 누구나 쉽게 볼 수 있도록 종로 혜정교와 종묘 앞 등 공공장소에 설치하여, 시간 정보를 왕실의 독점물이 아닌 공공재로 만들었다. 이는 당시로서는 혁명적인 발상이었다.

그러나 오늘날 우리는 이러한 앙부일구의 진정한 가치와 의미를 제대로 살리지 못하고 있다. 임진왜란 이후 여러 차례 복원된 앙부일구들은 대부분 세종 시대의 민본 정신을 담은 동물시간신을 표시하지 않고 있다. 서울 광화문 광장, 덕수궁, 여주 영릉 등 여러 곳에 전시된 앙부일구들은 원래의 모습과 다르게 복원되어 있다.

이 글에서는 앙부일구의 역사적 의미와 과학적 원리, 그리고 현존하는 복원품들의 문제점을 살펴보고자 한다. 또한 앙부일구의 제대로 된 복원을 통해 세종 시대의 민본과학 정신을 되살리는 방안을 모색해 본다.

2. 백성들 스스로 시간을 알게 하라

세종 16년(1434) 10월 2일자 실록은 앙부일구 기록을 이렇게 전하고 있다.

처음으로 앙부일구를 종로 혜정교와 종묘 앞에 설치하여 해그림자를 관측하였다. 집현전 직제학 김돈이 이를 기념하여 짓기를,
"모든 시설에 시각보다 큰 것이 없는데, 밤에는 경루(물시계)가 있으나 낮에는 알기 어렵다. 구리로 부어서 그릇을 만들었으니 모양이 가마솥과 같고, 지름에는 둥근 톱니를 설치하였으니 자방(이십사방위의 하나)과 오방(이십사방위의 하나)이 서로 마주보고 있다. 구멍이 꺾이는 데 따라서 도니 겨자씨를 점찍은 듯하고, 도수를 안에 그었으니 천체 바퀴의 반이요, 동물시신의 몸을 그렸으니 어리석은 백성을 위한 것이요, 각(15분 정도)과 분(오늘날의 분)이 아주 뚜렷하니 해에 비쳐 밝은 것이요, 길옆에 설치한 것은 보는 사람이 모이기 때문이다. 지금부터 시작하여 백성들이 만들 줄을 알 것이나."[28]

'앙부일구(仰釜日晷)'는 '앙부일영', '앙부일귀', '가마시계' 등으로 불렸는데 지금말로 하면 오목해시계다. 세종큰임금이 훈민정음을 창제하기 9년

---

[28] 凡所設施, 莫大時也. 夜有更漏, 晝難知也. 鑄銅爲器, 形似釜也. 經設圓距, 子對午也. 竅隨拗回, 點芥然也. 畫度於內, 半周天也. 圖畫神身, 爲愚氓也. 刻分昭昭, 透日明也. 置于路傍, 觀者聚也. 自今伊始, 民知作也. -《세종실록》, 세종 16/1434/10/2.

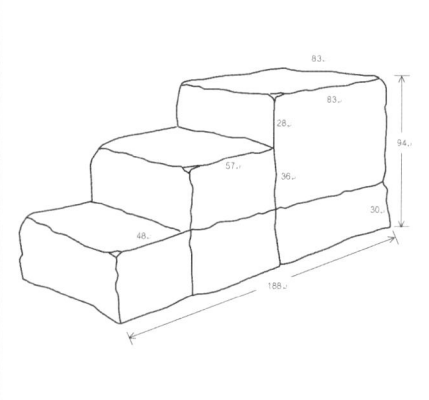

| [사진 20] 실제 일구대와 앙부일구 모조품을 만든 어린이 | [그림 9] 표준연구소 측정(단위 cm) * 한국표준연구소(1986), 「측정표준 사료 복원 -앙부일구(仰俯日晷)」, 과학기술처. |

전(1434) 세종은 장영실, 이순지 등과 함께 하층민과 어린이를 배려한 해시계를 만들었는데 한자 모르는 백성들을 위해 동물신(동물 모양을 한 신)으로 시각을 표시했다는 것이다. 거기다가 혜정교와 종묘에 설치해 누구나 보게 했다. 이때 설치한 돌(일구대)이 종묘에 남아 있는데 높이가 94cm에 2단 계단 위에 설치되어 있어 다섯 살 꼬마도 능히 볼 수 있게 만들었음을 알 수 있다.

더욱이 앙부일구가 발명된 이해는 한자 모르는 백성을 배려하여 만화를 곁들인《삼강행실도》를 펴낸 해이기도 하다. 이 책을 펴내면서 세종은 "다만 백성들이 문자를 알지 못하여 책을 비록 나누어 주었을지라도, 남이 가르쳐 주지 아니하면 역시 어찌 그 뜻을 알아서 감동하고 착한 마음을 일으킬 수 있으리오.(세종 16/1434/4/27.)"[29]라고 했던 것이다.

왕조시대에 시간을 알려주는 것은 임금의 특권이었지만 세종은 한 발

더 나아가 백성 스스로 시간을 알게 한 것이다. 그것도 양반뿐만 아니라 일반 백성과 어린이까지 알게 하였다. 만백성이 시간의 주체가 되게 한 놀라운 과학 혁명이었다. 이런 취지가 세종의 지시로 이순지가 펴낸 《제가역상집》(1445) 발문 기록(《세종실록》에 재수록)에도 실렸다.

"제왕의 정치는 역법(하늘의 이치를 담은 책)과 천문으로 때를 맞추는 것보다 더 큰 것이 없는데, 우리나라 일관(천체변화를 살피는 사람)들이 그 방법에 소홀하게 된 지가 오래인지라, 계축년(1433) 가을에 우리 전하께서 거룩하신 생각으로 모든 의상(천체를 관측하는 각종 기구)과 해시계며, 천문과 역법의 책을 연구하지 않은 것이 없어서, 모두 극히 정묘하고 치밀하시었다. 의상에는 이른바 대소 간의(혼천의를 개량한 것)·일성정시의·혼의 및 혼상(일종의 천구의)이 있고, 구루에는 이른바 천평일구·현주일구·정남일구·앙부일구·대소 규표 및 흠경각루·보루각루와 행루들이 있는데, 천문에는 칠정(목화토금수일월)에 법받아 온 나라의 관아에 별의 자리를 배열하여, 들어가는 별의 북극에 대한 몇 도(15분) 몇 분을 다 측정하게 하고, 또 고금의 천문도를 가지고 같고 다름을 참고하여서 측정하여 바른 것을 취하게 하고, 그 28수의 도수·분수와 12차서의 별의 도수를 일체로 《수시력(授時曆)》에 따라 수정해 고쳐서 석본(石本)으로 간행하고, 역법에는 《대명력(大明曆)》·《수시력》·《회회력(回回曆)》과 《통궤(通軌)》·《통경(通徑)》여러 책에 본받아 모두 비교하여 교정하고, 또 《칠정산내외편(七政算內外篇)》을 편찬하였는데, 그래도 오히려 미진해서 또 신에게 명하시어, 천문·역법·의상·구루에 관한 글이 여러 전기(傳記)에 섞여 나온 것들을 찾아내어서, 중복된 것은 깎고 긴요한 것을 취하여 부문을 나누어 한데 모아서 1질 되게 만들어서 열람하기에 편하게 하였으니, 진실

---

29 第以民庶不識文字, 書雖頒降, 人不訓示, 則又安能知其義而興起乎? -《세종실록》, 세종 16/1434/4/27.

로 이 책에 따라 이치를 연구하여 보면 생각보다 얻음이 많을 것이며, 더욱이 전하께서 하늘을 공경하고 백성에게 힘쓰시는 정사가 극치에 이르지 않은 것이 없음을 볼 수 있을 것이다" 하였다.[30]   – 세종 27/1445/3/30.

매우 뛰어난 해시계는 세계 도처에 많지만 이렇게 오목하게 설계되고 시간뿐만 아니라 절기와 방위까지 알 수 있는 건 세계 최초의 전무후무한 시계인 셈이다. 핵심 설계자는 장영실로 그는 노비 출신임에도 세종의 배려에 의해 1421년 명나라로 유학까지 다녀왔고 세종이 추구한 과학 정책의 꽃을 피웠다.

이 앙부일구는 임진왜란 때 없어져 그 뒤에 여러 차례 수많은 복원품과 모조품이 만들어졌고 여기저기 전시되어 있다. 그런데 조선시대 임진란 뒤에 복원된 두 개의 앙부일구(18세기 전반으로 추정, 보물 845호, 덕수궁 궁중유물 전시관)에서 동물시간신과 같은 세종 정신을 구현하지 않았고, 후손들도 그러한 잘못을 되풀이하고 있다. 18세기는 훈민정음이 널리 퍼진 시기이므로 한글 표기를 해야 적절하지만 그조차도 하지 않고 중국 사람들도 못 읽는 한자로만 표기한 것이다.

앙부일구의 핵심 장치 기호인 동물시간신 표시가 제대로 된 것은 탑골

---

[30] 帝王之政, 莫大於曆象授時也, 而吾東國日官之疎於其術久矣. 宣德癸丑秋, 我殿下發於宸衷, 凡諸儀象晷漏之器, 天文曆法之書, 靡不講究, 皆極精緻. 在儀象則日大·小簡儀, 日星定時儀, 渾儀及渾象也; 在晷漏則日天平日晷, 懸珠日晷, 定南日晷, 仰釜日晷, 大小圭表及欽敬閣漏, 報漏閣漏, 行漏也; 天文則於七政列舍, 中外官入宿去極度分, 皆測之, 又將古今天文圖, 參別同異, 測定取正, 而其二十八宿度分及十二次宿度, 一依《授時曆》修改, 以刊石本矣; 曆法則於《大明曆》,《回回曆》,《通軌》,《通徑》諸書, 竝加讎校, 且撰《七政算》內外篇矣. 然猶未也, 又命臣搜索, 其天文曆法儀象晷漏書之雜出於傳記者, 刪其重複, 取其切要, 分門類聚, 作爲一帙, 以便觀覽. 苟因是書而究其理, 則思過半矣, 尤以見殿下敬天勤民之政, 無所不用其極也. –《세종실록》, 세종 27/1445/3/30.

공원 앞에 있던 것(지금은 없음)과 표준연구소에서 1986년에 만든 복원품이 유일하다. 다만 이들은 받침돌을 제대로 복원하지 않아 반쪽 복원품이 되었다. 앙부일구는 받침대가 중요한데, 이것까지 완벽하게 복원한 곳은 한 군데도 없다. 세종대왕 동상 앞, 덕수궁, 창덕궁, 경복궁 사정전 앞, 세종이야기, 여주 영릉, 장영실 과학동산 등에 있는 앙부일구는 동물시간신 그림조차 없다.

더욱 심각한 것은 이런 잘못된 복원품이 초등학생 과학 교육으로 이어지고 있다. 앙부일구 관련 유튜브 공개 강의와 장영실 관련 교과 내용에도 이런 점은 언급되지 않았다. 더욱이 아이들 실습용 종이 모조품이 대부분 잘못된 복원품을 모델로 만들어졌다.

[표 3] 현존 앙부일구 비교표

차례	소장처	내경/외경 (mm)	새김돌 표시 위도	시기	비고
1	창덕궁	275/352	漢陽北極高三十七度三十分	1654~1713	보물 845호 "가"
2	창덕궁	/243	漢陽北極高三十七度三十九分十五秒	18세기 전반	보물 845호 "나"
3	고려대학교 박물관	/280	北極高度三十七度三十九分十五秒	조선 후기	
4	성신여자대학교 박물관	187/242	北極高三十七度十九分十五秒	조선 후기	
5	세종대왕 기념관	187/243	北極高三十七度三十九分十五秒	1899년 8월	강건제작 수준기 없음
6	중앙기상대 정원	/200	漢陽北極出地三十七度三十九分十五秒	조선 후기	

3. 앙부일구의 전체 짜임새

앙부일구는 오목한 내부와 위의 테두리 원형 틀로 이루어져 있다. 영침이 붙어 있는 위에 시계 이름이 해서체로 쓰여 있다. 오목한 안쪽에 시각선 7개와 절기선 13개로 설계됐다. 절기 명칭은 한자로 표기되었고 시각 표시는 동물시간신으로 표시했다. 또한 시계 맨 바깥 원에는 24방위가 한자로 표시되어 있다. 24방위 가운데는 '자', '묘', '오', '유' 밑에 더 작은 글씨로 '북', '동', '남', '서'가 표시되어 있다. 방위 선 안쪽에는 절기가 표시되어 있다.

앙부일구는 시간을 정확히 측정해야 하는 시계인 만큼 정확한 기준을 잡는 장치가 필요한데 그것이 두 가지다. 하나는 영침이 북극을 향하게 하는 것이다. 그래서 앙부일구가 설치된 곳마다 시계에는 북극 위도를 기록해 놓았다. 시각 기준을 알리는 관측 위도가 "북극출지 삼십팔도소여(北極出地 三十八度小與)"라고 쓰여 있는 것은 북극의 위도 38도쯤을 기준으로 삼는다는 뜻이다. 이보다 먼저 나온 보물에는 "한양북극고도 삼십칠도 이십분(漢陽北極高度三十七度二十分)"이라고 지역 명칭까지 밝히고 있다. 정확한 시간을 재려면 해시계 설치 장소의 정확한 관측지의 위도 설정이 중요하다. 그래서 세종은 서운관이라는 관청을 통해 정확한 북극고도를 측정하였고 이를 바탕으로 앙부일구를 제작하였다. 지금은 그리니치 천문대에 의한 동경 124도의 국제 표준에 따라 우리 시계의 표준을 잡지만 15세기에는 당연히 우리나라 하늘, 곧 북극성이 표준이었다.

또 하나 기준은 시계가 일정한 방향을 향할 수 있도록 수평으로 유지시켜 주는 장치이다. 이를 위해 앙부일구 밑에 동서남북 네 개의 홈에 물을 부어 넣어 수평을 유지하는가를 살폈다. 지금도 우리는 사물의 가치나 질 따위의 기준이 되는 일정한 표준이나 정도를 '수준(水準)'이라 하는데 바로 물로써 기준을 정하는 장치에서 유래한 것이다. 이런 장치와 동물시간신으로 시각 표시를 하지 않은 것은 세종대 앙부일구 복원품이 아니고 디자인 차원의 조형물인 모조품이거나 잘못 복원된 것이다.

세종 때의 앙부일구 크기에 관한 기록은 남아 있지 않다. 다만 그 받침돌이 남아 있으므로 대략 크기를 추정할 수 있다. 표준 연구소에서 추정 복원 치수는 다음과 같다.

[표 4] 복원 앙부일구 치수 환산표

(단위: mm)

부문별		보물 845호 "가"형	복원일구
시반	외경	352	600
	내경	275	470
다리		151.5	255
높이		180	307
수준기	길이	367.5	628
	폭	36	62
	높이	21.5	37
수준기 홈	길이	270.5	462
	폭	29	50
	깊이	14.5	25
수준기 양끝 고정구멍		357	610
영침	높이	137.5	235
	고리직경	42.5	72

4. 앙부일구 시각 읽기

앙부일구는 영침이 가리키는 그림자로 측정하게 되어 있으므로 세로선이 시각선이고 가로선이 절기선이다. 15세기는 시각법은 밤 시각법과 하루 시각법으로 이원화되어 있다. 이중 시각법을 통해 밤낮이 다른 자연 이치와 그 시대 특징을 살린 것이다. 하루 시각법은 12시각법으로 오늘날 24시각법과 다르므로 1시각은 2시간이 되는 셈이다. 그리고 밤시간은 해가 지고 난 뒤부터 그 다음 날 해가 뜰 때까지를 1경(更)부터 5경까지 다섯 등분하고 한 경을 다시 1점(點)부터 5점까지 다섯 등분하였다. 1경은 보통 2시간이지만 밤 길이에 따라 유동적이므로 시간이 짧을 때는 한 경이 두 시간보다 훨씬 짧아진다.

[표 5] 옛날과 오늘날의 시각법 견줌표

갈래	옛날 시각법		현대 시각법
	밤 시각법	하루 시각법	
		12시각법	24시각법
기준	해가 지고 난 뒤부터 그 다음 날 해가 뜰 때까지를 1경부터 5경 까지 다섯 등분하고 한 경을 다시 1점부터 5점까지 다섯 등분함.	하루 24시간을 두 시간 간격으로 12등분 함.	하루 24시간을 한 시간 간격으로 24등분 함.
단위	1경~5경(1점~5점, 총 25점)	자시, 축시, 인시, 묘시, 진시, 사시, 오시, 미시, 신시, 유시, 술시, 해시	1시~24시
특성	밤 길이에 따라 시간 간격이 일정하지 않음.	시간 단위가 밤낮 길이에 관계없이 일정함.	
의미	이중 시각법을 통해 밤낮이 다른 자연 이치와 그 시대 특징을 살림.		규칙성과 보편성을 중요하게 여김.

[표 6] 조선 시대 시각법 명칭과 현대말

12시각	현대 말	조선시대 말	현대 시간	밤낮	밤 시각
자시(子時)	쥐때	쥐뼈	0시(23~1시)	밤	三更(삼경)
축시(丑時)	소때	쇼뼈	2시(1~3시)		四更(사경)
인시(寅時)	범때	범뼈	4시(3~5시)		五更(오경)
묘시(卯時)	토끼때	톳기뼈	6시(5~7시)	낮	
진시(辰時)	용때	미르뼈	8시(7~9시)		
사시(巳時)	뱀때	빅얌뼈	10시(9~11시)		
오시(午時)	말때	몰뼈	12시(11~13시)		
미시(未時)	양때	양뼈	14시(13~15시)		
신시(申時)	원숭이때	납뼈	16시(15~17시)		
유시(酉時)	닭때	둙뼈	18시(17~19시)		
술시(戌時)	개때	개뼈	20시(19~21시)	밤	初更(초경)
해시(亥時)	돼지때	돋뼈	22시(21~23시)		二更(이경)

12시각은 12간지 동물띠로 나타냈는데 세종 때 것은 남아 있지 않으므로 김유신 묘에서 발견된 동물시간신 모양으로 표시된 것으로 추측할 수 있다. 표준연구소에서도 다음과 같은 이유로 김유신 묘에 보이는 십이지 신상을 바탕으로 복원하였음을 밝히고 있다.

시신으로 표현된 12지신은 동물의 얼굴에 사람의 모습을 한 수면인신상(獸面人身像)으로 보아야겠다. 이 십이지신을 의인화시켜 신격화한 형상들의 개념은 중국 은나라 때부터 추정되고 있으나, 본래의 뜻은 인도의 고대전설에서 발생하여 보살의 화신으로 불교에 응용됨으로 시작된 것이다. 우리나라는 당나라 때부터 영향을 받아 신라, 고려, 조선시대에 이르기까지 두루 그 흔적을 찾아볼 수 있다. 그러나 이에 관련된 유물은 신라시대의 것이 가장 많아 경주 지방에

산재해 있다. 특히 김유신 묘에 보이는 십이지상은 가장 완벽하게 보존돼 있고 또한 관복을 입은 모습으로 앙부일구에서의 시신과 가장 근사할 것으로 보아 복원되는 앙부일구의 시신의 기본으로 삼았다(한국표준연구소, 1986, 30~31).

결국 앙부일구는 해시계이므로 낮 시간인 묘시부터 유시까지 볼 수 있다.

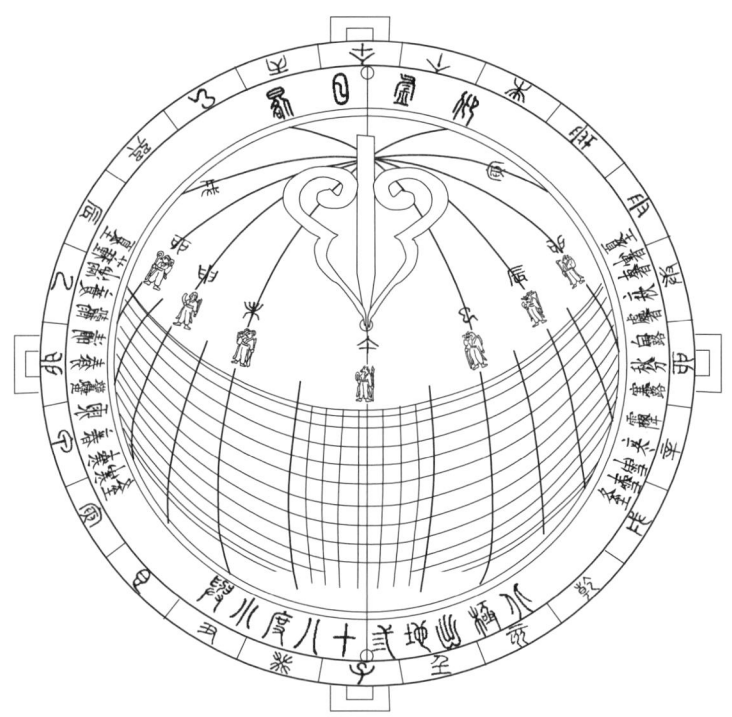

[그림 10] 동물시간신 그림을 그려 넣은 복원 상상도(한자 병기)
(표준연구소 복원안에 한자 추가함.)

[그림 11] 밤 시간 동물시신(위 왼쪽부터 쥐[子], 소[丑], 범[寅], 개[戌], 돼지[亥]), 낮 시간 동물시신(아래 왼쪽부터 토끼[卯], 용[辰], 뱀[巳], 말[午], 양[未], 원숭이[申], 닭[酉])

탑골공원 앞에 있었던 앙부일구(지금은 없음)   한국표준과학연구원 안 앙부일구

[사진 21] 동물시간신 그림이 있는 앙부일구(받침돌은 제대로 안 되어 있다.)

5. 앙부일구 절기 읽기

절기는 태양력에 따른 것으로 한 해를 모두 24절기로 나눈다. 우리 조상들은 이런 절기를 통해 계절의 변화를 알았을 뿐만 아니라 농사짓는 지혜로 삼았다. [표 7]에서 제시한 순우리말 이름을 통해 그 뜻을 쉽게 알 수 있다.

[표 7] 절기 이름과 순우리말 이름(순우리말 이름은 숨결새벌에 따름)

계절	절기	음력	양력	순우리말 이름
봄	입춘(立春)	정월	2월 4~5일	봄설
	우수(雨水)		2월 19~20일	비내림
	경칩(驚蟄)	이월	3월 5~6일	잠깸
	춘분(春分)		3월 21~22일	봄나눔
	청명(淸明)	삼월	4월 5~6일	맑고밝음
	곡우(穀雨)		4월 20~21일	단비
여름	입하(立夏)	사월	5월 6~7일	여름설
	소만(小滿)		5월 21~22일	조금참
	망종(芒種)	오월	6월 6~7일	씨여묾
	하지(夏至)		6월 21~22일	여름이름
	소서(小署)	유월	7월 7~8일	조금더위
	대서(大暑)		7월 23~24일	한더위
가을	입추(立秋)	칠월	8월 8~9일	가을설
	처서(處暑)		8월 23~24일	더위머묾
	백로(白露)	팔월	9월 8~9일	이슬맺힘
	추분(秋分)		9월 23~24일	가을나눔
	한로(寒露)	구월	10월 8~9일	찬이슬
	상강(霜降)		10월 23~24일	서리내림
겨울	입동(立冬)	시월	11월 7~8일	겨울설
	소설(小雪)		11월 22~23일	조금눈
	대설(大雪)	동지	12월 7~8일	한눈
	동지(冬至)		12월 22~23일	겨울이름
	소한(小寒)	섣달	1월 6~7일	조금추위
	대한(大寒)		1월 20~21일	한추위

절기선은 모두 13개이므로 12개씩 좌우로 배치되어 24절기를 표시하고 있다. 낮시간이 가장 긴 하지와 가장 짧은 동지를 기준으로 왼쪽은 봄 오른쪽은 가을, 여름과 겨울은 반씩 좌우로 배치되어 있다.

[표 8] 앙부일구에 표시되어 있는 절기 구조도

안쪽 원 왼쪽	안쪽 원 오른쪽
夏至(하지)	**夏至(하지)**
芒種(망종)	小暑(소서)
小滿(소만)	大暑(대서)
立夏(입하)	立秋(입추)
穀雨(곡우)	處暑(처서)
淸明(청명)	白露(백로)
春分(춘분)	秋分(추분)
驚蟄(경칩)	寒露(한로)
雨水(우수)	霜降(상강)
立春(입춘)	立冬(입동)
大寒(대한)	小雪(소설)
小寒(소한)	大雪(대설)
冬至(동지)	**冬至(동지)**

6. 앙부일구 방위 읽기

24방위는 12지인 "자(子), 축(丑), 인(寅), 묘(卯), 진(辰), 사(巳), 오(午), 미(未), 신(申), 유(酉), 술(戌), 해(亥)"와 십간 가운데 '무, 기'를 뺀 "갑(甲), 을(乙), 병(丙), 정(丁), 경(庚), 신(辛), 임(壬), 계(癸)" 네 개의 중심을 나타내는 4유인 "건(乾), 간(艮), 손(巽), 곤(坤)"으로 구성되어 있다. 십이지 가운데 "자묘오유"는 '북동남서'를 가리킨다.

[표 9] 24방위 구성도

갈래	한자
10간(十干)중 8간	갑(甲), 을(乙), 병(丙), 정(丁), 경(庚), 신(辛), 임(壬), 계(癸) * 십간 중 '무(戊), 기(己)' 제외
12지(十二支)	자(子), 축(丑), 인(寅), 묘(卯), 진(辰), 사(巳), 오(午), 미(未), 신(申), 유(酉), 술(戌), 해(亥) * 자묘오유: 북동남서
4유(四維)	건(乾), 간(艮), 손(巽), 곤(坤)

7. 맺음말

1434년의 앙부일구는 애민 정치에 투철했던 세종과 노비 출신 과학자 장영실이 만나 만든 민본과학 발명의 결정체였다. 최소한 서울 광화문의 세종대왕 동상과 부산의 장영실의 과학동산에 있는 앙부일구만이라도 제대로 만들었어야 했는데 안타깝게도 잘못 복원되었다. 여주 영릉에는 두 개나 전시되어 있는데 모두 마찬가지다.

필자는 최소한 서울시 광화문 광장의 앙부일구만이라도 제대로 해결하려고 각종 칼럼으로 건의도 하고 1인 시위까지 하였으나 서울시는 예산 부족 이유로 제대로 된 복원을 거절했다. 세종대의 앙부일구를 다시 세우는 일은 나라의 국격을 다시 세우고 빛나는 전통 과학을 되살리는 일이므로 예산 문제로 미룰 일이 아니다. 부산시도 장영실 정신을 제대로 살리려면 장영실 과학동산의 앙부일구를 하루빨리 바로잡아야 한다. 당연히 여주시도 세종대왕릉의 세종이 노하고 있음을 직시해야 할 것이다.

세종의 민본과학의 꽃, 앙부일구 269

[사진 22] 어른들이나 겨우 볼 수 있는 덕수궁 앙부일구

[사진 23] 서울 광화문 광장의 앙부일구 앞에서 1인 시위하는 필자

세종, 수학으로 문화·과학 강국의 초석을 놓다

1. 머리말

조선의 4대 임금 세종대왕은 한글 창제와 더불어 다양한 문화적, 과학적 업적을 이룩한 군주로 널리 알려져 있다. 그러나 그의 수학적 식견과 이를 바탕으로 한 국가 발전 전략에 대해서는 상대적으로 주목받지 못했다. 세종은 수학을 단순한 계산 기술이 아닌 국가 운영의 핵심 원리이자 과학과 문화 발전의 근간으로 인식했다. 그는 "무릇 만물이 변화함을 다 알려면 반드시 산수(算數)를 바탕으로 해야 한다"는 철학을 바탕으로, 수학 인재를 양성하고 수학적 원리를 국정 전반에 적용했다.

이 장에서는 세종의 수학적 식견이 어떻게 한글 창제, 천문학, 음악, 토지 측량 등 다양한 분야의 혁신으로 이어졌는지 살펴보고, 그가 어떻게 수학을 통해 조선을 동아시아의 문화·과학 강국으로 발전시켰는지 고찰하고자 한다. 특히 훈민정음 창제 과정에 적용된 수학적 원리와 세종 시대의 실용 수학 정책이 어떻게 조선의 자주적 발전에 기여했는지 주목할 것이다.

2. 수학의 중요성, 세종이 설파하다

세종은 22세였던 1418년에 왕위에 오르지만 상왕 태종이 운명한 세종 4년(1422)에 이르러서야 온전히 나라를 경영하는 위치에 서게 된다. 그러므로 세종 5년(1423)부터는 젊은 임금으로서 신하들의 말에 경청하며 차근차근 적극적으로 나라를 다스리게 된다. 이해 11월 15일자 실록 기록은 이조(조선시대 육조)에서 수학의 중요성을 세종에 아뢰고 세종이 이를 받아들이는 상황을 이렇게 전하고 있다.

> 무릇 만물이 변화함을 다 알려면 반드시 산수(算數)를 바탕으로 해야 하는 것으로 육예(六藝) 중에 수가 들어 있습니다. 고려에 이르러 이로 인하여 관직을 설치하고 전담하여 관장하도록 하였으니, 지금의 산학박사(算學博士)와 중감(重監)이 곧 그것입니다. 실로 율학(律學)과 더불어 같은 것이어서 이전(吏典)에 비할 바가 아닙니다. 근년에 산학이 그 직분을 잃어서, 심하기로는 각 아문의 아전으로 하여금 돌아가며 이 직에 임명하였으니, 극히 관직을 설치한 본의를 잃은 것이오며, 나라의 회계 업무가 한갓 형식이 되고 말았습니다. 청컨대, 이제부터 산학박사는 양반의 자제로, 중감은 자원하는 사람으로서 아울러 시험하여 서용하고, 그들로 하여금 항상 산법(算法)을 연습하여 회계 사무를 전담하도록 하고, 그 복식은 법률에 따르도록 하소서.[31]

육예는 동양 보편의 여섯 가지 덕목으로 "예의범절, 음악, 활쏘기, 말타기, 글쓰기, 수학"을 가리킨다. 맨 뒤에 있기는 하지만 수학을 매우 중요하

---

31 凡盡物變, 必因算數, 六藝之中, 數居其一. 前朝緣此, 設官專掌, 今之算學博士重監是已. 實與律學同, 非吏典比也. 近年算學失職, 至使各司吏典輪次除拜, 殊失設官本意, 中外會計, 徒爲文具. 請自今算學博士以衣冠子弟, 重監以自願人, 並取才敍用, 令常習算法, 專掌會計. 其冠帶, 依律學例. -《세종실록》, 세종 5/1423/11/15.

게 여긴 것만큼은 확실하다. 그런데 조선은 개국한 지 30년이 되었는데도 예로부터 전문성을 가지고 중요하게 대우받던 수학 관련 직업이 방만해지자 전문성을 살리고 양반 위주로 임명하여 직급의 권위를 높이고 제 구실을 하자고 공식 건의한 것이다. 이조에서 직접 올렸다는 것은 제도 차원에서 개혁의 기틀이 잡혀가고 있음을 보여준다. 세종은 바로 이런 시대 흐름에 힘입어 학문과 제도를 정점으로 끌어올려 세종 르네상스를 완성하여 더욱 큰 의미가 있다.

세종은 실제로 수학을 매우 중요하게 여기는 수학자였다. 세종 12년(1430) 10월 23일 실록에는 세종이 직접 수학을 배우는 장면이 나온다. 세종이 부제학 정인지로부터 계몽산(啓蒙算)을 배우면서 하시는 말씀이 "산수를 배우는 것이 임금에게는 필요가 없을 듯하나, 이것도 성인이 제정한 것이므로 나는 이것을 알고자 한다."[32]라고 하였다. 그 다음에는 수학 인재를 뽑아 유학까지 보내면서 이런 말을 남겼다.

> "산법(수학)이란 유독 역법(천문학)에만 쓰는 것이 아니다. 만약 병력을 동원한다든가 토지를 측량하는 일이 있다면, 이를 버리고는 달리 구할 방도가 없으니 원민생과 김시우로 하여금 통역사 가운데 매우 총명한 자를 선발하여 보고하게 하라."[33]
> — 세종 13/1431/3/2.

---

32 上, 學《啓蒙算》, 副提學鄭麟趾入侍待問, 上曰: "算數在人主無所用, 然此亦聖人所制, 予欲知之." -《세종실록》, 세종 12/1430/12/10.
33 上謂代言等曰: "算法, 非獨用於曆也. 若有起兵量地之事, 則捨是無以他求, 其令元閔生, 金時遇, 選通事之穎悟者以聞." 乃薦司譯院注簿金汗·金自安等, 仍命汗等習算法. -《세종실록》, 세종 13/1431/3/2.

이 말은 세종이 공조판서 정초에게 한 말이다. 자격루가 발명되기 3년 전인 1431년, 세종은 명나라에 유학생(김한, 김자안)을 보내어 산법(산수)을 배우게 하면서 수학은 모든 기술의 바탕이라는 것이다. 이 말에 앞서 세종은 이렇게 말했다.

> 역서(曆書, 천문학 책)란 지극히 섬세한 것이어서 일상 생활에 쓰는 일들이 빠짐없이 갖추어 기재되어 있으되, 다만 해가리기(일식)와 달가리기(월식)의 경위만은 상세히 알 길이 없다. 그러나 이는 옛사람들도 역시 몰랐던 모양이니, 우리나라는 비록 이에 정통하지 못하더라도 무방하긴 하나, 다만 우리나라는 예로부터 문헌(文獻)의 나라로 일컬어 왔는데, 지난 경자년에 성산군(星山君) 이직(李稷)이 역법(曆法)의 교정을 건의한 지 이미 12년이 되었거니와, 만약 정밀 정확하게 교정하지 못하여 후인들의 비웃음을 사게 된다면 하지 않는 것만도 못할 것이니, 마땅히 심력을 다하여 정밀히 교정해야 될 것이다.[34]

세종은 "우리나라 사람으로서 산수에 밝아서 방원법(方圓法)을 상세하게 아는 자가 드물 것이니, 내가 문자(한자)를 해득하고 한음에 통한 자를 택하여 중국으로 보내어 산법을 습득케 하려고 하는데 어떤가"라고 물으면서 한 말이었다. 단지 수학이 천문 역법과 같은 분야뿐만 아니라 모든 분야에 두루 적용되는 근본 원리로서 쓰임새가 있음을 지적하고 실제 유학까지 보내 배우게 했던 것이다.

이렇게 인재까지 양성해가며 수학을 발전시킨 세종은 음악과 과학 등

---

[34] 曆書至精, 日用之事, 備載無遺, 但日月食之次, 未得詳知, 然古人亦或未知, 我國雖未精通, 固無害也. 但我國占稱文獻之邦, 去庚子年, 星山君 李稷獻議, 校正曆法, 今已十二年, 若不精校, 以貽後人之譏, 則不若不行之爲愈, 宜盡心精校. -《세종실록》, 세종 13/1431/3/2.

관련 전 분야에서 놀라운 성취를 이루게 된다. 이를 "이장주(2012), 『우리 역사 속 수학 이야기 흥미로운 조상들의 수학을 찾아서』, 사람의무늬, 19쪽"에서 "천문학에서 고도의 수학적 지식이 필요한 것은 물론이지만, 음악에서도 음계가 현 또는 관의 길이와 비례하는 등 수학적 지식이 사용된다. 또 농지를 측량할 때는 필연적으로 기하학적인 문제를 다루어야 한다."라고 지적한 것처럼 수학은 각 분야의 바탕이었고 이를 잘 안 세종은 직접 수학을 배워가며 수학 분야를 장려했던 것이다.

조선왕조의 최대 개혁 과제는 역시 토지 제도 정비였다. 세종 10년 8월 25일 기사를 보면 호조(戶曹)에서 "각 도의 밭을 묵은 것이나 개간한 것을 구별할 것 없이 모두 측량해서 문서를 만들되, 오래 된 묵정밭은 별도로 측량하여 속문적(續文籍)을 만들고, 만일 맡은 밭이 많아서 능히 혼자 측량할 수 없을 경우에는 감사에게 보고하여, 가까운 고을의 수령과 산학을 익힌 현질(顯秩) 6품 이상의 관원을 위관(委官)으로 정하여 차사원(差使員)과 함께 각도에 나누어 보내어 측량하게 하고, 경차관(敬差官)이 항상 왕래하며 고찰하게 하여 옳게 측량하도록 힘써 민생을 편하게 하소서."라는 건의는 수학의 현실적 중요성이 얼마나 큰지를 보여주고 있다.

훈민정음 창제를 마무리하기 직전인 세종 25년(1443) 11월 17일에는 세종은 승정원에 "산학은 비록 술수(術數)라 하겠지만 국가의 긴요한 사무이므로, 역대로 내려오면서 모두 폐하지 않았다. 정자(程子)·주자(朱子)도 비록 이를 전심하지 않았다 하더라도 알았을 것이요, 근일에 전품을 고쳐 측량할 때에 만일 이순지·김담 등이 아니었다면 어떻게 쉽게 계량하였겠는가. 지금 산학을 예습하게 하려면 그 방책이 어디에 있는지 의논하여 아뢰라."[35]며 진흥책을 고심했다.

3. 실용 수학, 수학 문자 훈민정음

수학에 대한 세종의 이러한 열정과 식견이 훈민정음 제자의 바탕 지식이 되었음은 두말할 필요가 없다. 더욱이 지금 시각으로 보면, 동양수학과 서양수학 모두를 완벽하게 적용하여 만고불변의 보편 문자가 되게 하였으며 그러한 문자 정신이 모든 소리를 정확하게 적을 수 있는, 만백성의 문자로 우뚝 서게 하였다.

흔히 훈민정음을 과학적인 문자라고 한다. 더 정확히 말하면 훈민정음은 '문자과학'이다. 과학의 핵심 방법론인 관찰과 주요 특성인 규칙성과 체계성이 담겨 있고 그래서 누구에게나 언제, 어디서나 객관적인 합리성과 보편성을 지니고 있다. 여기서는 이러한 과학의 바탕이 되는 수학 특성이 어떻게 반영되어 있는가를 살피고자 한다. 이러 특성 연구는 "정희성(1994), 「훈민정음의 창제 원리를 위한 과학 이론의 성립」, 『한글』 224, 한글학회."에 힘입은 것이다.

1) 현대 수학 원리로 본 훈민정음

흔히 학교에서 자음자 상형기본자 다섯은 발음기관을 본떴다고 가르친다. 그리고는 어떻게 상형했는지는 가르치지 않는다. 사실 한자도 상형 문자이므로 어떻게 상형했는가를 가르치지 않는다면 의미가 없다.

물론 사물과 사물의 특성을 상형한 한자와 달리 발음기관을 상형한 것

---

35 "算學雖爲術數, 然國家要務, 故歷代皆不廢. 程, 朱雖不專心治之, 亦未嘗不知也. 近日改量田品時, 若非李純之, 金淡輩, 豈易計量哉? 今使預習算學, 其策安在? 其議以啓." -《세종실록》, 세종 25/1443/11/17.

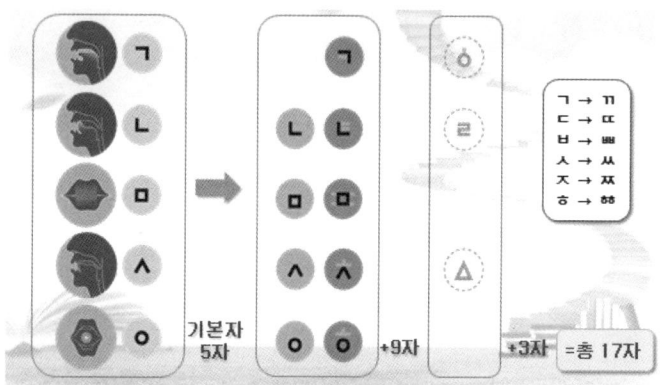

[그림 12] 세종이 발명한 자음자 17자 제자 과정도

자체가 상형의 차원을 달리했지만 더 중요한 것은 바로 수학의 원리 곧 기하학의 원리로 상형했다는 점이다. 점과 직선(사선 포함)과 동그라미 곧 평면 수학(유클리드 기하학) 원리로만 상형했다. 만약 19세기 독일의 벨처럼 발음기관을 있는 그대로 상형했다면 무척 복잡하거나 쓰기 힘든 문자가 되었을 것이다. 이것은 벨이 발명한 문자와 비교해 보면 금방 알 수 있다.

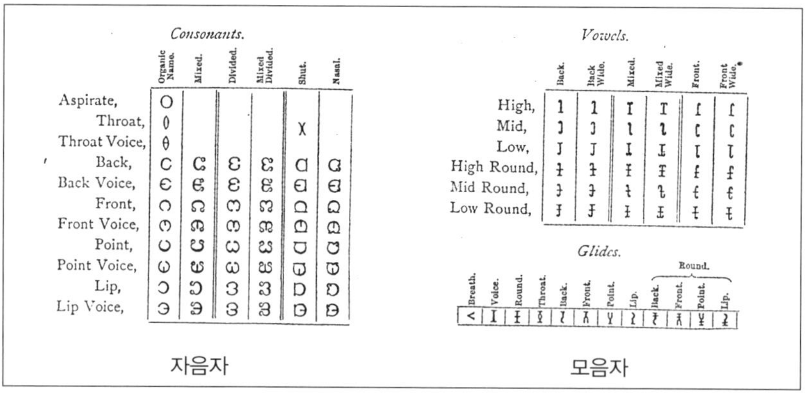

[그림 13] 독일의 벨이 19세기에 발명한 '보이는 음성' 문자[36]

벨의 문자는 장애인을 주 대상으로 만들었기 때문인지는 모르지만 발음기관을 그대로 모방하다 보니 그야말로 곡선 위주로 되어 있어 판별과 인지 기능이 떨어진다. 그러다보니 실제 쓰기가 쉽지 않다. 그래서인지 대단히 훌륭한 문자이기는 하나 실제 문자로 자리 잡지는 못했다.

반면에 훈민정음은 가장 기본적인 기하학을 적용하다 보니 다음과 같이 거의 완벽한 대칭 문자가 되었다.

[표 10] 자음 기본 17자 대칭 갈래

갈래		예
한 글자 대칭	좌우 대칭	ㅂㆆㅎㆁㅅㅈㅊㅿ
	준 상하 대칭(맨 위 가로획은 조금 더 긺)	ㄷㅌ
	대각선 대칭	ㄱㄴ
	대각선 좌우상하 대칭	ㅁㅍㅇ
	대각선 좌우상하 역대칭	ㄹ
두 글자 대칭		ㄱㄴ

대칭은 기하학적 아름다움의 극치를 보여준다. 이러한 대칭은 인지와 쓰기, 기억, 교육 모두에 탁월한 기능을 발휘한다.

훈민정음은 이러한 평면 수학 외에 입체 수학인 위상수학(topology) 원리도 반영했다. '호-하-후-허'의 원리를 살펴보면 자음자(ㅎ)를 고정시킨 상태에 'ㅗ'를 90도씩 틀면 차례대로 '호하후허'가 생성된다. 일찍이 정희성

---

36 알렉산더 멜빌 벨(Alexander Melville Bell)이 1867년에 펴낸 《보이는 음성: 보편 알파벳 과학》(Visible Speech: The science of Universal Alphabetics, Knowledge Resorces Inc.)

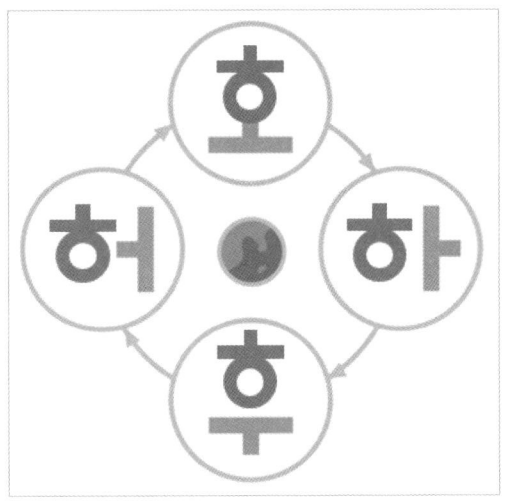

[그림 14] 자음자와 모음자 결합 원리에 반영된 위상수학

박사가 지적했듯이 최소의 글자로 최소의 움직임으로 최대의 글자를 만들어 내는 위상수학 원리를 작용한 것이다.

15세기 세종이 어찌 21세기에서나 발전하는 위상수학을 알았을까 경이롭지만 바른 소리를 바르게 적겠다는 세종의 정음 문자 혁명의 기적이었다. 그것은 하늘에서 떨어진 기적이 아니라 끊임없이 연구하고 실험하고 사람을 위한 보편적인 학문과 애민 정치가 낳은 기적이었다.

2) 전통 수학으로 본 훈민정음

훈민정음 해례본에서는 전통 수학을 수리철학 측면에서 적용하고 있다. 곧 해례본에서는 "초성 속에도 자체의 음양오행과 방위의 수가 있는 것이다." 또 "중성 속에도 또한 저절로 음양과 오행, 방위의 수가 있는 것이다."라고 하면서 특히 중성자(모음자)에 다음과 같은 수리를 적용하고 있다.

세종, 수학으로 문화·과학 강국의 초석을 놓다 279

ㅗ가 처음으로 하늘에서 나니 하늘의 수로는 1이고 물을 낳는 자리다. ㅏ가 다음으로 생겨났는데 하늘의 수로는 3이고 나무를 낳는 자리다. ㅜ가 처음으로 땅에서 나니, 땅의 수로는 2이고 불을 낳는 자리다. ㅓ가 다음으로 생겨난 것이니 땅의 수로는 4이고 쇠를 낳는 자리다.

ㅛ가 두 번째로 하늘에서 생겨나니 하늘의 수로는 7이고 불을 이루는 수이다. ㅑ가 다음으로 생겨나니 하늘의 수로는 9이고 쇠를 이루는 수다. ㅠ가 두 번째로 땅에서 생겨나니 땅의 수로는 6이고 물을 이루는 수다. ㅕ가 다음으로 생겨나니 땅의 수로는 8이고 나무를 이루는 수다.

물(ㅗㅠ)과 불(ㅜㅛ)은 아직 기를 벗어나지 못하고 음과 양이 서로 사귀어 어울리는 시초이기 때문에 거의 닫힌다. 나무(ㅏㅕ)와 쇠(ㅓㅑ)는 음과 양이 바탕을 바로 고정시킨 것이기 때문에 열린다.

• 는 하늘의 수로는 5이고 흙을 낳는 자리다. ㅡ는 땅의 수로는 10이고 흙을 이루는 수다. ㅣ만 홀로 자리와 수가 없는 것은 대개 사람이면 무극의 참과 음양과 오행의 정기가 묘하게 어울리고 엉기어서, 진실로 자리를 정하고 수를 이루는 것을 밝힐 수 없기 때문이다.

— 김슬옹(2015), 『훈민정음 해례본–한글의 탄생과 역사』, 교보문고.

이 설명을 그림으로 보이면 다음과 같다.

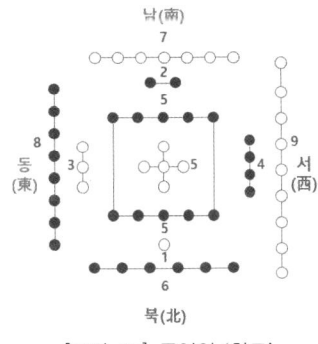

[그림 15] 주역의 '하도'

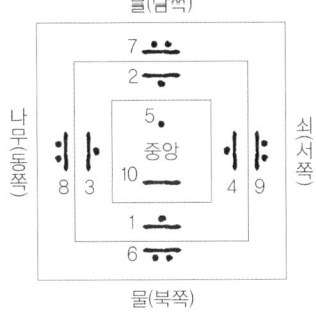

[그림 16] 중성자의 수와 음양오행

동양의 수리철학은 발음 위치가 초성처럼 명확하지 않은 중성을 체계적으로 잡아내는 역할 차원에서 쓰인 것이다. 더욱 중요한 것은 우리말에 담겨 있는 음양의 이치이고 실제 해례본의 중성자 배열은 다음 표를 보듯 하도 원리를 있는 그대로 따르지 않았다.

[표 11] 중성자의 하도식 배열과 실례 해례본식 배열

하도식 배열	1	2	3	4	5	6	7	8	9	10	무극수
	ㅗ	ㅜ	ㅏ	ㅓ	·	ㅛ	ㅠ	ㅑ	ㅕ	ㅡ	ㅣ
실제 훈민정음 배열	·	ㅡ	ㅣ	ㅗ	ㅏ	ㅜ	ㅓ	ㅛ	ㅑ	ㅠ	ㅕ
	5	10	무극수	1	3	2	4	7	9	6	8

이밖에 상형기본자 8자는 삼재(3) 오행(5)을 적용해 3과 5를 적용하고 합이 8이 되게 하고(8괘) 자음과 17자, 모음자 11자를 합쳐 28(하늘의 별자리 28수)이 되게 함으로써 동양철학에서 추구하는 조화로운 수를 모두 적

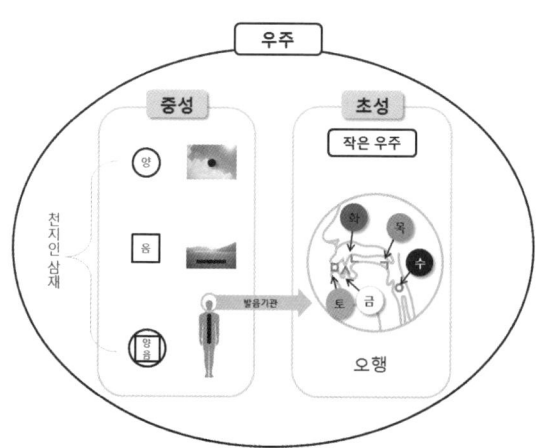

[그림 17] 훈민정음 상형 삼재 오행 적용도

용해 놓은 것도 매우 큰 특징이다. 이는 훈민정음이 천지자연의 이치를 완벽하게 담은 문자라는 것이며 이러한 문자를 사용하는 이는 누구든 천지자연의 이치를 실천하여 사람이 곧 하늘이라는 놀라운 문자혁명을 이루게 한 것이다.

3) 수학은 정치의 근본이고 세상의 중심이다.

《세종실록》 163권 128권부터 163권까지가 일종의 부록으로 무려 오례(五禮) 8권, 악보(樂譜) 12권, 지리지(地理志) 8권, 칠정산외편(七政算外篇) 8권이 실려 있다. 이 중 표준 도량형 제정과 표준 악기 제정을 바탕으로 하는 '악보'와 토지 측량을 바탕으로 하는 '지리지', 천문, 일기 등의 계산을 바탕으로 하는 '칠정산외편' 모두 핵심이 수학이다. 세종 시대 수학, 과학, 음악의 놀라운 성과를 보여주는 기록물들이다. 이 중 천문 계산을 다룬 '칠정산'은 세종 시대 수학 수준을 집약적으로 보여주는 성과다. 천문이나 달력을 계산하는 것을 '역산(曆算)'이라 하는데 이 분야를 집중 육성한 세종 과학 정책의 열매였다.

세종 14년(1432) 10월 30일 기록에서 세종은 "달력의 계산[曆算]하는 법은 예로부터 이를 신중히 여기지 않는 제왕(帝王)이 없었다. 이 앞서 우리나라가 천체 운행 측정하는 법에 정밀하지 못하더니, 역법(曆法)을 바로잡은 이후로는 일식·월식과 절기의 일정함이 중국에서 반포한 역서[曆書]와 비교할 때 털끝만큼도 틀리지 아니하매, 내 매우 기뻐하였노라. 이제 만일 교정하는 일을 그만두게 된다면 20년 동안 연구한 공적이 중도에 폐지하게 되므로, 다시 정력을 더하여 책[書]을 이루어 후세로 하여금 오늘날 조선이 전에 없었던 일을 세웠음을 알게 하고자 하노니, 그 역법을 다스리는 사람들 가운데 역술에 정밀한 자는 직급을 뛰어올려 관직을 주어 권면하게 하라."[37]라고 기쁨을 감추지 않고 있다.

같은 해 11월 1일에도 세종은 "일월을 역상(曆象)하는 것은 고금의 제왕이 신중히 여기는 바이다."[38]라 하고 관련 직급을 올려주게 했다. 특히 역산에 능했던 이순지를 특별히 배려하기도 했다.

이런 노력 덕에 우리는 우리의 하늘을 중심으로 삼는 우리식 달력(칠정산)을 가질 수 있었고 이를 바탕으로 하는 자주 과학 강국을 이룰 수 있었다.

4. 맺음말

세종대왕은 단순히 한글을 창제한 임금이 아니라, 수학의 중요성을 깊이 인식하고 이를 국가 발전의 핵심 도구로 활용한 선구자적 통치자였다. 그는 "산법이란 유독 역법(천문학)에만 쓰는 것이 아니다"라는 통찰을 바탕으로, 수학을 토지 측량, 병력 운용, 음악 제작, 천문 관측 등 국정 전반에 적용했다. 특히 훈민정음 창제 과정에서 보여준 수학적 원리의 적용은 문자 과학의 혁명적 성취로 평가할 수 있다. 평면 기하학과 위상수학의 원리를 활용한 문자 설계, 음양오행과 수리철학을 반영한 체계적 구성은 15세기 조선의 수학적 사고 수준을 보여주는 증거이다.

---

37 "曆算之法, 自古帝王莫不重之. 前此我國未精推步之法, 自立曆法校正以後, 日月之食, 節氣之定, 較之中朝頒曆, 毫釐不差, 予甚喜之. 今若罷校正之事, 則二十年講究之功, 半途而廢, 故更加精力, 以У成書, 使後世, 知今日建立朝鮮無前之事. 其治曆之人, 精於術者, 超資加職以勸勉之." -《세종실록》, 세종 14/1432/10/30.
38 "曆象日月, 古今帝王之所重." -《세종실록》, 세종 14/1432/11/1.

세종은 수학 인재 양성을 위해 중국에 유학생을 파견하고, 국내 산학 교육을 제도화했으며, 수학적 업적을 이룬 이들에게 특별한 대우를 했다. 이러한 노력의 결실로 조선은 독자적인 역법인 '칠정산'을 완성하고, 자주적인 과학 기술 발전의 토대를 마련할 수 있었다. 세종의 수학 정책은 단순한 기술 발전을 넘어, 조선을 동아시아의 문화·과학 강국으로 도약시키는 초석이 되었다. 오늘날 우리가 세종을 기억할 때, 한글 창제와 더불어 그의 수학적 통찰과 이를 바탕으로 한 과학 정책의 선구자적 면모 또한 주목해야 할 것이다.

백성의 뜻을 바로 세운 토지세(공법)

1. 머리말

세종의 수많은 개혁 중에서도 '공법(貢法)'의 정비는 백성들의 삶에 직접적인 영향을 미친 중요한 업적이었다. 공법이란 토지에 대한 세금 제도로, 농경사회였던 조선에서 국가 재정의 근간이자 백성들의 생계와 직결되는 핵심 정책이었다. 세종은 즉위 후 기존 '답험손실법'의 한계와 폐단을 목격하며, 보다 합리적이고 공정한 토지세 제도의 필요성을 절감했다.

주목할 점은 세종이 공법을 제정하는 과정에서 보여준 민주적 의사결정 방식이다. 세종은 세종 9년(1427)부터 세종 26년(1444)까지 무려 17년에 걸쳐 공법을 정비했는데, 이 과정에서 단순히 위에서 아래로 내리는 결정이 아닌, 백성들의 의견을 직접 수렴하는 최초의 여론 조사를 실시했다. 세종 12년(1430)에 진행된 이 조사는 전국 17만여 명의 백성들이 참여한 대규모 국책 사업이었으며, 조선시대 민본주의(民本主義)의 실천적 사례로 평가받을 만하다.

이 장에서는 세종이 공법을 정비하기 위해 기울인 노력과 과정, 여론 조사의 실시와 그 결과, 그리고 최종적으로 완성된 공법의 내용과 의의를 살펴보고자 한다. 특히 세종이 백성의 뜻을 물어 국가 정책을 결정해 나간 소통의 방식이 어떻게 훈민정음 창제와 같은 문화적 업적의 밑바탕이 되었는지, 그리고 이러한 민주적 의사결정 방식이 오늘날 우리에게 주는 시사점은 무엇인지 톺아보기로 한다.

2. 최초의 여론 조사

세종은 농사짓는 땅의 토지세를 어떻게 징수할 것인가에 대한 공법을 제대로 제정하기 위해 세종 9년(1427)부터 세종 26년(1444)에 공법을 마무리하기까지 무려 17년에 걸쳐 노력했다. 최초의 여론 조사는 세종 11년(1429) 11월 16일 여론 조사를 지시한 이래 1430년 3월 5일부터 본격적으로 여론 조사가 시작되어 8월 10일 최종 보고까지 대략 5개월 걸린 조사였다. 논밭 1결마다 조 10말을 받는 세금 제도에 대한 조사였다. '1결(結)'은 곡식 100부[짐]를 생산할 수 있는 논밭의 면적이다. 곧 곡식단 1줌이 1파, 10파가 1속, 10속이 1부, 100부가 1결이므로 곡식단 만 줌이 한 결이다.[39] 곧 수확량은 지역에 따라 땅의 척박도에 따라 달라지므로 조 10말을 걷는 것이 쉽지 않은 문제일 뿐 아니라 무척 복잡한 문제를 안고 있으므로 일관되고 공평한 법 제정이 어려웠다. 그래서 그런지 여론 조사가 끝나고도 무려 14년을 더 끌었던 것이다.

---

39 1) 결(結): 토지 면적의 단위. 100짐[負], 곧 1만 줌[把]
    2) 복(卜): 부(負). 열 뭇[束]을 한 부(負)
    3) 속(束): 뭇. 열 뭇을 한 부(負)[짐], 100짐을 한 결(結)[목, 먹]로 친다.
    4) 파(把): 줌. 양전척(量田尺)으로 한 자 평방의 넓이로서, 10줌이 1뭇[束], 10뭇이 1짐[負], 100짐이 1목[結]이 된다. 이를 정리하면, 1결(結) = 100짐[負] = 1,000뭇[束] = 10,000줌[把]이 된다.

인문학이 사람답게 살기 위한 학문이라면 가장 중요한 인문학 요소는 '소통'이다. '훈민정음'은 바로 그런 이상을 담은 문자였다. 그런데 이 문자가 세상에 드러나는 1443년, 그로부터 13년 전에 백성의 뜻을 직접 묻는 여론 조사가 있었다는 사실을 알고 필자는 무릎을 탁 쳤다. 이런 문자가 어느 날 갑자기 하늘에서 떨어진 문자가 아니라는 것이다. 소통의 문제를 근본적으로 해결하기 위해 끊임없이 고민하고 노력한 결과라는 것이다.

나라에 토지세를 바치는 문제(공법)를 두고 여론 조사를 했던 1430년으로 돌아가 잠시 이런 상상을 해본다.

때는 세종 12년인 1430년 5월 어느 날이었다. 충청도 어느 시골 허름한 집 앞에서 사람들이 옹기종기 모여 앉아 웅성거렸다.

"어머. 우리 임금은 역시 성군이셔. 토지세에 관한 법을 만드셨는데 집집마다 그 법에 대한 의견을 들으신대."

"우리 같은 무지렁이한테도 의견을 듣는 세상이라니. 참 살기 좋은 세상이네."

모인 백성들은 상기된 얼굴로 한마디씩 하느라 즐거운 표정이었다. 관청에서 관리가 어떤 종이에다가 가가호호 방문하면서 찬반 의견을 묻던 중이었다. 이것이 바로 우리나라 최초의 국민 여론 조사였다.

세종은 관리의 부정으로 농민에게 심각한 피해를 주는 논밭에 대한 세금 제도(전세제도, 공법)를 개혁하기 위해 세종 12년(1430) 3월부터 8월까지 여론 조사를 실시하였다. 전국 17만여 명의 백성들이 투표에 참여하여, 9만 8,657명이 찬성, 7만 4,148명이 반대의 결과를 얻어 냈다. 구체적인 결과는 [표 12]와 같다(임종화, 2018 자료집 참조).

[표 12] 공법(貢法)에 대한 가부 논의 결과[세종 12년(1430) 8월 10일]

지역	찬성		반대		계	비고
	인원	%	인원	%		
서울	711	56.8	540	43.2	1,251	경기
유후사(개성)	1,123	94.1	71	5.9	1,194	
경기	17,105	98.6	241	1.4	17,346	
소계	18,939	95.7	852	4.3	19,791	
평안도	1,332	4.5	28,509	95.5	29,841	강원·북방
황해도	4,471	22.3	15,618	77.7	20,089	
함길도	78	1.0	7,401	99.0	7,479	
강원도	949	12.1	6,898	87.9	7,847	
소계	6,830	10.5	58,426	89.5	65,256	
충청도	7,017	33.3	14,039	66.7	21,058	하삼도
경상도	36,317	98.9	393	1.1	36,710	
전라도	29,547	99.1	271	0.9	29,818	
소계	72,881	83.2	14,703	16.8	87,584	
합계	98,650	57.1	73,981	42.9	172,631	
실록 기록	98,657	57.1	74,149	42.9	172,806	오차 7,168,175명

전체적으로는 찬성이 더 많지만 지역별로 보면 편차가 심하고 반대도 만만치 않음을 알 수 있다. 대체로 땅이 기름진 곳에서는 찬성이 많고 그렇지 않는 곳에서는 반대가 많았다. 찬성이 많다고 해서 이 법을 쉽게 시행할 수 없음을 보여준다.

3. 세종은 왜 공법 제도 개선에 모든 걸 걸었나?

세종은 밥은 백성의 하늘이라고 했을 만큼 먹고 사는 문제를 매우 중요하게 여겼다. 이를 위해서는 두 가지가 필요하다고 생각했다. 하나는 농사짓는 법을 잘 가르쳐 농사를 과학적으로 짓게 하는 것이고 또 하나는 농사짓는 땅에 대한 세금을 백성들에게 두루 유리하게 만드는 것이었다.

원래 세종 이전에도 백성들의 부담을 덜어주기 위한 조세 제도가 고려 말에 제정되어 내려오고 있었다. '답험손실법'이란 제도로 관리가 직접 한 해의 농사 작황을 현장에 나가 조사해 등급을 정하는 '답험법'과 조사한 작황 등급에 따라 적절한 비율로 조세를 감면해주는 '손실법'을 합친 것이다. 취지는 좋지만 관리가 직접 등급을 판정하는 것이므로 근본적으로 부정 요인이 많았던 것이다.

세종은 어떻게 하면 공평하고 불확실성을 최대한 줄인 세법을 만들 수 있을까 고민이 깊어지자 세종 9년(1427)에는 공법 문제를 인재를 뽑는 과거 시험 논술 시험으로도 냈다. 세종은 창덕궁 인정전에 나아가서 문과 시험 문제를 직접 출제하였는데 핵심만 추려보면 다음과 같다.

> 예로부터 제왕이 정치를 함에는 반드시 한 세대의 제도를 마련하는 것이니, 특히 논밭에 대한 세금은 어찌하면 좋겠는가? 우리 태조 대왕께서는 집으로써 나라를 만들고 먼저 토지 제도를 바로잡으셨고, 태종 대왕께서도 선왕의 뜻을 따라 일반 백성들을 보호하셨다. 나는 덕이 적은 사람으로 이러한 나라를 다스리게 되었으니, 우러러 선왕들의 훈계를 생각하여 잘 다스리려 하는데 그것이 쉽지는 않노라.
> 일찍이 듣건대 다스림을 이루는 핵심은 백성을 사랑하는 것보다 앞서는 것이 없다고 하니, 백성을 사랑하는 시초란 오직 백성에게 취하는 제도가 있을

뿐이다. 토지 제도는 해마다 중앙 관리를 뽑아서 여러 도에 나누어 보내어, 손실을 실지로 조사하여 제대로 세금 매기기를 기하였으나 일부 관리들은 나의 뜻에 부합되지 않고, 백성의 고통을 구휼하지 아니하여, 나는 매우 이를 못 마땅하게 여겼다.

맹자는 말하기를, "어진 정치는 바람직한 토지 세금 제도로부터 시작된다." 라고 하였으며, 어떤 이는 '백성이 풍족하면 임금이 어찌 부족하겠는가.'라고 하였다. 내가 비록 덕이 적은 사람이나 이에 간절히 뜻이 있다. 그대들은 경전에 통달하고 정치의 큰 흐름을 알아 평일에 이를 외우고 토론하여 익혔을 것이니, 모두 진술하여 숨김이 없게 하라. 내가 장차 채택하여 시행하겠노라.[40]

– 세종 9/1427/3/16.

---

[40] 발췌 인용한 부분의 전문은 다음과 같다. 自古帝王之爲治, 必立一代之制度, 稽諸方策, 可見矣. 制田之法, 昉於何時? 夏后氏以貢, 殷人以助, 周人以徹, 僅見於傳記. 三代之法, 可行於今日歟? 秦廢井田, 漢因之, 文, 景之治, 幾於三代, 新莽復古, 百姓愁怨, 其故何也? 唐之租庸調, 取法於何代歟? 百姓賴以富庶, 先儒以爲近古, 其亦可施於後世歟? 皇明動遵古制, 而取用夏后之貢, 豈其行之便易歟?" 惟我太祖康獻大王, 化家爲國, 首正田制, 太宗恭定大王, 遹追先志, 懷保小民. 肆予寡昧, 嗣承丕基, 仰惟祖宗之訓, 期至隆平之治, 未得其道, 顧何修而致歟? 嘗聞致治之要, 莫先於愛民, 愛民之始, 惟取民有制耳. 今之取於民, 莫田制貢賦之爲重. 若田制則歲揀朝臣, 分遣諸道, 踏驗損實, 期於得中, 間有奉使者, 不稱了意, 不恤民隱, 予甚非之. 議者以爲徒擾州傳, 不若委之監司之爲愈. 又有以監司掎煩, 不暇兼此二者, 互相咎之, 未得其制. 意其別有可行之法歟? 損實踏驗, 苟循愛憎, 高下在手, 民受其害. 欲救斯弊, 當於貢助求之. 助法, 必井田而後行. 歷代中國, 尙且不能, 況我國山川峻險, 原隰回互, 其不可也明矣. 貢法載於《夏書》, 雖周亦助, 而鄕遂用貢, 但以其較數歲之中, 以爲常, 謂之不善, 用貢法而去. 所謂不善, 其道何由? 至於貢賦, 則古者任土作貢, 未嘗責其所無. 我朝嘗置都監, 酌國用經費之數, 議遠邇土物之宜, 詳定不爲不悉, 第以壤地偏小, 而用度浩繁, 故未克盡如古制. 邊海州郡, 或賦以山郡之産, 所貢非所産, 民甚病焉. 議者爭言: "悉移所産之地之便." 又有以爲: "分之, 尙且爲難, 倂則詎可能堪?" 將何以處之? 孟子曰: "仁政必自經界始." 有子曰: "百姓足, 君孰與不足!" 予雖凉德, 竊有志於斯焉. 子大夫通經術, 識治體, 講之於平日熟矣, 其悉陳無隱, 予將採擇而施用焉. –《세종실록》, 세종 9/1427/3/16.

실제 과거 논술 시험 답안이 무엇이 나왔는지는 알 수 없지만 백성의 고통을 구휼하고자 의견을 묻는 출제 의도가 명확한 만큼 절실하고도 매우 긴요한 많은 대안이 나오지 않았을까 생각해 본다.

이런 논술 시험 외에도 세종은 고민에 고민을 거듭하며 신하들과 숱한 토론을 거쳤다.

이 다음해인 세종 10년(1428) 1월 16일에 세종은 이렇게 말했다.

> 만약 토지 세금에 관한 공법을 한 번 시행하게 되면 풍년에는 많이 취하는 걱정은 비록 면할 수 있겠지마는, 흉년에는 반드시 근심과 원망을 면할 수 없을 것이니 어찌하면 옳겠는가.[41]　　　　　　　　　　　　－ 세종 10/1428/1/16.

결국 풍년이 들든 흉년이 들든 언제나 공평하게 해서 백성들의 부담을 최대한 줄이고자 하는 이런 고민 끝에 1430년 3월 5일 새로운 공법(토지세금법)에 대한 여론 조사를 지시하였던 것이다. 이날 토지 세금을 담당하는 호조에서 아뢰기를,

> "전하 관리들이 논밭을 직접 방문하여 농사 상태를 조사하여 세금을 매기다 보니 관리들의 근무 태도에 따라 세금이 달라 불만이 많았사옵니다. 어떤 관리는 농사 결과를 지나치게 부풀려 세금을 많이 걷고 어떤 관리는 그 반대인 경우도 있고 어떤 관리는 돈을 받고 세금을 줄여 주는 등 잘못이 많사옵니다. 땅의 크기에 따라 규칙적으로 세금을 매기시옵소서. 원컨대 논이나 밭 1결마다 조 10말을 거두게 하되, 다만 평안도와 함길도만은 1결에 7말을 거두게 하

41　若貢法一行, 則豊年雖免多取之患, 凶歲必不免愁怨, 如之何則可? －《세종실록》, 세종 10/1428/1/16.

여, 예전부터 내려오는 폐단을 덜게 하고, 백성의 생계를 넉넉하게 할 것이며, 그 태풍, 물난리, 가뭄 등으로 인하여 농사를 완전히 그르친 사람에게는 세금을 전부 면제하게 하소서."[42]

세종은 이런 건의를 받고 생각에 잠겼다. 관리가 땅과 곡식 수확량을 보고 제멋대로 판단하는 것은 막을 수 있지만 이렇게 똑같이 적용하다 보면 또 다른 문제가 생기지 않느냐는 것이다. 이런 생각을 신하들과 의논한 끝에 이렇게 명령을 내렸다.

정부 중앙 관청과 주요 관청, 지방 관청의 주요 관리, 일반 민가의 백성들까지 모두 가부를 물어 보고하라.[43]

이렇게 하여 여론 조사가 이루어지던 7월에도 토론이 이루어졌다. 먼저 여론 조사 책임자인 호조 판서 안순이 먼저 말했다.

일찍이 공법의 편의 여부를 가지고 경상도의 수령과 백성들에게 물어본즉, 좋다는 자가 많고, 좋지 않다는 자가 적었사오며, 함길·평안·황해·강원 등 각도에서는 모두들 불가하다고 한 바 있습니다.[44]

---

42 "每當禾穀踏驗之時, 或遣朝官, 或委監司, 欲以數多之田, 而及期畢審, 令鄕曲恒居品官爲委官, 委官書員等或所見不明, 或挾私任情, 增減損實, 又當磨勘之時, 文書汗漫, 官吏不能盡察, 姦吏乘間用謀, 換易施行, 非唯輕重失中, 其支待供億之費, 奔走之勞, 爲弊不貲. 請自今依貢法, 每一結收租十斗, 唯平安, 咸吉道, 一結收七斗, 以除舊弊, 以厚民生. 其因風霜水旱等災傷, 全失農者, 全免租稅." - 《세종실록》, 세종 12/1430/3/5.
43 命自政府六曹各司及京中前銜各品, 各道監司守令品官, 以至閭閻小民, 悉訪可否以聞. - 《세종실록》, 세종 12/1430/3/5.
44 戶曹判書安純啓: "曾以貢法便否, 訪于慶尙道守令人民, 可多否少, 咸吉, 平安, 黃海, 江原

라고 하니 세종이 말하기를,

> 백성들에게 좋지 않다면 이를 행할 수 없다. 그러나 농작물의 잘되고 못 된 것을 직접 찾아 조사할 때에 각기 제 주장을 고집하여 공정성을 잃은 것이 자못 많았고, 또 간사한 아전들이 잔꾀를 써서 부유한 자를 편리하게 하고 빈한한 자를 괴롭히고 있어, 내가 심히 우려하고 있다. 각도의 보고가 모두 도착해 오거든 그 공법의 편의 여부와 답사해서 폐해를 구제하는 등의 일들을 관리들로 하여금 깊이 의논하여 아뢰도록 하라.[45]　　　　　　　　　　－ 세종 12/1430/7/5.

세종은 신하들의 의견도 중요하지만 실제 여론 조사를 모두 듣는 게 중요했다. 세종은 특히 "백성들이 좋지 않다면 이를 행할 수 없다."고 힘주어 말했다.

이렇게 해서 장장 5개월간 조사 끝에 호조는 8월 10일, 17만여 명의 백성들이 투표에 참여하여, 9만 8,657명이 찬성, 7만 4,148명이 반대하였다고 보고한 것이다. 이런 결과 보고와 더불어 다양한 의견이 오고가며 끊임없이 토론이 이루어졌다.

> 공법은 오늘의 현실로 보아 행함직한 것으로 봅니다. 신이 민간에서의 가부의 의논을 듣자오니, 평야에 사는 백성으로 전에 납세를 중하게 하던 자는 모두 이를 즐겨서 환영하고, 산골에 사는 백성으로 전에 납세를 경하게 하던 자는 모두 이를 꺼려 반대하고 있사온데, 이는 각기 민심의 욕망에서 나온 것입

　　等道, 皆曰: '不可'." －《세종실록》, 세종 12/1430/7/5.
45　上曰: "民若不可, 則未可行之. 然損實踏驗之際, 各執所見, 頗多失中. 且奸吏用謀, 富者便之, 貧者苦之, 予甚慮焉. 各道所報皆到, 則貢法便否及踏驗救弊等事, 令百官熟議以啓."
　　－《세종실록》, 세종 12/1430/7/5.

니다. … 그러므로 좋다고 말하는 백성들에게는 그 뜻에 따라 공법을 행하고, 좋지 않다고 말하는 백성들에게는 그 뜻에 따라 전대로 수손급손법을 행하소서.[46]
  - 전 병조 판서 조말생·전 판목사 황자후 등

공법이 비록 좋긴 하오나 땅이 좋고 나쁨을 분별하지 않고 전부 행한다면, 백성들 사이에는 이를 좋아하는 사람이 있는 반면에 걱정하는 사람이 자연 있게 될 것입니다. 땅을 조사하여 좋고 나쁜 것을 분별하여 땅지도를 만든 뒤에, 공법을 시행할 만한 땅에는 공법을 시행하고, 그 나머지의 척박한 논밭으로 공법을 시행하기에 부적당한 땅은, 매해 반드시 경작자의 신고를 받고 답사답사하여 그 정도에 따라 법을 시행하여, 두 가지 법을 겸행토록 하소서.[47]
  - 전 동지총제 박초

먼저 경기의 한두 고을에 시험한 다음 각도에 모두 시행토록 하소서.[48]
  - 집현전 부제학 정인지

땅을 상·중·하로 나누고 '하' 땅은 다시 2등으로 나누어 1결마다 부담을 더 주거나, 혹은 10두를 감하거나 하게 하소서.[49]
  - 직제학 유효통

---

46 臣愚以爲今請貢法, 爲日之可行也. 臣聞民間可否之議, 平野居民, 前此納稅, 重者皆樂而可之, 山郡居民前此納稅, 輕者皆憚而否之, 是民心之所欲也 … 日可之, 民從其可, 而行貢法; 日否之, 民從其否, 而仍其舊行隨損給損之法. -《세종실록》, 세종 12/1430/8/10.

47 貢法雖善, 不分田之肥磽, 而悉以行之, 則民生自有憂喜矣. 分遣各道廉問計定使, 審其田分善惡, 分類成籍, 可爲貢法之田則以貢法施行, 其餘山田磽堉, 不宜貢法之田, 每年須考佃客告狀, 方許就審, 隨損給損, 兩法兼行. -《세종실록》, 세종 12/1430/8/10.

48 先於京畿一二州縣試驗, 然後遍行諸道. -《세종실록》, 세종 12/1430/8/10.

49 上中田外, 下田更分爲二等, 每於一結, 或加給負數, 或減十斗. -《세종실록》, 세종 12/1430/8/10.

먼저 산골과 평야 각 수십 개의 고을에 그 가부를 시험하게 하소서.⁵⁰
– 직전 안지

2등의 땅을 다시 조사해 정할 것 없이 매 등급마다 또 3등으로 나누어서 9등을 만들고는, 최고의 땅 세는 1결마다 조 16두를 내게 하고 한 등급에 1두씩을 줄여 주면 가장 안 좋은 땅에 가서는 다만 8두를 거두게 될 것이요, 평안·함길도는 다만 6등으로 만들고 가장 좋은 땅의 세를 1결에 11두를 거두고, 한 등급에 1두씩을 체감하면 가장 안 좋은 땅에 가서는 6두를 거두게 되어 거의 알맞게 될 것입니다.⁵¹
– 봉상시 주부 이호문

공법은 그 시행에 앞서 먼저 상·중·하 3등으로 전지의 등급을 나누지 않으면, 기름진 땅을 점유한 자는 쌀알이 지천하게 굴러도 적게 거두고, 척박한 땅을 가진 자는 거름을 제대로 주고도 세금마저 부족하건만 반드시 이를 채워 받을 것이니, 부자는 더욱 부유하게 되고, 가난한 자는 더욱 가난하게 되어, 그 폐단이 다시 전과 같을 것이오니, 먼저 3등의 등급부터 바로 잡도록 하소서.⁵²
– 집현전 부제학 박서생·전농 소윤 조극관·형조 정랑 정길흥

이외에도 다양한 의견이 이어졌다. 최종 찬성 쪽이 많았지만 반대쪽 견해도 많아 쉽게 이 제도를 시행할 수 없었다. 그래서 세종 18년(1436) 5월

---

50 先行於山谷平原各數十縣, 試其可否. –《세종실록》, 세종 12/1430/8/10.
51 二等之田, 更不改量, 每等又分爲三等, 作九等, 上上田稅, 每一結, 收租十六斗, 每等遞減一斗, 至下下田則只收八斗. 平安, 咸吉道則只分爲六等. 上上田稅一結, 收十一斗, 每等遞減一斗, 至下下田則收六斗, 庶爲得中. –《세종실록》, 세종 12/1430/8/10.
52 踏驗給損之法, 數多委官, 未盡得人, 或挾私失中, 有十常八九. 敬差官差使員等, 亦未得每處糾摘, 國有所損, 民受其弊, 其來尚矣. 然貢法, 不先分上中下三等田品, 則占膏田者, 粒米狼戾, 而寡取之, 得堉田者, 糞其田而不足, 則必取盈焉. 富者益富, 貧者益貧, 弊復如前. 先正三等田品. –《세종실록》, 세종 12/1430/8/10.

21일, 황희 등을 불러서 다시 공법을 의논하게 하였다. 그러나 이때도 결론을 못 내리고 세종은 이렇게 말한다. "이 일은 경솔하게 할 것이 못 되니, 내일 다시 의논하겠다."[53] 하였다.

4. 드디어 신중히 단계별로 시행되는 공법

세종 18년(1436) 윤6월 15일에는 공법상정소(貢法詳定所)를 두고 계속 논의한 끝에 10월 5일 각 도를 3등으로 나누어서 하되, 경상·전라·충청도를 상등으로 하고, 경기·강원·황해도를 중등으로 하며, 평안·함길도를 하등으로 하고, 토지의 품등은 한결같이 3등으로 나누어, 지나간 해의 손실수와 경비의 수를 참작해서 세금을 정하는 방안이 논의되었으나 역시 전면적 시행은 하지 못했다.

세종 19년(1437) 7월 9일에 세종은 이렇게 말한다.

… 앞 줄임 … 내가 항상 공법을 행하고자 하여 몇 해 동안의 중간 수량을 참작해 답험하는 폐단을 없애버리고, 여러 대소 신료로부터 서민에 이르기까지 물어보았는데, 원하지 않는 자가 적고 행하기를 원하는 자가 많으니, 백성들의 지향하는 바를 가히 알았다. 그러나 조정의 논의가 분분해서 잠정적으로 그대로 두고 행하지 않은 지 몇 해가 되었다. 이제 생각해 보니, 이 공법은 원래 성인의 제도인데, 용자(龍子)[맹자 시대의 사람]가 비록 말하기를, '공법보다 좋지 않은 법이 없다.' 했으나, 선유들은 말하기를, '우나라의 공법은 다른 등급에서 섞여 나왔으므로 일정한 수량이 있는 것이 아니었으며, 주나라의 공법은 연사의 상하

---

53 此事匪輕, 明日當更議之. -《세종실록》, 세종 18/1436/5/21.

를 보아 거둬들이는 법을 만들었으니, 그 폐단이 용자의 말한 데까지 이르지는 않았으나, 곧 뒷세상 제후들의 공법을 쓰면서 폐단이 되었다.' 하니, 이로 보건대, 공법의 좋고 나쁜 것도 역시 분간할 수 있겠다. 또 우리나라는 토지가 메말라 10분의 1의 수량도 역시 다소 과중한 것같이 생각된다. 그대들 호조에서는 전대의 폐단이 없었던 법을 상고하고, 이 뒷세상에 오래도록 행할 만한 방법을 참작하여, 아울러 행할 사목들을 세밀하게 마련해 아뢰라."[54]

이에 대해 호조에서는 다음과 같이 보고했다.

멀리는 옛 제도를 상고하고 가까이는 시대에 적당한 것을 살펴 몇 해 동안의 중간 수량을 비교해 일정한 법을 만들었습니다. 대개 옛날에 토지를 맡기고 토질을 분별하던 제도를 본떠서, 먼저 여러 도(道)의 토지 품등을 3등급으로 정합니다. 경상·전라·충청도는 상등으로 삼고, 경기·강원·황해도 3도는 중등으로 삼고, 함길·평안 2도는 하등으로 삼으며, 또 본디 정했던 전적(田籍)의 상·중·하 3등에 의해 그대로 토지의 품질을 나눕니다. 각 도의 등급과 토지 품질의 등급으로써 수세하는 수량을 정합니다. 상등도(上等道)의 상등수전(上等水田)은 매 1결마다 조미 20두, 한전(旱田)은 매 1결마다 황두(黃豆) 20두로 하고, 중등수전(中等水田)은 매 1결마다 조미 18두, 한전은 매 1결마다 황두 18두로 하고, 하등수전(下等水田)은 매 1결마다 조미 16두, 한전은 매 1결마다 황두 16두로 하며, 중등도(中等道)의 상등 수전은 매 1결마다 조미 18두, 한전은 매 1결마다 황두 18두로 하고, 중등 수전은 매 1결마다 조미 16두, 한

---

[54] … 予常欲行貢法, 酌數歲之中, 以除踏驗之弊, 訪諸大小臣僚, 以至庶民, 不願者少, 願行者多. 民之志向可知. 然朝論紛紜, 姑寢不行者有年矣. 以今思之, 此法, 元是聖人之制, 龍子雖曰: '莫不善於貢.' 然先儒以爲: '禹之貢法, 錯出他等者, 不在常數, 周之貢法, 視年上下, 以出斂法, 其弊不至如龍子之言, 乃後世諸侯用貢法之弊耳.' 以此觀之, 貢法之善否, 亦可辨矣. 且我國土地磽埆, 什一之數, 亦疑稍重. 惟爾戶曹稽前代無弊之法, 酌後來可久之道, 合行事目, 備細磨勘以聞. -《세종실록》, 세종 19/1437/7/9.

전은 매 1결마다 황두 16두로 하고, 하등 수전은 매 1결마다 조미 14두, 한전은 매 1결마다 황두 14두로 하며, 하등도의 상등 수전은 매 1결마다 조미 16두, 한전은 매 1결마다 황두 16두로 하고, 중등 수전은 매 1결마다 조미 14두, 한전은 매 1결마다 황두 14두로 하고, 하등 수전은 매 1결마다 조미 12두, 한전은 매 1결마다 황두 12두로 하며, 제주(濟州)의 토지는 등급을 나누지 않고 수전이나 한전이나 매 1결마다 10두로 정합니다. 이렇게 하면 옛날 10분의 1을 받는 법과 비슷하며, 조선 개국 초기의 수세하던 수량보다 대개 많이 경(輕)하게 됩니다. 또 그 가운데 전체가 묵은 토지와, 1호의 경작한 것이 전체가 감손된 것은 전주(田主)로 하여금 진고하게 허락하여, 수령이 친히 살펴보고 그 조세를 면하게 합니다. 천반포락(川反浦落)의 토지도 역시 전주로 하여금 진고하게 하여, 수령이 친히 살펴보고 그 전적을 감해 줍니다. 이렇게 하면 옛날 하(夏)나라·주(周)나라에서 다른 등급에서 섞여 나온 것과, 연사를 보아 조세를 받던 유의(遺意)가 있게 되며, 용자(龍子)가 말한 폐단이 되는 법이 아닌 것 같습니다. 그 원적(元籍)에 기록된 수전과 한전은 뒤에 비록 서로 번경(反耕)하는 일이 있더라도 다시 양전하기 전에는 다시 심검(審撿)하는 것을 허락하지 말고, 모두 원적에 따라 수조(收租)합니다. 가경전(加耕田)은 역시 수령으로 하여금 해마다 친히 심검해서 전적(田籍)에 계속 기록하게 하고, 아무 이유 없이 2년을 전체를 묵힌 자는 다른 사람에게 급여하는 것을 허락합니다. 만약 진손(陳損)·천반(川反)[천반포락]이 있어 심검(審撿)이 불실(不實)하거나, 가경전(加耕田)을 때에 따라 계속 기록하지 않으며, 수령은 법으로 규찰해 다스릴 것입니다. 대개 이런 제도가 한번 서게 되면, 사람들은 모두 미리 조세 바칠 수량을 알아 스스로 부세(賦稅)하게 되므로 번거롭지 않을 것입니다. 한 사람의 아전이 나가도 종이 한 장의 경비도 들지 않으나, 세법은 만세에 행해질 것입니다. 비록 흉년을 당해 혹시 약간 과중하다는 의논이 있으나, 풍년에 바치는 것이 이미 경했으니, 역시 이것으로 저것을 갚을 수 있습니다. 전날 소요하던 폐단과 명색 없는 비용이 가히 영구히 없어질 것입니다. 백성들의 이익이 많아져 거의 현실에 마땅하며, 공사 간에 편리하여 옛날 공법의 좋은 점에 합치할 것이니, 이것으로써 일정한 법식으로 정하소서.[55]

이렇게 논의를 거듭한 끝에 세종 20년(1438) 7월 11일에는 하삼도에 우선 공법을 실시하여 더욱 철저한 검증 과정을 거친다.

안순(安純)·신개(申槩)·조계생(趙啓生)·하연(河演)·심도원(沈道源)·황보인(皇甫仁)·유계문(柳季聞)·우승범(禹承範)·안숭선(安崇善) 등을 불러 다시 의논하게 하니, 순(純)·개(槩)·계생(啓生)·연(演)·도원(道源)·인(仁)·계문(季聞) 등은 의논하기를, "공법(貢法)에 대한 편리 여부는 이미 물었으니, 우선 경상·전라 양도에 그 편익(便益)을 시험하소서." 하고, 승범(承範)과 숭선(崇善) 등은 말하기를, "대사(大事)를 도모하는 자는 여러 사람과 더불어 모의하지 않는다 합니다. 우선 앞서 정한 법을 전라·경상 양도에 시험하소서." 하니, 드디어 이로써 논의를 확정짓고[遂定議], 경상·전라 양도(兩道)에 공법을 시험하게 하였다.[56]

---

[55] 遠稽古制, 近察時宜, 較數歲之中, 成一定之法, 略倣古者任土辨壤之制, 先定諸道之土品有三等. 慶尚, 全羅, 忠淸道爲上等, 京畿, 江原, 黃海三道爲中等, 咸吉, 平安二道爲下等. 又據素定田籍上中下三等, 仍分田品, 以各道與田品之等第, 定收稅之數. 上等道上等水田每一結糙米二十斗, 旱田每一結黃豆二十斗; 中等水田每一結糙米十八斗, 旱田每一結黃豆十八斗; 下等水田每一結糙米十六斗, 旱田每一結黃豆十六斗. 中等道上等水田每一結糙米十八斗, 旱田每一結黃豆十八斗; 中等水田每一結糙米十六斗, 旱田每一結黃豆十六斗; 下等水田每一結糙米十四斗, 旱田每一結黃豆十四斗. 下等道上等水田每一結糙米十六斗, 旱田每一結黃豆十六斗; 中等水田每一結糙米十四斗, 旱田每一結黃豆十四斗, 下等水田每一結糙米十二斗, 旱田每一結黃豆十二斗. 濟州之田, 無分等第, 水田旱田每一結, 以十斗爲定. 如此則比古者什一之法與國初收稅之數, 蓋又太輕矣. 又其中全陳之田及一戶所耕皆全損者, 許令田主告之, 守令親審, 免其租稅; 川反浦落之田, 亦令田主告之, 守令親審, 減其田籍. 如此則有夏, 周錯出他等及視年以斂之遺意, 非若龍子所言之弊法也. "其元籍所錄水田旱田, 後雖互相反耕, 改量之前, 勿許更審, 皆從元籍收租; 加耕之田, 亦使守令每歲親審, 續錄田籍, 無故二年全陳者, 許給他人. 如有陳損川反, 審檢不實, 加耕之田, 不時續錄, 則守令糾理以法. 蓋此制一立, 則人皆預知納租之數而自ані, 不煩一吏之出, 不費一紙之文, 而稅法行於萬世. 雖當歉年, 或有稍重之議, 然豐年所收旣輕, 則亦可以此償彼. 向者騷擾之弊, 無名之費, 可以永絶, 民之所利居多, 庶幾宜於今而便於公私, 合於古者貢法之善. 以此定爲恒式. -《세종실록》, 세종 19/1437/7/9.

백성의 뜻을 바로 세운 토지세(공법) 299

[그림 18] 전제상정도[세종 25년(1443) 11월 13일]
(김학수 그림, 세종대왕기념사업회 소장)

이런 검증 작업을 거쳐 세종 25년(1443) 11월 2일, 드디어 호조에 공법을 실시할 방도를 묻고 이를 온 백성에게 알릴 것을 지시하였다. 11월 13일에는 세종은 전제상정소를 설치하였다. 이 기관을 얼마나 중요하게 여겼는지는 담당 관리를 보면 알 수 있다. 훗날 세조가 되는 진양대군 유(瑈)로 도제조(都提調)를 삼고, 의정부 좌찬성 하연(河演)·호조판서 박종우(朴從愚)·지중추원사 정인지(鄭麟趾)를 제조로 삼았다.

세종이 전제상정소(田制詳定所) 관리들에게 땅의 비옥도에 따라 풍흉에 따라 조세법을 정하도록 하고 충청도, 경상도, 전라도 6고을에 시행하기 위한 구체적인 방안을 올리라고 한다.

---

56 召安純, 申槩, 趙啓生, 河演, 沈道源, 皇甫仁, 柳季聞, 禹承範, 安崇善等更議, 純, 槩, 啓生, 演, 道源, 甫仁, 季聞等議曰:"貢法便否, 旣以訪問, 姑於慶尙, 全羅兩道試驗便益." 承範, 崇善曰:"圖大事者不謀於衆, 姑試曾定之法於全羅, 慶尙兩道." 遂定議, 令於慶尙, 全羅兩道, 試用貢法. -《세종실록》, 세종 20/1438/7/11.

이때 전제상정소에 올린 취지가 지금 읽어도 가슴 뭉클하다. 옛날 제도대로 한다면 땅의 비옥도를 정확히 고려하지 않았기 때문에 부자는 더욱 부자가 되고 가난한 자는 더욱 가난하게 되니, 심히 옳지 못하다고 하면서 등급에 따라 나눈다면 조세도 고르게 될 것이라고 말한다. 합리적인 토의 과정이 있었기에 관리들도 세종의 조세 제도에 대한 신념에 소신을 갖고 따른 것이다. 이렇게 하여 올린 구체적인 안의 일부를 보면 이 조세 제도가 얼마나 치밀하게 설계되었는지를 알 수 있다. 그만큼 과학적인 조세 제도임도 증명해 주는 것이다.

연분(年分)을 9등으로 나누고 10분 비율로 정하여 전실(全實)을 상상년(上上年)으로 하고, 9분실(九分實)을 상중년(上中年), 8분실(八分實)을 상하년(上下年), 7분실을 중상년(中上年), 6분실을 중중년, 5분실을 중하년, 4분실을 하상년, 3분실을 하중년, 2분실을 하하년으로 하여, 상중년(上中年)이 된 1등 전지의 조세는 27말, 2등 전지의 조세는 22말 9되, 3등 전지의 조세는 18말 9되, 4등 전지의 조세는 14말 8되, 5등 전지의 조세는 10말 8되, 6등 전지의 조세는 6말 7되이고, 상하년(上下年)이 된 1등 전지의 조세는 24말, 2등 전지의 조세는 20말 4되, 3등 전지의 조세는 16말 8되, 4등 전지의 조세는 13말 2되, 5등 전지의 조세는 9말 6되, 6등 전지의 조세는 6말이며, 중상년(中上年)이 된 1등 전지의 조세는 21말, 2등 전지의 조세는 17말 8되, 3등 전지의 조세는 14말 7되, 4등 전지의 조세는 11말 5되, 5등 전지의 조세는 8말 4되, 6등 전지의 조세는 5말 2되이고, 중중년(中中年)이 된 1등 전지의 조세는 18말, 2등 전지의 조세는 15말 3되, 3등 전지의 조세는 12말 6되, 4등 전지의 조세는 9말 9되, 5등 전지의 조세는 7말 2되, 6등 전지의 조세는 4말 5되이고, 중하년이 된 1등 전지의 조세는 15말, 2등 전지의 조세는 12말 7되, 3등 전지의 조세는 10말 5되, 4등 전지의 조세는 8말 2되, 5등 전지의 조세는 6말, 6등 전지의 조세는 3말 7되이며, 하상년(下上年)이 된 1등 전지의 조세는 12말, 2등 전지의 조세는 10말 2되, 3등 전지의 조세는 8말 4되, 4등 전지의 조세는 6말 6되, 5등 전지의 조세는 4말 8되, 6등 전지의 조세는 3말이고, 하중년(下中年)이 된 1등 전지의 조세는 9말, 2등 전지의 조세는 7말 6되, 3등 전지의 조세는 6말 3되, 4등 전지의 조세는 4말 9되, 5등 전지의 조세는 3말 6되, 6등 전지의 조세는 2말 2되이고, 하하년(下下年)이 된 1등 전지의 조세는 6말, 2등 전지의 조세는 5말 1되, 3등 전지의 조세는 4말 2되, 4등 전지의 조세는 3말 3되, 5등 전지의 조세는 2말 4되, 6등 전지의 조세는 1말 5되이다.[57] － 세종 26/1444/11/13.

이런 등급 나누기에도 당연히 과학이 반영되었다. 과학적으로 만든 표준자인 주척을 사용하여 실제수확량을 근거로 전분6등법을 제정하고 공법 시행에 따른 세금 추이를 계량적으로 조사하여 전분9등법의 세금 등급을 결정하였다.

이렇게 법을 시행한 뒤에는 단호하게 집행해 나갔다. 한 달 뒤인 1443년 12월 17일, 좌정언 윤면이 흉년으로 공법의 수정을 제안했으나 세종은 "이

---

[57] 年分分爲九等, 十分爲率, 全實爲上上年, 九分實爲上中, 八分實爲上下, 七分實爲中上, 六分實爲中中, 五分實爲中下, 四分實爲下上, 三分實爲下中, 二分實爲下下. 上中年一等田稅二十七斗, 二等田稅二十二斗九升, 三等田稅十八斗九升, 四等田稅十四斗八升, 五等田稅十斗八升, 六等田稅六斗七升. 上下年一等田稅二十四斗, 二等田稅二十斗四升, 三等田稅十六斗八升, 四等田稅十三斗二升, 五等田稅九斗六升, 六等田稅六斗. 中上年一等田稅二十一斗, 二等田稅十七斗八升, 三等田稅十四斗七升, 四等田稅十一斗五升, 五等田稅八斗四升, 六等田稅五斗二升. 中中年一等田稅十八斗, 二等田稅十五斗三升, 三等田稅十二斗六升, 四等田稅九斗九升, 五等田稅七斗二升, 六等田稅四斗五升. 中下年(二)等田稅十五斗, 二等田稅十二斗七升, 三等田稅十斗五升, 四等田稅八斗二升, 五等田稅六斗, 六等田稅三斗七升. 下上年一等田稅十二斗, 二等田稅十斗二升, 三等田稅八斗四升, 四等田稅六斗六升, 五等田稅四斗八升, 六等田稅三斗. 下中年一等田稅九斗, 二等田稅七斗六升, 三等田稅六斗三升, 四等田稅四斗九升, 五等田稅三斗六升, 六等田稅二斗二升. 下下年一等田稅六斗, 二等田稅五斗一升, 三等田稅四斗二升, 四等田稅三斗三升, 五等田稅二斗四升, 六等田稅一斗五升. －《세종실록》, 세종 26/1444/7/11.

미 대신과 더불어 익히 의논하여 정하였으니, 다시 말하지 말라.[58]"라고 받아들이지 않았다.

5. 맺음말

세종 시대 공법에 대한 평가는 이미 조선시대 때 충분히 이루어졌다. 성종 5년에 조석문은 "세종께서 이 폐단을 깊이 염려하여 공법을 작정하시어, 전분6등과 연분9등으로 하여 먼저 하삼도의 전지를 헤아려 공법으로 거두었는데, 백성이 다 편리하게 여겼고, 다른 도의 백성도 그것을 원하였습니다. 참으로 만세토록 지켜서 시행해야 할 법이니, 가벼이 고칠 수 없습니다.[59]"라고 했던 것이다.

세종 시대 공법을 가장 치밀하게 조사 연구한 바 있는 오기수 님은 다음과 같이 평가하고 있다.

> 세종대왕이 만든 공법은 양반 계급시대에 일반 백성을 위한 조세 과학화와 선진화의 토대를 마련하면서, 군주시대 세계의 역사에서 그 누구도 할 수 없는 과거 시험에 공법 문제의 출제, 공법에 대한 여론 조사와 시범실시, 17년 간 조정에서의 논의를 거쳐 민주적으로 완성된 조세법이다.
> – 오기수(2016), 「세종 공법(貢法)의 위대한 역사적 가치」, 『세종학연구』 16, 세종대왕기념사업회, 128쪽.

---

58 已與諸大臣熟議而定, 其勿復言. -《세종실록》, 세종 25/1443/12/17.
59 世宗深軫此弊, 酌定貢法, 田分六等, 年分九等, 先量下三道之田, 以貢法收, 民皆便之, 他道之民亦願之. 誠萬世遵行之法, 不可輕改. -《성종실록》, 성종 5/1474/7/24.

공법은 단순한 법이 아니었다. 백성들의 먹고 사는 문제였다. 모든 백성들에게 공평하면서도 가난한 백성들이 세금으로 인해 피해를 보지 않도록 백성들과 직접 소통했던 세종, 이런 정신이 있었기에 진정한 소통의 문자 훈민정음도 나올 수 있었다.

세종의 영토 정책, 4군 6진 개척과 그 의미

1. 머리말

한반도 국경선의 확정은 대한민국 역사에서 가장 중요한 업적 중 하나로, 세종대왕의 치세 동안 이루어진 4군 6진 개척은 오늘날 우리가 인식하는 한반도의 영토적 정체성을 형성하는 데 결정적인 역할을 했다. 대내외적 위기에 직면했던 조선 초기, 세종은 단순한 국경 방어를 넘어 한반도 북방 영토에 대한 역사적 정통성과 지리적 합리성을 바탕으로 한 체계적인 영토 정책을 추진했다. 본 연구에서는 세종의 영토 정책, 특히 압록강과 두만강을 경계로 한 4군 6진 개척의 역사적 과정과 그 의미를 살펴보고자 한다.

세종의 영토 정책은 단순한 군사적 확장이 아닌, 역사적 정통성의 회복과 지리적 합리성을 바탕으로 한 것이었다. 그는 "백두산 근처에 한 지역이 있는데, 명나라 태조 고황제가 고려에 예속시켰다"며 백두산을 중심으로 한 자연 지리적 경계선을 확립하고자 했다. 또한 "자고로 제왕들은 국토를 개척하여 나라의 근본으로 삼는 일을 소중하게 여기지 않은 이가 없었음"을 강조하며, 영토의 경계를 분명히 하는 것이 통치자의 중요한 책무임을 천명했다.

이러한 철학적 기반 위에 세종은 최윤덕, 김종서와 같은 뛰어난 무장들과 긴밀한 협업을 통해 여진족과의 전략적 대응, 체계적인 국경 수비 체계 구축, 그리고 정착민 이주 정책 등 종합적인 접근으로 영토 정책을 추진했다. 본 연구에서는 그 구체적인 과정과 융합 인문학적 의미를 탐색하고, 오늘날 우리에게 주는 시사점을 살펴보고자 한다.

2. 나라다움의 경계, 영토와 국방

2018년 9월 20일. 남녘의 문재인 대통령과 북녘의 김정은 국무위원장이 백두산에 함께 올랐을 때 마침 세종실록을 공부하고 있던 때라 세종의 말이 떠올랐다. 세종 14년 때인 1432년 4월 12일 실록 기록을 보면, 세종은 함길도에 대해 논의하는 과정에서 "백두산 근처에 한 지역이 있는데, 명나라 태조 고황제가 고려에 예속시켰다. 내가 《지리지(地理志)》를 보니 옛성의 한 터가 백두산 앞에 가로놓여 있는데, 이것이 그 땅이 아닌지 의심된다. 마땅히 찾아내어 우리나라 경계로 삼아야 하겠다."60라고 하고 있다. 백두산은 한반도의 시원지면서 우리나라 경계의 상징이기 때문이다. 이런 의지에 따라 완성된 것이 4군 6진 개척이었다.

세종 때 오늘날 한반도 국경선이 완성되었다는 것은 훈민정음 창제·반포에 버금가는 세종 업적으로 평가되지만 훈민정음 업적과 다른 점은 전쟁터를 지킨 백성들과 신하들과의 철저한 토론, 백성 이주 정책과 같은 제도적 노력, 최윤덕, 김종서와 같은 참모진들과의 철저한 협업을 통해

60　白頭山近處有一地, 太祖高皇帝屬高麗. 予看地理志, 有一古城之基, 衡於白山之前, 疑是其地, 須知爲我國之疆可也. -《세종실록》, 세종 14/1432/4/12.

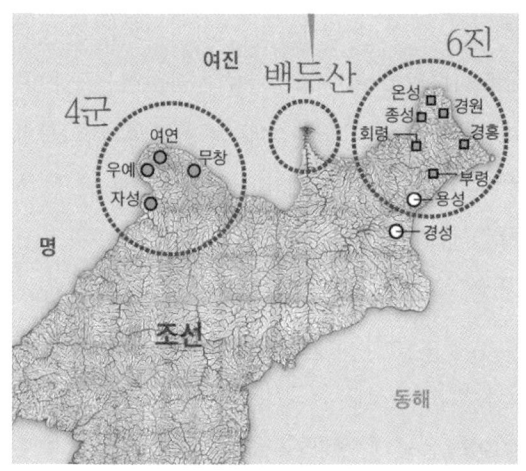

[그림 1] 4군 6진도

이룩되었다는 점이다. 이런 측면에서 더욱이 "유명조선국(有明朝鮮國)"이라고 명나라와의 사대를 공식 문서에 명기해야 할 만큼 강력했던 명나라와의 관계 속에서 이룩한 국경 정비 작업이었기에 더욱 빛이 난다. 이러한 복잡한 국제 정세 속에서 어떻게 이런 대업을 완수할 수 있었는지 그 역사적 과정과 의미를 되짚어 볼 필요가 있다. 구체적으로 4군 6진 개척을 어떤 관점에서 바라보아야 하는가이다. 세종 영토관의 역사적 의미를 어떻게 부여할 것인가?

이 분야의 두드러진 업적으로는 "송병기(1964), 「세종조 양계행성 축조에 대하여」, 『사학연구』 8, 역사학연구회, 189~206쪽"으로 연구가 시작된 이래 "홍이섭(1971), 『세종대왕』, 세종대왕기념사업회"에서 짜임새 있게 정리되었다. 이는 "이해철(1985), 『세종 시대의 국토방위』, 세종대왕기념사업회" 단행본이 나오는 기반이 되었다. 박현모(2010)의 「세종의 변경관(邊境觀)과 북방영토경영 연구」, 『정치사상연구』 13권 1호, 한국정치사상학회, 31~

52쪽은 영토 확장 과정을 체계적으로 정리하여 "박현모(2008), 『세종처럼: 소통과 헌신의 리더십』, 미다스북스"와 "박현모(2014), 『세종이라면: 오래된 미래의 리더십』, 미다스북스"에서 대중적 필체로 풀어냈다. "박창희 역주(2015), 『역주 용비어천가: 완역대역본 상, 하』, 한국학중앙연구원출판부"는 세종의 국토관과 지리에 대한 풍부한 주석이 들어 있는 용비어천가 완역판이라 이 분야 연구에 요긴하게 쓰인다.

3. 세종의 국방 정책에 대한 관점: 인문학적 국토관

세종은 단지 조선의 임금으로서가 아니라 단군의 후손으로서 국토를 바라보았다. 1433년 4월 26일(세종 15년 37세) 최윤덕 등이 15,000명의 원정군을 이끌고 압록강변의 여진족 이만주(李滿住)를 토벌했던 해에 세종이 병조에 내린 교지를 읽어 보자.

> 옛날부터 제왕들은 국토를 개척하여 나라의 근본으로 삼는 일을 소중하게 여기지 않은 이가 없었음은, 역사책을 상고하여 보면 분명하게 알 수 있다. 또 우리나라는 북쪽으로 두만강을 경계로 하였으니, 하늘이 만들고 땅이 이루어 놓은 험하고 견고한 땅이며, 힘차게 잘 지켜내 이룩한 경계였다.[61]
>
> — 세종 15/1433/4/26.

한 나라의 임금이 나라의 영토를 분명히 하고 잘 지켜내는 것은 임금

---

61 自古帝王, 莫不重興王之地, 以爲根本, 考諸史冊, 班班可見. 且我國家北界豆滿江, 天造地設, 雄藩衛而限封域. —《세종실록》, 세종 15/1433/4/26.

의 중요한 책무라는 것이다. 두만강을 경계로 하는 우리 영토 문제는《용비어천가》주석에 자세히 나와 있다.

경원부(慶源府) 서쪽에 장백산이 있는데 일명 백두산이다. 백두산은 세 층으로 이뤄져 있고 정상에는 큰 못이 있다. 남쪽으로 흐르는 줄기는 압록강, 북쪽으로 흐르는 줄기는 소하강(蘇下江), 동쪽으로 흐르는 줄기는 두만강이라 한다. – 뒤 줄임62

동북 6진 위쪽에 있는 경원부는 왕업의 기초를 닦는 곳으로 태조 때부터 매우 중요하게 여겼는데 여진족의 침입으로 제대로 왕업의 터로서 굳건히 다지지 못했고 이를 세종 15년에 와서야 제대로 다지게 된 것이다.63
백두산을 중심으로 하는 우리 국토에 대한 자세한 지형은《세종실록지리지》에 다음과 같이 자세히 나온다.

두만강을 건너 10리 되는 넓은 들 가운데에 큰 성이 있으니, 곧 현성(縣城)이다. 안에 6개의 우물이 있다. 그 북쪽으로 90리 되는 곳의 산상(山上)에 옛 석성(石城)이 있으니, 이름이 '어라손참(於羅孫站)'이다. 그 북쪽으로 30리에 허을손참(虛乙孫站)이 있고, 그 북쪽으로 60리에 유선참(留善站)이 있으며, 그 동북쪽으로 70리에 토성기(土城基)가 있으니, 곧 거양성(巨陽城)이다. 안에 돌기둥 둘이 있으니, 예전에 종(鍾)을 달던 곳이다. 종의 높이가 3척, 지름이 4척이 넘었

---

62 《용비어천가》1권 4장, 번역은 "박창희 역주(2015), 『역주 용비어천가: 완역대역본 상』, 한국학중앙연구원출판부, 55쪽" 참조.
63 태조께서 처음으로 공주(孔州)에 경원부(慶源府)를 설치하였고, 태종께서 경원부의 관청을 소다로(蘇多老)에 옮겼으니, 다 왕업 기초를 시작한 땅을 중하게 여겼기 때문일 것이다.(太祖始置慶源府于孔州, 太宗移府治于蘇多老, 皆所以重肇基之地也.) –《세종실록》, 세종 15/1433/4/26.

다. 일찍이 경원(慶源) 사람인 유성(庾誠)이란 자가 그 성(城)에 가서 그 종을 부수어서 말 9마리에 싣고 왔는데, 겨우 10분의 1에 지나지 않았었고, 따라갔던 사람 30여 명이 모두 죽었다. 그 나머지 쇠붙이는 풀숲 가운데 버려져 있었으나, 누가 감히 가져가지 못하고 있다. 그 성은 본래 고려 대장(大將) 윤관(尹瓘)이 쌓은 것이다. 거양에서 서쪽으로 60리를 가면 선춘현(先春峴)이니, 곧 윤관이 비(碑)를 세운 곳이다. 그 비의 4면에 글이 새겨져 있었으나, 호인(胡人)이 그 글자를 깎아 버렸는데, 뒤에 사람들이 그 밑을 팠더니, '고려지경(高麗之境)'이라는 4자가 있었다. 선춘현(先春峴)에서 수빈강(愁濱江)을 건너면 옛 성터[城基]가 있고, 소다로(所多老)에서 북쪽으로 30리를 가면 어두하현(於豆下峴)이 있으며, 그 북쪽으로 60리에 동건리(童巾里)가 있고, 그 북쪽으로 3리쯤의 두만강탄(豆滿江灘)을 건너서 북쪽으로 90리를 가면 오동 사오리참(吾童沙吾里站)이 있으며, 그 북쪽으로 60리에 하이두은(河伊豆隱)이 있고, 그 북쪽으로 1백 리에 영가 사오리참(英哥沙吾里站)이 있으며, 그 북쪽으로 소하강(蘇下江) 가에 공험진(公險鎭)이 있으니, 곧 윤관(尹瓘)이 설치한 진(鎭)이다. 남쪽으로 패주(貝州)·탐주(探州)와 인접(隣接)하였고, 북쪽으로 견주(堅州)와 접(接)해 있다. 영가 사오리(英哥沙吾里)에서 서쪽으로 60리를 가면 백두산(白頭山)이 있는데, 산이 대개 3층으로 되었다. 꼭대기에 큰 못이 있으니, 동쪽으로 흘러 두만강(豆滿江)이 되고, 북쪽으로 흘러 소하강(蘇下江)이 되고, 남쪽으로 흘러 압록(鴨綠)이 되고, 서쪽으로 흘러 흑룡강(黑龍江)이 된다.

― 《세종실록》 166권, 함길도 길주목 경원 도호부(온라인 번역문)

상세한 답사기 같은 인문 지리지가 작성되었다는 것 자체가 영토에 대한 역사적, 문화적 인식을 철저히 하고 있음을 잘 보여준다. 이 기록은 경원 지역을 단순하게 설명하는 수준이 아니라 윤관에 의해 개척되었던 역사까지 그 뿌리를 기록하고 있다.

그렇다고 영토 정비 정책이 결코 힘에 의한 정복 전쟁이 아님도 분명히 하고 있다. 곧 "삼가 조종으로부터 물려받은 천험(天險)의 국토를 지키고,

변방 백성들의 교대로 수비하는 노고(勞苦)를 조금이나마 덜어 주고자 할 뿐이니, 큰일을 좋아하고 공(功) 세우기를 즐겨하여 국경을 열어 넓히려는 것과는 다르다.(謹守祖宗天險之封疆, 少寬邊民迭守之勞苦, 非好大喜功, 開斥境土之 比"-《세종실록》, 세종 15/1433/11/21.)라고 하고 있기 때문이다.

세종은 일본의 임진왜란과 같은 타민족 학살 전쟁이 아닌 합리적 국제 질서를 위해 4군 6진 전쟁을 수행한 것이다. 그래서 사민 정책을 통해 사람이 사는 진정한 땅이 되게 하였고 토관 제도를 통해 지방 정치의 합리성을 꾀했다. 이 또한 평생을 야전 군인으로 살아온 최윤덕과 문무를 겸비한 김종서와 같은 참모진을 잘 거느려 가능했다.

세종의 영토관 또는 영토 정책이 단지 4군 6진과 같은 전쟁으로만 완성된 것은 아니다. 세종은 세종 7년(1425)에 《경상도지리지》와 같은 지역 지리지를 완성하였고 세종 14년(1432)에는 《신찬팔도지리지》를 완성한다. 물론 이 책은 전하지 않지만 세종 사후에 편찬되어 《세종실록》에 실리는 《세종실록지리지》를 통해 그 흔적을 가늠해 볼 수 있다. 이러한 지리지에는 다음과 같이 인구, 인적 자원, 공물, 약재 등을 상세하게 기록하고 있다.

> 호수가 1만 4천 7백 39호요, 인구가 6만 6천 9백 78명이다.
> 군정(軍丁)은 익속군(翼屬軍)이 4천 4백 72명이요, 선군(船軍)이 9백 69명이요, 수성군(守城軍)이 5백 16명이다. - 가운데 줄임 - 공물(貢物)은 표범가죽·금·곰가죽·아양사슴가죽[阿羊鹿皮]·노루가죽·삵괭이가죽·여우가죽·표범가죽·여우꼬리·사슴뿔·아양사슴뿔·소유(酥油)·밀[黃蠟]·말린 돼지고기[乾猪]·대구·연어·고등어·전복·미역·다시마[多絲]·곤포(昆布)·해태(海帶)·녹반(綠磻)·잇·지초·벚나무껍질이다.
> 약재는 곰쓸개·녹용·사향(麝香)·우황(牛黃)·호경골(虎脛骨)·굴조개[牡蠣]·말벌집·송진·안식향(安息香)·오배자(五倍子)·오미자·측백나무열매·산이스랏

씨·살구씨·가래열매[椒實]·복령·철쭉·오갈피·모란뿌리껍질[牧丹皮]·뽕나무뿌리껍질[桑白皮]·솜대잎[淡竹葉]·물푸레나무껍질[榛皮]·느릅나무껍질[榆皮]·황경나무껍질[蘗皮]·마뿌리[山藥]·작약(芍藥)·당귀(當歸)·두릅뿌리[獨活]·버들옷[大戟]·장군풀[大黃]·삽주뿌리[蒼朮]·삽주덩이뿌리[白朮] – 뒤줄임

— 《세종실록지리지》 함길도편(온라인 세종실록)

구성원들에 대한 자세한 파악부터 기초 의학서 구실까지 겸하게 만든 이런 세종 시대 지리지를 통해 세종이 나라 땅을 어떤 관점에서 바라보았는지를 더 잘 알 수 있다.

4. 4군 개척 과정

사군이란 서북쪽의 여연(閭延)·자성(慈城)·무창(茂昌)·우예(虞芮)의 네 군을 말한다. 여연군의 경우는 세종 13년, 1431년에 성을 쌓았지만《세종실록》 1431/11/26) 그 다음 해인 세종 14년 여진족 400여 기(騎)가 쳐들어 왔고 1432년 여진의 추장 이만주는 기병 400여 기를 이끌고 조선 영토에 침입하여 조선의 백성을 무참히 살해하니 여진 정벌 전쟁의 직접 계기가 된다.

고려 말 압록강 방면의 개척 결과 강 하류인 서북 방면은 거의 다 고려 영역으로 편입되었다. 강 상류인 동북 방면으로도 공민왕 때에 강계만호부(江界萬戶府), 공양왕 3년(1391)에 갑주만호부(甲州萬戶府)가 각각 설치하였다. 그런데 강계만호부의 동쪽과 갑주만호부 서쪽의 압록강 상류 남쪽 지역은 여전히 여진족의 활동 무대였다.

이런 여진의 잦은 침략과 발호로 조선 초 국경 지대는 혼란 그 자체였다. 세종은 세종 14년(1432) 건주위(建州衛) 추장 이만주(李滿住)의 침입을

계기로 세종 15년(1433) 최윤덕(崔潤德)을 평안도도절제사(平安道都節制使)로, 김효성(金孝誠)을 도진무(都鎮撫)로 임명해 황해·평안도의 병사 1만 5,000여 명으로써 이를 정벌하였다.

더 나아가 세종은 1437년 평안도도절제사 이천(李蕆)에게 병사 8,000명으로 재차 여진족을 정벌하여 압록강 너머의 오라산성(兀刺山城: 지금의 五女山)·오미부(吾彌部) 등 그들의 근거지를 소탕하였다.

이런 과정에서 세종은 파저강 일대의 여진족을 정복할 것을 선포하고 파저강 정벌이라는 막중한 임무는 당시 평안도절제사였던 최윤덕에게 맡겼다. 결과는 183명의 여진족 참살, 248명의 생포, 그러나 조선의 피해는 4명에 그치는 대승을 거뒀다. 전쟁이 승리할 수 있었던 데는 오랜 세월, 변경에서 여진족을 방어했던 경험에서 우러나온 최윤덕의 작전이 결정적인 역할을 했다. 파저강의 험준한 산, 곳곳에 흩어져 살던 여진족. 흩어진 부족들이 힘을 합세해 대항할 수 없게 1만 5천 명의 군사를 이끌고, 기습으로 일망타진하는 작전을 펼쳤다.

파저강에서의 승전보를 들은 세종은 곧바로 압록강과 두만강 유역 전반에 걸쳐 국방 요새인 4군 개척 작업에 착수한다. 파저강 토벌에는 여진족 정벌이상의 의미, 북방영토 개척이라는 세종의 깊은 뜻이 담겨 있었던 것이다.

1440년에 여연군 동쪽 압록강 남안에 무창현을 설치, 1442년에 군으로 승격. 1443년에는 여연·자성의 중간 지점인 우예보에 우예군을 설치해 강계부에 소속. 갑산군 소속의 산수보(山水堡)는 적로(賊路)의 요충이었지만 갑산에서 멀리 떨어져 있어 1446년에 이곳에 삼수군을 설치, 무창군과 갑산군과의 연락을 확실하게 하였다.

세종의 영토 정책, 4군 6진 개척과 그 의미 313

[그림 2] 육진개척도(김학수 그림, 세종대왕기념사업회 소장)
김종서 상군 앞에서 야인 추장이 무릎을 꿇고 복속을 맹세하는 광경이다.
세종은 김종서를 함길도 도절제사에 임명하여 동북 방면의 야인을 평정하고 두만강 하류 지역에
6진을 개척하니, 두만강 일대의 땅은 완전히 우리 국토가 되었다.

5. 6진 개척 과정

육진은 조선 세종 때 동북방면의 여진족에 대비해 두만강 하류 남안에 설치한 국방상의 요충지이다. 즉, 종성(鐘城)·온성(穩城)·회령(會寧)·경원

(慶源)·경흥(慶興)·부령(富寧)의 여섯 진을 말한다.

육진은 원·명교체기를 이용한 고려 공민왕조의 북진 정책을 이어받은 태조 이성계(李成桂)와 세종의 진취적 정책에 의해 설치되었다. 공민왕 5년(1356) 쌍성총관부(雙城摠管府)의 회복에 이어, 이 방면에 대한 경략은 고려 말기 이성계의 아버지인 이자춘(李子春)이 삭방도만호 겸 병마사(朔方道萬戶兼兵馬使)로 있을 때부터 시작되었다.

이성계 또한 이 방면에서 무공을 세워 개국 초에 조선의 영역은 이미 대체로 두만강 하류에까지 이르렀다. 두만강 유역의 가장 큰 여진 부족인 우디거족(兀良哈族) 및 오도리족(斡朶里族)과 대치하였고 이성계는 즉위 초부터 이들을 회유하기 위해 노력하였다.

태종 때에는 경원·경성에 무역소를 두고 여진족에게 교역의 편의를 제공하였고 태종 10년(1410)에 이르러 경원부를 중심으로 우디거족 등 오랑캐의 내습이 잦아지자 다음 해에 부(府)를 폐지했다가 1417년에 부거(富居: 지금의 경성군)로 후퇴해 다시 설치하였다. 본래 경원부는 '흥왕(興王)의 땅'이라고 하여 태조 때부터 공주(孔州: 지금의 경원)를 설정하고 동북면 경영의 본거지로 삼았던 곳이다.

얼마 동안은 경성이 여진족 방어의 요충지가 되고 그 이북은 방치되었다. 그런데 세종 때에 이르러서도 여진족의 내습이 그치지 않자 세종 7년(1425)경부터 조정에서는 경원부를 다시 용성(龍城: 지금의 수성)으로 후퇴시키자는 의논이 강력하게 일어났다.

세종은 "조종(祖宗)의 옛 땅을 조금이라도 줄일 수 없다."라고 하는 세종의 적극적인 북진책으로 드디어 1432년에는 석막(石幕: 지금의 회령)에 영북진(寧北鎭)을 설치해 동북경의 개척을 본격적으로 착수하였다.

1433년 우디거족이 알목하(斡木河: 지금의 하령) 지방의 오도리족을 습격

해 그 추장인 건주좌위도독(建州左衛都督) 동맹가티무르(童猛哥帖木兒) 부자를 죽이고 달아난 사건이 일어났다. 세종은 이러한 여진족 내분의 기회를 포착해 김종서(金宗瑞)를 함길도도절제사에 임명하는 한편, 이징옥(李澄玉)의 무위에 힘입어 북방 개척을 과감하게 추진하였다.

그 이듬해인 세종 16년(1434)부터 육진이 설치되기 시작. 먼저 이해에 석막의 영북진을 백안수소(伯顏愁所: 지금의 行營)로 옮겨 이듬해에 종성군으로 하였다. 여진족 내침의 우려가 가장 많은 알목하에는 회령진을 신설해 그 해에 '부'로 승격. 또 부거에 있는 경원부를 회질가(會叱家: 지금의 경원)로 옮기는 한편, 공주의 옛터에 공성현(孔城縣)을 두었는데 이는 1427년에 경흥군, 1433년에는 또 '부'로 승격, 그 뒤 경원과 종성의 위치가 두만강에서 너무 멀다 하여 1440년에 종성군을 백안수소로부터 수주(愁州: 지금의 경성)로 옮기고, 다온평(多溫平: 지금의 온성)에 군을 설치해 온성군으로 하고 이듬해 이들을 각각 종성부·온성부로 승격시켰다.

1442년에 훈융(訓戎: 지금의 경원 북방)에서 독산연대(禿山烟臺: 지금의 회령 서방)까지 강을 따라 장성을 쌓고, 세종 31년(1449)에는 석막의 옛터에 부령부를 설치해 육진의 완성하였다.

신설된 육진에는 각 도호부사(都護府使) 밑에 토관(土官)을 두고 남방 각도의 인민을 이주시켜 개척하고, 장성 밖 약간의 지역을 제외하고는 두만강 이남이 모두 조선의 영역으로 편입시켰다. 이후 육진 설치에 압력을 느낀 여진족, 특히 오도리족은 대부분이 서방으로 이주해 파저강(婆猪江: 지금의 渾河) 부근의 오랑캐족인 건주위(建州衛)와 합류하였다.

1434년 이래 10여 년간에 걸친 육진 개척은 서북방면의 사군 설치와 더불어 우리나라의 북쪽 경계가 완전히 두만강·압록강 연안에까지 뻗치게 된 것이다. 6진 개척에는 김종서(1383~1453)의 공적이 가장 탁월하였다.

[그림 3] 이만주 정벌도(김학수 그림, 세종대왕기념사업회 소장)
야인 추장 이만주 등이 압록강 서북 방면을 자주 침범하므로 세종 15년(1433)에 최윤덕 장군을, 세종 19년(1437)에는 이천 장군을 보내어 야인의 소굴인 올라산성을 소탕하였다.
이 그림은 최윤덕 장군이 야인 추장 이만주를 정벌하는 광경이다.

6. 4군 6진 개척의 교훈과 융합 인문학적 의미

세종의 철저한 국토 정책과 최윤덕, 김종서와 같은 수많은 선조들이 피와 땀으로 개척한 국경선은 오늘날까지도 이어지고 있다. 이제 이 땅에 새겨진 역사, 국경선의 의미를 제대로 이해해야 한다.

세종이 4군 6진 개척에 성공한 요인을 짚어보자. 가장 중요한 1차적 요인은 전쟁 특성상 최윤덕, 김종서와 같은 현장 지휘관들의 능력과 이런 지휘관들과 더불어 온몸으로 싸운 병상들의 힘에서 찾아야 한다.

최윤덕(1376~1445)은 세종의 제갈공명이라 두루 칭송받을 만큼 전략에 뛰어났다. 최윤덕은 현지 지형과 여진족 동향을 고려한 탁월한 전략으로 희생을 최소화하고 대승을 거둘 수 있었다. 최윤덕은 오랜 세월 전장에서 실전을 쌓아왔던, 준비된 무장이었다. 이성계를 따라 위화도에서 회군하여 원종공신에 올랐던 무관 최운해의 자식으로 일찍 어머니를 여의고 아버지와 전쟁터를 누비며 성장하였다. 세종 1년에는 삼군도절제사 신분으로 유정현, 이종무 등과 함께 대마도 정벌에도 참여하였다. 파저강 토벌을 승리로 이끈 최윤덕은 그 공으로 우의정에 특진된 이후, 좌의정에 올랐다. 무인으로서는 드물게 수상의 자리에까지 올랐던 최윤덕이지만, 그가 정작 한양이 조정에 머물러 있던 시간은 불과 1년도 안 된다. 70세의 나이로 눈을 감기까지 대부분의 세월을 변방에서 보내면서 국경선을 정비하고 경계하는데 힘썼다. 사관들은 그의 졸기를 다음과 같이 기록하였다.

> 시호를 정렬(貞烈)이라 하였으니, 청백하게 절조를 지키는 것이 정(貞)이요, 공(功)이 있어 백성을 편안히 한 것이 열(烈)이었다. 윤덕은 성품이 순진하고 솔직하며, 간소하고 평이하며, 용맹과 지략이 많아서 한 시대의 명장이 되었다.[64]
> — 세종 27/1445/12/5.

KBS 80회 역사스페셜 '최윤덕 조선의 국경을 세우다(2011.9.1.)'에서는 최윤덕의 업적을 입체적으로 조명한 바 있다.

6진을 개척한 김종서는 문무를 겸한 최대 지략가로 《제승방략(制勝方略)》이라는 병서까지 남겼다. 김종서는 고려 우왕 9년(1383) 전라남도 순천에서 도총제로 봉직하던 무관 김추(金錘)의 아들로 태어났다. 태종 5년(1405) 문과에 급제, 세종 1년(1419) 사간원우정언(司諫院右正言)으로 등용되고, 이어서 지평(持平)·집의(執義)·우부대언(右副代言)을 지냈다. 1433년 함길도도관찰사(咸吉道都觀察使)가 되어 두만강과 압록강 일대에 출몰하는 여진족들의 침입을 격퇴하고 6진(鎭)을 설치하여 두만강을 경계로 국경선을 확장하였다. 1435년 함길도 병마도절제사(咸吉道兵馬都節制使)를 겸직하면서 확장된 영토에 조선인을 정착시켰고 북방의 경계와 수비를 7년 동안 맡았다. 김종서는 여진족들의 정세를 탐지·보고하고, 그에 대한 대비로 비변책을 지어 건의하였다.

김종서는 1452년 《세종실록》의 총재관(摠裁官)이 되었으며, 《고려사절요(高麗史節要)》의 편찬을 감수하여 간행했다. 안타깝게도 그는 계유정난 때인 단종 1년(1453)에 두 아들과 함께 집에서 피살되고 대역모반죄라는 누명까지 쓰고 효시되었다. 영조 22년(1746)에 와서야 복관되고 명예를 회복했다.

둘째는 최고 정책가인 세종의 의지와 신하들 또는 참모들과의 치열한 토론 과정이다. 세종의 지도자로서의 의지와 노력은 영토관에서 드러나 있지만 치열한 토론이 가능하게 만든 것도 세종의 업적이라 볼 수 있다. 박현모 교수는 『세종처럼』(203~213쪽), 『세종이라면』(182~215쪽)에서 파저

---

64 諡貞烈, 淸白守節貞, 有功安民烈. 閨德性眞率簡易, 多勇略, 爲一時名將. -《세종실록》, 세종 27/1445/12/5.

강 전투를 1차 토벌(세종 15/1433)과 2차 토벌(세종 19/1437)로 나눈 뒤 1차 토벌은 총사령관 최윤덕이 병력 15,000여 명으로 전과 431명, 2차 토벌은 총사령관 이천이 병력 7,800여 명, 전과 60명을 거두게 되는데 이처럼 1차 토벌이 더 큰 승리를 거두게 된 것을 토론의 질적 차이로 보았다.

  1차 토벌 때 세종정부는 6개월간(1432.12.~1433.5.) 41회의 회의와 33회의 활발한 토론을 거치면서 전투중 발생할 수 있는 문제점을 미리 다 점검하고 그 대책을 마련한 다음 출정했습니다. 이에 비해 2차 토벌은 비슷한 기간 (1437.5~10) 동안 10번의 회의와 고작 2회 정도의 토론을 거쳤을 뿐입니다. 대부분은 왕의 지시 37회)와 신하들의 보고(22회)를 통해 의사결정이 이루어졌습니다. 한마디로 1차 토벌은 수직적·수평적 의견교환이 모두 활발했던 데 비해, 2차 토벌은 왕과 현지 지휘관들 사이의 수직적 의견교환만이 있었던 것입니다.   —『세종이라면』, 209쪽.

 전쟁 특성으로 보면 공개 토론은 특이한 경우이지만 이때의 토벌만큼은 토론에 대한 박 교수의 분석과 일치한다.
 토론을 다른 관점에서 보면 민감한 국방이나 영토 문제에 대해 신민이 함께 고민하고 대처하는 진지한 과정으로 볼 수 있다. 파저강 토벌 토론 이전에 이루어진 경원 지역 수비 문제 토론을 보더라도 그 치열한 진정성을 엿볼 수 있다. 경원의 군사를 용성으로 후퇴할 것인가를 가지고 치열한 토론이 1년 이상 벌어지는데 세종 8년(1426) 6월 15일에 함길도 도절제사가 경원, 용성 지역에서 야인과의 분쟁 문제를 보고하면서 시작된다. 이때의 토론 과정은 세종 9년(1427) 9월 29일에 박초(朴礎)가 올린 상소에 집약된다.

신이 가만히 생각하건대, 의논을 올리는 사람들은 반드시 말하기를, "지금의 경원(慶源)은 동쪽으로는 큰 바다를 끼고 서북쪽으로는 적의 소굴과 가까이 위치하여 있으므로 읍을 만들 수 없으니, 물러나서 용성(龍城)에 배치하는 것이 좋겠으며, 용성에 웅거하여 수비하고 방어한다면 편리했으면 했지 조금도 걱정될 일은 없을 것이다."라고 하였습니다.

신은 그렇지 않다고 생각합니다. 예로부터 임금께서 천명을 받게 되면 토지와 인민은 안으로 선군(先君)에게 받아서 그 나라 경계를 엄하게 수비하고 우리 백성을 보전하고 그치지 않으면 날로 나라를 백 리나 개척하게 되니, 신은 조종의 전한 땅을 다른 나라의 소유로 맡겨서 더욱 그들의 몹시 탐내고 엿보는 마음을 내게 한다는 것은 듣지 못했습니다. 다만 이익이 없을 뿐만 아니라 또한 이를 해치게 되니, 이것이 신의 그렇지 않다는 것의 첫째입니다.

우리나라의 북쪽 변방은 곧 고려의 재상 윤관(尹瓘)이 개척하여 비를 세운 땅이 경계가 되었습니다. 중세에 이르러 예전 공주(孔州)로 한계를 옮겼다가 이에 우리 왕조에 미치게 되고, 또 옮겨 지금의 경원이 되었으니, 만약 옛날 모양대로 돌아가고자 한다면 반드시 비를 세웠던 땅에 경계를 만들 것이며, 그렇지 않으면 공주(孔州)의 성에 이르러 읍을 만드는 것이 옳겠습니다. 두 번이나 옛날의 땅을 줄여서 지금의 경원부를 만드는 것도 오히려 부끄러운 일이 되는데, 또 다시 그 땅을 줄여서 용성에 나가 배치하여 야인에게 웃음거리가 되는 것이 옳겠습니까. 그 계책은 추진시킬 수 없사오니 이것이 신의 그렇지 않다는 것의 둘째의 이유입니다.

성상께서는 가만히 계시기만 하여도 문덕(文德)이 저절로 펴지고, 문무의 재상과 장수들이 외방의 방비를 분담하여 호령하면서 혹은 덕을 선포하여 불러서 위안하기도 하고, 혹은 적을 방어하여 승리하기도 할 것이온데, 생각이 이에 미치지 않고 그 내왕하는 것을 꺼려서 모두 땅을 줄이는 일로써 의논을 올리게 되니, 그들이 과연 국가를 위하여 생각함이 깊다고 할 수 있겠습니까. 혹은 임금의 정사에 부지런히 하는 지극한 생각을 체득하지 못하고, 그 지키는 임무에 태만하여 생각하기를 깊지 않음이 이와 같다면 비록 용성에까지 땅을 줄이더라도 걱정이 없겠습니까. 한갓 지키는 것만 허비하고 지키는 근본이 덕이 되는 것을 알지 못한다면, 가령 용성에서 또 줄어들어 가까운 땅에 배치하더라도 형세는 역시 같이 되어 걱정이 한없이 많게 될 것이므로, 실을 정리하면서 헝크는 것과 같으니 이것이 신의 그렇지 않다는 것의 셋째 이유입니다.[65] (앞뒤 줄임)

— 세종 9/1427/9/29.

박초의 비장한 상소대로 세종은 후퇴론을 일축하고 6진 개척을 마무리하게 된다.

셋째는 첨단 무기 활용과 세종의 과학 통치 결과이다. 파저강 토벌을 승리로 이끈 휴대용 개인화기 세총통은 15세기 권총으로 탁월한 기능을 발휘했다. 조선시대의 신무기 세총통은 전체 길이 14센티미터, 구경은 0.9센티미터로 조선시대의 화기 중 가장 작은 크기로 본래 적진에 침투하는 정찰병들을 위한 무기로 고안되었지만 이후 그 휴대의 간편성으로 기병들이 주로 사용하였다. 신속한 기동력이 필요한 파저강 전투의 기습작전에서도 세총통은 큰 활약을 하였다.

결국 세종의 국토 정비는 백성들이 평화롭게 제대로 살 수 있는 국토

---

65 臣竊惟獻議者必曰: "今之慶源, 東拱大海, 西北隣處賊藪, 不可作邑, 莫若退排龍城之爲愈. 據龍城而守禦, 則有便無患." 臣以爲不然. 自古王者受命, 土地人民, 內承於先君, 固其疆界, 保我赤子, 無已則日闢國百里, 臣未聞以祖宗所傳之地, 委諸他有, 益啓其貪婪窺伺之心乎! 非徒無益, 而又害之. 此臣之所以爲不然者一也. 我國北鄙, 乃高麗相臣尹瓘所拓立碑之地爲界也. 至中葉, 移限古孔州, 爰及我朝, 又移爲今慶源. 如欲復古, 必於立碑之地作界, 否則次於孔州之城爲邑宜矣. 再縮古地, 作今之慶源府, 猶爲可愧, 而又更縮其地, 出排龍城, 取笑野人可乎? 其策不可長也. 此臣之所以爲不然者二也. 聖上垂拱, 誕敷文德, 文武將相分憂外寄, 發號施令, 而或宣布以招安, 或扞禦以制勝, 慮不及出此, 憚其來往, 擧以縮地獻議, 其爲國家慮, 可謂深乎! 或不體宵旰至慮, 怠其所守, 而慮之不深如此, 則雖縮地龍城, 可無患哉? 徒費所守, 而不知所以爲守之本爲德, 則假令龍城又縮, 排於近地, 勢亦如之, 爲患無窮, 猶治絲而棼之. 此臣之所以爲不然者三也. —《세종실록》, 세종 9/1427/9/29.

를 굳건히 세우기 위해 세종의 융합 인문학적 전략이 거둔 성과였다.

7. 맺음말

　세종대왕의 4군 6진 개척은 단순한 군사적 확장을 넘어, 통합적 국가 운영 전략의 산물이었다. 세종은 백두산을 중심으로 압록강과 두만강을 자연스러운 국경선으로 확립함으로써 한반도의 지리적 완결성을 이룩했다. 그의 영토 정책은 역사적 정통성의 회복, 체계적인 군사 전략, 과학 기술의 활용, 민주적 의사결정 과정, 그리고 사민 정책과 토관 제도와 같은 통합적 통치 시스템을 통해 완성되었다.

　세종의 영토 정책이 성공할 수 있었던 핵심 요인은 크게 세 가지로 요약할 수 있다. 첫째, 최윤덕과 김종서와 같은 뛰어난 지휘관들의 현장 리더십과 실전 경험이다. 특히 최윤덕의 전략적 감각과 김종서의 문무겸비 행정력은 4군 6진 개척의 실질적 원동력이었다. 둘째, 세종의 강력한 리더십과 치열한 토론 문화를 통한 합리적 의사결정 과정이다. 박현모 교수가 지적했듯이, 파저강 1차 토벌의 성공은 41회의 회의와 33회의 활발한 토론을 통해 가능했다. 셋째, 세총통과 같은 첨단 무기의 개발과 활용, 그리고 《세종실록지리지》와 같은 체계적인 지리 정보 구축은 과학 기술을 국방에 접목한 세종의 융합적 사고를 보여준다.

　세종의 영토 정책은 오늘날 우리에게 중요한 시사점을 제공한다. 그것은 국경선이 단순한 지리적 경계가 아니라, 국가 정체성과 민족의 역사적 연속성을 담보하는 상징이라는 점이다. 세종이 국경 정비 과정에서 보여준 역사 인식, 토론 문화, 과학 기술의 활용, 그리고 백성 중심의 통치 철학은 현대 국가 경영에도 여전히 유효한 지혜이다. 특히 "삼가 조종으로부터 물려받은 천험의 국토를 지키고, 변방 백성들의 노고를 덜어주고자 할 뿐"이라는 세종의 말처럼, 국토와 국민을 향한 진정한 책임 의식이야말로 우리가 계승해야 할 가장 중요한 유산일 것이다.

인

세종학의 응용과 확산

세종의 네 가지 자주 정신과 우리의 자세

1. 머리말

　세종 시대의 진정한 위대함은 당대 최강대국이었던 명나라와의 관계 속에서 독자적인 문화와 과학 기술을 발전시켰다는 점에 있다. 세종은 단순히 외국의 선진 문물을 수용하는 데 그치지 않고, 우리의 풍토와 실정에 맞게 재창조하는 자주 정책을 일관되게 추진했다. 이 장에서는 세종의 자주 정신이 과학 기술, 문화, 외교 정책 등에서 어떻게 구현되었는지를 살펴보고자 한다.

　세종의 자주 정신은 크게 세 가지 측면에서 조명해볼 수 있다. 첫째, 실용성을 추구하는 자주 정신으로, 우리 풍토와 문화에 맞는 실질적인 발전을 이루고자 했다. 둘째, 독창적 창조를 통한 자주 정신으로, 훈민정음과 같은 독자적 문화유산을 창조했다. 셋째, 국제 정세를 고려한 공존적 자주 정신으로, 명나라와의 관계에서 실리를 추구하면서도 우리의 자주성을 지켜나갔다. 이러한 세종의 자주 정신이 어떻게 과학 기술의 발전과 문화적 성취로 이어졌는지, 그리고 그것이 오늘날 우리에게 주는 시사점이 무엇인지 탐색해보고자 한다.

2. 조선 르네상스 길이 열리다

세종이 운명하기 4년 전인 50세이던 1446년 9월 드디어 훈민정음을 만 백성에게 알리는 책인《훈민정음》해례본을 펴내면서 첫머리에서 이렇게 선언한다.

"우리나라 말이 중국말과 다르다(國之語音 而乎中國)."

지금식으로 얘기하면 "우리나라 말이 미국말과 다르다."라고 선언한 것과 같다. 지금 누군가 심각하게 이런 얘기를 한다면 '무슨 개풀 뜯어먹는 소리냐'라고 비아냥거릴 것이다. 그런데 15세기 대부분 지식인들과 지배층은 중국과 다르다는 사실조차 인정하고 싶어 하지 않았다. 알아도 모른척 태연하게 지내려 했다. 그래서 우리말과 전혀 다른 중국말을 적는 한문, 한자를 빌려 쓰면서 불편함을 아예 모른 척했고 그런 한문만을 쓰는 현실을 자랑스러워했다. 이런 신하들 앞에서 세종은 다르다고 선언하고 아예 대안(훈민정음)을 제시하였으니 이는 그 당시로 보면 혁명이나 다름이 없었다. 이것이 세종의 자주 문화정책의 놀라운 실상이었다.

사람다운 세상을 위한 문학, 문화, 예술, 과학 등을 꽃피운 것을 '르네상스'라고 한다. 서양의 르네상스는 교황의 권력으로 상징되는 거대한 중세의 벽을 깨고 각 개인의 사람다움과 각 나라의 권리를 되찾는 과정이었다. 그래서 평범한 남녀의 사랑을 그린 보카치오의《데카메론》(1348~1353)이 나오고 라틴어로만 소통되던 성경이 자국어로 번역이 되고 구텐베르크 금속활자에 의해 성서를 비롯한 책들이 널리 퍼지고 더불어 예술과 과학이 꽃핀 것이 서양의 르네상스다.

그런데 서로 영향을 주고받지도 않았는데도 비슷한 시기에 중국 황제의 영향력 아래에 있던 동아시아의 조선에서는 조선만의 문자가 만들어

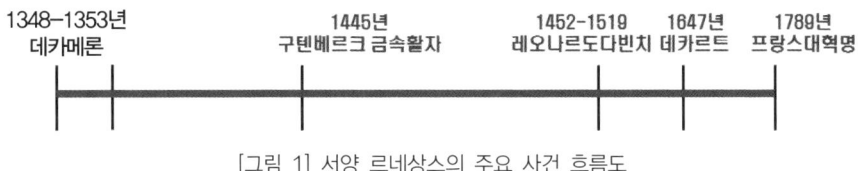

[그림 1] 서양 르네상스의 주요 사건 흐름도

져 사람다운 소통과 표현의 길이 열리고 노비나 죄수의 복지환경이 개선되고 과학과 문화가 꽃피는 등 서양의 르네상스에 버금가는 발달이 이루어진다. 이러한 르네상스를 이끈 이가 동서양 모두 다양한 인재들에 의한 것도 같다. 다만 서양 르네상스는 특정인이 주도한 것은 아니지만 조선은 세종이라는 임금이 주도한다. 분명한 것은 누가 주도하든 다양한 인재들의 능력이 고루 발휘되어 이룩된 것이라는 점이다. 결국 각 개인이나 지역의 고유 정체성을 찾아 발전시켜 나가는 것이 르네상스의 핵심인데 이런 점이 서양이나 조선이나 같았다.

개인이나 단체나 스스로의 정체성을 지키고 잘 드러내는 자주성과 더불어 살아가야 하는 연대성과 공동체성 모두 중요하다. 어느 하나를 소홀히 하거나 한 쪽으로 기울 경우 문제가 된다. 그런데 사실 자주성과 공동체성을 함께 조화롭게 하는 것은 개인도 단체도 쉬운 일이 아니다. 더욱이 15세기 중국과 우리나라와 같은 강대국과 약소국의 관계라면 조화로운 관계 설정은 근본적으로 어렵다고 보아야 한다. 그런데 불가능할 것 같은 약소국의 자주성과 강대국과의 연대성을 조화롭게 이룩한 이가 있으니 바로 세종대왕이다.

여기서는 세종을 한 나라의 임금으로 보기보다는 중국 황제와 중국의 거대 문화와 문명의 벽에 도전하여 그 틀을 깬 약자로서, 한 학자로서의 역할에 더 주목해 보아야 한다. 조병인(2018)의 『세종의 고: 대국의 민

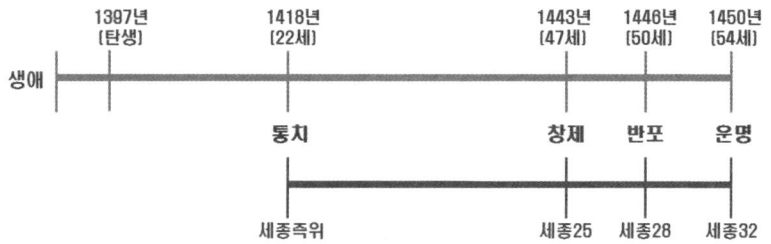

[그림 2] 조선의 세종 통치 시기와 훈민정음 창제·반포 시기도

낯』에 의하면 세종 시대에 중국의 압력과 횡포는 상상을 초월한다. 당시 사대부 지식인들은 소중화 의식 곧 중화의 일부라는 의식이 거의 절대적이어서 '다름' 자체를 인식하는 것이 쉽지 않았다.

물론 15세기 조선은 나라 이름과 왕위 계승까지 중국의 허락을 받아야 하고 조공을 바쳐야 하는 사대 정치가 본령인 때였으니 세종이 어떻게 자주성을 확보했는지가 핵심 문제가 된다. 세종의 기본 전략은 정치 차원의 사대는 지키되 문화와 역사, 과학 분야에서 철저히 자주성을 가꾸는 것이었고 크게 성공했다. 정치 또한 일방적 사대가 아닌 공존적 사대를 이룩하여 국제 정치 분야에서도 세종은 탁월한 업적을 남겼다.

3. 역사와 문화 자주성

정치 분야에서의 자주는 시대 영향을 받을 수밖에 없고 힘의 논리에 움직일 수밖에 없다. 그러나 역사와 문화는 흔들리지 않는 뿌리와 같다. "반만년의 찬란한 문화"라는 경구는 우리의 오랜 역사 문화의 자주를 잘 보여주는 말이다. 역사를 매우 중요하게 여겼던 세종은 우리의 뿌리인 단군 시조를 중요하게 여겼다. 그래서 세종 7년(1425) 9월에 정척의 건의를 받아들여 단군 사당을 정비하였다.

단군에 대한 인식은 태조 때부터 "조선의 단군은 동방에서 처음으로 천명을 받은 임금이고, 기자는 처음으로 교화를 일으킨 임금[1]"으로 여겨 평양부에서 제사를 지내왔던 것이다. 그런데 단군 사당과 기자(箕子) 조선의 기자 사당은 배치 문제가 있어 1427년 8월에는 "단군과 기자의 묘제를 다시 의논하고, 신라·고구려·백제의 시조의 묘를 세워 제사 지내는 일은 모두 옛 제도를 상고하여 상세하게 정하여 아뢰라.[2]"라고 예조에 지시를 내렸던 것이다.

문화적 자주의 최대 업적은 역시 자주적 언어문화를 일군 훈민정음 창제(1443), 반포(1446)였다. 문자 독립 없이는 사실 근본적인 문화 자주를 이룩하기는 근본적으로 불가능하다. 우리식 문자를 제정함으로서 우리식 문화, 우리식 사고, 우리식 학문, 우리식 문학이 가능해졌다. 우리 글자가 없어 어설픈 이두나 한문으로 반쪽 기록밖에 할 수 없었던 우리의 전통 가요가 비로소 그 입을 옷을 입게 되었다는 것이다. 백제 가요와 고려 가요 그리고 고려 말에 틀을 갖추게 되는 시조가 대표적이다. 더 나아가 세종 이후에 소설과 가사 등 제대로 된 우리 문학 장르가 비로소 정착하게 된 것이다.

더 결정적인 것은 아예 우리식 운서인 《동국정운》을 1448년에 6권으로 펴냈다. 신숙주가 대표 저술한 머리말에는 "우리나라는 안팎 강산이 저절로 한 구역이 되어 풍습과 기질이 이미 중국과 다르니, 호흡이 어찌 중화

---

1 朝鮮 檀君, 東方始受命之主, 箕子, 始興敎化之君 -《태조실록》, 태조 1/1392/8/11.
2 傳旨禮曹曰: 檀君 箕子廟制更議, 新羅 高句麗 百濟始祖立廟致祭, 并考古制, 詳定以聞 -《세종실록》, 세종 9/1427/8/21.

의 소리와 서로 합치될 것이랴. 그러한즉 말의 소리가 중국과 다른 까닭은 당연한 이치다(吾東方表裏山河, 自爲一區, 風氣已殊於中國, 呼吸豈與華音相合歟! 然則語音之所以與中國異者, 理之然也)."라고 당당히 선언한 것이다. 그래서 한자음을 우리식대로 표준을 정해 그 발음을 적은 책을 펴냈다. 중국 황제가 정해 놓은 운서를 금과옥조처럼 떠받들어야 하는 당대 실정으로 보면 역시 혁명과도 같은 선언이었다.

문화 분야에서 자주 결정판은 음악에서 도드라졌다. 세종은 중국식 음악 이론서인 《율려신서(채원정, 성리대전)》를 참고하되 우리식 악기, 우리식 음악을 정립(편경, 정간보 외)하였다. "아악은 본시 우리나라 음악이 아니고 중국 음악이다. 중국 사람이라면 평일에 들어 익숙하게 들었을 것이므로 제사에 연주하는 것이 마땅할 것이다. 우리나라 사람들은 살아서는 향악을 듣고, 죽어서는 아악을 듣게 되니 어찌 된 셈인가?³"라는 세종의 탄식은 음악의 자주 정책 의지를 보여주는 말이었다. 향악은 전통 우리 음악을 가리키고 아악은 중국의 음악인 당악을 바탕으로 만든 제례 음악을 가리킨다. 제사 지낼 때 중국식 아악 음악이 연주되는 관습을 세종이 비판한 것이다.

사실 이 무렵은 세종이 박연과 함께 본격적으로 우리식 음악 정비를 1425년부터 추진하여 어느 정도 정비가 된 시점이었다. 처음에는 태종 5년(1405) 명황제가 하사해 준 편경음에 맞는 표준음을 제정하려 하였지만 우리나라에서 나는 돌과 곡식을 이용하여 표준음을 정하고 표준 악기, 편경을 만드는 데 성공하면서 자연스럽게 조선식 음악의 표준을 완성하

---

3 雅樂, 本非我國之聲, 實中國之音也. 中國之人平日聞之熟矣, 奏之祭祀宜矣, 我國之人, 則生而聞鄕樂, 歿而奏雅樂, 何如? -《세종실록》, 세종 12/1430/9/11.

게 되었다.

4. 과학과 실용 분야의 자주성

세종은 과학적, 실용적 자주를 추구하였다. 세종 9년(1427)에는 조선의 약초를 중심으로 하는 《향약구급방》을 간행하게 하고 세종 11년(1429)에는 우리식 농사법을 다룬 《농사직설》을 펴냈다. 농사직설 서문에서 "오방의 풍토가 같지 아니하여. 곡식을 심고 가꾸는 법이 각기 적합한 바가 있다."라고 하여 중국의 농사짓는 법을 다룬 '농상집요'가 아닌 우리나라 풍토에 맞는 농사법을 정리하고 체계화한 것이다.

> 벼 품종에는 이른 벼와 늦벼가 잇고 경종법은 물갈이(무삶이), 마른걸이(건삶이)와 모종법이 있다. 제초하는 법은 대체로 같다.
> 올벼의 물갈이법은 추수 후 논물을 대기 쉬운 기름진 논을 택하며(무릇 논은 위로부터 물을 대기 쉽고 아래로 뺄 수 있어서 가물면 물을 대고 비가 내리면 물을 뺄 수 있는 곳이 으뜸이요, 물이 흐르지 않고 괴어있는 곳은 그 다음이나 비가 장기간 내리면 물이 탁하여 모가 썩는다. 비가 내려야 심게 되는 높은 곳의 논은 좋지 않다) 겨울에 갈고 인분을 넣는다(정월에 얼음이 풀린 뒤 갈고 인분을 넣거나 혹은 객토를 하여도 좋다). 2월 상순에 또 갈고 써레로 세로와 가로로 평평히 고르고 다시 쇠스랑으로 흙덩이를 깨뜨려 부드럽게 한다. 파종에 앞서 볍씨를 물에 담가 3일이 지난 후 건져 내어 짚으로 엮은 섬(공석)에 담아 온화한 곳에 둔다. 자주 열어보아 뜨지 않도록 하고 싹이 두 푼쯤 나오거든 논에 고르게 뿌린 다음 번지나 고무래(밀개)로 씨를 덮고 물을 대며 새를 쫓는다 (묘 싹이 나올 동안).
>
> -《농사직설》 번역(김영진)

우리나라 농촌 풍경이 그려지는 듯하다. 중국의 농촌과 공통되는 점도 있겠지만 그야말로 풍토는 다른 것인데 그 점에 주목하여 농업 생산량을 높이고 누구나 배불리 먹고 사람답게 살 수 있는 우리식 농업을 쉽게 기술할 수 있었다. 이때는 한글이 창제되기 전이었기 때문에 한문으로 적어 놓았지만 우리의 농기구나 곡식 등은 이두로서 최대한 우리말을 살리려고 노력하였다.

《향약구급방》을 발전시킨《향약집성방》(세종 15/1433) 서문에서도 "백 리가 떨어지면 풍속이 다르고 천 리가 떨어지면 풍토가 달라, 초목의 성장에는 지역에 따른 적합한 바가 있고 사람의 음식기호에도 또한 습성이 있다."라고 한 것이다.

앙부일구, 천평일구, 현주일구, 자격루 등 시계 시리즈의 발명은 우리식 천문 연구 실용화의 결정판들이다. 특히 앙부일구는 절기와 방위까지 알게 한 다목적용 해시계라서 우리 풍토와 기호에 맞게 설계되었다. 사실 뛰어난 해시계는 다른 나라에도 많지만 다목적용으로는 앙부일구가 처음이었다. 또한 이 시계는 이름처럼 솥단지처럼 오목하게 생겼는데 이런 모양도 다른 나라에서 찾아볼 수 없는 독특함이었다.

이런 흐름 속에서 세종은 중국 등의 천문학을 받아들이되, 우리나라에 맞게 만든 우리식 역법서인《칠정산내외편(七政算內外篇)》을 펴냈다. 해가리기(일식), 달가리기(월식) 등의 자연 현상을 정확하게 측정해야 하는 역법은 왕의 권위를 나타내는 매우 중요한 일이었다. 우리나라는 1281년 원에서 받아들인《수시력(授時曆)》에 의존하였으나 조선 태종때까지도 하늘의 이치를 정확히 몰랐다. 세종이 임금이 되자 이 문제가 심각하게 문제가 되었다. 세종이 임금이 된 지 4년째 되던 1422년 1월 1일. 일식 계산이 계산한 시간보다 무려 15분 늦게 일어나 이를 계산한 과학자가 처벌받는 사건이 벌어진다. 중국에서 만든 천문 역법서를 들여다 사용하니 오차가 생길 수밖에 없었다. 그래서 세종은 1430년 역법을 정밀하게 교정하고자 수학자인 김한과 김자안 등을 중국에 보내 산법(수학)을 익히게 하였고 세종 자신이 산학계몽을 공부하였다.

김돈이 세종 19년에 남긴 '간의대기' 기록(《세종실록》, 1437/4/15.)에 의하면 세종은 세종 14년(1432) 7월 어느 날 경연에서 해, 달, 별의 이치를 논하다가 "우리나라는 중국과 멀리 떨어져 있고, 모든 제도는 중국을 따르고 있으나 천문을 관측하는 과학 기구가 갖추어지지 못했다(我東方邈在海外, 凡所施爲, 一遵華制, 獨觀天之器有闕)."라고 염려하면서, 정인지에게 "고전을 연구하여 천체관측기와 계산하는 기계를 창안하고 제작하여 측정과 시험에 대비하도록 하라."라고 지시하였다. 이리하여 세종 19년(1437) 4월까지는 5가지 천문의기와 10가지 시계가 거의 제작되었다. 더욱이 종합과학연구소인 흠경각은 1438년에 이룩되었다.

이렇게 세종은 간의대 설치 등으로 제대로 된 연구 기반을 마련하였다. 이런 노력으로 1434년에는 새로운 물시계인 자격궁루, 앙부일구를 1437년에는 일성정시의, 혼의, 자격루 등을 제작하였다. 이런 성과를 바탕으로 체계적인 역법서인 《칠정산내편(七政算內外篇)》이 1442년에 완성되고 《칠정산외편(七政算外篇)》은 1444년에 완성된다. 《칠정산내편》에서는 태음(달)의 행도와 위치 계산, 일식과 월식의 계산, 오행성의 계산 등의 원리가 정확하게 기술되었다. 이렇게 중국의 과학기술을 우리 풍토에 알맞게 수정·개량·보완하여 토착화하였다. 이는 명나라 황제가 내려주는 대통력보다는 우리 풍토에 적합한 천문 책으로 일식 같은 천지의 움직임을 정확하게 계산해내는 책이었다.

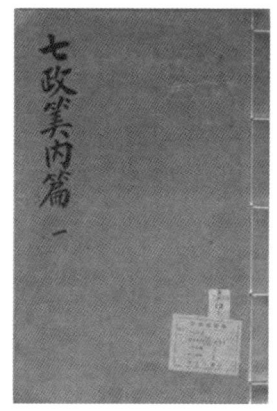 

[사진 1] 《칠정산내편》   [사진 2] 《칠정산외편》

5. 독창적 자주

독창적 자주의 대표적인 예는 역시 1443년에 창제하고 1446년에 반포한 훈민정음이었다. 흔히 국어학계에서는 훈민정음이 중국의 성운학을 바탕으로 창제되었다고 하나 이는 잘못된 생각이다. 분명 세종은 성운학의 이론서인 《성리대전》을 탐독하고 참고한 것은 맞지만 성운학과 차원이 다른 학문적 기반을 이룩하고 이를 바탕으로 매우 독창적인 문자 창제에 성공한 것이다. 중국의 성운학대로 했다면 오히려 독창적인 문자를 발명할 수 없었을 것이다. 다음 그림은 훈민정음이 얼마나 독창적인 문자인지를 보여주는 원리도이다. 모음에는 거대한 우주를 자음에는 작은 우주인 사람의 발음기관을 적용하였다. 모음에는 천지인 삼조화 사상과 음양오행 철학을 자음에는 발음과학과 오행을 적용하였다.

1434년의 앙부일구 또한 한자 모르는 일반 백성들을 고려해 동물그림으로 시각을 표시한 것 또한 독창적 자주 정신을 보여 준 것이다.

세종의 네 가지 자주 정신과 우리의 자세 337

[그림 3] 훈민정음 천지인 삼태극 구성, 세종 서문과 28자(문관효 작)

6. 공존적 자주

세종은 실용 외교를 통해 공존적 자주를 추구하였다. 세종은 문화, 실용 분야에서는 철저하게 자주 정책을 시행하지만 정치 분야에서는 지성 사대를 이어가는 전략적 사대주의를 하였다. 그 당시 국제 정치의 흐름인 명나라에 대한 사대는 철저히 지켜 국제 조화를 이루면서 우리식 음악과 과학 정책 등을 성공리에 이끌어 주체적인 정치를 시행했다. 이런 점이 소를 바치라는 명 황제의 요구에 대한 토론에서 잘 나타나 있다. 먼저 세종이 말하기를

> "소는 우리나라에서 희소하게 나는 동물로서 마련하기가 어렵고, 또 농사에 가장 긴요하게 절실한 것이니, 마땅히 감면을 주청해야 할 것이다. 그러나 중국 조정에서 번번이 말하기를, '조선의 사대하는 마음은 지극히 정성스러움이 둘도 없다.'라고 하였는데, 지금 소를 갖추어 바치는 일이 비록 어렵기는 하나 국가의 안위에 관계될 만한 것은 아니다. 그런데 번거롭게 감면을 주청하면 혐오하는 틈이 생길까 염려되니, 어떻게 처리할 것인가. 장차 반만을 준비하여 진헌하고 나머지의 준비하지 못한 것은 감면을 주청할 것인가. 그 대가는 그만두고 반만을 준비하여 진헌할 것을 주청하면 어떻겠소."[4]

이에 대하여 봉여(奉礪)·유맹문·최사의·이징옥 등은 "그 대가는 그만두기를 주청하고 마련하여 진헌한다면, 중국 조정에 물의를 일으킬까 두

---

[4] 牛隻, 本國稀小之物, 措辦爲難, 且於農最切, 宜奏請蠲免. 然中朝每言朝鮮事大之心, 至誠無二, 今牛隻措辦雖艱, 然不係於社稷安危, 而煩爲奏請, 恐生嫌隙, 處之何如? 將爲半備進, 其餘未備者, 奏請蠲免乎? 請除其價, 爲半備進何如? –《세종실록》, 세종 14/1432/5/28.

렵습니다. 마땅히 황제의 명령에 좇되, 반만을 중국 물품과 무역하여 진헌하고, 그 나머지는 면제하여 주기를 주청하여야 하겠습니다.[5]"라고 주장했다. 이에 대해 정초·허조·권진 등은 "소는 농가의 소중한 동물로서 민생에 긴요하고 절실함이 매우 큽니다. 마땅히 감면을 주청하여야 할 것입니다. 또 이것은 매와 같은 것이 아니니, 다만 요동에서 주청한 것에 의한 것일 뿐입니다. 신 등은 들으니, 전년에 이미 우리의 주청을 윤허하였다는데, 올해에 이르러 이와 같이 또 '소를 바치라고' 칙서를 내린 것은, 황제가 생각하여 한 일이 아님이 명백합니다. 반만을 중국 물품과 교역하여 바치고, 그 나머지는 감면을 주청하더라도 반드시 혐오를 초래하는 일은 없을 것입니다.[6]"라고 하고, 최사강은 "지금 반만을 바치고, 그 나머지는 번식되기를 기다려서 진헌하겠다고 주창하는 것이 좋겠습니다.[7]", 맹사성은 "갑신년에 소를 교환한 뒤로는 올해에 이르러 이 칙서가 있는 것이니, 수대로 바치지 않을 수 없습니다.[8]"라고 한결같이 황제의 말을 그대로 따를 수 없다는 의견을 내놨다.

그럼에도 세종은 "대신들이 소는 반만을 바치고, 다 마련하지 못하는 사유를 자세히 아뢰는 것이 좋다고 말하나, 이제 칙서를 다시 보니 말뜻이 자세하고 간곡하여서 사세가 그만둘 수가 없다. 수대로 다 준비하여

---

[5] 請除其價, 措辦以進, 則恐有朝廷之議, 宜從帝命, 爲牛貿易以進, 其餘請免. -《세종실록》, 세종 14/1432/5/28.
[6] 牛隻, 農家重物, 切於民生甚大, 宜奏請. 且此非海靑之類, 但因遼東奏請而已. 臣等聞前年已準請, 至今年乃下勅, 非皇帝致慮之事明矣. 爲牛貿易以進, 其餘奏請蠲免, 必無生嫌. -《세종실록》, 세종 14/1432/5/28.
[7] 今折(衷)以進, 其餘待孶息備進事, 奏請爲可. -《세종실록》, 세종 14/1432/5/28.
[8] 甲申年換牛之後, 至今年乃有此勅, 不可不依數. -《세종실록》, 세종 14/1432/5/28.

바치는 것이 옳겠다.[9]"라고 하여 신하들보다 더 사대의 결론을 내린다. 이런 조선의 노력에 대해 중국 황제는 다음과 같은 칙서를 몇 달 뒤 보내온다.

"왕은 조정을 공손히 섬기어 영락(永樂)으로부터 이제까지 전후가 한결같이 정성스러우니, 탁월한 현명한 왕이라 이르겠도다. 이에 중국이 왕을 대우함도 또한 전후가 한결같이 정성스러운데, 파견한바 사신 중에서 혹 소인이 있어, 마음이 내키는 대로 경솔히 큰 줄기를 돌아보지 않고 망령되어 쓸 것을 요구함이 있다하니, 무릇 그들의 말하는 바가 칙서에 유시된 것이 아니면, 왕은 믿고 따르지 말라. 전에는 산동 포정사(山東布政司)를 명하여, 베와 비단을 변방 위군[邊衛]에 운반하여 왕국 인민들에게 주고, 농사짓는 소를 모아 사가지고 요동 둔군(遼東屯軍)에게 주도록 했는데, 이제 주문(奏文)을 받아 본즉, 왕의 국내에서 생산되는 농사짓는 소가 많지 않다고 하매, 짐이 다 잘 알고 있으니, 현재 있는 대로 보내와서 교역함이 가하고, 그 밖에는 그만두라. 다만 매는 날려 사냥하는 데 소용되는 것으로, 왕의 나라에서 나는 것이니, 만일 사람을 파견하여 채포(採捕)하려고 하거든, 왕은 주선하여 주도록 할 것이다. 그러므로 유시하노라.[10]"
— 세종 14/1432/10/6.

위 내용을 보면 중국 황제는 오히려 칙사들의 권력 남용을 우려하여

---

9 大臣等以爲: '牛隻宜進其半, 具奏未得盡備之由.' 今更見勅書, 辭旨委曲, 勢不可已, 依數備進可也. -《세종실록》, 세종 14/1432/5/28.
10 王恭事朝廷, 自永樂至今, 前後一誠, 可謂卓然賢王者矣. 肆朝廷待王, 亦前後一誠. 所遣使臣, 慮其中有小人, 任情輕率, 不顧大體, 妄有需求, 凡其所言, 非勅書所諭者, 王勿信從. 前命山東布政司, 運布絹於邊衛, 與王國人民收買耕牛, 給遼東屯軍. 今得奏, 國中所産不多, 朕已具悉. 可隨見有者, 送來交易, 餘則止之. 但海靑飛放所用, 而産於王國, 若遣人來採捕, 王可應付, 故諭. -《세종실록》, 세종 14/1432/10/6.

조선을 예우하고 있음을 알 수 있고 조선 임금의 노력에 대해 무척 감동했음을 여실히 보여주고 있다. 그렇다고 세종이 따를 수 없는 것을 따르는 것은 아니었다. 그럴 경우 절충 전략을 통해 실용 외교를 추구한다. 금은 조공을 요구하는 명나라의 무리한 요구를 무조건 거부하지 않고 다른 토산물로 대체하게 한 사건이 대표적이다.

"엎드려 바라건대, 황태자 전하께서는 황제의 밝은 은택이 베풀어지도록 인도하사 특히 금·은 공납을 면제하고 토산물의 마땅한 것으로써 대신하게 하여, 상하의 정이 통하게 하고 먼 곳 사람의 바람을 위안하여 주시는 것이 신의 간절한 소원이나이다."라고 하면서, 예물은 고운 모시 20필, 검은 모시 30필, 잡색마(雜色馬) 4필을 바쳤다.[11] 　　　　　－ 세종 11/1429/8/8.

이러한 정치 분야의 사대에 대해 '공존적 자주'라고 한 것은 이런 식의 전략적 사대주의가 아니라면 과학, 문화 분야에서의 실용적 자주가 어려워졌을 수도 있기 때문이다. 4군 6진 개척 같은 민감한 국방 문제에서도 명나라와 충돌 없이 최대한의 실리를 이룩한다. 이 또한 세종의 전략적 사대주의가 아니라면 어려웠을 것이다.

성리학의 핵심인 천명사상에 중요한 천문에 관한 것이나 예악 정치에서 중요한 음악에 관한 것은 중국 황제의 절대적 권한이라 할 수도 있다. 그러나 세종은 철저히 그런 틀을 깨고 철저히 자주 정책을 폈다. 더 나아가 문자 분야에 대해서는 중국 황제가 펴낸 운서의 발음을 아예 조선에서

---

11 伏望皇太子殿下, 導宣睿澤, 特蠲金銀之貢, 代以物産之宜, 以通上下之情, 以慰遠人之望, 臣之至願也. 禮物, 白細苧布二十匹, 黑細麻布三十匹, 雜色馬四匹. －《세종실록》, 세종 11/1429/8/8.

[사진 3] 《동국정운》(1448)   [사진 4] 《홍무정운역훈》(1455)

새로 발명한 훈민정음으로 적으니 그것이 1448년에 펴낸《동국정운》이고 세종 31년(1449)부터 편찬을 시작하여 단종 3년(1455)에 나오는《홍무정운역훈》이다. 중국 황제가 천 년 넘게 못 해온 것을 당당히 해치우고 천하 문명의 중심인 문자 천하를 이룩했음을 의미하니 이보다 더 중요한 자주가 어디 있겠는가.

7. 맺음말

세종대왕의 자주 정책은 단순히 외세에 대한 저항이나 배타적 민족주의가 아닌, 실용적이고 창조적인 자주 정신에 기반한 것이었다. 세종은 중국의 선진 문물을 적극적으로 수용하면서도, 우리의 풍토와 실정에 맞게 재창조하는 지혜를 발휘했다. 《향약집성방》에서 언급된 "백 리가 떨어지면 풍속이 다르고 천 리가 떨어지면 풍토가 달라, 초목의 성장에는 지역에 따른 적합한 바가 있고 사람의 음식기호에도 또한 습성이 있다"라는 문구는 세종의 실용적 자주 정신을 집약적으로 보여준다.

과학 기술 분야에서 세종은 앙부일구, 자격루 등의 독창적 발명품을 통해 서양이나 중국과는 다른 우리만의 과학 기술을 발전시켰다. 특히 《칠정산내외편》의 완성은 우리 풍토에 맞는 역법을 확립함으로써 천문학적 자주성을 이룩한 쾌거였다. 문화 분야에서는 훈민정음 창제를 통해 문자 주권을 확립했으며, 《동국정운》과 《홍무정운역훈》을 통해 중국 문자의 발음까지 우리 문자로 재해석하는 놀라운 성취를 이루었다.

세종의 자주 정신이 더욱 빛나는 것은 대외 관계, 특히 명나라와의 관계에서 보여준 전략적 유연성이다. 그는 정치적으로는 사대의 형식을 취하면서도, 문화와 과학 기술 분야에서는 철저한 자주 노선을 견지했다. 소 공납 문제에서 보여준 세종의 태도는 국가 간 위계질서를 존중하면서도 자국의 이익을 최대한 확보하는 실용 외교의 모범을 보여준다.

오늘날 세계화 시대를 살아가는 우리에게 세종의 자주 정신은 중요한 시사점을 제공한다. 그것은 세계 문명의 흐름에 동참하면서도 우리만의 독창성과 정체성을 잃지 않는 지혜, 그리고 국제 관계에서 형식과 실리를 조화시키는 외교적 유연성이다. 세종이 추구한 실용적 자주, 독창적 자주, 공존적 자주의 정신은 현대 한국이 나아가야 할 방향을 제시하는 소중한 역사적 유산이라 할 수 있다.

세종 정신 나누기: 세종식 독서·토론·논술 교육

1. 머리말: 질문대왕, 토론대왕 세종 정신 이어받기

세종은 독서 대왕이었고 토론 대왕이었으며 경청과 소통 대왕이기도 했다. 이 모든 것이 질문에서 비롯되니 질문 대왕이기도 했다. 이러한 세종 정신을 이어받고 널리 펴기 위해 세종식 7:7 독서토론 논술모형을 제시하기로 한다.

7:7의 유래는 훈민정음 창제 1443년에서 반포 1446년 사이에 집현전 학사 중에 세종을 적극적으로 도와 훈민정음 해설서인《훈민정음》해례본 집필에 참여한 이가 7명이요 이를 반대하여 반대 상소를 올린 이도 7명이기 때문이다. 각각 정음파, 한문파로 일컫기로 한다.

정음파: 정인지, 최항, 박팽년, 신숙주, 성삼문, 이개, 이선로
한문파: 최만리, 신석조, 김문, 정창손, 하위지, 송처검, 조근

해례본 집필에 참여한 이는 원래 8명이지만 강희안은 이 당시 돈녕부 주부로 지금으로 보면 일종의 민정수석실 공무원이었다. 이모부였던 세종이 그림과 글씨와 학문에 능한 강희안을 집현전 학사들을 돕게 한 것이다. 훗날 강희안도 집현전 학사가 되므로 흔히 8학사라 일컫지만, 반포

당시는 7학사였다.

2. 세종식 질문의 교육적 의의

세종의 토론 과정이 그대로 담겨 있는 조선왕조실록을 보면 기록 대국으로서의 전통이 놀랍고 그 내용을 보면 질문과 토론이 주는 힘에 대해 다시금 더 놀라게 된다. 이런 기본적인 대화와 토론에서는 세종은 절대 권력을 가진 임금이 아니라 질문과 토론을 즐기고 질문과 토론을 통해 더 나은 학문과 정치를 하고 그런 학문과 정치로 만백성을 위한 세상을 열어 보려고 하는 성실한 학자요 정치가였다.

이상 세종의 질문 태도나 방법을 집약해 보면 다음과 같다.

첫째, 질문이 자유롭게 오갈 수 있는 분위기가 중요하다는 것이다. 누구든 질문의 주체가 될 수 있는 사회적 여건 또는 교육적 분위기를 만드는 것이 가장 중요하다. 물론 세종 시대는 누구나 질문의 주체가 될 수 없던 시대였다. 그런 시대에 지금 시대에서조차 구현하기 어려운 질문 중심의 정치를 편 것에서 우리는 그런 의미를 충분히 읽어낼 수 있다.

둘째, 질문은 관심과 열정과 배려에서 나온다. 1436년의 세종이 제주도 한 노인에게 한 질문은 노인을 배려하지 않고는 나올 수 없는 질문이었다. 단순한 피지배층이 아니라 중요한 사건을 목격한 사람으로서 배려했기에 그런 질문이 가능했을 것이다.

셋째, 사건과 대상에 맞는 적절한 질문을 던졌다는 것이다. 사건은 연속적이다. 용에 대한 사건도 연속적이고 그에 대한 담론도 연속적이다. 그러면서 해당 사건은 연속성의 중심점에 놓이게 되는데 이런 점을 충분히 고려하거나 따질 수 있는 질문을 던졌다는 것이다.

넷째, 충분한 인식과 판단이 가능한 질문을 던졌다는 것이다. 끝까지 파고드는 질문을 통해 의문점뿐만 아니라 사건의 실체를 총체적으로 파악할 수 있는 질문을 던짐으로써 질문의 효용성을 충분히 달성했다는 점이다.

3. 교육 활용 방안

이러한 세종 정신을 살리기 위해 세종이 인재 요람으로 만든 집현전에서 세종의 훈민정음 정책을 적극 지지했던 사람과 반대 했던 사람의 수를 따서 7:7 5단계 독서·토론·논술 수업 모형을 만들어보았다.

준비 단계에서는 선생님은 지정 과제와 기본 책을 알린다. 지정 주제와 연관된 필독서 2권을 준비하되, 찬성 근거는 파란색, 반대 근거는 빨간색, 인용 예상 근거는 형광펜, 질문거리는 물결 표시로 준비를 하게 한다. 빌린 책은 붙임쪽지를 활용하게 한다.

1단계는 독서대왕, 질문내왕 되기 단계로 개별 활동을 진행한다. 세종식 융합 독서, 기록 독서를 하는 것으로 8쪽짜리 또물또 질문책 만들기를 한다.

A4용지를 (가)와 같이 8등분을 해서 접었으면 종이를 가로로 반을 접은 상태에서 세로 방향으로 가운데를 절반을 오리거나 곱게 찢는다. 그러면 펼쳤을 때, 종이의 가운데 부분이 십자가 형태로 오려진/찢어진 상태가 된다 (나)의 모양이 그 상태다.

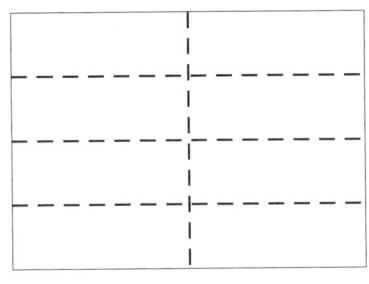
(가) 가운데가 8등분으로 접힌 모양

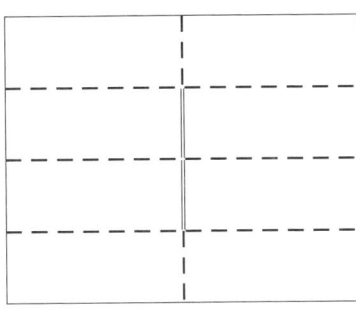
(나) 점선은 접힌 자국이 있는 부분이고 중간 가운데 수직으로 된 이중 실선 부분이 오려진 부분이다.

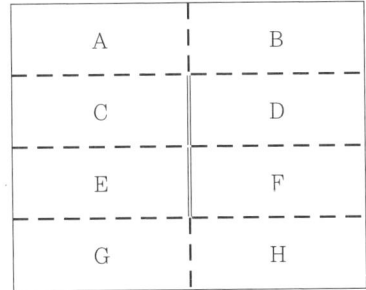

(다) C, D와 E, F 부분을 양손으로 모아쥐어 수직으로 세운 뒤에 C, E를 왼손으로 잡고 D, F를 오른손으로 잡아서 중간 이중 실선 부분이 하늘로 오고 C, E와 DF의 양면이 아래로 가도록 다시 세운다.

그 상태에서 종이들을 옆으로 접으면 지금 A, B, C, D, E, F, G, H 글씨가 쓰여 있는 부분은 작은 책(미니북)의 표면이 되어 글을 쓸 수가 있고 반대 부분은 공책의 내부가 되어 글을 쓸 수 없는 부분이 된다.

옆으로 접어서 작은 책을 만들면 다음과 같은 순서대로 공책의 쪽수가 된다. B-1, A-2, C-3, E-4, G-5, H-6, F-7, D-8. 즉 B부터 시계 반대 방향으로 돌아가면서 작은 책의 쪽수가 만들어지는 셈이다. 물론 공책은 다음과 같이 평면으로 펴진 상태가 아니라 입체로 세워진 상태다. 다만 쪽수가 그러하다는 뜻이다.

2쪽	1쪽
3쪽	8쪽
4쪽	7쪽
5쪽	6쪽

1단계의 핵심 활동인 8쪽 작은 책 모형은 다음과 같다. 표지는 "세종식 독서토론논술"이라는 취지로 자유롭게 붙일 수 있다. (8쪽짜리 작은 책 만들기는 유튜브: 김슬옹의 작은 책 만들기 참조)

마주 보는 2, 3쪽, 4, 5쪽, 6, 7쪽을 각각 활용하는 것이 핵심이다. 2쪽에는 찬성 쪽 근거 4가지를, 4쪽에는 반쪽 근거 4가지를 쓰고 각각 그 옆쪽인 3, 5쪽에는 각각의 근거에 대해 반박성 질문 한 가지나 두 가지를 쓰게 한다. 아니면 한 근거에 대해 의문형 질문 하나, 반박 문장 하나를 쓰게 할 수도 있다.

6쪽과 7쪽은 찬성 반대 입론 개요를 쓰게 한다. 찬성 쪽 기준 개요는 다음과 같다.

1) 토론과 찬성 취지
　　　(1) 토론 취지
　　　(2) 찬성 취지
　　2) 용어 정의
　　　(1)
　　　(2)
　　3) 찬성 핵심 근거 3가지
　　　(1)
　　　(2)
　　　(3)
　　4) 최종 정리

맨 뒷면인 8쪽은 편집후기, 저자 소개, 기본 서지정보를 적게 한다. 실제 활동 결과는 다음과 같다.

세종식 독서 토론 논술

임정화 지음

집현전 출판사

1. 초등학교 교과서 한자병기 찬성 근거	2. 초등학교 교과서 한자병기 찬성 반박 질문
1) 한자는 뜻글자로 한자를 배우면 어휘력을 향상시킬 수 있다.	← 1) 한자를 쓰지 않아도 의미 전달에 어려움이 없는 경우가 많다. 한자 학습이 어휘력 향상의 최선의 방법일까?
2) 동음이의어를 구별하여 정확한 의미 전달이 가능하다.	← 2) 한자를 쓰지 않아도 문맥을 이용해 의미 구별이 가능하다. 한자에도 동의이의어 혹은 다의어가 많기 때문에 한자가 정확한 의미 전달에 도움이 된다는 근거는 무엇인가?
3) 한자를 초등학교에서 학습함으로써 중고등학교에서의 학습 부담을 줄일 수 있다.	← 3) 한자 조기 교육이나 사교육 조장을 막을 수 있는 대책은 무엇인가?

4) 한자 문화권이 아시아 언어 습득이 용이해져 국가경쟁력을 키울 수 있다.

← 4) 한자를 이용해도 나라마다 한자 음이 다르다. 기초 한자 300자 정도를 조기 학습한다고 국가 경쟁력 제고에 도움이 될까?

2쪽

3쪽

3. 초등학교 교과서 한자병기 반대 근거
1) 초등학생들의 한자 학습 부담이 가중되고, 사교육이 늘어날 것이다.

2) 한글은 민족 정체성의 정수이다. 외국어 범람으로 얼룩진 현실에서 한자병기까지 하게 되면 우리 말글을 지켜나가는 데 어려움이 생길 것이다.

3) 한자 표기 없이도 의사소통에 지장이 없는 경우가 대부분이다. 이런 상황에서 한자 병기는 국민의 의사소통에 혼란을 일으킬 수 있다.

4) 모든 과목 교과서에 한자를 병기하고 가르치는 것은 수업을 부실하게 할 수 있다.

4. 학교 교과서 한자병기 반대 반론 질문
← 1) 교과서 한자병기의 대상이 되는 것은 기초한자 300자이다. 이 정도의 양이 과중하다고 할 수 있을까?

← 2) 한자를 익힘으로써 어휘력과 독해력을 향상시킬 수 있다면 우리 문화를 풍요롭게 하는 데도 도움이 되는 것 아닐까?

← 3) 법률용어 등 전문어의 경우 한자를 사용하는 것이 정확한 의미 전달에 도움이 된다. 동음이의어 등의 구별에도 한자 학습이 도움이 될 수 있지 않을까?

← 4) 각 과목에는 꼭 가르쳐야 하는 내용과 위계가 정해진 교육과정이 있다. 교과서 한자병기로 수업이 부실해질 수 있다는 것은 지나친 염려가 아닐까?

4쪽

5쪽

5. 초등 교과서 한자병기 찬성 입론 개요
1) 취지
 (1) 이번 토론으로 한자병기 문제 해결 지혜를 얻을 수 있다.
 (2) 한자 병기를 함으로써 학교 교육은 더 발전할 수 있다.
2) 용어 정의
 한자 병기: 국한문 혼용의 섞어쓰기가 아닌 괄호 속 쓰기를 말한다.
3) 핵심 근거
 (1) 한자를 초등학교에서 학습함으로써 중고등학교에서의 학습 부담을 줄일 수 있다.
 (2) 한자 문화권이 아시아 언어 습득이 용이해져 국가경쟁력을 키울 수 있다
 (3) 한자는 뜻글자로 한자를 배우면 어휘력을 향상시킬 수 있다.

6. 초등학교 교과서 한자병기 반대 입론 개요
1) 취지
 (1) 이번 토론으로 한자병기 문제 해결 지혜를 얻을 수 있다.
 (2) 한글병기는 학교 교육은 더 퇴보시킬 수 있다.
2) 용어 정의
 한자 병기: 국한문 혼용의 섞어쓰기가 아닌 괄호 속 쓰기를 말한다.
3) 핵심 근거
 (1) 한글은 민족 정체성의 정수이다. 외국어 범람으로 얼룩진 현실에서 한자병기까지 하게 되면 우리 말글을 지켜나가는 데 어려움이 생길 것이다.
 (2) 한자 표기 없이도 의사소통에 지장이 없는 경우가 대부분이다. 이런 상황에서 한자 병기는 국민의 의사소통에 혼란을 일으킬 수 있다.
 (3) 모든 과목 교과서에 한자를 병기하고 가르치는 것은 수업을 부실하게 할 수 있다.

4) 종합 정리: 초등 교과서에서의 한자병기는 학습뿐만 아니라 국가경쟁력도 키워 줄 것이다.	4) 종합 정리: 초등 교과서에서의 한자병기는 학습뿐만 아니라 한글정체성도 퇴보시킬 것이다.
6쪽	7쪽

■ 독자편지
저는 〈초등학교 교과서 한자병기〉에 대해 관심이 없었습니다. 당연히 깊이 생각해 본 적도 없고, 의견도 없었습니다. 남의 일이 아닌데, '나'의 문제인데도 말입니다. 깊이 반성합니다. 일상에 함몰되어 우리 사회에서 일어나고 있는 여러 문제와 의견에 무지하게 살고 있었다는 반성과 자각이 우선 앞섭니다. 〈작은책만들기〉 활동도 현장에서 실천해봐야겠습니다. 지도해주신 대로 하면 학생들이 내용을 생각하고 만들어가는 과정을 안내하는데도 도움이 될 것 같습니다.

■ 저자 프로필
임정화 00년 독서대왕을 꿈꾸며 태어나다. 세 살 때부터 지금까지 천 권 돌파, 현재 00초 교사, 지은 책: 앞으로 다수.

■ 서지정보
-발행일: 2015년 8월 6일
-발행인: 임정화 - 저자: 임정화
-발행처: 독서력 향상과 논술지도 직무연수
-연락처: tomulto@daum.net

8쪽

    2단계는 기록대왕이 되는 단계로 모둠별 자체 활동을 한다. 조사나 독서를 바탕으로 원탁토론 방식이나 자유 토론 방식으로 이어간다. 각자 읽은 결과를 바탕으로 모둠별 대항 준비 토론/토의를 한다.

    3단계는 토론대왕이 되는 단계로 두 모둠 겨루기 활동을 한다. 전체는 7:7이지만 실제로는 3:3 토론이다. 나머지 네 명 중 한 명은 총괄 지휘, 나머지 제1, 제2, 제3 토론자 보조이고, 역할 바꾸기도 가능하다. 발제(제1토론자끼리): 4분, 질문/조사(전체 3명): 2분-4분, 반박(2토론자): 4분, 자유토론(재반박과 난상토론) 전체 3명: 5분, 최종 발언(3토론자): 2분으로 구성한다. 자세한 진행 방식은 "박인기·김슬옹·정성현(2014), 『토론교육 무엇을 어떻게 가르칠 것인가』, 스푼북." 참조

4단계는 해결대왕이 되는 단계로 모둠별 따로 겨루기 활동 결과를 바탕으로 토론 결과를 종합하는 에세이나 공동 상소문 또는 건의서 쓰기를 한다. 반드시 토론 결과를 바탕으로 모둠 입장에서 1,000~2,000자 논술문을 쓴다. 이 단계에서는 교육용 토론 취지를 살려 개인 가치관과 관계없이 자신의 속한 모둠 공동 주제에 대해 쓰게 한다. 개인 가치관(주장)과 모둠 주장이 다를 경우는 다양한 사고 훈련을 하는 것이지만 5단계 실제 개인 주장 펼치기와 보완이 되게 해야 의미가 있다.

(예시 논술) 우리 아이들의 교육권과 한글의 정체성을 지키자

초등 교과서 한자 병기는 우리 교육의 근간을 흔드는 심각한 문제다. 한글은 단순한 문자가 아니라 우리 민족의 정체성을 담고 있는 문화유산이다. 세종대왕께서 "어리석은 백성도 쉽게 배우고 일상생활에 편리하게 쓰라"는 취지로 한글을 창제하신 정신을 되새겨야 한다. 지금 우리 사회는 영어를 비롯한 외국어 범람으로 이미 언어적 혼란을 겪고 있다. 여기에 초등 교과서까지 한자 병기를 도입한다면, 이는 우리 고유문자의 위상을 스스로 훼손하는 일이다. 한글의 우수성과 과학성은 세계적으로 인정받고 있으며, 유네스코 세계문화유산으로 등재될 정도로 그 가치를 인정받고 있다. 우리는 이러한 소중한 문화유산을 지키고 발전시켜야 할 의무가 있다.

현대 한국 사회에서 한자 표기 없이도 일상적인 의사소통에 전혀 지장이 없다는 사실은 자명하다. 대부분의 성인들도 일상생활과 업무에서 한자를 직접 사용하는 경우는 극히 드물다. 그런데도 어린 초등학생들에게 한자 학습 부담을 지우는 것은 교육적으로 비효율적이다. 한자 병기론자들은 동음이의어 구별을 위해 한자가 필요하다고 주장하지만, 이는 문맥을 통해 충분히 해결 가능한 문제다. 실제로 한글 전용 시대에 성장한 지금의 젊은 세대들도 의사소통에 큰 어려움을 겪지 않는다. 한자 병기는 불필요한 학습 부담만 증가시킬 뿐, 의사소통의 명확성 향상에는 큰 기여를 하지 못한다.

초등 교육 과정은 기초학력 함양과 창의적 사고력 개발에 중점을 두어야 한다. 현재도 초등학생들은 국어, 수학, 과학, 사회, 영어 등 다양한 과목을 학습하느라 많은 시간을 보낸다. 여기에 한자까지 추가된다면 학생들의 학습 부담은 더욱 가중될 것이다. 특히 학습 부진 학생들에게 이중 언어 체계의 부담은 더욱 크게 다가올 수 있다. 교육의 본질은 지식 전달만이 아니라 학생들의 전인적 성장을 돕는 것이다. 이미 과도한 학업 스트레스에 시달리는 우리 아이들에게 한자라는 추가적인 부담을 지우는 것은 교육의 본질에서 벗어나는 일이다.

더불어, 한자 병기론자들이 주장하는 국제 경쟁력 강화 논리도 현실과 괴리가 있다. 중국어를 배우기 위해 한자를 알아야 한다는 주장은 본말이 전도된 것이다. 언어 학습은 그 나라의 문화와 사회적 맥락 속에서 이루어져야 효과적이다. 단순히 한자를 안다고 중국어나 일본어 습득이 획기적으로 용이해지는 것은 아니다. 오히려 세계화 시대에 진정한 경쟁력은 자국 언어에 대한 깊은 이해와 창의적 사고력, 그리고 다양한 문화에 대한 개방적 태도에서 비롯된다. 초등 교육에서 한글의 과학성과 우수성을 바탕으로 논리적 사고력과 창의력을 키우는 것이 진정한 국제 경쟁력 강화의 길이다. 우리 아이들의 미래를 위해 초등 교과서 한자 병기 도입을 강력히 반대한다.

5단계는 인재대왕이 되는 단계로 개별 활동으로 개인별 에세이(칼럼) 쓰기를 한다. 딤빌 입장이나 수상과 전혀 관계없이 오로지 자신의 주장이나 생각만을 담는다. 찬성지지, 반대지지 제3 중간 입장 모두 가능하다. 토론 결과를 반드시 반영하여 쓰게 한다.

(예시 논술) 초등 교과서 한자 병기, 발전인가 퇴보인가

초등 교과서 한자 병기(漢字 倂記)는 교육계와 사회 전반에 오랫동안 논쟁을 불러일으킨 주제이다. 찬성 측은 한자 병기가 어휘력 향상과 국가경쟁력 강화에 기여한다고 주장한다. 한자는 뜻글자로서 단어의 의미를 명확히 전달하며, 초등학교부터 한자를 접함으로써 중고등학교에서의 학습 부담을 경감할 수 있다는 것이다. 또한 아시아 한자 문화권에서의 언어 습득이 용이해져 국제 경쟁력을 높일 수 있다는 실용적 측면도 강조한다. 찬성 측은 한자 병기가 괄호 속에 한자를 표기하는 방식으로, 국한문 혼용의 섞어쓰기와는 다른 접근이라는 점을 분명히 하며, 이러한 방식이 학생들의 학습 능력과 이해도를 향상시킬 것이라고 믿는다.

반면 반대 측은 한글의 민족 정체성 보존과 교육 효율성 측면에서 우려를 표한다. 한글은 우리 민족 정체성의 정수(精髓)로, 이미 외국어 범람으로 얼룩진 현실에서 한자 병기는 우리 말글 보존에 위협이 될 수 있다고 주장한다. 또한 현대 사회에서 한자 표기 없이도 의사소통에 지장이 없는 경우가 대부분이며, 불필요한 한자 병기는 오히려 국민 간 의사소통에 혼란을 가중시킬 수 있다는 점을 지적한다. 교육 현장에서도 모든 과목 교과서에 한자를 병기하고 가르치는 것은 본래의 교과 내용 학습을 방해하여 수업의 질을 저하시킬 가능성이 있다고 우려한다.

이 논쟁의 핵심에는 한자의 교육적 가치와 한글의 문화적 가치 사이의 균형이 자리하고 있다. 찬성 측은 한자 병기가 어휘력과 학습 효율성, 그리고 국제 경쟁력을 높이는 데 기여한다고 보는 반면, 반대 측은 한글의 정체성 보존과 효율적인 의사소통, 그리고 교육 과정의 질적 유지를 중시한다. 양측 모두 교육의 발전이라는 공통된 목표를 가지고 있으나, 그 방법론에서 차이를 보이고 있다. 이는 단순히 문자 사용의 문제를 넘어, 우리 교육이 나아가야 할 방향과 가치에 관한 더 깊은 질문을 던진다.

결국 초등 교과서 한자 병기 문제는 전통과 현대, 국제화와 민족 정체성, 학습 효율과 교육 본질 사이의 균형점을 찾는 과정이다. 이 논쟁을 통해 얻는 지혜는 단순히 한자 병기 여부를 결정하는 데 그치지 않고, 우리 교육이 나아가야 할 방향과 미래 세대에게 물려줄 언어문화유산에 대한 깊은 성찰로 이어져야 할 것이다. 양측의 주장을 종합적으로 고려하여, 학생들의 학습 능력 향상과 우리 언어문화의 보존이라는 두 가치를 모두 실현할 수 있는 균형 잡힌 접근이 필요한 시점이다.

이상 진행 과정을 표로 정리해 보면 다음과 같다.

[표 1] 세종식 7:7 5단계 독서토론논술 수업 모형

단계	활동 주체/범위	내용(땅)	방식(사람)	세종 정신(하늘)
준비1	선생님	지정 과제와 기본 책 내밂	-필독서 : 2권 -찬성 근거: 파란색 -반대 근거: 빨간색 -인용 예상 근거: 형광펜 -질문거리: 물결표시	융합 도서
1단계 (물)	개별 활동	세종식 융합 독서, 기록 독서	-8쪽짜리 또물또 질문책 만들기	독서대왕 질문대왕
2단계 (나무)	모둠별 자체 활동	조사, 독서: 원탁토론, 이야기식 토론	각자 읽은 결과를 바탕으로 모둠별 대항 준비 토론/토의	기록대왕
3단계 (불)	두 모둠 겨루기 활동	모둠 겨루기 활동 전체: 7:7 실제 토론 3:3 (나머지 네 명: 한 명 총괄 지휘, 나머지 제1, 제2, 제3 토론자 보조, 역할 바꾸기 가능)	-발제(제1토론자끼리): 4분 -질문/조사(전체 3명): 2분-4분 -반박(2토론자): 4분 -자유토론(재반박과 난상토론) 전체 3명: 5분 -발언(3토론자): 2분	토론대왕
4단계 (쇠)	모둠별 따로 겨루기 활동	공동 상소문 또는 건의서 쓰기	-반드시 토론 결과를 바탕으로 모둠 입장에서 1,000~2,000자 논술문을 씀	해결대왕
5단계 (흙)	개별	개인별 에세이(칼럼) 쓰기	-팀별 입장이나 주장과 전혀 관계 없이 오로지 자신의 주장이나 생각만을 담음 -찬성지지, 반대지지 제3 중간 입장 모두 가능 -토론 결과를 반드시 반영	인재대왕

4. 맺음말: 세종식 독서토론 논술 교육의 의의와 전망

　세종식 독서토론 논술 교육은 우리의 위대한 문화유산인 세종 정신을 현대 교육으로 계승하기 위한 교육 모형이다. 세종대왕은 질문과 토론을 통해 새로운 세상을 열었던 지도자로, 그의 열린 사고와 경청의 자세는 오늘날 교육에서도 중요한 가치로 남아있다. 세종식 7:7 독서토론논술 모형은 이러한 세종의 정신을 계승하여, 학생들이 단계적으로 독서대왕, 질문대왕, 기록대왕, 토론대왕, 해결대왕, 인재대왕으로 성장할 수 있도록 체계적인 과정을 제시한다.

　이 교육 모형의 핵심은 학생들이 스스로 생각하고, 질문하며, 토론하고, 그 결과를 글로 정리하는 전 과정을 경험하는 데 있다. 개인 활동에서 시작하여 모둠 활동, 모둠 간 겨루기, 그리고 다시 개인 활동으로 돌아오는 순환적 구조는 학생들이 다양한 관점에서 문제를 바라보고, 종합적인 사고력을 기를 수 있게 한다. 특히 8쪽짜리 작은 책 만들기와 같은 창의적 활동은 학생들의 참여도를 높이고, 학습 내용을 효과적으로 정리하는 데 도움이 된다.

　세종식 독서토론 논술 교육의 가장 큰 의의는 '질문'의 중요성을 강조한다는 점이다. 세종대왕이 보여준 것처럼, 질문은 자유롭게 오갈 수 있는 분위기 속에서, 관심과 열정과 배려에서 비롯되며, 사건과 대상에 맞는 적절한 질문, 그리고 충분한 인식과 판단이 가능한 질문이 중요하다. 이러한 질문의 힘을 통해 학생들은 단순한 지식 습득을 넘어 비판적 사고력과 창의적 문제해결 능력을 기를 수 있다.

　또한 이 교육 모형은 학생들이 찬성과 반대 양측의 입장을 모두 경험하고 이해함으로써, 균형 잡힌 시각과 포용력을 기르게 한다. 더불어 공동의 상소문이나 건의서를 작성하는 과정에서 협업 능력을 기르고, 최종적으로는 자신만의 주장을 담은 에세이를 통해 개인의 목소리를 발견하게 된다.

세종식 독서토론 논술 교육은 단순한 국어 교육의 차원을 넘어, 모든 교과와 삶의 영역에서 적용될 수 있는 통합적 교육 방식이다. 학생들은 이 과정을 통해 비판적 사고력, 의사소통 능력, 협업 능력, 창의력 등 미래 사회에 필요한 핵심 역량을 균형 있게 발전시킬 수 있을 것이다. 세종의 정신을 계승한 이 교육 모형이 널리 확산되어, 우리 교육이 더욱 풍요롭고 의미 있는 방향으로 나아가기를 기대한다.

세종 본 이름(이도)의 한자 표기론

1. 머리말

　세종대왕을 제대로 기리기 위해 세종의 본 이름을 정확히 표기하는 것은 기본중의 기본이다. 그럼에도 조선왕조실록을 비롯한 세종 관련 거의 모든 논저들이 세종 본명의 한자를 '裪(옷소매 도)'가 아닌 '祹(복 도)'로 표기하고 있다. 필자는 이 문제를 최초로 문제제기하여 오마이뉴스 2021년 11월 16일, "세종대왕 이름 뜻이 옷소매? 후대 눈엔 이상하겠지만...-백성에 피해 없게 작명용 한자 사용... 세종문화회관 세종 이야기 게시물도 수정해야"라는 기사로 게재한 바 있다. 이 장은 이 기사를 좀 더 보완하여 정리한 것이다.

2. 세종 이름 표기 왜곡 문제

　대한민국 대표 문서작성기인 '아래 한글'에는 유명인의 한자가 실려 있는데 세종의 본명을 '李祹'라고 적어 놓았다. 조선왕조실록 번역문도 마찬가지다.

　경인신문은 2021년 11월 7일 자 보도에서 "세종대왕도 모르는 훈민정음, 광화문 광장의 세종대왕 동상에 오자가 웬 말"라는 제목으로 세종대왕 동상 앞 '세종대왕'의 훈민정음식 표기와 동상 지하에 있는 '세종 이야기' 전시관의 세종대왕의 본명인 '도(裪)' 자가 잘못된 표기라고 보도했다. 그러나 본명의 한자가 잘못되었다는 주장은 역사 기록을 제대로 살피지 않은 잘못된 지적이다.

'세종대왕' 동상에 새긴 묘호(廟號: 임금이 죽은 뒤에 생전의 공덕을 기리어 붙인 이름) "세종대왕"은 세종정신을 드러내면서도 현대인들과의 소통을 고려한 일종의 절충식 표기이므로 이는 따로 논의하기로 하고, 여기서는 세종대왕의 본명 도(裪) 자의 한자 오류 문제에 대해서만 논의하기로 한다.

기사는 사단법인 훈민정음기념사업회 박재성 이사장 제보를 바탕으로 작성한 기사인데, 세종대왕의 피휘(避諱, 존귀해서 피해야 할 이름)자를 "裪(옷소매 도)"로 표기한 것은 잘못된 표기이며, 큰 글씨 옆에 작은 글씨로 해설한 "祹(복 도)"자가 옳다는 주장이다. 이런 주장은 고 진태하 명지대 교수가 중앙일보(2010.10.8.)에서 10년 전에 주장한 바이기도 하다. '裪'는 '옷소매 끝 도/옷소매 도'이므로 임금의 아들인 왕자의 이름으로는 취할 수 없는 뜻이라는 것이다. 그러나 이러한 주장은 잘못됐다. 오히려 그와는 반대로, '옷소매 도(裪)' 자가 바른 글자이고, '복 도(祹)' 자는 틀린 글자이다.

《세종실록》의 구체적인 기록을 찬찬히 확인해보면 금방 알 수 있는데, 이와 관련된 5건의 기록 모두 아래 이미지처럼 "옷소매(윗옷의 좌우에 있는 두 팔을 꿰는 부분)"를 뜻하는 '도(裪)' 자로 되어 있다. 그럼에도 불구하고 세종실록을 번역하는 분들이 이 글자를 '복 도(祹)'의 이체자 '礻+匋'로 판독하고 기록하여 '복 도'로 오해하게 된 것이다. 필자 또한 기존 판독문대로 써 왔으나 이제 수정하고자 한다.

실록 날짜와 기사 제목(온라인 조선왕조실록)	태백산고본 실제 이미지
세종실록 1권, 총서	 裪
세종 즉위년(1418) 8월 14일 영돈녕·영의정·대간을 불러 중국에 전위한 일을 알리는 방법을 의논하다	 裪
세종 즉위년 9월 4일 흠차 환관 육선재가 칙서와 황제가 준 명칭가곡 천 본을 받들고 오다	 裪
세종 즉위년 9월 13일 상왕이 명나라 황제에게 세자 이도가 임시로 섭행함을 아뢰다	 裪
세종 32년 2월 22일 지중추원사 이선 등을 북경에 보내 부고를 고하고 시호를 청하다	 裪

[그림 1] 세종실록에 나오는 세종 본명 출처(기사 제목 포함)와 실제 이미지

결정적으로, 세종의 본명 한자가 조선왕실 족보 기록인《선원계보기략》에서 [사진 1]과 같이 분명하게 밝히고 있다. 현재 참고하는 세종실록(태백산사고본)은 임진란으로 불에 타 후대에 다시 작성된 자료라는 점을 고려하면, 세종대왕의 본명 한자가 "옷소매 도(裪)"자인지 "복 도(裪)"자인지는 조선왕조의 족보인 이 책보다 더 정확한 것은 없다.

《태종실록》은 세종대왕 시절에 편찬된 것이므로, 태종의 셋째 아들인 세종의 이름은 '휘자(諱字)' 즉 "높은 어른(임금 포함)의 이름자"가 되므로 표기되지 않았다. 태종은 원경왕후와의 사이에 4명의 왕자와, 후궁 사이에서 8명의 왕자 모두 열두 명을 두었는데 모두 '옷의 변[衣(6획) = 衤(5획)]' 계열이다.

왕실은 특정 한자를 왕족 이름으로 쓰게 되면, 일반 백성들이 그 한자를 쓰는 데 제한을 받는다는 것을 잘 알고 있었으므로 그 점을 고려해 1음절 한자를 선택하였다. 한 글자이다 보니 돌림자 설정의 어려움 때문

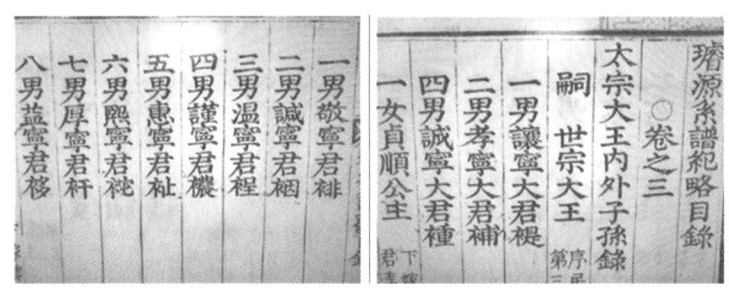

[사진 1] 《선원계보기략》에 나오는 태종의 열두 아들 이름

에 한자자전의 특정 부수를 돌림자(또는 항렬자)로 대신하였다. 여기서는 '옷의 변' 글자를 대용으로 삼았다. 결국 세종 이름은 '裪(옷소매 도)'이다.

세종대왕의 본명이 '복 도'가 아니라 '옷소매 도'라고 하여 세종대왕과 왕실의 권위가 내려가는 것은 아니다. 이 문제를 함께 검토해 준 정우영 동국대 명예교수는 "상용한자를 쓰지 않고 쓰임이 거의 없는 한자를 선택한 것은 백성들의 일상생활에 부담을 주지 않으려는 배려심, 또는 자기를 낮추는 겸양, 애민 정신을 기본원칙으로 하여 작명용 한자를 선택한 결과"라고 강조했다.

1) 작명의 심리학

후대 사람들이 세종대왕의 본 이름을 '복 도'로 오해하게 된 것은 첫째, 세종대왕에 대한 존경하는 마음을 투사하여 좋은 뜻으로 해석하려는 선입견이 작용한 탓이다. 입신양명의 소망을 담아 작명하였을 것이라는 오늘날의 작명 관념으로 잘못 해석한 것이다.

둘째는 복잡한 한자의 이체자 문제에서 비롯되었다. '복 도'는 두 가지 계열이 있는데, 하나는 '示(보일시변 시) + 匋(질그릇 도)' 계열이고, 또 하나는

'礻(보일시변 시) + 匋(질그릇 도)'계열이다. 곧 '示=礻'는 이체자이다.

(1) 示(5획) = 礻(4획) 裪(복 도)=礻+匋
(2) 衣(6획) = 衤(5획) 裪(옷소매 도)

곧 '裪(복 도)'의 이체자인 '礻+匋'의 왼쪽 부수(礻)와 '裪(옷소매 도)'의 왼쪽 부수(衤)는 짧은 한 획의 차이로 인해 전문가들조차 혼동해서 쓸 정도이다. 그러다 보니 실제 '裪'를 '礻+匋'로 잘못 써서 이를 '복 도'로 잘못 해석하게 된 것이다. 여기에는 이 세상에 이름을 드날리려 했으리라는 보통 사람들이 갖는 '작명의 심리학'이 크게 작용하였을 것이라 생각한다.

일부에서는 세종실록의 '裪(옷소매 도)'가 '복 도'의 '礻+匋'의 이체자라거나 잘못 표기한 것이라고 보는 분도 있다. 활자 제작의 어려움도 없지는 않았을 것이다. 그러나 안대회 성균관대 한문학과 교수와 이기범 경기대 서예학과 교수는 임금 이름을 오기하거나 속된 이체자로 나타내는 것은 있을 수 없는 일이라고 한다. 세종실록을 연구하는 원정재 모임의 권오향 교수도 후대의 관념을 과거 글자에 투사해서는 안 된다고 보았다. 세종실록이 '裪(옷소매 도)'로 기록했으면 글자 자형이든 뜻이든 있는 그대로 따라야 한다고 한결같이 말하고 있다. 따라서 세종문화회관 지하에 설치되어 있는 《세종 이야기》는 '복 도(裪)'로 설명한 부분을 고쳐야 하며, 조선왕조실록 판독문과 번역문에서 세종의 이름을 '도(裪)' 자로 표기한 부분은 모두 "(옷소매) 도(裪)" 자로 고쳐야 한다.

3. 맺음말: 세종대왕 본명의 한자 표기, '옷소매 도(裪)'가 역사적 사실

세종대왕의 본명 한자 표기에 관한 논쟁은 역사적 사실과 문헌 증거를 통해 명확히 정리될 수 있다. 조선왕조실록의 원전과 왕실 족보인 선원계보기략의 기록을 면밀히 검토한 결과, 세종대왕의 본명은 '옷소매 도(裪)'가 맞다.

일부에서 주장하는 '복 도(祹)'설은 후대인들의 선입견과 한자 이체자 혼동에서 비롯된 오해이다. 세종실록에 나타난 5건의 기록 모두 '옷소매 도(裪)'로 표기되어 있으며, 결정적으로 조선왕실 족보인 선원계보기략에서도 동일하게 기록하고 있다.

태종의 12명 왕자 이름에 '옷의 변(衣=衤)' 계열 한자를 사용한 것은 백성들의 일상생활에 부담을 주지 않으려는 배려와 겸양의 정신을 보여준다. 당시 왕실은 흔히 쓰이지 않는 한자를 선택함으로써 피휘(避諱)로 인한 백성들의 불편을 최소화했다.

역사적 사실을 바로잡는 일은 결코 세종대왕의 권위를 낮추는 것이 아니다. 오히려 후대의 작명 관념을 과거에 투영하지 않고 역사적 사실을 있는 그대로 받아들이는 것이 세종대왕의 애민 정신과 겸양의 덕을 올바르게 이해하는 길이다.

역사적 기록을 정확히 읽고 해석하는 학문적 엄정함이 우리 문화유산을 제대로 보존하고 계승하는 첫걸음임을 기억해야 할 것이다.

세종식 혁신 배움

1. 머리말

21세기의 화두는 혁신과 통합이다. 사실 혁신과 통합이 중요하지 않은 시대는 없었다. 현대 조직과 사회에서는 혁신과 구성원의 통합이 지속 발전의 핵심 과제로 대두되고 있다. 이러한 맥락에서 조선 시대 세종대왕의 사례는 시사하는 바가 크다. 세종은 백성을 향한 애민 정신과 통찰을 바탕으로 한글 창제를 통해 사회적 혁신과 통합을 이루어냈다.

이 장에서는 세종식 혁신 배움 프로그램이라는 주제 아래, 세종대왕의 혁신적 리더십을 고찰하고 그 현대적 의의를 탐색한다. 이를 위해 먼저 세종이 한글을 통해 혁신과 통합을 이루려 한 동기와 철학을 살펴보고, 다음으로 그 구체적인 추진 방법과 과정을 분석한다. 이어 한글 자체에 내재된 혁신성과 통합의 속성을 규명한 후, 마지막으로 이러한 세종의 정신을 현대 직장 문화와 업무 환경에 적용할 수 있는 실천 전략을 제시한다.

2. 세종식 혁신 배움 프로그램

1) 왜 세종은 한글을 통해 최고의 혁신과 통합을 이루었는가?

첫째, '민본'의 마음이다. 세종이 한글을 창제한 핵심 동기는 한자 모르는 백성들에 대한 배려이다. 지식과 정보를 양반들만이 어려운 한문으로 독점하는 틀을 지배층의 정점에 놓여 있는 임금이 먼저 혁신하자는 것이었다. 직장의 모든 일에 이 코드를 적용해 보자. 우리의 애민 정신에 담겨 있는 보편주의 감동을 함께 나누는, 그런 감동을 이끌어가는 지도자가 될 것이다.

둘째, 소통 정신이다. 세종이 가장 중요하게 여긴 것이 소통이었다. 사람 간의 소통, 지식을 통한 소통, 토론을 통한 소통 등 이러한 소통 정신이 우리 시대의 위대한 르네상스를 낳았다. 단순한 사람 간의 소통을 뛰어넘어 모든 요소가 상생이 되는 소통을 세종은 꿈꾸었다.

셋째, 교화와 교육 전략이다. 세종은 끊임없이 지식과 정보를 나누고자 했다. 그 당시로 보면 교화 교육이 핵심 정책 기조였다. 단순히 지식과 정보를 전달하는 것이 아니라 세상 만물의 이치를 깨우치게 하는 교육, 더불어 나누는 교육, 근본을 바꾸는 교육. 직장 내에서 자신의 장점, 자신만의 생각을 누군가에게 강요하는 것이 아니라 더불어 나누는 관점에서 쉽게 전달해 보라.

넷째, 통합 정신이다. 세종은 통합과 융합을 매우 중요하게 여겼고 실천에 옮겼다. 인재를 통합하고 다양한 학문을 통합하고 다양한 기능이 동시에 발현되도록 통합했다. 문과 출신, 이과 출신이 서로 넘나들며 서로의 재능을 나누고 수학, 과학, 인문학을 통합하고 앙부일구를 통해 시간, 절기, 방위를 통합적으로 효율적으로 알게 하는 진정한 통섭, 통합

그 신나는 만남과 관계의 창출. 그래서 세종 시대는 숲이 되었다. 우리도 이와 같이 우리의 공동체를 숲으로 만들어야 한다.

2) 세종은 한글을 통해 어떻게 최고의 혁신과 통합을 이루었는가?

첫째는 인재를 통해서였다. 세종은 단순히 인재를 키우지 않았다. 인재가 제 역량을 발휘할 수 있도록 제도를 바꾸고 시스템을 바꾸고 토양을 바꾸었다. 인재가 힘을 기를 때까지 기다리고 물을 주었다. 인재가 자신의 최고의 재능을 발휘할 수 있는 길을 열었다. 스스로 세종이 되어 자신의 재능이 무엇인지 어떻게 그 재능을 즐겁게 나눌 것인지 지금의 나와 최고의 역량을 발휘할 수 있는 나를 스스로 발굴해 보자. 우리 뇌 속에도 세종 코드가 들어있다.

둘째는 질문과 토론을 늘 무기로 삼았다. 세종은 질문대왕이었고 토론대왕이었다. 질문을 통해 학문을 하고 토론을 통해 정치를 했다. 상대를 어렵게 하는 질문이 아니라 즐겁게 고민하고 신나게 탐구하고 더불어 문제를 해결하는 길을 찾는 질문, 세종에게 질문은 길이요 광장이었다. 질문은 관심이요 애정이다. 우리는 오늘도 일터에서 어떤 질문으로 하루를 시작했는가. 어떤 질문으로 마무리 했는가. 어떤 질문으로 동료에 관한 관심을 이끌어 갔는가.

셋째, 현장성과 실용성을 학문과 정치의 본령으로 삼았다. 세종은 늘 더불어 부대끼는 현장을 중요하게 여겼다. 양반들이 직접 농사를 지으며 농사 책을 쓰게 했고 경복궁에 초막을 지어 백성의 고달픔을 온몸으로 경험하며 정치와 정책의 지혜를 구했다. 세종의 지혜는 머리에서 나오지 않았다. 발에서 나왔고 손에서 나왔으며 온몸으로 꽃을 피웠다. 기획을

머리로만 하지 말자. 치열한 현장에 나가 부대끼며, 온몸으로 고민해 보자.

넷째, 독서는 삶 그 자체였다. 세종 혁신의 결과물인 한글 창제의 위대함, 그 답에 세종의 책사랑 책 읽기 전략에 있었다. 세종은 책을 통해 세상과 소통하고 책을 통해 문제 해결의 실마리를 찾았다. 책을 좋아하다 보니 책을 통해 백성과 소통하기 싶어 했고 그래서 쉬운 책을 구상하고 그런 책을 만들 수 있는 문자를 만들었다. 세종은 집중 독서와 통합 독서를 통해 독서 효과를 극대화했다. 그러하면 우리는 자신의 일을 위해 직장의 인정받는 인재가 되기 위해 어떤 책을 어떻게 읽겠는가?

3) 한글의 무엇이 혁신과 통합인가?

첫째, 상형 미학 혁신이다. 세상 모든 문자는 기본적으로 상형이다. 그러나 한글 상형은 차원을 달리했다. 한글은 4차원의 상형으로 탄생했다. 자음은 발음기관을 상형하고 모음은 우주를 상형하고 거기다가 단순 평면 도형 수학을 적용하고 입체 수학을 적용하여 문자 효용성을 극대화하였다. 단순함을 통해 4차원을 설계하는 놀라운 비밀이 한글이 들어있다. 그것은 고차방정식처럼 어려워서 위대한 것이 아니라 지나치게 쉬워서 위대한 것이다. 자고로 쉬움에 고차원을 담아보자. 그것이 한글의 상형 혁신 정신이다.

둘째, 소리 과학 혁신이다. 개 짖는 소리, 순이의 울음소리, 이탈리아 사람의 소리, 아프리카 사람의 소리. 모든 소리를 문자로 담는다면 얼마나 가슴 벅찬 일인가. 바로 한글은 모든 감정과 모든 소리를 담아낼 수 있는 세계 유일의 음성기호적 문자이다. 소리에는 온갖 세상의 결이 담긴다. 세종이 문자에 소리를 보이게 담듯 직장인들도 보이는 보고서를 만들어 보지 않겠는가?

셋째, 융합 인문 혁신이다. 세종은 융합 인문학자였다. 사람다운 세상을 위한 학문을 위해 과학, 수학, 음악 연구를 끌어들여 새로운 학문 세계를 열었다. 단순한 학문이 아니라 학문의 효용성을 극대화하고 그것이 사람다운 세상으로 연결되는 융합이었다. 이제 이런 세종의 통섭 정신으로 자신의 일에 담긴 지적 정보를 통합하여 그것으로 새로운 일의 세계를 열어보자.

넷째, 실용 효용 혁신이다. 우리시대 르네상스 위대함은 바로 현실에서 출발하여 현실로 돌아왔다. 실용은 처음과 끝이었다. 그렇다고 그 실용이 가볍지 않다. 차원을 달리하되 늘 우리 곁에 머물게 하는 실용이었다.

4) 세종과 한글의 혁신과 통합을 어떻게 내가, 우리 직장에서 이룰 것인가?

첫째 창의 혁신 전략이다. 세종은 최고의 권력을 가진 임금이었지만 기득권에 안주하지 않았다. 오히려 기득권을 버리고 원점에서 출발했다. 그렇다고 기발함으로 세상을 시끄럽게 바꾸지 않았다. 뿌리를 바꾸고 그 뿌리를 둘러싼 토양을 바꿔 자연스럽게 새로운 세상을 세웠다.

둘째, 비판 상생 전략이다. 세종은 끊임없이 물었다. 중국 중심의 보편 질서를 인정하면서도 이를 비판적으로 바라보고 왜 문제인가를 탐구했다. 옳고 그름을 합리적으로 풀어 서로에게 유익하고 서로가 발전하는 상생 세계를 이루었다. 단순히 부정하기 위한 비판은 우리에게 필요하지 않다, 확실한 대안과 상생을 가져오는 비판 상생 전략으로 나와 우리를 바꿔보자.

셋째, 변화 빅뱅 전략이다. 가지만 바꾸는 건 변화이고 줄기 수준에서 바꾸는 건 변혁이며 뿌리째 바꾸는 건 혁명이다. 뿌리를 둘러싼 토양까지 바꾸는 게 빅뱅이다. 세종은 변화, 변혁, 혁명 수준의 많은 변화를 이루었지만 정작 중요한 건 아예 토양까지 바꾼 바탕 변화였다.

넷째, 자주 공존 전략이다. 15세기 중국 중심의 질서가 보편이었다. 세종은 그 보편을 존중하되 조용하게 우리식 자주를 이루었다. 중국의 하늘을 존중하되 우리의 하늘을 세웠고, 중국의 음악을 존중하되 우리식 음악을 바로 세웠다. 공존하되 우리가 우리답게 살 수 있는 문화를 만들고 학문을 하고 이를 바탕으로 자주적인 정치를 했다. 일상의 모든 것, 세상의 모든 것이 이렇게 보편과 특수를 조화하는 것이 중요하다. 중요한 건 모두가 공감하는 자주성과 특수성이 중요하다. 그 길이 바로 세종과 한글에 담겨 있다.

3. 맺음말

세종대왕의 한글 창제는 백성을 향한 애민 정신에서 비롯된 사회 혁신 사례로서 추진 과정에서 개방적 소통과 지식 공유를 통한 통합적 리더십이 구현되었다. 그 결과 탄생한 한글은 과학적이며 합리적인 문자 체계로서 누구나 쉽게 학습할 수 있어 계층 간 지식 격차 해소에 기여하였다.

이러한 세종의 리더십과 한글의 특성은 현대 조직 문화에 중요한 시사점을 제공한다. 구성원의 목소리를 포용하고 역량을 결집하는 리더십은 혁신적 성과를 창출할 수 있음을 세종의 사례가 보여준다. 따라서 현대 직장에서는 세종식 리더십을 본받아 원활한 의사소통과 창의적 문제해결 문화를 조성함으로써 조직 전체의 혁신 역량을 강화할 수 있을 것으로 기대된다.

세종학 대학원대학교를 세우자

1. 머리말

　이제 세계적인 정치가와 학자로 평가받는 세종대왕은 한글 창제와 과학기술 발전, 문화예술 진흥 등 다양한 업적을 통해 한국 문화의 기반을 확립하였다. 현대 사회에서도 세종대왕의 업적과 정신은 한국인의 정체성과 자부심의 주요 원천으로 작용하고 있으며, 이러한 문화유산을 체계적으로 연구하고 계승·발전시키는 일의 중요성이 증대되고 있다.
　이 장에서는 세종대왕의 업적과 시대적 유산에 대한 종합적 연구와 이를 기반으로 한 문화콘텐츠 창출 및 산업화를 담당할 전문 인력 양성을 목적으로 하는 '세종학 대학원대학교' 설립의 타당성과 기대효과를 다각도로 분석해 본다.
　세종학이 아무리 견고하게 학문적으로 체계화된다 해도 그것이 교육과 배움으로 확산되지 않으면 학문적 위상은 발전할 수 없다. 따라서 세종학 대학원대학교 설립이 학문적, 교육적, 산업적, 국제적, 지역적 측면에서 초래할 수 있는 긍정적 파급효과를 고찰함으로써 해당 프로젝트의 가치와 의의를 검토하고자 한다.

2. 세종학 대학원대학교의 자리매김

세종학 대학원대학교는 세종대왕의 업적과 시대적 유산을 종합적으로 연구하고, 이를 바탕으로 새로운 문화콘텐츠를 창출하며 산업화할 수 있는 전문 인력을 양성하기 위해 구상된 기관이다. 세종학은 훈민정음학, 고문헌학, 융합 인문학, 과학사 등 다양한 분야를 통섭적으로 아우르는 학문 분야로 정의되며, 이 대학원대학교는 국내외 일반 대학원생은 물론 교사와 공무원 등 재교육이 필요한 인력, 그리고 외국인 유학생까지 폭넓게 교육 대상을 포함한다. 특히 세종시 또는 세종대왕기념사업회와 같은 공신력 있는 국가기관이나 공공단체가 운영 주체가 되어, 학문 연구와 실용적 성과를 균형 있게 추구하는 것이 특징이다. 아래에서는 이러한 세종학 대학원대학교를 한국에 설립할 경우 기대되는 주요 장점과 효과를 다섯 가지 측면에서 톺아볼 수 있다.

1) 학문적 가치 및 학제 간 융합 연구 가능성

세종학 대학원대학교 설립은 한국 문화와 역사에 대한 학문적 연구를 심화시키는 계기가 될 것이다. 훈민정음 창제, 세종 시대의 문헌과 제도, 과학 기술 등 세종대왕의 다양한 업적을 체계적으로 연구함으로써 해당 분야 지식을 종합적으로 축적하고 확산할 수 있다. 기존에는 국문학, 역사학, 과학사 등 개별 분야에서 산발적으로 이루어지던 연구를 한곳에 집약하여 통합적인 관점에서 다룰 수 있기 때문에 학문적 시너지 효과가 발생한다.

이러한 연구를 통해 새로운 사료의 발굴이나 해석의 진전이 이루어지면 한국 인문학과 사회과학 전반의 지식수준을 높이는 데 기여할 것이다.

또한 세종학은 여러 학문 분야의 통섭(統攝)을 지향하므로, 학제 간 융합 연구를 촉진하는 플랫폼 역할을 할 것으로 기대된다.

예컨대 훈민정음학 전공자는 언어학적 분석뿐 아니라 고문헌학적 방법으로 조선시대 문헌을 해독하여 언어 창제의 역사적 맥락을 규명할 수 있으며, 과학사 전공자는 세종 시기 과학 기술 발달을 인문학적 시각에서 조명함으로써 과학과 문화의 상호 영향 관계를 연구할 수 있다. 이와 같이 인문학과 자연과학을 아우르는 융합 연구가 활성화되면, 개별 분야에서 다루기 어려웠던 복합 주제에 대한 통찰을 얻을 수 있고 독자적인 세종학 연구 영역이 정립될 것이다.

국가 기관의 지원 아래 우수한 연구 인력이 결집된다면 국제 학술지 논문 게재, 학술 대회 개최 등 연구 성과도 높아져 한국 학문의 국제적 위상이 강화되는 효과도 기대된다.

2) 교육적 가치 및 인재 양성 효과

세종학 대학원대학교는 특화된 교육 과정을 통해 창의적이며 실무 역량을 갖춘 인재를 양성하는 기능을 수행할 것이다. 학문적으로 깊이 있는 이론 교육과 더불어 문화콘텐츠 기획·제작 등 실습 중심의 프로그램을 병행함으로써, 졸업생들은 지식과 응용력을 겸비한 전문가로 성장하게 된다.

이를 통해 한글 및 전통문화에 대한 풍부한 이해를 바탕으로 현대적인 콘텐츠를 창출할 수 있는 융합형 인재를 공급하게 되어, 국내 교육계와 산업계 전반에 새로운 활력을 불어넣을 것으로 전망된다. 특히 교육 대상의 폭이 넓어 다양한 계층의 재교육과 역량 강화에 기여한다는 점에서 교육적 가치가 크다.

현직 교사가 이 과정을 통해 세종 시대의 역사와 한글 창제 등에 대한 전문 지식을 습득하면, 초중등 교육 현장에서 더욱 깊이 있고 정확한 내용을 교육할 수 있어 교육 품질 향상으로 이어진다. 마찬가지로 공무원이나 정책 입안자가 세종학을 전공하면, 문화 정책이나 지역 개발 사업에 전통문화 콘텐츠를 접목하는 창의적 아이디어를 발굴할 수 있다.

아울러 외국인 유학생에게는 한국의 언어와 문화를 심층적으로 학습할 기회를 제공하여 향후 모국에서 한국어 교육자나 문화교류 전문가로 활동할 수 있는 토대를 마련해 준다. 이러한 평생교육 및 글로벌 교육의 광장으로서 세종학 대학원대학교는 다양한 배경의 인재들이 상호 교류하며 학습하는 허브 역할을 수행함으로써, 교육계 전반에 시너지 효과를 창출할 것이다.

3) 문화콘텐츠 개발 및 산업적 파급 효과

세종학 대학원대학교에서 수행된 연구는 단순한 학술적 성과에 그치지 않고, 다양한 문화콘텐츠로 구현되어 산업적 성과로 연결될 수 있다. 연구 과정에서 발굴된 스토리와 지식은 현대적으로 재해석되어 대중에게 새로운 경험을 제공하는 콘텐츠로 변환된다. 예컨대 세종대왕의 생애나 업적에 관한 심층적 연구는 창작물의 소재로 활용될 수 있으며, 이를 통해 문화산업 전반에 파급 효과를 미칠 수 있다.

특히 다음과 같은 분야에서 주목할 만한 콘텐츠 개발이 기대된다.

(1) 영상 및 출판물 콘텐츠

세종 시대를 배경으로 한 영화, 드라마, 애니메이션, 소설 등이 전문가들의 고증을 거쳐 제작되어 높은 완성도로 구현될 수 있다. 한글 창제를 다룬 영화나 역사 드라마가 이미 대중의 관심을 받았으며, 전문 인력이 뒷받침된다면 더욱 풍부한 서사와 정교한 묘사가 가능한 작품이 제작될 것이다. 이러한 콘텐츠는 국내 관객뿐만 아니라 해외 시청자들에게도 한국의 역사와 문화를 소개하는 매개체가 되어 한류 콘텐츠의 다양성을 제고할 것으로 예상된다.

(2) 교육 및 전시 콘텐츠

세종학 연구 성과를 기반으로 박물관 전시, 기념관 콘텐츠, 체험 학습 프로그램, 다큐멘터리 등 교육적 가치가 높은 콘텐츠를 개발할 수 있다. 예를 들어 세종대왕 업적에 관한 상설전이나 VR/AR 기술을 접목한 함께 나눔(인터랙티브) 체험관을 구축하면, 대중에게 역사와 과학에 대한 흥미를 유발하고 청소년 교육 자료로 활용될 수 있다. 이는 문화 향유 기회를 확대하고 국민 문화 역량 증진에도 기여한다.

(3) 관광 및 지역 활성화 상품

세종대왕과 관련된 유적지나 세종시 지역을 연계한 문화관광 상품 개발도 가능하다. 전문 지식을 갖춘 인재들이 역사이야기를 접목한 답사, 축제, 공연 등을 기획하면 관광산업에 부가가치를 창출할 수 있다. 세종학 거점 도시가 이러한 콘텐츠의 거점으로 부각되면 지역 경제 활성화와 도시 브랜드 강화에도 긍정적 영향을 미칠 것이다.

이처럼 학술 연구의 결과물을 창의적인 콘텐츠로 발전시킴으로써, 전통문화가 미래 산업의 자원으로 변모하는 선순환 구조가 형성된다. 콘텐츠의 제작과 유통을 통해 일자리 창출과 경제적 부가가치 증대 효과가 발생하며, 전통과 첨단을 융합한 새로운 비즈니스 모델 창출도 가능하다. 세종학 대학원대학교는 산학 협력을 통해 기업과 공동 프로젝트를 추진하거나 창업을 지원함으로써, 학술적 지식이 사회와 산업 현장에서 활용되는 통로 역할을 수행할 수 있다.

(4) 국제적 위상 높이기와 외국인 유학생 유치 효과

세종대왕과 그의 업적은 이미 세계적으로 높은 평가를 받고 있으며, 이는 한국이 문화 강국으로서 국제적 위상을 강화하는 데 중요한 자산이다. 실제로 훈민정음 해례본이 1997년 유네스코 세계기록유산으로 등재되었으며, 유네스코에서는 세종대왕의 이름을 딴 문해상을 제정하여 매년 시상하고 있을 정도로 세종대왕의 한글 창제 업적은 국제적으로 그 가치를 인정받고 있다.

이러한 배경에서 세종학 대학원대학교를 설립한다면 한국은 자국의 문화유산을 고등교육과 연구 영역에서 체계적으로 조명하는 모범 사례를 구축하게 되어, 국제 사회에서 문화·교육 강국으로서의 위상이 더욱 높아질 것이다. 이 기관이 세계 각국의 언어학자, 역사학자, 문화연구자 등 관련 전문가들과 협력하여 국제 공동 연구를 수행하거나 학술회의를 개최한다면, 한국은 해당 분야의 연구를 주도하는 중심지로 부상할 수 있다.

또한 이 대학원대학교는 외국인 유학생 유치에서도 상당한 효과를 발휘할 것으로 예상된다. 한국학이나 동아시아 연구에 관심이 있는 해외 학생들은 세종대왕의 시대와 한글에 대한 전문 교육 프로그램에 학문적 관심을 보일 가능성이 높다. 다국어 지원 강의나 국제 공동 연구 기회가 제공된다면 더욱 많은 유학생의 참여가 예상된다.

이를 통해 캠퍼스 내에 다문화적 학습 환경이 조성되어 국내 학생들도 다양한 문화권의 동료와 교류하며 시야를 넓힐 수 있다. 졸업 후 외국인 동문들은 각자 본국에서 한국 문화와 학문의 홍보대사 역할을 수행하게 되어, 한국의 문화콘텐츠와 한글 보급에 장기적으로 기여하게 될 것이다. 결국 세종학 대학원대학교는 국제적 학술 교류와 우호 증진의 거점이 되어, 한국의 소프트파워를 강화하는 효과가 있을 것이다.

(5) 지역 균형 발전 및 지역 위상 강화 효과

세종학 대학원대학교를 지역에 설립하는 것은 국가 차원의 지역 균형 발전을 촉진하는 측면에서도 중요한 의미를 지닌다. 그동안 수도권에 집중되었던 고등교육 및 연구 인프라를 신생 도시인 지역으로 일부 이전함으로써, 지식 자원과 인재의 지역 분산을 도모할 수 있다. 이는 지역 간 교육 및 문화격차를 완화하고 국가 자원의 효율적 활용을 촉진하는 효과가 있다.

대학원대학교의 설치를 계기로 관련 연구소, 도서관, 문화시설 등이 지역에 확충되면, 지역의 지식 생태계가 풍부해져 장기적으로 자족적인 발전 기반을 확보하게 된다. 더불어 학생과 연구자가 세종시로 유입됨에 따라 지역 경제에도 긍정적인 파급 효과(주거 수요 증가, 상권 활성화 등)를 기대할 수 있다.

무엇보다 지역의 브랜드와 정체성 측면에서 본 대학원대학교 설립은 상징적인 가치가 크다. 특히 세종시는 그 명칭부터 세종대왕에서 유래한 만큼, 세종학 연구의 중심지가 되는 것이 도시의 이미지와 부합한다. 실제로 세종시는 출범 이후 도시 정체성을 확립하기 위해 '세종학' 연구를 지속해 왔으며, 최근에는 대전세종연구원 산하에 세종지역학센터를 설치하여 지역 차원의 세종학 연구 기반을 마련하기도 했다.

이러한 상황에서 국가 차원의 세종학 대학원대학교가 세종시에 설립된다면, 지방자치단체의 노력과 국가적 프로젝트가 결합되어 상승효과를 창출할 것이다. 세종시는 행정중심복합도시로서의 역할에 더해, 역사와 문화를 아우르는 학술도시로 위상이 강화되어 국내외에 세종시를 알리는 계기가 될 것이다. 이는 수도권 일극 중심의 문화·교육 구조에서 벗어나 다원화된 발전을 이루는 모범 사례로 평가받을 수 있다.

3. 맺음말

세종학 대학원대학교의 한국 설립은 학술, 교육, 문화산업, 국제교류, 지역발전의 다섯 가지 측면에서 다양한 긍정적 효과를 창출할 것으로 예상된다. 요약하자면, 세종대왕의 유산을 심층적으로 연구하고 현대적으로 계승함으로써 얻어지는 학문적 성과는 새로운 세대의 인재 양성과 문화콘텐츠 창출로 이어지고, 이는 다시 국가의 문화 역량과 국제적 위상을 제고하는 선순환 구조를 형성할 것이다.

특히 세종시를 거점으로 함으로써 수도권 중심의 자원을 전국적으로 분산시키고 지역 정체성과 국가 브랜드를 동시에 강화하는 시너지 효과가 기대된다. 이러한 모든 장점들은 세종학 대학원대학교 설립 목적에 부합하는 결과로서, 전통과 창조, 지역과 세계를 아우르는 모범적 교육·연구 기관의 성공적인 모델이 될 것이다.

물론 세종시가 아니더라도 세종학 대학원대학교를 세우는 도시가 진정한 세종대왕 도시가 될 것이며 세계적인 한국학의 거점이 될 것이다.

부록

세종시대 해적이(연표, 음력)

◐ 조선 세종(1397.4.10.~1450.2.17), 재위 1418~1450년. 조선의 4대 임금으로 언어학자이자, 음악가, 천문학자, 문자 발명가. 실제 이름은 이도(李祹), 어릴 때 이름은 막동(莫同), 어른 된 뒤의 이름은 원정(元正). 서거 뒤 공적을 기려 붙인 이름인 묘호(廟號)는 '세종장헌영문예무인성명효대왕(世宗莊憲英文睿武仁聖明孝大王)'. 이를 줄여 흔히 '세종'이라 부르지만, 특별한 경우 현대 관점에서 묘호와 실제 이름을 합쳐 '세종 이도'로 부르기도 한다.

※ 주요 참고문헌

《조선왕조실록》(http://sillok.history.go.kr/)

《태종실록》

《세종실록》

홍이섭(1971/2004: 수정판), 『세종대왕』, 세종대왕기념사업회.
세종대왕기념사업회(1981), 『세종대왕어록 1, 2』, 세종대왕기념사업회.
세종대왕기념사업회(1987), 『세종대왕 연보』, 세종대왕기념사업회.
박종국(1984/1993), 『세종대왕과 훈민정음』, 세종대왕기념사업회 199-

224쪽.

한국정신문화연구원(2004), 『한국사연표』, 동방미디어(주).

김슬옹(2007), 『28자로 이룬 문자혁명 훈민정음』, 아이세움, 249~254쪽.

신세돈(2011), 『외천본민: 세종대왕의 바른정치』, 국가미래연구원.

박현모(2014), 『세종이라면: 오래된 미래의 리더십』, 미다스북스.

김슬옹(2015), 『퀴즈 세종대왕』, 한글파크.

조병인(2016), 『세종식경청』, 문우사.

김슬옹(2017), 「세종대왕, 세종학' 관련 연구·자료 문헌 목록」, 『세종학연구』 16, 세종대왕기념사업회, 205~246쪽.

◆ 세종시대 해적이 ◆*

1397년 4월 10일(양력 5월 15일, 태조 6년) 한양 준수방(지금의 서울 통인동 일대, 세종마을) 잠저에서 정안군(이방원, 훗날 태종)과 민 씨 부인(훗날 원경왕후)의 셋째 아들로 태어나다.

1408년 2월(태종 8년, 12세) 충녕군에 책봉되고 심온의 딸과 혼인하다.

1412년 5월 3일(태종 12년, 16세) 충녕군, 충녕대군에 오르다.

1418년 6월 3일(태종 18년, 22세) 세자인 양녕대군(이제)을 폐하고 충녕대군을 왕세자로 책봉하다.

1418년 8월 8일(세종 즉위년, 22세) 태종이 상왕으로 물러앉고 22세의 세자(세종)에게 임금 자리를 물려주다(국보 내려줌).(태종실록 36권)

1418년 8월 10일(양력 9월 9일, 세종 즉위년, 22세) 세종이 근정전에서 즉위하다.(태종실록 36권)

1418년 8월 11일(세종 즉위년, 22세) 근정전에서 즉위 교서를 발표하며 어짊을 베풀어 정치를 하기로 다짐하다.(《세종실록》 첫 기록)

1418년 8월 22일(세종 즉위년, 22세) 사은사로 북경에 갔었던 원민생(元閔生)이 '황제가 세자 교체를 준허(準許)하였다'는 요지의 예부 자문(咨文)을 받아 귀국했다.

---

* 전통 나이 기준. 표준 나이는 '세종 시대 표준 해적이(연표)'(『세종신문』, 2024.2.5.) 참조.

1418년 10월 7일(세종 즉위년, 22세) 첫 경연을 열고, 경연관들의《대학연의》강론을 듣고 과거 방식과 인재 선발 문제에 대해 논의하다.

1418년 11월 3일(세종 즉위년, 22세) 임금이 되어 처음으로 경외의 관리들이 행해야 할 8가지 조목을 공문으로 지시하다.

1418년 12월 23일(세종 즉위년, 22세) 좌의정 박은의 무고로 태종이 세종의 장인인 심온에게 사약을 내리다.

1418년 12월 25일(세종 즉위년, 22세) 정도전이 첨삭한《고려사》를 고쳐 짓게 하다.

1419년 2월 25일(세종 1년 23세) 기자(箕子, 고조선 때에 있었다고 하는 전설상의 기자조선의 시조)의 비석을 세우게 하다.

1419년 6월 17일(세종 1년 23세) 상왕의 명으로 삼군 도체찰사 이종무가 227척의 배와, 1만 7285명의 군사를 이끌고 대마도를 정벌하다.(17일은 바람이 심해서 바다로 나갔다가 다시 돌아왔다가 이틀 뒤인 19일에 출정한 것으로 되어 있음)

1419년 9월 20일(세종 1년 23세) 변계량 등에게《고려사》를 고쳐 쓰게 하다.

1419년 9월 26일(세종 1년 23세) 노상왕(정종)이 인덕궁의 정침에서 63세로 서거하다.

1420년 3월 16일(세종 2년 24세) 집현전을 확장하여 영전사, 대제학, 제학, 부제학, 직제학, 직전, 응교, 교리, 부교리, 수찬, 부수찬, 박사, 저작, 정자 등의 관원을 두다.

1420년 10월(세종 2년 24세) 동활자 경자자(경자년에 만든 활자)를 만들기 시작하다.

1421년 1월 30일(세종 3년 25세) 유관과 변계량이 교정한《고려사》를 세종에게 바치다.

1421년 3월 24일(세종 3년 25세) 주자소에서 경자자를 완성하고, 이천(李蕆)과 남급(南汲)으로 하여금 인쇄술을 개량하게 하여 하루 수십, 수백 장을 찍을 수 있게 되다.

1421년 7월 2일(세종 3년 25세) 서운관에 있던《천문비기(天文秘記)》를 궁중으로 옮기다.

1421년 10월 27일(세종 3년 25세) 창덕궁 인정전에서 원자 이향(李珦)을 왕세자로 책봉하고 책문을 내리다.

1421년 12월 22일(세종 3년 25세) 형조가 사형에 해당하는 죄를 조사할 때는 반드시 제1심 판결을 상세히 검토하도록 규정을 정하다

1421년(세종 3년 25세) 남양부사 윤사웅, 부평부사 최천구, 동래 관노 장영실을 중국으로 유학 보내다.(《열려실기술》, 별집 15권)

1422년 1월 21일(세종 4년 26세) 신문고의 절차와 처벌 규정을 보완하다.

1422년 5월 10일(세종 4년 26세) 태상왕(태종)이 연화방 신궁에서 춘추 56세로 훙하다.

1423년 2월 25일(세종 5년 27세) 임금의 첫딸인 정소공주가 13세로 죽다.

1423년 6월 5일(세종 5년 27세) 수령의 임기를 30개월에서 60개월로 연장하다.

1423년 7월 3일(세종 5년 27세) 부왕 태종이 승하하고 처음으로 신하들에게 왕지를 내려서, 백성을 은혜로 기르고 어루만져 편안하게 해주고(혜양무수), 백성의 원통하고 억울한 마음을 없애주어 모든 백성이 살아가는 즐거움(생생지락)을 느끼게 하라고 이르다.

1423년 12월 29일(세종 5년 27세) 춘추관의 유관, 윤회에게《고려사》를 고쳐서 다시 짓게 하다.

1424년 11월 18일(세종 6년 28세) 악기도감을 설치하고, 생(笙)·화(和)·우(竽) 등의 악기를 만들다.

1424년 11월 24일(세종 6년 28세) 지조소(종이를 만드는 곳)에서 호절지(蒿節紙)·송엽지(松葉紙) 등을 만들다.

1425년 2월 2일(세종 7년 29세) 처음으로 동전을 만들어 사용하다.(동전 주조에 대해 의논하고 이름을 조선통보로 정하다.)

1425년 2월 24일(세종 7년 29세) 박연의 건의에 따라 악학 관련 문신을 두어 악서를 짓게 하다.

1425년 6월 23일(세종 7년 29세) 예문관 대제학 변계량의 진언에 따라 동반은 4품 이상, 서반은 2품 이상으로 하여금 매일 들어와서 윤대(輪對)하게 하다.

1425년 7월 7일(세종 7년 29세) 왕지(王旨)를 '교지'라 고쳐 부르다.

1425년 8월 26일(세종 7년 29세) 남양에서 나는 돌로 '석경'이라는 악기를 만들게 하다.

1425년 9월 4일(세종 7년 29세) 가마 모양의 운반용 수레 강주(杠輈) 2백 대를 제작하여 널리 나눠 주다.

1425년 9월 25일(세종 7년 29세) 평양에 단군 사당을 세우게 하다.

1425년 11월 2일(세종 7년 29세) 경상감사 하연이 《입학도설(入學圖說)》, 《사서(四書)》 등을 지어 올려, 이를 사부 학당에 나누어 주다.

1425년 11월 8일(세종 7년 29세) 주자(쇠붙이를 녹여 부어 만든 활자)로 인쇄한 사마천의 《사기》를 문신들에게 나누어 주다.

1426년 2월 15일(세종 8년 30세) 한성부에 큰 불이 나 경시서와 북쪽의 행랑, 중부·남부·동부의 인가들이 불타다.

1426년 2월 26일(세종 8년 30세) 금화도감을 설치하다.

1426년 4월 17일(세종 8년 30세) 여성 관노비가 아이를 낳으면 휴가를 기존의 7일에 백일 간을 더 주게 하다.

1426년 9월 22일(세종 8년 30세) 여진어에 능한 자를 사역원에 속하게 하여 야인관 통사로 삼다.

1426년 12월 3일(세종 8년 30세) 법전 편찬 부서[수찬색]에서 후속 법전인 《속육전》과 법전을 임시로 모아 놓은 《등록(謄錄)》을 편찬하여 바치다.

1426년 12월 11일(세종 8년 30세) 나이가 젊고 장래가 있는 이를 뽑아 사가 독서(집이나 절에서 국비로 연구하는 제도)를 하게 하다.

1426년 12월 15일(세종 8년 30세) 《신속육전》·《원육전》과 법전을 임시로 모아 놓은 《등록(謄錄)》을 주자소로 하여금 인쇄케 하다.

1427년 5월 15일(세종 9년 31세) 박연이 남양에서 나는 돌로 1틀(12개)의 편경을 만들다. 박연이 석경을 만들어 바치다.

1427년 9월 11일(세종 9년 31세) 《향약구급방(고려시대 1236년, 고종 23년경에 최초 간행 추정)》을 인쇄하여 널리 알리게 하다.

1428년 윤4월 1일(세종 10년 32세) 경상도에서 인쇄하여 바친 중국의 《성리대전》 50부를 문신들에게 나누어 주다.

1428년 9월 25일(세종 10년 32세) 시백정(천민 계급에 대하여 관아에서 내린 칭호)을 평민과 함께 군사 인원으로 뽑다.

1429년 2월 5일(세종 11년 33세) 금령의 조문을 요약하여 광화문 밖 등지에 내걸게 하다.

1429년 4월 22일(세종 11년 33세) 강원도에서 《사서대전》 50건을 인쇄하여 바치다.

1429년 5월(세종 11년 33세) 정초 등에게 명하여 《농사직설》을 짓게 하다.

1430년 2월 14일(세종 12년 34세) 정초 등이 지은 《농사직설》을 각 도에 배포하다.

1430년 2월 20일(세종 12년 34세) 포천으로 강무를 갔다가 갑작스런 기상 변화로 호종하던 군인 26명과 말 69필과 소 1두가 추위와 굶주림으로 죽다.

1430년 3월 5일(세종 12년 34세) 새로운 공법(토지세법)에 대한 여론 조사를 지시하다.

1430년 4월 3일(세종 12년 34세) 상호군 홍사석과 전농 윤 신인손을 각각 강원도와 함길도로 보내어 요도를 찾아보게 하다.

1430년 8월 10일(세종 12년 34세) 호조에서 새로운 공법(토지 세금법)에 대한 여론 조사 결과를 보고함(17만여 명의 백성들이 투표에 참여하여, 9만 8,657명이 찬성, 7만 4,148명이 반대).

1430년 9월 27일(세종 12년 34세) 통신사로 일본을 다녀온 박서생의 제안에 따라, 물을 타고 저절로 회전하면서 물을 퍼 올리는 일본식 수차(水車)를 적극 보급하게 하였다.

1430년 10월 25일(세종 12년 34세) 상정소(詳定所)에서 관청에서 복무하는 여종이 아이를 낳을 달과 낳은 후 백 일 동안 휴가를 건의하여 시행하게 하다.

1430년 윤12월 1일(세종 12년 34세) 정인지 등이 《아악보》를 완성하다.

1430년 윤12월 9일(세종 12년 34세) 예문제학 윤회로 하여금 전국 감사에게 내리는 일반교서를 짓게 하다.

1431년 3월 2일(세종 13년 35세) 명나라에 유학생(김한, 김자안)을 보내 산법(산수)을 배우게 하다.

1431년 3월 17일(세종 13년 35세) 춘추관(春秋館)에서 《태종실록(太宗實錄)》 36권을 편찬하여 올리다.

1431년 4월 25일(세종 13년 35세) 예문관 검열 김문기를 보내서 《태조·

공정·태종실록》을 충주사고에 봉안하다.

1431년 5월 11일(세종 13년 35세) 주자소에서 《직지방(直指方)》,《상한류서(傷寒類書)》,《의방집성(醫方集成)》,《보주동인경(補註銅人經)》 등을 인쇄하게 하다.

1431년 6월 2일(세종 13년 34세) 법을 집행하는 관리들에게 전례를 들어 공평하고 신중한 옥사 판결을 명하는 《휼형교지》를 친히 지어 반포하다.

1431년 6월 23일(세종 13년 35세) 조서강과 권극화에게 《대명률》을 상정소에서 이두로 번역해 풀이하게 하다.

1431년 11월 4일(세종 13년 35세) 충신도를 모아서 기록하게 하다.

1431년 12월(세종 13년 35세) 노중례 등이 《향약채취월령(鄕樂採取月令)》을 편찬하다.

1432년 1월 19일(세종 14년 36세) 맹사성 등이 《신찬팔도지리지(新撰八道地理志)》를 편찬하다.

1432년 2월 10일(세종 14년 36세) 북방 야인들의 침략에 대비해 봉화대를 정비하고 신호용 대포, 소화포 등을 준비하게 하다

1432년 6월 9일(세종 14년 36세) 집현전 부제학 설순이 효자, 열녀, 충신 100인의 행적을 그리고 사실을 기록한 뒤 시를 붙인 《삼강행실》을 편찬하다.

1432년 가을(세종 14년 36세) 천문관측소 간의대(簡儀臺)를 만들다.

1432년 10월 12일(세종 14년 36세) 평민들과 섞여 살면서 군역을 치루고 있는 신백정 자제에게 향학(鄕學)에 입학하는 것을 허가하다.

1433년 1월 1일(세종 15년 37세) 회례연에서 편경 연주를 듣고 아홉 번째 줄 소리가 약간 높음을 박연에게 지적하다.

1433년 1월 4일(세종 15년 37세) 상정소 도제조 《경제속육전》을 완성하

여 올리니, 임금이 주자소에 명하여 인쇄하게 하였다.

1433년 4월 26일(세종 15년 37세) 최윤덕 등이 15,000명의 원정군을 이끌고 압록강변의 여진족 이만주(李滿住)를 토벌하다.

1433년 5월 3일(세종 15년 37세) 원묘인 문소전이 완공되어 태조와 태종의 신위판을 이안(移安)하다.

1433년 6월 9일(세종 15년 37세) 정초, 박연, 김진 등이 혼천의를 만들다.

1433년 6월 11일(세종 15년 37세) 집현전의 유효통, 노중례, 박윤덕 등이 우리나라 질병과 풍토에 적합한 한의학 책《향약집성방》85권을 집필하다.

1433년 9월 16일(세종 15년 37세) 장영실이 자격궁루(自擊宮漏)를 만들다.

1433년 10월 24일(세종 15년 37세) 부민고소금지법을 개정하여, 부민이 자기의 원억을 호소하는 소장은 수리하여 바른 대로 판결해 주되, 관리의 오판에 대한 책임은 묵인하게 하다.

1434년 3월 5일(세종 16년 38세) 노중례에게 명하여《태산요록(胎産要錄)》을 편찬하게 하고, 주자소로 하여금 인쇄하여 반포하게 하다.

1434년 4월 26일(세종 16년 38세) 아기 낳는 여종의 남편에게 30일 휴가를 주게 하다.

1434년 4월 27일(세종 16년 38세)《삼강행실》을 인쇄하다.

1434년 6월(세종 16년 38세) 밀양에서《고금운회거요(古今韻會擧要)》를 간행하다.

1434년 6월 24일(세종 16년 38세) 장영실 등이 자격루를 만들다.

1434년 7월 1일(세종 16년 38세) 장영실 등이 만든 새 물시계를 사용하다.

1434년 7월 2일(세종 16년 38세) 이천이 총감독(김돈, 김빈, 장영실, 이세형, 정척, 이순지 등 참여)하여 인쇄판과 글자에 관한 법을 개량하고, 새 활자인 갑인자(甲寅字)를 만들다. 진양대군 이유(훗날 세조)가 글씨를 써 20여만 자를 만들어 하루에 40장까지 인쇄하여 예전보다 인쇄가 갑절 쉬어지다.

1434년 7월 16일(세종 16년 38세) 갑인자로 《자치통감》을 간행하다.

1434년 10월 2일(세종 16년 38세) 한자 모르는 백성들을 위해 열두띠 동물신 그림으로 시각 표시를 한 앙부일구(오목 해시계)를 혜정교와 종묘 앞에 설치해 시간을 알게 하다.

1435년 3월 7일(세종 17년 39세) 사헌부에 전지하여 효령 대군이 회암사에서 불사를 베푸는 것을 금하지 말게 하다.

1435년 4월 17일(세종 17년 39세) 회암사에 쌀 50석을 내려주다.

1435년 5월 12일(세종 17년 39세) 흥천사의 사리각을 헐고 수리할 것을 승지들에게 이르다.

1435년 9월 12일(세종 17년 39세) 주자소를 경복궁 안으로 옮기다.

1435년 10월 19일(세종 17년 39세) 목판을 구주자소(舊鑄字所)에 두고 교서관(校書館)에서 관리하게 하다.

1435년 11월 20일(세종 17년 39세) 《속전》을 수찬할 때 제외시킨 조건들을 주자소에 인쇄하게 시켜서 맨 뒤에다 붙이게 하다.

1436년 4월 4일(세종 18년 40세) 《자치통감훈의(資治通鑑訓義)》를 편찬하여 인쇄, 배포하다.

1436년 4월 12일(세종 18년 40세) 의정부와 육조의 관계를 육조직계제에서 의정부서사제로 바꾸다.

1436년 10월 26일(세종 18년 40세) 두 번째 세자빈 봉 씨를 폐출시키다.

1436년 12월 28일(세종 18년 40세) 의정부에 교지를 내려서 양원 권 씨를 세 번째 세자빈으로 책봉하다.

1436년 12월(세종 18년 40세) 백과전서인 《운부군옥(韻府群玉)》을 간행하다.

1436년 12월(세종 18년 40세) 《자치통감강목훈의》를 인쇄하기 위해 수양대군 유에게 글을 쓰게 하고 납 활자 병진자(丙辰字)를 만들다.

1437년 4월 15일(세종 19년 41세) 정초, 장영실, 김빈 등이 시계의 일종인 일성정시의(日星定時儀)·현주일구(懸珠日晷)·행루(行漏)·천평일구(天平日晷) 등을 새로 만들다.

1437년 6월 27일(세종 19년 41세) 어린이와 여성도 쓸 수 있는 휴대용 총인 '세총통' 150개를 화살 등과 함께 평안도에 보내다.

1437년 7월 23일(세종 19년 41세) 각 도 감사에게 명하여 《농사직설》 등을 활용해 농사짓는 법을 백성에게 권장하게 하다.

1437년 9월 22일(세종 19년 41세) 평안도절제사 이천에게 병사 8,000명을 주어서 압록강 너머 여진족을 재차 정벌하게 하다.

1438년 1월 7일(세종 20년 42세) 대호군 장영실이 흠경각(천문 시계인 '옥루'를 설치한 곳)을 완성하고 천체를 관측하다.

1438년 1월 10일(세종 20년 42세) 경기 이천에 살던 양녕대군을 서울에 들어와 살도록 하다.

1438년 3월 2일(세종 20년 42세) 임금이 《태종실록》을 보려고 하였다가 신하들이 반대하여 그만두다

1439년 1월 13일(세종 21년 43세) 강화의 왜닥씨(일본산 닥나무씨)를 충청도 태안, 전라도 진도, 경상도 남해·하동에 나누어 심게 하여 종이 원료의 생산을 확대하다.

1439년 2월 2일(세종 21년 43세) 서울과 지방의 감옥에 대한 설비기준을 마련하다.

1439년 2월 6일(세종 21년 43세) 한성부에서 《검시장식》을 간행하고 각 도에서 인쇄하여 반포하게 하다.

1439년 7월 3일(세종 21년 43세) 경상도 성주와 전라도 전주에 사고(史庫,

국가의 중요한 책을 보관하는 곳)를 짓게 하다.

　1440년(세종 22년 44세) 최치운, 이세형, 변효문, 김황 등이 검시지침서인 《무원록》에 주해(註解)를 더하고 음훈을 붙여 신주무원록(新註無寃錄)을 완성하여 올리니, 목판으로 인쇄하여 전국에 반포하였다.

　1441년 3월 17일(세종 23년 45세) 거리 측정 장치가 붙은 기리고차(記里鼓車)를 만들어 사용하다.

　1441년 6월 28일(세종 23년 45세) 정인지에게 《치평요람(治平要覽)》을 편찬하게 하다.

　1441년 7월 23일(세종 23년 45세) 왕세자빈 권 씨가 원손(훗날의 단종)을 낳고 24일 죽다.

　1441년 8월(세종 23년 45세) 양수표(강이나 저수지 따위의 수위를 재기 위해 설치하는 눈금이 있는 표지)를 세우다.

　1441년 8월 18일(세종 23년 45세) 세자(이향, 훗날 문종)의 아이디어로 장영실 등으로 하여금 측우기를 만들게 하다.

　1441년 9월 29일(세종 23년 45세) 이선, 박팽년, 이개 등이 명을 받아 《명황계감(明皇誡鑑)》을 짓다.

　1441년 10월 18일(세종 23년 45세) 《직해소학(直解小學)》 200본을 인쇄하여 향교와 문신에게 나누어 주다.

　1442년 5월 8일(세종 24년 46세) 비의 양을 측정하는 제도를 마련하다.

　1442년 8월 12일(세종 24년 46세) 신개, 권제 등이 《고려사》를 지어 올리다.

　1442년 9월 3일(세종 24년 46세) 의정부에서 첨사원의 제도를 개정하여 아뢰다.

　1442년 9월 12일(세종 24년 46세) 죄인의 사망보고서를 형조에서 자세히 조사하도록 하다.

1442년 9월 30일(세종 24년 46세) 집현전에 명하여 행정 제도에 관한 《사륜전집(絲綸全集)》을 편찬하도록 하고, 정인지로 하여금 《사륜전집》을 요약한 《사륜요집(絲綸要集)》을 편찬하게 하다.

1443년 2월 21일(세종 25년 47세) 일본에 통신사를 보내니 정사 변효문(卞孝文), 부사 상호군 윤인보(尹仁甫), 서장관 신숙주(申叔舟)였다. 귀국할 때 대마도와 계해약조를 맺다.(성종 6년 1475년 6월 21일 영의정 신숙주의 졸기 참조.)

1443년 4월 17일(세종 25년 47세) 임금의 병이 심하여 세자가 나랏일을 맡도록 하다.

1443년 12월 (세종 25년 47세) 훈민정음(언문) 28자를 창제하다.

1444년 2월 16일(세종 26년 48세) 집현전에 명하여 《고금운회(古今韻會)》를 언문으로 풀어 쓰도록 하다. 집현전 교리 최항, 부교리 박팽년, 부수찬 신숙주, 이선로, 이개, 돈령부 주부 강희안 등에게 명하여 의사청(議事廳)에 나아가 언문으로 《운회(韻會)》를 번역하게 하고, 동궁(훗날 문종)과 진양대군(훗날 수양대군) 유(柔), 안평대군 용(瑢)으로 하여금 그 일을 관장하게 하다.

1444년 2월 20일(세종 26년 48세) 집현전 부제학 최만리가 신석조, 김문, 정창손, 하위지, 송처검, 조근 등과 더불어 훈민정음에 반대하는 7인 연합 언문반대상소문을 올리다.

1444년 윤7월 25일(세종 26년 48세) 옛 성현들의 교훈이 담긴 《권농교서》를 반포하여 백성들이 부지런히 농사에 힘쓰게 할 것을 전국의 관리들에게 하교하다.

1444년 12월 7일(세종 26년 48세) 5남 광평대군 이여가 피부병을 앓다가

20세로 죽다.

1445년 1월 7일(세종 27년 49세) 신숙주, 성삼문, 손수산을 요동에 보내 운서(韻書)를 질문하여 오게 하다.

1445년 1월 16일(세종 27년 49세) 7남 평원대군 이임이 홍역을 앓다가 19세로 죽다.

1445년 3월 30일(세종 27년 49세) 정인지 등이《치평요람》을 만들다. 이순지 등이《제가역상집(諸家曆象集)》,《칠정산내외편(七政算內外篇)》등을 편찬하다.

1445년 3월 30일(세종 27년 49세) 정인지 등이《치평요람》을 만들다. 이순지 등이《제가역상집(諸家曆象集)》,《칠정산내외편(七政算內外篇)》등을 편찬하다.

1445년 4월 5일(세종 27년 49세) 권제, 정인지, 안지 등이《용비어천가》 10권(시가 총 125장)을 지어 올리다.

1445년 9월 29일(세종 27년 49세) 세자가 임금을 대신하여 평강현에서 강무(군사 훈련을 겸한 사냥)하다.

1445년 10월 27일(세종 27년 49세) 3년에 걸쳐 365권으로 편찬된 의학백과사전《의방유취(醫方類聚)》가 완성되다.

1446년 3월 24일(세종 28년, 50세) 세종의 왕비(소헌왕후)가 수양대군 집에서 승하하다.

1446년 9월 상순(세종 28년 50세) 훈민정음 해설서인《훈민정음》(해례본)을 완성하여 펴내다.

1446년 9월 27일(세종 28년 50세) 12율의 기본음인 황종율(黃鐘律)을 낼 수 있는 정확한 황종관(黃鐘管)을 만들고, 그 길이를 기준으로 영조척(營造尺; 목수가 쓰던 자)을 만들다.

1446년 10월 10일(세종 28년 50세) 임금이 대간의 죄를 일일이 들어 훈민정음으로 써서, 환관 김득상에게 명하여 의금부와 승정원에 보이게 하다.

1446년 10월 11일(세종 28년 50세) 이계전과 어효첨에게 명하여 《고려사》를 고쳐 짓게 하다.

1446년 11월 8일(세종 28년 50세) 언문청을 설치하다.

1446년 12월 26일(세종 28년 50세) 이과(吏科)와 이전(吏典) 등의 하급 관리 시험에 《훈민정음》(해례본)을 시험 과목으로 정하다.

1447년 4월 20일(세종 29년 51세) 관리 시험에 먼저 《훈민정음》(해례본)을 시험하여, 합격한 자에게만 다른 시험을 보게 하다.

1447년 2월 21일(세종 29년 51세) 부민의 수령 고소를 전면 허용하고 해당 수령을 즉시 파출하게 하다.

1447년 6월 5일(세종 29년 51세) 《용비어천가》·《여민락》·《취화평》·《취풍형》 등의 음악을 잔치에 사용하게 하다.

1447년 7월(세종 29년 51세) 세종의 명으로 둘째 아들 수양대군이 《석보상절(釋譜詳節)》을 저술하다(간행은 1449년).

1447년 7월(세종 29년 51세) 세종이 직접 훈민정음으로 《월인천강지곡》을 저술하다(간행은 1449년).

1447년 9월 29일(세종 29년 51세) 신숙주 등이 세종의 명으로 《동국정운》을 편찬하다(간행은 1448년).

1447년 10월 16일(세종 29년 51세) 《용비어천가》 550본을 신하들에게 내려 주다.

1448년 3월 28일(세종 30년 52세) 김구에게 언문으로 사서를 번역하게 하다.

1448년 7월(세종 30년 52세) 좌의정 하연 등을 빈청(고급 관리들의 회의실)

에 불러, 환관 김득상과 최읍으로 하여금 언문 문서 두어 장을 가지고 오게 한 뒤, 사관을 물리치고 비밀히 의논하다.

1448년 10월 17일(세종 30년 52세) 《동국정운》을 성균관·사부학당 및 각 도에 내려 주다.

1448년 12월 5일(세종 30년 52세) 궁궐에 내불당 건립하고 5일에 걸쳐 경찬회를 베풀다.

1449년 1월 18일(세종 30년 52세) 내불당에서 경찬회를 거듭 베풀고 4일 만에 파하다.

1449년 1월 28일(세종 31년 53세) 《고려사》를 고쳐서 다시 짓도록 명하다.

1449년 10월 5일(세종 31년 53세) 어떤 사람이 하 정승을 비난하는 언문 글을 벽 위에 쓰다.

1449년 12월 11일(세종 31년 53세) 수양대군이 지은 《석보상절》, 세종이 지은 《월인천강지곡》을 간행하다.

1449년 12월 11일(세종 31년 53세) 세종 스스로 신악(新樂, 향악과 당악, 아악 등을 참고하여 만든 새로운 음악)의 가락을 조정하다.

1449년 12월 28일(세종 31년 53세) 신숙주 등이 교열한 운서에 대해 한양에 온 중국 사신들에게 신숙주, 성삼문 등으로 하여금 태평관에 오가게 하며 질문하게 하다.

1450년 윤1월 3일(세종 32년 54세) 성삼문, 신숙주, 손수산에게 명하여 운서를 중국 사신에게 묻게 하다.

1450년 2월 17일(양력 4월 8일, 세종 32년 54세) 여덟째아들인 영응대군의 집 동별궁(東別宮)에서 승하하다.

-------- 사후 --------

1450년 2월 22일. 명나라 황제에게 부고를 전하다.

1450년(문종 즉위년) 6월 12일, 세종 유언에 따라 소헌 왕후 심 씨가 안장된 영릉(당시 광주, 지금의 서울시 서초구 내곡동, 태종과 원경왕후 민 씨의 무덤인 헌릉 서쪽 산줄기에 있었음) 서쪽방에 합장하다.

1451년(문종 1년) 8월 25일, 김종서 등이 《고려사》 편찬을 끝내다.

1452년(문종 2년) 2월 20일, 세종대왕의 신도비를 영릉(당시 광주)에 세우다.

1469년(예종 1년) 3월 6일, 세종의 영릉(당시 광주, 지금 내곡동)을 지금 여주(당시 여흥) 자리로 옮기다.

참고문헌

[1차 문헌과 관련 누리집]

서울대학교 규장각한국학연구원 kyu.snu.ac.kr
세종대왕기념사업회 sejongkorea.org
세종한글고전 db.sejongkorea.org
조선왕조실록 sillok.history.go.kr
한국고전번역원 itkc.or.kr
한국국학진흥원 koreastudy.or.kr
한국학중앙연구원 aks.ac.kr

『제가역상집(1445), 천문유초』 영인본(한국과학사학회 편(1983), 유경노 해제), 성신여자대학교출판부.
『동국정운』(1448) 건국대 박물관 소장본.
한영호, 이은희, 강민정 역주(2020), 『칠정산내편 1』, 한국고전번역원.
한영호, 이은희, 강민정 역주(2016), 『칠정산내편 2』, 한국고전번역원.
세종(이도), 정인지, 최항, 박팽년, 신숙주, 성삼문, 강희안, 이개, 이서루(1446), 『훈민정음』(해례본), 조선왕조.

[일반 문헌]

강명관(2007), 『책벌레들 조선을 만들다』, 푸른역사.
강문식(2008), 세종의 '인재경영'과 집현전, 『선비문화』 13, 남명학연구원, 18~24쪽.
강신항 외(1999), 『世宗朝의 思想과 學術文化』, 불함문화사.
강신항(1963), 『訓民正音』 解例理論과 『性理大全』과의 聯關性, 『국어국문학』 26, 국어국문학회, 177~185쪽.
강신항(1982), 世宗朝의 語文政策, 한국정신문화연구원 편(1982), 『세종조문화연구 Ⅱ』, 한국정신문화연구원, 3~59쪽.
강신항(1991), 왕권(王權)과 훈민정음 창제, 한국겨레문화연구원 편(1991), 『겨레문화』 5, 세종대왕기념사업회, 3~23쪽.
강신항(2002), 신숙주의 학문과 인간: 신숙주와 운서(韻書), 『새국어생활』 12~3, 국립국어연구원, 43~56쪽.
강신항(2003ㄱ), 『훈민정음연구』, 성균관대학교출판부.
강신항(2003ㄴ), '正音'에 대하여, 『한국어연구』 1, 한국어연구회, 7~25쪽.
강신항(2009), 『훈민정음 창제와 연구사』, 경진.
권오향·김기섭·김슬옹·임종화(2019), 『세종은 과연 성군인가, 우문에 대한 현답』, 보고사.
권재선(1992), 『한글 연구(Ⅰ)』, 우골탑.
권재선(1995), 『깁고 고친 훈민정음 해석 연구』, 우골탑.
권재일(1999), 우리 말과 글에 대한 자긍심을 가지자, 세종성왕육백돌기념문집위원회 편(1999), 『세종성왕육백돌』, 세종대왕기념사업회, 323~324쪽.
금장태(2001), 『세종조 종교 문화와 세종의 종교 의식』, 한국학술정보.
김광옥(2018), 『세종 이도의 철학: 생생의 길, 생민과 변역』, 경인문화사.
김구진(1978), 세종대왕신도비, 『세종문화』 15(12-1), 세종대왕기념사업회, 4쪽.
김구진(1982), 『세종대왕, 그 어린 시절』, 문맥.
김기섭(2012), 세종시대 어전회의에 나타난 의사결정과 소통의 역할, 경희대 언론정보대학원 석사논문.
김기섭·허경호(2012), 세종시대 어전회의에 나타난 의사결정과 소통의 역할, 『비교한국학』 20(3), 국제비교한국학회, 209~236쪽.
김도태(1956), 『세종대왕전기』, 교양문고간행회.
김상일(2006), 『역(易)과 탈현대의 논리』, 지식산업사.
김석득(1983), 『우리말 연구사』, 정음문화사.
김석득(2011), 최소의 최대 생성의 끈 이론: 한글의 우리 있음과 국제화에 관련하여, 『인문논총』 21, 서울여자대학교인문과학연구소, 5~33쪽.
김석연(1993), 정음 사상의 재조명과 부흥, 『한글』 219, 한글학회, 155~217쪽.
김석연(1999), 한국문화의 표상적 세 자산, 세종성왕육백돌기념문집위원회 편(1999), 『세종성왕육백돌』, 세종대왕기념사업회, 533~537쪽.
김석연(2002), The Korean alphabet of 1446: expositions, OPA, the visible

speech sounds, translation with anotation, future applicability, Asea Culture Press.

김선기(1972), 『동국정운』의 ㅃ, ㄸ, ㄲ의 음가』, 『한글』 150, 한글학회, 3~15쪽.
김성도(1999), 『로고스에서 뮈토스까지: 소쉬르 사상의 새로운 지평』, 한길사.
김성도(2007), 소쉬르 사상의 미완성과 불명성: 소쉬르 사유의 인식론적 스타일에 대하여, 『기호학연구』 21, 월인, 129~158쪽.
김성배(1978), 세종대왕과 겨레의 자랑, 『세종문화』 13(10-1), 세종대왕기념사업회, 3쪽.
김성배(1983), 『세종 시대의 예의범절』, 세종대왕기념사업회.
김성칠 역주(1959), 『龍飛御天歌』, 정양사.
김세종(2012), 세종조 『율려신서』의 유입과 아악정비에 미친 영향, 『호남문화연구』 51, 전남대학교 호남학연구원, 1~39쪽.
김세환(2008), 中國文字의 收容과 『訓民正音』, 『中國學』 30, 대한중국학회, 35~58쪽.
김슬옹 글/이량덕 그림(2013), 『세종대왕부터 헐버트까지 한글을 지킨 사람들』, 아이세움.
김슬옹 엮음(2015), 『훈민정음(언문·한글) 논저·자료 문헌 목록』, 역락.
김슬옹(1985), 우리식 한글화와 제2의 의식혁명, 『한글새소식』 151(3월호), 한글학회, 23~25쪽.
김슬옹(1993), 세종과 최만리의 논쟁을 통해 다시 생각해 보는 한글 창제의 역사적 의미, 『한글새소식』 255, 한글학회, 9~10쪽.
김슬옹(2005), 『조선시대 언문의 제도적 사용 연구』, 한국문화사.
김슬옹(2007), 『28자로 이룬 문자혁명 훈민정음』, 아이세움.
김슬옹(2008), 세종과 소쉬르의 통합언어학적 비교 연구, 『사회언어학』 16(1), 1~23쪽, 한국사회언어학회 재수록: 김슬옹(2011ㄱ), 『세종대왕과 훈민정음학』(개정판), 지식산업사, 403~438쪽.
김슬옹(2009), 『담론학과 언어분석: 맥락·담론·의미』, 한국학술정보(주).
김슬옹(2010/2011ㄱ), 『세종대왕과 훈민정음학』(개정판), 지식산업사.
김슬옹(2011ㄴ), 국어교육을 위한 근대국어 시대구분론, 『사회언어학』 19(2), 한국사회언어학회, 85~106쪽.
김슬옹(2012ㄱ), 한글 우수성, 과학성, 독창성에 대한 통합 연구, 『문법교육』 16,

문법교육학회, 37~82쪽.
김슬옹(2012ㄴ), 『맥락으로 통합되는 국어교육의 길 찾기』, 동국대출판부.
김슬옹(2012ㄷ), 『조선시대의 훈민정음 발달사』, 역락.
김슬옹(2013), 『한글을 지킨 사람들』, 아이세움.
김슬옹(2013), 『訓民正音』(1446) "정음 예의"의 표준 공역 시안, 『겨레어문학』 51, 겨레어문학회, 263~324쪽.
김슬옹(2013), 세종학의 필요성과 주요 특성, 『한민족문화연구』 42, 한민족문화학회, 7~42쪽.
김슬옹(2014), 세종의 '정음 문자관'의 맥락 연구, 『한말연구』 35, 한말연구학회, 5~45쪽.
김슬옹(2014), 나라의 운명은 인재양성에 달려 있다 ["세종정신"을 되살리자 6, 『세종과 집현전 학사들』], 『우리문화신문』(http://www.koya-culture.com/).
김슬옹(2014), 노비 부부에게 출산 휴가를 주어라 ["세종정신"을 되살리자 2], 『우리문화신문』(http://www.koya-culture.com/).
김슬옹(2014), 돌멩이 하나라도 가벼이 여기지 마라 ["세종 정신"을 되살리자 1], 『우리문화신문』(http://www.koya-culture.com/).
김슬옹(2014), 문자 모르는 백성도 시간을 알게 하라 ["세종정신"을 되살리자 4, 백성을 위한 『오목해시계』], 『우리문화신문』(http://www.koya-culture.com/).
김슬옹(2014), 밥은 백성의 하늘이니라 ["세종정신"을 되살리자 3], 『우리문화신문』(http://www.koya-culture.com/)
김슬옹(2014), 백성의 뜻을 물어 행하라 ["세종정신"을 되살리자 9, 『세종의 여론조사』], 『우리문화신문』(http://www.koya-culture.com/)
김슬옹(2014), 세종 인문학이 절실하다 [김슬옹의 세종한글이야기], 『우리문화신문』(http://www.koya-culture.com/)
김슬옹(2014), 세종과 들뢰즈의 언어관, 『세계문자심포지아 2014: 문자생태계, 그 100년 후를 읽는다』, 세계문자연구소 1회 국제학술대회(10.24~26) 발표자료집, 세계문자연구소.
김슬옹(2014), 아픈 백성이 없게 하라 ["세종정신"을 되살리자 10, 『향약집성방과 의방유취』], 『우리문화신문』(http://www.koya-culture.com/).
김슬옹(2014), 인쇄술 발전으로 누구나 책을 읽게 하라 ["세종 정신"을 되살리자 11], 『우리문화신문』(http://www.koya-culture.com/).

김슬옹(2014), 조화로운 소리로 백성들을 평화롭게 하라 ["세종정신"을 되살리자 5, 『세종의 절대 지음 사건』], 『우리문화신문』(http://www.koya-culture.com/)
김슬옹(2014), 지리서를 만들어 나라땅을 정비하라 ["세종 정신"을 되살리자 12], 『우리문화신문』(http://www.koya-culture.com/)
김슬옹(2014), 첨단과학 자명종 물시계, 자격루를 만들어라 ["세종정신"을 되살리자 7, 『장영실이 만든 자격루의 의미』], 『우리문화신문』(http://www.koya-culture.com/)
김슬옹(2014), 하늘의 이치를 알고 세계의 중심에 서라 ["세종정신"을 되살리자 8, 『칠정산내편』을 펴낸 까닭], 『우리문화신문』(http://www.koya-culture.com/)
김슬옹(2014), 한글학의 특성과 내용 구성 원리, 『한국어학』 64, 한국어학회, 35~58쪽.
김슬옹(2014), 세종(世宗, King Sejong)의 '정음 언어관'의 맥락에 대하여: '통합'과 '유통(流通)' 관점에서의 재조명, 『2014년 훈민정음학회 제3회 전국학술대회 발표논문집』(5.10), 41~63쪽.
김슬옹(2014), 세종은 언제부터 훈민정음 창제를 고민했을까? [김슬옹의 세종한글이야기], 『우리문화신문』(http://www.koya-culture.com/).
김슬옹(2014), 역사 바로 세우기에 온 힘을 기울여라 ["세종 정신"을 되살리자 13], 『우리문화신문』(http://www.koya-culture.com/).
김슬옹(2014), 죄인도 병으로 죽게 해서는 안 된다 ["세종 정신"을 되살리자 14], 『우리문화신문』(http://www.koya-culture.com/).
김슬옹(2015), 『퀴즈 세종대왕: 머리에 쏙쏙! 재미는 두 배!』, 한글파크.
김슬옹(2015), 『훈민정음』 해례본 간송본의 역사와 평가, 『한말연구』 37, 역락, 5~40쪽.
김슬옹(2015), 세종 때보다 못한 지금의 재난극복, 『우리문화신문』(http://www.koya-culture.com/).
김슬옹(2015), 최만리 외 6인 언문 반포 반대 상소의 진실, 『우리문화신문』(http://www.koya-culture.com/).
김슬옹(2016), '세종대왕, 세종학' 관련 연구·자료 문헌 목록, 『세종학연구』 16, 세종대왕기념사업회, 205~246쪽.
김슬옹(2016), 세종 정음학이 바탕을 조명한 한태동의 책, 『우리문화신문』(http://www.koya-culture.com/)

김슬옹(2016), 세종시에 세종학 대학원대학교를 세우자 [시평], 『우리문화신문』 (http://www.koya-culture.com/)
김슬옹(2016), 세종은 '질문대왕·토론대왕'이었다, 『영웅』 8(6월호), 꼬레아우라, 108~116쪽.
김슬옹(2016), 세종의 네 가지 자주 정신, 조선 르네상스의 빛이 되다, 『영웅』 11(9월호), 꼬레아우라, 92~103쪽.
김슬옹(2016), 신경준, 『운해훈민정음[邸井書]』의 정음 문자관, 『한말연구』 39, 역락, 33~70쪽.
김슬옹(2016), 원경왕후의 꿈, 세종은 햇무리에 앉아 있었다, 『우리문화신문』 (http://www.koya-culture.com/).
김슬옹(2016), 정치로 인문 정신을 구현한 성군 세종대왕, 『영웅』 7(5월호), 꼬레아우라, 120~127쪽.
김슬옹(2017), 말과글이 만난 사람: 세종대왕, 세종대왕 즉위 600돌을 앞두고 세종을 만나다, 『말과글』 152, 한국어문기자협회, 75~82쪽.
김슬옹(2017), 성찰 인문학, 역사를 바로 세운 세종, 『영웅』 17(3월호), 꼬레아우라, 136~145쪽.
김슬옹(2017), 세종 민본과학의 꽃 앙부일구, 『영웅』 15(1월호), 꼬레아우라, 135~145쪽.
김슬옹(2017), 세종, 수학으로 문화·과학 강국의 초석을 놓다, 『영웅』 22(8월호), 꼬레아우라, 88~98쪽.
김슬옹(2017), 세종시대 해적이(연표, 음력), 『영웅』 20(6월호), 꼬레아우라, 84~94쪽.
김슬옹(2017), 인쇄술과 출판문화를 꽃피게 한 세종의 인문정책, 『영웅』 23(9월호), 꼬레아우라, 104~111쪽.
김슬옹(2017), 『한글혁명』, 살림터.
김슬옹(2017), 훈민정음 정신을 드높인 책 "동국정운" 대표집필자 신숙주, 『우리문화신문』(www.koya-culture.com/).
김슬옹(2018), 끝없이 낮은 데로 향했던 세종의 복지 정책, 『영웅』 30(4월호), 꼬레아우라, 90~102쪽.
김슬옹(2018), 백성의 뜻을 물어 행하라: 합리적인 토지세(공법)을 정하기 위한 세종의 노력, 『영웅』 35(9월호), 꼬레아우라, 132~145쪽.

김슬옹(2018), 성삼문의 『훈민정음』 해례본 저술과 보급 공로, 『한글의 탄생과 우리 겨레의 삶』(572돌 한글날 기념, 제10회 집현전 학술대회 발표집: 2018. 10.11.국립고궁박물관 별관 강당), 외솔회, 9~23쪽.
김슬옹(2018), 세종, 음악과 도량형과 문자를 하나로 소통하다: 조화로운 소리와 정확한 표준으로 백성들을 이롭게 하라, 『영웅』 28(2월호), 꼬레아우라, 108~125쪽.
김슬옹(2018), 세종은 재난 극복의 성군이었다, 『영웅』 31(5월호), 꼬레아우라, 114~122쪽.
김슬옹(2018), 세종의 인재혁명, 인재를 키우고 더불어 뜻을 이루다, 『영웅』 29(3월호), 꼬레아우라, 112~121쪽.
김슬옹(2023), 『한글학』, 경진출판.
김슬옹(2024), 『통섭학의 거인 여암 신경준』, 인쇄향.
김슬옹·김응(2017), 『역사를 빛낸 한글 28대 사건』, 아이세움.
김승곤(1998), 세종 시대의 어문 정책, 『세종문화사대계 1: 어학·문학』, 세종대왕기념사업회, 199~304쪽.
김영기 편·한은주 역(1998), 『세종대왕: 15세기 한국의 빛(국립국어연구원총서 1)』, 신구문화사.
김영기(1992), *King Sejong the Great: the light of fifteenth century Korea*, Washington, D.C.: International Circle of Korean Linguistics.
김영배·김무봉(1998), 세종 시대의 언해, 『세종문화사대계 1: 어학·문학』, 세종대왕기념사업회, 305~416쪽.
김윤경(1985), 『한결 金允經全集 1-5』, 연세대 출판부.
김일권(2007), 『동양 천문사상 하늘의 역사』, 예문서원.
김점석(1999), 리쾨르의 소쉬르 언어학 비판, 『한국프랑스학논집』 28, 한국프랑스학회, 317~331쪽.
김종택(1999), 지동설을 실증한 세종대왕, 세종성왕육백돌기념문집위원회 편(1999), 『세종성왕육백돌』, 세종대왕기념사업회, 452~453쪽.
김주원(2013), 『훈민정음: 사진과 기록으로 읽는 한글의 역사』, 민음사.
김주원(2016), 세종 임금과 조선 실록, 『한글새소식』 526, 한글학회, 6~7쪽.
김현권·장재성·최용호(2002), 『비판과 수용: 언어학사적 관점』, 역락.
김후란 글 / 김희백 글씨(1997), 『세종대왕: 장편 서사시』, 어문각.

나일성(1997), 『곽수경에서 세종대왕까지의 동양천문학』, 연세대학교출판부.
남문현(2016), 세종대왕의 간의대 자격루 창제 연구, 『세종학연구』 16, 세종대왕기념사업회, 3~27쪽.
리의도(2003), 한글 낱자에 대한 통시적 고찰, 『한글』 259, 한글학회, 65~114쪽.
리의도(2016), 한글의 문자적 다중성, 『세종학연구』 16, 세종대왕기념사업회, 41~90쪽.
문명대(1986), 『세종 시대의 미술』, 세종대왕기념사업회.
문숙희(2007), 『세종실록악보』 여민락의 음악 형식과 그 변천에 관한 고찰, 『한국음악연구』 41집, 한국국악학회, 23~51쪽.
문숙희(2013), 세종 창제 신악(新樂)은 어떤 음악인가?: 정대업, 보태평, 발상에 한하여, 『공연문화연구』 26, 한국공연문화학회, 5~39쪽.
문숙희(2025), 『조선 궁중음악의 실체와 복원』, 민속원.
문일평(1949), 『조선인물지』, 정음사.
문중량(2006), 세종대 과학기술의 '자주성', 다시 보기, 『역사학보』 189, 역사학회, 39~72쪽.
문화체육부(1993), 『표준영정도록: 역사를 빛낸 선현』, 문화체육부.
문화체육부(1997), 『세종대왕: 탄신 600돌 기념』, 문화체육부.
문효근(1993), 훈민정음 제자 원리, 『세종학연구』 8, 세종대왕기념사업회, 3~282쪽.
박동근(1993), 훈민정음에 나타난 禮樂과 正音·正聲 사상과의 관계, 춘허 성원경 박사 화갑 기념 논총 간행위원회 편, 『한중음운학논총』 1, 서광학술자료사, 279~294쪽.
박동근(2005), 울음표현 흉내말의 연구, 『한글』 267(봄호), 한글학회, 141~175쪽.
박병호(1986), 『세종 시대의 법률』, 세종대왕기념사업회.
박선우(2009), 음성부호로서의 훈민정음: 훈민정음과 일반적 음성부호의 비교, 『한국어학』 43, 한국어학회, 125~150쪽.
박성래(1997), 『세종시대의 과학기술 그 현대적 의미』, 한국과학재단.
박영규(2008), 『한 편으로 읽는 세종대왕』, 웅진씽크빅.
박종국(1984), 『세종대왕과 훈민정음』, 세종대왕기념사업회.
박종국(1989), 『용비어천가(龍飛御天歌)』 해제, 세종대왕기념사업회 편(1989), 『세종학연구』 4, 세종대왕기념사업회, 65~70쪽.
박종국(2003), 『한글문헌 해제』, 세종대왕기념사업회.

박종국(2006), 『훈민정음 종합연구』, 세종학연구원.
박종국(2008), 『겨레의 큰 스승 세종성왕』, 세종학연구원.
박종국(2013), 한문 문헌 언해와 현대화 고전국역사업: 언해의 발자취와 한글학회·세종대왕기념사업회·민족문화추진회, 세종대왕기념사업회 편(2013), 『세종학연구』 15, 세종대왕기념사업회, 111~152쪽.
박종국(2016), 『신의의 지도자 세종 정신』, 세종학연구원.
박종화(1977), 『세종대왕, 1-10』(역사소설), 동화출판공사, 재출간: 박종화(1997), 『세종대왕 1-12』, 기린원.
박종화(1981), 『(世宗大王) 육진개척』, 동화출판공사.
박지홍(1981), 세종대왕의 문학 사상과 출판 문화, 『세종문화』 50호(11.1), 세종대왕기념사업회, 3쪽.
박지홍(1999), 훈민정음 창제와 정의공주, 세종성왕육백돌기념문집위원회 편(1999), 『세종성왕육백돌』, 세종대왕기념사업회, 138~139쪽.
박창원(2005), 『훈민정음』, 신구문화사.
박창희 역주(2015), 『역주 용비어천가: 완역대역본 상, 하』, 한국학중앙연구원출판부.
박현모(2007), 『세종, 실록 밖으로 행차 하다: 조선의 정치가 9인이 본 세종』, 푸른역사.
박현모(2008), 『세종처럼: 소통과 헌신의 리더십』, 미다스북스.
박현모(2010), 『세종학 개론』(세종실록 아카데미 교재), 주최: 세종문화회관(재단법인), 주관: 한국학중앙연구원·세종국가경영연구소.
박현모(2010), 세종의 변경관(邊境觀)과 북방영토경영 연구, 『정치사상연구』 13-1, 한국정치사상학회, 31~52쪽.
박현모(2012), '뿌리깊은 나무'로 보는 세종 리더십, 『인문정책포럼』 12, 경제·인문사회연구회, 150~153쪽.
박현모(2013), 세조(世祖)의 국정운영 방식 연구: 세종의 공론정치와 비교를 통해, 『한국사연구』 161, 한국사연구회, 251~281쪽.
박현모(2013), 세종(世宗)의 『치평요람』 편찬의 정치사상, 『한국정치학회보』 47-4, 한국정치학회, 5~27쪽.
박현모(2014), 『세종이라면: 오래된 미래의 리더십』, 미다스북스.
박현모(2017), 『세종시대 국가경영 문헌의 체계화 사업백서: 2013년도 선정 한국학분야 토대연구지원사업』, 여주대학교 산학협력단 세종리더십연구소.
박현모(2018), 세종은 사대주의자가 아니다 그는 사대 전략가다: 세종 논쟁 3라운드, 이영훈 교수 세종 비판에 대한 두 번째 반박, 『주간조선』 2516호, 조선뉴스프레스, 40~43쪽.
박현모(2018), 세종은 정말 노비 폭증의 원흉인가?, 『주간조선』 2510호, 조선뉴스프레스, 38~41쪽.
박현모(2019), 『세종학 개론』, 문우사.
박흥수(1977), 세종대왕의 양전제도와 자주정신, 『세종문화』 2호(11-1), 세종대왕기념사업회, 4쪽.
박희민(2012), 『박연과 훈민정음』, Human & Books.
박희용·이익주(2012), 조선 초기 경복궁 서쪽 지역의 장소성과 세종 탄생지, 『서울학연구』 47, 서울시립대학교부설서울학연구소, 155~185쪽.
반재원(2001), 『한글과 천문』, 한배달.
반재원·허정윤(2007), 『한글 창제 원리와 옛글자 살려 쓰기』, 역락.
방종현(1948, 『訓民正音通史』, 일성당서점.
백두현(2012), 융합성의 관점에서 본 훈민정음의 창제 원리, 『어문론총』 57-10, 한국문학언어학회, 115~156쪽.
백두현(2013), 작업 단계로 본 훈민정음의 제자 과정과 원리, 『한글』 301, 한글학회, 83~124쪽.
백두현(2015), 『한글문헌학』, 태학사.
백승종(2021), 『세종의 선택』, 사우.
서한범(1999), 『국악통론』, 태림출판사,
설성경(2018), 세종학의 현황과 과제, 『세종대왕 즉위 600돌 및 572돌 한글날 기념 국어학 국제학술대회: 훈민정음 연구의 현황과 전망』(발표집: 2018. 10.13. 한글학회 강당), 한글학회, 223~198쪽.
성경린(1985), 『세종 시대의 음악』, 세종대왕기념사업회.
성낙수(1999), 세종대왕과 매죽헌, 세종성왕육백돌기념문집위원회 편(1999), 『세종성왕육백돌』, 세종대왕기념사업회, 154~156쪽.
성원경(1971), 東國正韻과 洪武正韻譯訓音의 比較硏究, 『학술지』 12, 建國大學校學術院, 별책부록.
성원경(1976), 『홍무정운역훈』에 있어서의 문제점: 역훈본 교주를 시도하여 원본과 대조하면서, 『한불연구』, 한불문화연구소, 21~55쪽.
세종(조선 제4대왕) 편(1972), 『東國正韻(及)解題, 冊1-7』, 건국대출판부.
세종/정명훈 엮음/박승원 옮김(2016), 『세종의 말: 우리가 미처 몰랐던 세종대왕의 민면목』, 소울메이트: 원앤원콘텐츠그룹.
세종대왕기념사업회(1973), 『세종장헌대왕실록, 연대기 7-11』, 세종대왕기념사업회.
세종대왕기념사업회(1975), 『세종장헌대왕실록, 연대기 12-16』, 세종대왕기념사업회.
세종대왕기념사업회(1981), 『세종대왕어록 1, 2』, 세종대왕기념사업회.
세종대왕기념사업회(1983), 『세종연구자료총서 1-2』, 세종대왕기념사업회.
세종대왕기념사업회(1987), 『세종대왕 연보』, 세종대왕기념사업회.
세종대왕기념사업회(1988), 『세종문화유적총람 1-3』, 세종대왕기념사업회.
세종대왕기념사업회(1997), 『21세기 문화·과학을 위한 세종대왕 재조명(세종대왕 탄신 600돌 기념 학술 대회)』, 세종대왕기념사업회.
세종대왕기념사업회(1997), 『21세기 문화·과학을 위한 세종대왕 재조명』, 세종대왕기념사업회.
세종대왕기념사업회(1997), 세종대왕 약사, 문화체육부 편, 『세종대왕: 탄신 600돌 기념』, 문화체육부, 100~109쪽.
세종대왕기념사업회(1998), 『글꼴』, 세종대왕기념사업회 부설 한국글꼴개발원.
세종대왕기념사업회(1998), 『세종문화사대계 1: 어학·문학』, 세종대왕기념사업회.
세종대왕기념사업회(1999), 『세종문화사대계 4: 윤리·교육·철학·종교』, 세종대왕기념사업회.
세종대왕기념사업회(2000), 『세종문화사대계 2: 과학』, 세종대왕기념사업회.
세종대왕기념사업회(2001), 『세종문화사대계 3: 정치·경제·군사·외교·역사』, 세종대왕기념사업회.
세종대왕기념사업회(2001), 『세종문화사대계 5: 음악·미술』, 세종대왕기념사업회.
세종대왕기념사업회(2003), 『한글문헌 해제』, 세종대왕기념사업회.
세종대왕기념사업회(2003), 『훈민정음』, 세종대왕기념사업회.
세종대왕기념사업회(2006), 『세종대왕기념사업회 50년사』, 세종대왕기념사업회.
세종대왕기념사업회(https://www.facebook.com/groups/)
세종대왕기념사업회 엮음(2006), 『세종대왕기념사업회 50년사: 1956-2006』, 세종대왕기념사업회.
세종대왕기념사업회 편(1968), 『세종장헌대왕실록, 연대기 1-6』, 세종대왕기념사업회.
세종대왕기념사업회 편(1969), 『세종장헌대왕실록, 17-30』, 세종대왕기념사업회.
세종대왕기념사업회 편(1970), King Seijong the Great: a biography of Korea's most famous king, King Seijong Memorial Society.
세종대왕기념사업회 편(2013), 『세종학 학술대회: 세종시대 과학문화의 재조명』 (2013.12.13.), 세종대왕기념사업회.
세종리더십연구소 편(2012), 『세종, 음악으로 다스리다』, 한국학중앙연구원·세종리더십연구소.
세종성왕탄신육백돌기념문집 편찬위원회(1999), 『세종성왕육백돌』, 세종대왕기념사업회.
손보기(1977), 『금속활자와 인쇄술』, 세종대왕기념사업회.
손보기(1978), 활자 인쇄술에 끼친 세종의 업적, 『세종문화』 12(9-1), 세종대왕기념사업회, 2쪽.
손보기(1985), 『세종대왕과 집현전』, 세종대왕기념사업회.
손보기(1986), 『세종시대의 인쇄출판』, 세종대왕기념사업회.
손보기(1999), 세종대왕의 민본정신과 국제사회, 세종성왕육백돌기념문집위원회 편(1999), 『세종성왕육백돌』, 세종대왕기념사업회, 223~225쪽.
손보기(2000), 세종 시대의 인쇄 출판, 『세종문화사대계 2: 과학』, 세종대왕기념사업회, 83~232쪽.
손보기(2001), 세종의 역사 정신과 역사 편찬, 『세종문화사대계 3: 정치·경제·군사·외교·역사』, 세종대왕기념사업회, 925~?쪽.
손선숙(2012), 세종시대 '봉래의'의 무용 구조 고찰, 세종리더십연구소 편(2012), 『세종, 음악으로 다스리다』, 한국학중앙연구원·세종리더십연구소, 119~142쪽.
손선숙(2013), 세종 시대 『봉래의』의 무용구조 고찰, 『대한무용학회논문집』 71-2, 대한무용학회, 93~108쪽.
손인수(1999), 『세종시대의 교육문화 연구』, 문음사.
송병기(1964), 세종조 양계행성 축조에 대하여, 『사학연구』 8, 역사학연구회.
송혜진(2001), 세종조의 음악 정책과 아악 제정, 『세종문화사대계 5: 음악·미술』, 세종대왕기념사업회, 25~62쪽.

신병주(2013), 세종: 소통과 포용의 리더십, 『선비문화』 23, 남명학연구원, 21~31쪽.
신세돈(2012), 『(세종대왕의 바른정치) 외천본민: 하늘을 우러러 사람을 근본으로』, 국가미래연구원.
신세돈(2013), 세종의 복지정책 회고: 노령복지를 중심으로, 『한국경제포럼』 6-3, 한국경제학회, 45~56쪽.
신세돈(2014), 세종대왕의 창조적 농업관, 『신유통리서티』 3, 농식품신유통연구원.
심소희(2013), 『한자 정음관의 통시적 연구』, 이화여자대학교출판부.
아비딘/김슬옹 옮김(2007), 찌아찌아 한글 사용의 진실, 『한글혁명』, 살림터, 241~247쪽.
안대회(2010), 『정조의 비밀편지』, 문학동네.
안덕균(1985), 『세종 시대의 보건위생』, 세종대왕기념사업회.
안덕균(2000), 세종 시대의 의학, 『세종문화사대계 2: 과학』, 세종대왕기념사업회.
안병희(1999), 세종대왕은 학자의 귀감, 세종성왕육백돌기념문집위원회 편(1999), 『세종성왕육백돌』, 세종대왕기념사업회, 605~606쪽.
안영숙(2007), 『칠정산외편의 일식과 월식 계산방법 고찰』, 한국학술정보.
오기수(2016), 『세종 공법』, 조율.
오윤희(2015), 『왜 세종은 불교 책을 읽었을까: 언해불전의 탄생, 그리고 열린사회를 향한 꿈』, 불광출판사.
오종록(2001), 세종 시대의 북방영토 개척, 『세종문화사대계 3: 정치·경제·군사·외교·역사』, 세종대왕기념사업회, 801~820쪽.
오채원(2016), 세종의 행복론 '공향(共享)', 『동아시아문화연구』 66, 한양대학교출판부, 13~34쪽.
원경희(2014), 『여주를 말하고 세종이라 답하라』, 씽크스마트.
위철(2001), 『세종학보』와 『대악후보』의 치화평·취풍형·봉황음·만전춘 비교, 서울대학교 대학원 석사논문.
윤영선·김슬옹(2018), 『장영실과 갈릴레오 갈릴레이』, 숨쉬는책공장.
이경희(2007), 八思巴字와 訓民正音의 공통특징: 편찬배경과 표음문자 중심으로, 『중국어문학논집』 43, 중국어문학회, 169~186쪽.
이대로(2018), 세종의 마음과 한 일을 되새기고 본받자, 『세종대왕 즉위 600돌 및 572돌 한글날 기념 국어학 국제학술대회: 훈민정음 연구의 현황과 전망』(발표

집: 2018.10.13.한글학회 강당), 한글학회, 199~222쪽.
이대로(2021), 세종나신 곳을 알리는 일에 힘을 모으자, 『한글새소식』 583, 한글학회.
이도흠(2007), 소쉬르·하이데거·원효의 언어관 비교 연구, 『기호학연구』 21, 월인, 217~253쪽.
이만수(2005), 세종대왕의 독서론, 『독서문화연구』 4, 대진대학교 독서문화연구소, 13~26쪽.
이문규(2016), 천문의기 기술의 동아시아 전파: 세종 때의 천문의기 제작을 중심으로, 『동북아문화연구』 47, 동북아시아문화학회, 77~94쪽.
이상규(2015), 『훈민정음』에 대한 인문지리학적 접근, 『한민족어문학』 69, 한민족어문학회, 5~39쪽.
이상혁(2004), 『훈민정음과 국어연구』, 역락.
이상혁(2006), 훈민정음. 언문. 반절. 그리고 한글의 역사적 의미: 우리글 명칭 의미의 어휘적 함의를 중심으로, 정광 외, 『역학서와 국어사 연구』, 태학사, 444~487쪽.
이석재(2022), 『세종의 꿈꾼 나라』, 인간과자연사.
이영월(2009), 훈민정음에 대한 중국운서의 영향 관계 연구: 삼대어문정책을 중심으로, 『中國學研究』 50, 中國學研究會, 255~274쪽.
이용삼, 김상혁(2002), 세종시대 창제된 천문관측의기 소간의(小簡儀), 『한국우주과학회지』 19-3, 한국우주과학회, 231~242쪽.
이용삼·정장해·김천휘·김상혁(2006), 조선의 세종시대 규표(圭表)의 원리와 구조, 『한국우주과학회지』 23-3, 한국우주과학회, 289~302쪽.
이윤석 역(1997), 『용비어천가 1-2』, 솔출판사.
이은성(1986), 천상열차분야지도의 분석, 세종대왕기념사업회 편(1986), 『세종학연구』 1, 세종대왕기념사업회, 63~114쪽.
이은희(1996), 칠정산 내편의 연구, 연세대학교 대학원 박사논문.
이은희(2013), 『칠정산 내편의 연구』, 한국학술정보.
이장주(2012), 『우리 역사 속 수학 이야기: 흥미로운 조상들의 수학을 찾아서』, 사람의무늬.
이정우(2003), 『사건의 철학』, 철학아카데미.
이진경(2002), 『노마디즘 1·2』, 휴머니스트.
이찬(2000), 세종 시대의 지리학, 『세종문화사대계 2: 과학』, 세종대왕기념사업회, 469~551쪽.
이태극(1983), 『세종대왕의 어린시절』, 세종대왕기념사업회.
이한(2007), 『나는 조선이다: 조선의 태평성대를 이룩한 대왕 세종』, 청아출판사.
이한우(2003), 『세종, 그가 바로 조선이다: 대한민국의 세종형(型) 지도자를 꿈꾸며』, 동방미디어.
이한우(2006), 『세종, 조선의 표준을 세우다: 이한우의 군주열전: 집념과 포용의 정치로 실현한 애민과 훈민, 세종을 찾아서』, 해냄출판사.
이해철(1985), 『세종 시대의 국토방위』, 세종대왕기념사업회.
이해철(1999), 세종대왕의 철학과 과학기술사상, 세종성왕육백돌기념문집위원회 편 (1999), 『세종성왕육백돌』, 세종대왕기념사업회, 492~496쪽.
이해철(2001), 세종 시대의 대마도 정벌, 『세종문화사대계 3: 정치·경제·군사·외교·역사』, 세종대왕기념사업회, 775~800쪽.
이혜구 역주(2000), 『신역 악학궤범』, 국립국악원.
이혜숙·김인철(2005), 디자이너로서의 세종과 디자인으로서의 한글, 『기초조형학연구』 6-1, 한국기초조형학회, 203~214쪽.
이호영·황효성·아비딘(2009), 『바하사 찌아찌아 1』, 훈민정음학회, 한국어 번역본: 인니훈민정음학회 옮김(2011), 『바하사 찌아찌아 1 한국어번역본』, (주)신명시스템즈.
임용기(2008), 세종 및 집현전 학자들의 음운 이론과 훈민정음, 『한국어학』 41, 한국어학회, 115~156쪽.
임종화 외(2018), 『실록으로 세종시대를 다시 읽다』(2018년 세종즉위 600돌 기념 원정재 세종실록 완독 기념 학술세미나), 원정재.
장병기(1997), 랑그와 발화행위에 관한 연구, 『동서문화연구』 5, 홍익대 동서문화연구소, 25~36쪽.
장병기·최용호(1998), 소쉬르 언어 이론의 세 가지 화용론적 차원, 『언어학』 22, 한국언어학회, 371~388쪽.
장병기·최용호(1999), 한국에서 소쉬르 수용: 1960년에서 1999년까지, 『언어학』 25, 한국언어학회, 247~279쪽.
전경일(2006), 『창조의 CEO, 세종』, 휴먼비즈니스.
전상운(1986), 『세종 시대의 과학』, 세종대왕기념사업회.
전상운(2000), 세종 시대의 산업 기술, 『세종문화사대계 2: 과학』, 세종대왕기념사업회, 407~466쪽.
전상운(2000), 세종 시대의 천문 기상학, 『세종문화사대계 2: 과학』, 세종대왕기념사업회, 21~82쪽.
전영우(1999), 설득의 지혜, 세종성왕육백돌기념문집위원회 편(1999), 『세종성왕육백돌』, 세종대왕기념사업회, 404~405쪽.
전인평(1999), 세종실록 봉래의의 장단과 속도, 한국정신문화연구원 한국학대학원 박사논문.
전태현(2012), 찌아찌아족 한글 교육의 실태에 관한 연구, 『외국어교육연구』 26-2, 외국어교육연구소, 113~137쪽.
전태현·조태영(2013), 찌아찌아족 한글 사용의 미래: 문자사의 관점에서, 『한글』 298, 한글학회, 107~138쪽.
전택부(1999), 돈과 하늘의 별과 세종국제공항, 세종성왕육백돌기념문집위원회 편(1999), 『세종성왕육백돌』, 세종대왕기념사업회, 406~408쪽.
정덕영(2012), 『찌아찌아 마을의 한글학교』, 서해문집.
정성현(2024), 『세종책방, 회원을 모집합니다』, 마리북스.
정수국(2017), 『세종이 들려주는 역사 이야기: 치평요람에서 배우는 정치의 도리』, 세종대왕기념사업회.
정우영(2005), 국어 표기법의 변화와 그 해석: 15세기 관판 한글문헌을 중심으로, 『한국어학』 26, 한국어학회, 293~326쪽.
정우영(2013), 세종시대 훈민정음 관련 문헌의 국어학적 재조명, 세종대왕기념사업회 편(2013), 『세종학연구』 15, 세종대왕기념사업회, 51~72쪽.
정윤재 외(2010), 『세종과 재상 그들의 리더십』, 서해문집.
정윤재(2016), 세종대왕의 수령고소금지법 개정과 "공공함"의 정치, 『한국동양정치사상사연구』 15-1, 한국동양정치사상사학회, 1~29쪽.
정윤재·박병련·이익주·박현모·조성환·조남욱(2014), 『세종 리더십의 핵심 가치』, 한국학중앙연구원출판부.
정윤재·정재훈 외(2006), 『세종의 국가경영』, 지식산업사.
정인지(1430, 세종 12년), 『아악보』 서문, 『세종실록』 윤12.1.
정재환(2013), 『한글의 시대를 열다』, 경인문화사.
정화순(2006), 『조선 세종대 조회아악 연구』, 민속원.
정희성(1989), 수학적 구조로 본 훈민정음의 창제 원리, 『1989년도 한글날 기념

학술 대회 논문집』, 한국 인지과학회·정보과학회.
정희성(1994), 훈민정음의 창제 원리를 위한 과학 이론의 성립, 『한글』 224, 한글학회, 193~222쪽.
조규익·문숙희·손선숙(2015), 『세종대왕의 봉래의, 그 복원과 해석』, 민속원.
조규태(2010), 『번역하고 풀이한 훈민정음』, 한국문화사.
조규태(2010), 『용비어천가』, 한국문화사.
조남욱(2001), 『세종대왕의 정치철학』, 부산대학교 출판부.
조병인(2016), 『세종식 경청』, 문우사.
조병인(2018), 『세종의 고(苦): 대국의 민낯』, 정진라이프.
조운성(2011), 『동국정운』 한자음의 성모와 운모 체계 연구, 연세대 대학원 박사논문.
주성일(2009ㄱ), 『사성통해』 범례고1, 『中國文學硏究』 38, 韓國中文學會, 115~150쪽.
주성일(2009ㄴ), 『사성통해』 범례고2, 『中國文學硏究』 39, 韓國中文學會, 215~245쪽.
진용옥·안정근(2001), 악리론으로 본 정음창제와 정음소 분절 알고리즘, 『음성과학』 8-2, 한국음성과학회, 49~60쪽.
최기호(2002), 신숙주의 『해동제국기』에 대한 고찰, 『한힌샘 주시경 연구』 14·15, 한글학회, 77~102쪽.
최영선 편저(2009), 『한글 창제 반대 상소의 진실』, 신정.
최영애(2003), 〈蒙古字韻〉과 그 음운특징: 15,6세기의 한국자료를 통하여, 『중국어문학논집』 24, 중국어문학연구회, 89~115쪽.
최용기(2007), 한국어 교육의 현황과 세종학당 운영 방향, 『문법교육』 6, 한국문법교육학회.
최종민(2003), 훈민정음과 세종악보의 상관성 연구, 상명대 대학원 박사논문.
최종민(2013), 『훈민정음과 세종악보』, 역락.
최철(1985), 『세종 시대의 문학』, 세종대왕기념사업회.
최현배(1942/1982), 『한글갈』, 정음문화사.
최현배(1980), 세종대왕의 위업과 민족문화의 현실, 『나라사랑』 35, 외솔회.
최홍식(2016), 음성학 및 음성의학으로 풀어보는 『훈민정음』 제자해(制字解), 『세종학연구』 16, 세종대왕기념사업회, 29~39쪽.

최홍식(2023), 『훈민정음 음성학』, 이회문화사.
한국어정보학회(2014), 『한국어정보학회 춘계학술대회[전자자료]: 큰어른 이도 선생 탄신 617주년 기념』, 한국어정보학회 주최.
한국정신문화연구원 편(1982), 『세종조 문화연구 Ⅰ·Ⅱ』, 한국정신문화연구원.
한국정신문화연구원 편(1982), 『세종조 문화의 재인식』, 한국정신문화연구원.
한국정신문화연구원 편(2001), 『세종시대의 문화』, 태학사.
한국정신문화연구원 편집부(1998), 『세종시대 문화의 현대적 의미』, 한국정신문화연구원.
한국표준연구소(1986), 『측정표준 사료 복원: 앙부일구(仰釜日晷)』, 과학기술처.
한국학중앙연구원 세종국가경영연구소 편(2007), 『세종의 국가 경영과 21세기 신문명(세종대왕 탄신 610돌 기념 세종 학술회의)』, 한국학중앙연구원·국립국어원.
한국학중앙연구원 세종국가경영연구소 편(2009), 『세종의 국가경영과 한중일 리더십 비교』(제1회 세종학 국제 학술회의 자료집), 세종문화회관.
한국학중앙연구원 세종리더십연구소 편(2010), 『세종대왕의 한글창제와 리더십 승계(제2회 세종학 학술회의 자료집)』, 국립고궁박물관 강당.
한국학중앙연구원 세종리더십연구소 편(2011), 『세종 리더십』(제3회 세종학 학술회의 자료집)』, 국립고궁박물관 강당.
한국학중앙연구원 세종리더십연구소 편(2012), 『세종의 한글 창제와 출판의 국가 경영』(제4회 세종학학술회의), 한국학중앙연구원.
한국학중앙연구원 장서각 왕실문헌연구실(2016), 한글, 소통과 배려의 문자, 『묵가』 128호, 묵가, 38~47쪽.
한태동(1983), 훈민정음의 음성 구조, 『537돌 한글날 기념 학술 강연회 자료집』, 세종대왕기념사업회.
한태동(1998/2003), 『세종대의 음성학』, 연세대학교출판부.
한태동(2009), 『사유의 흐름』, 연세대학교출판부.
한태동·현우식(2011), 『역사학 방법론 강의』, 연세대학교출판부.
한호현(2017), 세종의 애민사상 연구, 성균관대 대학원 석사논문.
허웅(1985), 『국어음운학』, 샘문화사.
허웅(1996), 훈민정음의 형성 원리와 전개 과정, 『세계의 문자』, 예술의전당, 27~69쪽.
허웅·박성래(1997), 이어받아야 할 세종의 정신, 이루어야 할 한글의 세계화, 『문화예술』 212, 한국문화예술진흥원, 6~14쪽.
허재영(1993), 훈민정음에 나타난 성운학의 기본 개념, 춘허 성원경 박사 화갑 기념 논총 간행위원회 편, 『한중음운학논총』 1, 서광학술자료사.
홍기문(1946), 『正音發達史』 상·하, 서울신문사 출판국.
홍이섭(1971/2004: 수정판), 『세종대왕』, 세종대왕기념사업회.
홍현보(1997), 『나랏말싸미 듕귁에 달아: 세종대왕 문화 길라잡이』, 박이정.
홍현보(2006), 세종 영릉신도비명의 체재에 관한 연구, 『동양고전연구』 25, 동양고전학회, 313~349쪽.
홍현보(2016), 불경 언해본의 역주 현황과 의미, 『세종학연구』 16, 세종대왕기념사업회, 133~188쪽.
후루가와 기이찌로(1999), 소행성의 과학자(7365), 세종성왕육백돌기념문집위원회 편(1999), 『세종성왕육백돌』, 세종대왕기념사업회, 517~526쪽.

Claudine Nomand(2007), *Saussure: une épitémologie de la linguistiaue*, 『기호학연구』 21, 월인, 9~35쪽.
Deleuze, Gilles(1969), *Logique du sens*, Paris: Editions de Minuit, 이정우 옮김(1999), 『의미의 논리』, 한길사.
Diamond Sutra Recitation Group(2008), *King Sejong the Great*, 배문사.
E. O. Reischauer and J.K. Fairbank(1960), *East Asia The Great Tradition*, Boston Houghton Miffin Company.
Edward O. Wilson(1999), *Consilience_The Unity of Knowledge*, New York: Vintage Books A Division of Random House, INC, 최재천·장대익 옮김(2007), 『통섭』, 사이언스북스.
Ferdinand de Saussure. (tr) Wade Baskin(1959), *Course in General Linguistics*, New York: Philosophical Library; (페르디낭 드 소쉬르/최승언 옮김, 1990, 『일반언어학 강의』, 서울: 민음사).
Fischer, Steven Roger(2001), *A History of Writing*, Reaktion Books.
Gilles Deleuze(1981), *Difference et repetition*, Paris: Presses Universitaires de France, 김상환 옮김(2004), 『차이와 반복』, 민음사.
Gilles Deleuze & Félix, Guattari(1980), *Mille Plateaux-Capitalisme et Schizophrénie*, Paris: Les Édition De Minuit, 김재인 옮김(2001), 『천 개의 고원-자본주의

의 분열증 2』, 새물결.
G. K. Ledyard(1966), *The Korean Language Reform of 1446: The Origin. Background. and Early History of the Korean Alphabet*, Dissertation. University of California. Berkeley. Cat. No.6608333. University Microfilms International, Ann Arbor.
G. Sampson(1985), *WRITING Systems: A linguistic introduction*, London: Hutchinson Publishing Group; (신상순 역(2000), 『세계의 문자체계』, 한국문화사).
Gadet, F. (1987), *Saussure. Une science de la langue*, Paris: Presses Universitaires de France. 김용숙·임정혜 역(2001), 『소쉬르와 언어과학』, 동문선.
Gilles Deleuze(1969), *Logique du sen*, Paris: Editions de Minuit; (이정우 옮김(1999), 『의미의 논리』, 한길사).
Hulbert. H. B.(1892a), *The Korean Alphabet,* Edited by F. Ohlinger, Mrs. F. Ohlinger, The Korean Repository Vol. Ⅰ.1(January), Seoul: The Trilingual Press.
Hulbert. H. B.(1892b), *The Korean Alphabet Ⅱ*. Edited by F. Ohlinger, Mrs. F. Ohlinger. The Korean Repository Vol. Ⅲ.3(March). Seoul: The Trilingual Press.
Jared Diamond.(1994), *Writing Right*. Discover 15-6(June), 이현복 간추려 옮김(1994), 바른 글자살이, 『한글새소식』 8, 이광호 옮김(1994), 올바른 표기법, 『말글생활』 2(가을호), 말글사.
Jean-Jacques Lecercle(2002), *Deleuze and Language*, Palgrave macmillan.
Johannes Fehrr(2007), *Saussure's Anticipation of Poststructuralism*, 『기호학연구』 21, 월인, 37~60쪽.
John Man(2001), *ALPHA BETA : How 26 letters shaped The Western World*(John Wiley & Sons Inc), 남경태 역(2001), 『세상을 바꾼 문자 알파벳』, 예지.
King Sejong Memorial Society(2006), *King Sejong the Great: the everlasting light of Korea*, New York: Diamond Sutra Recitation Group.
Lee Young Gwan(2016), 성리학에 대한 호머 헐버트의 견해(*Study on the Homer Hulbert's View on Neo-Confucianism : Focuses on His Views of Sejong and Yeongjo in his History of Korea*), 『한국사상과 문화』 81, 수덕문화사, 113~141쪽.

Margaret Thomas 지음 / 김슬옹 번역(2016), 외국인이 본 언어와 언어학 분야의 50대 주요 사상가: 세종대왕(1397-1450), 『영웅』 12호(10월호), 꼬레아우라, 50~58쪽. (원문 59~65쪽)

Margaret Thomas(2011), *King Sejong the Great*(1397-1450), Fifty Key Thinkers on Language and Linguistics. London and New YorK: Routledge. pp.49~55; 김슬옹 옮김(2016), 세종대왕(1397-1450), 『세종학연구』 16, 세종대왕기념사업회, 189~198쪽.(원문 재수록: 199~204쪽).

Margaret Thomas(2011) / 김슬옹 옮김(2017), 세종대왕(1397-1450), 『세종학연구』 16, 세종대왕기념사업회, 189~198쪽. (원문 재수록: 199~204쪽)

Michael Toolan(1996), *Total Speech _ An International Linguistic Approach to Language*, Durham and London: Duke University Press

Peter H. Lee / 김성언 역(1998), 『용비어천가의 비평적 해석』, 태학사.

Robert C. Provine(2002), *A Chinese Document or a Korean Document?: The Description of Dasheng Performing Ensembles in the Koryosa*, 『한국음악사학보』 29, 한국음악사학회, 747~756쪽.

S. Robert Ramsey(2010), *The Korean Writing System in the World of the 21 Century*. SCRIPTA vol.2, The Hunminjeongeum Society(훈민정음학회), pp.1~13.

Sampson. G.(1985), **WRITING Systems: A linguistic introduction**. London: Hutchinson Publishing Group. 신상순 역(2000), 『세계의 문자체계』, 한국문화사.

Saussure, Ferdinaud de(1959), *Course in General Linguistics (tr) Wade Baskin*, New York: Philosophical Library, 페르디낭드 소쉬르 / 최승언 옮김(1990), 『일반언어학 강의』, 민음사.

Sek Yen Kim-Cho(2001), *The Korean Alphabet of 1446*: Exposition. OPA. the Visible Speech Sounds, Annotated Translation. Future Applicability Hwun Min Ceng Um, Humanity Books & AC Press(아세아문화사).

Tai Dong Han(1956), *Methodology of History: A Study of Method from Ranke to Toynbee*. Ph.D. Princton, New Jercy, 재수록: 『동방학지』 4·5, 1961, 연세대학교. 동방학연구소.

Werner Sasse(2005), *Hangeul: Combining Traditional Philosophy and a Scientific Attitude*. 제2회 한글문화 정보화 포럼 자료(559돌 한글날 기념), 24-29, 한글인터넷주소 추진총연합회.

찾아보기

◼ 책명, 편명, 용어

ㄱ

가뭄 185, 214, 291
가야금 216
갑골문 119
갑인자 33, 150, 224, 227, 232
갑자상소 141, 142
강경 166, 168
강국 270, 282
거문고 202, 216
건주위 311, 315
《경국대전》 250
《경상도지리지》 310
경서 173, 192, 193
경석 207
경연 122, 163, 172-174, 177, 185, 192, 193, 225, 335
경청 163, 271
경학 166
계미자 222
《고금운회거요》 125-127
고려 가요 218, 331
《고려사》 33, 185, 187, 188

《고려사절요(高麗史節要)》 318
공동체성 329
공법 47, 48, 285, 288, 290-295, 297, 298, 301, 303
공법상정소 295
공존적 자주 39, 338, 341
과거 167, 172, 186, 188, 193
과학 18, 29, 33, 40, 114, 119, 123, 137, 138, 143, 146, 148, 151, 152, 171, 177, 180, 181, 273, 275, 281, 282, 301, 321, 328, 330, 333, 341
과학동산 259, 268
과학 정책 30, 39, 258, 281, 338
《과학사 기술사 사전(科學史技術史事典)》 149
과학성 41, 42
과학주의 133
교육 22, 55, 147, 148, 157, 158, 169, 172, 182, 277
교육학 146
교지 159, 194, 195, 240, 307
교화 30, 128, 129, 172, 331

『국가』 158
국경선 305, 317, 318
국어 133, 181
국제세종이도학회 56
국토관 307
국토 정비 321
근대 언어학 23, 103, 114, 130, 153
근대성 28
근대주의자 28
근대화 27
글꼴 227
금속활자 222, 230, 232, 328
기록 31, 122, 123, 133, 137, 142, 148, 158, 159, 168, 169, 174, 177, 185-188, 190-195, 200, 203, 207, 215, 226, 241, 255, 257, 260, 261, 271, 281, 309, 310, 317, 335
기본 문자 69
기장쌀 210
기하학 119, 276, 277

ㄴ

노래 가사 30, 227
노비 129, 148, 171, 176, 180, 242, 258, 268
노인 159, 160, 226, 235, 245
논술 182, 288, 290
《논어》 158, 225
농사 30, 162, 265, 288, 291
《농사직설》 39, 47, 333
농상집요 333
농업 334

ㄷ

다라니경 229
단군 307, 331
단군 사당 38, 191, 331
단군 조선 190
당악 198, 332
대마도 317
《대명력(大明曆)》 257
대화 157, 161, 168, 169, 177, 199
도량형 46, 123, 198, 202, 214-216, 281
독서 174, 182
독창적 자주 39, 336
《동국사략》 187
《동국정운》 21, 24, 36, 38, 78, 127, 128, 139, 140, 331, 342
동물신 256
동성애 194
동양수학 275
동양철학 24, 280
두만강 308, 312, 314, 315, 318
또물또 운동 158, 169

ㄹ, ㅁ

르네상스 26, 27, 176, 232, 272, 328, 329
리더십 171
《매월당집》 171
맥락 23, 26, 102, 104, 105, 109, 170, 192, 217
맹사성 171, 201
명나라 33, 39, 140, 148, 176, 258, 273, 305, 306, 335, 338, 341
《명칭가곡(名稱歌曲)》 165
목판인쇄 229
《몽고운략》 125

문명 171, 232
문명국 229
문자 24, 25, 27, 29, 30, 33, 36, 39, 40, 44-46, 102, 103, 105, 107-109, 112-114, 118-120, 123, 128-130, 132, 133, 136, 137, 142, 144, 148, 149, 151, 153, 172, 180, 185, 190, 198, 202, 216-218, 247, 256, 273, 275, 277, 281, 286, 303
문자관 102, 104, 106, 108, 110, 133, 142
문자혁명 27, 41, 281
문학 145, 146, 151, 328
물난리 214, 291
미학 145
민본주의 30, 46, 47, 128, 232, 246, 250
민속 신앙 237

ㅂ

반절법 113
발음기관 275, 277, 336
방법론 23, 24, 49, 103, 115, 133, 140, 143, 275
방위 258, 267, 278, 334
배달말 40
배려 145, 149, 151, 157, 169, 235, 243, 249, 252, 256, 258, 282
백두산 305, 308
백제 가요 218, 331
보편성 23, 40, 103, 105, 130-134, 138, 140, 143, 275
보편주의 24, 28, 29, 41, 44, 49, 56
복지 정책 235, 242, 243
봉래의(鳳來儀) 205
부산시 268
북극 30, 46, 260

불교 165, 229

ㅅ

사관 165, 185, 187, 194, 202, 317
《사기》 224
《사서(四書)》 148, 192
사서삼경 32, 147
사정전 194, 208, 259
《사정전훈의(思政殿訓義)》 195
사회학 146, 151, 153
산법 33, 176, 271, 273, 335
산스크리트 문자 110
산업 혁명 182
《삼강행실》 152
《삼국사략》 187
삼복법 250
삼복제도 247
삼심 제도 250
삼조화 사상 45, 336
상생 39, 144, 145, 169, 178, 192
상소문 168, 247
상식 107, 158
《상정고금예문》 230
상형 112, 119, 137, 275
상형기본자 275, 280
생성주의 24, 138, 142, 143
생태 29
생태성 27, 40-42, 44
생태주의 40, 43
《서경(書經)》 214, 249
서연 173, 174
서운관 260
서울시 169, 268
《서전(書傳)》 214

선비 165, 167, 172, 173, 227
《성리대전》 19, 39, 111, 122, 336
성리학 19, 122, 128, 130, 147, 148, 192, 216, 341
성악 37
성운학 39, 103, 111, 121, 126, 127, 138, 140, 213, 336
성음 109, 128, 137
성종 123, 302
성찰 인문학 185, 188
세계기록유산 229, 230
세종대왕기념사업회 21, 49, 54, 55, 204, 209, 306
세종 대학원대학교 56
《세종실록지리지》 190, 191, 207, 308, 310
세종악보 202, 204, 205
『세종의 고: 대국의 민낯』 329
『세종이라면』 307, 318
『세종처럼』 52, 307, 318
세종학 17, 18, 21, 22, 24, 26-28, 36, 37, 40, 44, 49, 51, 52, 55
세종학교육원 22
세종학연구소 56
세총통 321
소리 35, 46, 102, 103, 105, 107, 108, 110-114, 116, 118, 119, 121, 123, 128, 133, 135, 137, 139, 140, 142, 200, 202, 208, 209, 216-218, 222, 275, 278, 332
소수 민족 44
소수 언어 44
소쉬르학 22
소통 29, 40, 48, 104, 120, 128, 129, 132, 142, 145, 149, 151, 153, 198, 216, 286, 303, 328, 329

송나라 111, 124, 203, 214, 216
수다 170
수리철학 280
《수시력(授時曆)》 46, 257, 334
수학 24, 33, 176, 181, 270, 272, 273, 275, 276, 278, 281
순리 158
순우리말 이름 265
스타벅스 43
시각법 262
신무기 321
신분제 129, 130, 151
신악 198, 199, 202, 204
《신주무원록》 247, 251
《신찬팔도지리지》 237, 310
실용서 30
심리학 146
12간지 263

ㅇ

아래아 134, 135
아악 38, 198, 199, 208, 212, 332
《아악보》 30, 35, 44, 45, 121, 150, 203, 205, 212
아이들 245, 259
악기 29, 122, 123, 150, 201, 203, 208, 209, 212, 216, 332
악보 29, 198, 204, 205, 207, 217, 281
《악학궤범》 121, 123, 202, 208
압록강 307, 311, 312, 315, 318
앙부일구 29, 39, 47, 149, 254, 255, 257-262, 264, 268, 334-336
애도문 31
애민 정치 46

약자 235, 243, 244, 329
어린이 160, 235, 256, 257
언문일치 27
언어관 57
언어문화 331
언어학 25, 29, 103, 128, 138, 145, 146, 151
언어학자 25, 28, 181
여론 47
여론 조사 48, 285, 290-292
여민락 36, 206
여성 170, 235, 242
여진족 307, 308, 311, 312, 314, 315, 317, 318
역법 33, 257, 273, 281, 334
역사 102, 181, 185, 186, 189, 193, 274, 330
역사관 29, 186, 190, 192, 193
역사책 149, 186, 187, 192
역사학 24, 32, 145, 146, 151, 188
역주 사업 54
《연려실기술》 18
영조척 36
《예기월령(禮記月令)》 127
예술 146, 328
오경 166, 214
오례의 209
욕망 102
용 159, 161
《용비어천가》 24, 36, 150, 173, 185, 199, 206, 207, 307, 308
원소 문자 62, 69
원형 문자 69
《원화운보》 125

《월인천강지곡》 227
위상수학 33, 277, 278
《위선음즐》 225
유교 30
유클리드 기하학 33, 276
유통 103, 133, 143
유학 18, 148, 172, 176, 193, 258, 272, 273
육예 271
《육전(六典)》 167
육진 313, 315
《율려신서(律呂新書)》 35, 38, 122, 150, 212, 216, 217
융복합 연구 55
융합 27, 28, 30, 36, 104, 131, 133, 134, 137, 144, 151, 153
융합 이론 49
융합 인문학 146, 151, 153, 317, 322
융합성 27, 28, 33
융합적 인문학 146
음률 121-123, 143, 202, 208, 218
음악 29, 35, 36, 38, 39, 44-46, 49, 110, 114, 121-123, 143, 150, 153, 162, 171, 198, 200, 201, 203, 208, 211-213, 216, 217, 271, 273, 281, 332, 338, 341
음악가 181, 201, 204
음악 정비 202
음악 정책 30, 38
음악학 24, 151, 181
음양오행 134, 278, 336
음양오행론 134
음운 문자 68
응용 문자 69
《의방유취(醫方類聚)》 241

이두식 한자 42
인권 247, 248
인문 정신 148
인문주의 232
인문 지리지 309
인문학 145, 146, 148, 151, 152, 188, 221, 286
인쇄 19, 33, 46, 193, 222, 224, 226, 229, 232, 233, 240, 241
인재 151, 164, 166, 171-174, 177, 179, 180, 182, 183, 272, 273, 288
인종 173
『일반언어학 강의』 57, 60, 65
임진왜란 258, 310

ㅈ

자격궁루(自擊宮漏) 180, 335
자격루 29, 39, 149, 273, 334, 335
자연주의 133, 137, 138, 142, 143
자의성 68
자주 39, 282, 327, 328, 332, 333, 342
자주성 27, 37, 329, 330, 333
《자치통감》 33, 149, 187, 193, 195, 226, 389
《자치통감강목(資治通鑑綱目)》 192
《자치통감훈의(資治通鑑訓義)》 33, 150, 193
장애인 235, 245, 277
장인 200
전략적 사대주의 39, 338, 341
전제상정소 299
전통 수학 278
절기 47, 258, 260, 265, 281, 334
절기선 260, 262, 267

절대음감 200, 216
《절운지장도》 127
정간보 202, 204, 205, 216, 217
정음 104, 105, 108-111, 116, 119, 120, 128-130, 132, 137, 142
정음 문자관 102-104, 110, 115, 133, 142
정음관 106, 112, 113, 116, 121, 128, 137, 138, 142, 144
《정음발달사(正音發達史)》 108
정음사상 34
정음학 24, 34, 36, 102, 181
정치가 17, 18, 159, 169
《제가역상집》 21, 24, 30, 46, 149, 257
제술 166, 167
《제승방략(制勝方略)》 318
제주 159
제주도 161
조세 47, 48
조세법 299
조세 제도 288, 300
종묘 256
죄인 247, 249, 250, 252
주역 73, 279
주자소 47, 222, 241
중국말 328
중용 128, 147
《직지(直指)》 232
《직지심체요절》 230
질문 113, 157, 158, 160, 161, 168, 169
질병 235, 236, 238, 240, 242
집현전 18, 124, 128, 139, 148, 173, 174, 239, 241
찌아찌아족 43

ㅊ

천문 46, 177, 281, 335, 341
천문 기계 18, 176
천문도 46
천문학 24, 29, 46, 49, 181, 274, 334
천평일구 39, 257, 334
철학 143, 145, 146, 151, 153, 216, 336
청음 사건 199, 203, 216
촘스키학파 22
총체성 145
추도문 30
출산 242
출산 휴가 242, 243
측우기 149
치료법 238
《치평요람》 152
치화평 206
《칠음략서》 111
《칠정산내외편(七政算內外篇)》 38, 149, 257, 334, 393
칠정산외편 281, 335

ㅌ

탈근대 23
탈근대성 29
탈근대 언어학 103, 114, 153
탈근대주의 28
《태산요록(胎産要錄)》 47, 241
태양력 265
토론 33, 130, 157, 161, 163, 165, 168-170, 177, 182, 187, 193, 290-292, 305, 318, 319, 338
토박이말 106
토지세 285, 286

ㅍ

《통경(通徑)》 257
《통궤(通軌)》 257
통념 160
통섭 23, 24, 34, 36, 151, 181
통섭성 33, 36
통섭학자 24-26
《통지》 111
통합 23, 26, 27, 30, 34
통합 언어학 103
퇴계학 22
특수성 24, 67, 78, 103-105, 130-132, 143

ㅍ

파스파 문자 68
파저강 312, 315, 317-319, 321
편경 27, 35, 199, 200, 208, 209, 332
편경음 332
편종 203, 208
평면 수학 276, 277
표준 악기 27, 203, 210, 281
표준음 29, 35, 46, 110, 123, 150, 201, 203, 209, 214, 332
프랑스 대혁명 182

ㅎ

하부르타 157, 169
하삼도 298, 302
하층민 130, 151, 242, 243, 256
학당 172
학문 18, 22, 24, 30, 32, 34, 37, 49, 56, 128, 145, 146, 148, 151, 163, 166, 168, 169, 172, 173, 176, 181, 188, 196, 201, 232, 272, 278, 286, 331

학자 17, 18, 23, 56, 124, 145, 158, 167-169, 176, 192, 193, 211
학제적 연구 151
한글학회 55
한문 41, 129, 130, 140, 147, 162, 190, 328, 331, 334
《한비자(韓非子)》 177
한자 39, 41, 42, 102, 103, 105, 112, 114, 116, 118-120, 140, 227, 247, 256, 258, 260, 275, 328
향교 172
향악 38, 198, 332
향약 236, 237, 240
《향약구급방(鄕藥救急方)》 39, 46, 236, 333 334
《향약집성방》 237, 238, 241, 334
《향약채취월령(鄕藥採取月令)》 236
현주일구 39, 257, 334
혜정교 256
《홍무정운》 106, 125, 139, 140
《홍무정운역훈》 106, 128, 139, 140, 342
황종음 46, 211
《회회력(回回曆)》 257
획일주의 43, 44
《효순사실》 225
《훈민정음》 21-24, 26, 28, 30, 33-35, 39-41, 46, 49, 51, 57, 59, 62, 66, 71, 73, 103, 104, 106, 108, 114, 115, 124, 127-129, 131, 132, 135-137, 139, 142, 148, 151, 152, 173, 180, 185, 190, 202, 203, 206, 207, 213, 216, 218, 227, 232, 247, 255, 258, 274, 275, 277, 278, 281, 286, 303, 305, 328, 331, 336, 342
훈민정음학 26, 34, 153

■ 인명

ㄱ

강신항 105, 110, 115, 131
강희안 19, 178
계양군 179
고종 195
고중안 163
고황제 203, 305
공민왕 33, 185, 203, 208, 311, 314
공자 146, 158
곽박 177
구텐베르크 221, 231, 232, 328
권근 166
권재선 73
권제 179
권진 168, 339
권채만 194
기자 38, 191, 331
김구 148
김담 171, 274
김돈 225, 255, 335
김몽례 241
김문 148, 174, 241
김병학 195
김빈 161, 225
김사철 241
김석득 66, 68
김석연 21, 120, 129, 138
김성도 58, 61, 69, 71, 75
김성배 51
김세환 140
김슬옹 22, 23, 25, 28, 34, 54, 103, 105, 128, 129, 135

찾아보기 427

김시습 171
김시우 272
김유신 263
김익정 222
김자안 33, 176, 273, 335
김점 164, 165
김점석 76
김정은 305
김종서 171, 305, 310, 313, 315, 317, 318
김주원 120
김증 20, 178
김추 318
김하 179
김학수 299, 313, 316
김한 33, 176, 273, 335
김현곤 200
김현권 58
김효성 312

ㄴ, ㄷ

남경태 70
남급 222, 225
남수문 175
노중례 47, 236, 239, 241
다윈 182
단종 318, 342
동궁 19, 179
동맹가티무르 315
들뢰즈(Deleuze) 23, 24, 56, 65, 133

ㄹ, ㅁ

라마르크 182
레오나르도 다빈치 26
렘브란트 26

리의도 62
맹사성 168, 339
맹자 146, 289
문명대 51
문재인 305
문종 186, 189, 194
문중량 130
민보화 241

ㅂ

박동근 108, 123
박병호 51
박서생 294
박선우 138
박연 35, 122, 123, 171, 199-201, 207, 208, 217, 332
박영규 52
박윤덕 236, 239
박은 166
박종국 22, 51, 54, 138
박종우 299
박지원 27
박진열 76
박창원 109
박창희 307, 308
박초 293, 319, 321
박팽년 19, 174, 178
박현모 22, 52, 54, 306, 307
박희민 123
반재원 46
방종현 115
배명진 108
백두현 28, 104
버락 오바마 157

베르너 사세 67
변계량 166, 175, 187, 188, 192, 223
변춘정 166
보카치오 26, 328
봉여 338

ㅅ

사마광 33, 127, 149, 193
사마천 224
샘슨 64
서한범 205
성경린 51, 204
성삼문 171, 174, 178
성원경 140
성종 24, 202
성현 24, 158, 216, 202
세자 19
세자빈 김씨 194
세조 299
세종 57, 79
소쉬르(Saussure) 23, 25, 28, 56, 57, 76, 103, 128, 130, 131, 133
소옹 108, 111, 112, 116, 121, 129, 138
소크라테스 158
소헌왕후 194
손보기 51, 53
손수산 178
송병기 306
송처검 174
송혜진 200, 208, 209
순신 177
숨결새벌 266
신경준 115, 137
신석견 175

신석조 174, 241
신선희 198
신숙주 19, 21, 78, 111, 123, 140, 171, 174, 178, 213, 331
신영손 179
신인손 194
심소희 110, 138

ㅇ

아비딘 43
안덕균 51
안순 291
안숭선 163, 177
안지 179, 294
안평대군 19, 179, 241
알렉산더 멜빌 벨 120, 276, 277
엘 고어 232
오기수 302
원민생 272
원효 34
위철 204
윌슨 34
유관 187, 188
유맹문 338
유방 215
유성 309
유성원 241
유정현 179, 317
유효통 236, 239, 293
유희 115
윤관 309
윤면 301
윤사웅 18, 148, 176
이개 19, 174, 178

이경희 105
이도 17, 23, 24, 56
이도흠 34, 57
이만주 307, 311
이변 179
이상혁 104
이선(현)로 178
이선로 19, 174
이성계 314, 317
이세형 225
이순지 21, 30, 46, 149, 171, 225, 256, 257, 274, 282
이숭녕 21
이양달 163, 177
이영월 106, 139
이은희 38
이자춘 314
이장주 274
이정우 65
이종무 317
이직 273
이진경 65
이징옥 315, 338
이천 171, 224, 225, 312, 319
이태극 51
이토 준타로 148
이한우 29, 33
이해철 51, 306
이현로 20
이혜구 121, 122, 204
이호문 294
이황 22
임종화 51

ㅈ

장병기 58
장영실 18, 148, 171, 176, 179, 180, 224, 225, 256, 258, 259, 268
장재성 58
전상운 51
전정례 68
전태현 43
정길홍 294
정덕영 43
정도전 32, 185
정동유 115
정약용 27
정우영 54, 132, 138
정윤재 22
정인지 30, 35, 38, 40, 44, 45, 121, 131, 133, 137, 150, 171, 174, 178, 203, 213, 218, 272, 293, 299, 334, 335
정창손 174
정척 38, 225, 331
정초 111, 166, 167, 223, 273, 339
정희성 33, 114, 275, 277
제갈공명 317
조극관 294
조근 174
조말생 179, 293
조변안 20, 178
조병인 175, 329
조태영 43
주성일 126
진양대군 19, 179, 299

ㅊ

채원정 122, 124, 150, 216, 332

촘스키 23, 24, 56
최경자 198
최만리 141, 148, 174, 247, 251
최사강 339
최사의 338
최석정 115
최세진 42, 125, 126
최양선 163, 177
최영애 105
최운해 317
최윤덕 171, 305, 307, 310, 312, 317-319
최재천 34
최종민 124, 204
최천구 18, 148, 176
최철 51
최항 19, 171, 174, 178
최해산 159
최현배 34, 115, 129

ㅌ, ㅍ, ㅎ

탁신 163
태상왕 193
태종 18, 199, 208, 222, 271, 314, 318, 332, 334
하연(河演) 299
하위지 174
한태동 26, 62, 115, 115, 118-120, 123, 124, 135, 137, 138

허웅 74
허재영 123
허정윤 46
허조 164, 165, 179, 339
현종 244
홍기문 108-110, 115
홍이섭 306
홍현보 54
화의군 179
황공소 124, 125
황자후 293
황현 166
황희 48, 168, 171, 295
휘종 203

A~Z

Claudine Nomand 76
E. H. 카 29, 188
Gadet 61
Johannes Fehrr 65
Margaret Thomas 25 26
Sek Yen Kim-Cho 62, 120
Toolan 59
Werner Sasse 65

저자 김슬옹

1977년 철도고 1학년 때부터 한글과 세종을 드높이는 운동과 연구의 한 길을 걷고 있다. 현재 세종국어문화원 원장으로 재직하면서 한국외대 교육대학원 객원 교수로 후학을 양성하고 있다. 세종대왕기념사업회 전문위원, 한글학회 이사, 세종시 한글사랑위원회 위원장, 한글닷컴 한글연구소 소장 등으로도 활동하고 있다. 간송미술관 요청으로 훈민정음 해례본 원본을 직접 보고 최초 복간본을 해설했다. 연세대 국어국문학과에서 훈민정음 해례본만의 순수 연구로 세 번째 박사학위를 받았다. 동국대 대학원에서 국어교육학 박사, 상명대 대학원에서 훈민정음학 박사 학위도 받았다.

훈민정음학과 세종학 연구 업적으로 세종문화상 대통령상(학술)과 외솔상(학술), 연문인상, 대한민국 한류대상 등을 받았다. 2018년도에는 방탄소년단과 함께 한글으뜸지킴이로 뽑혔다. 『한글학』 등 우리 말글 관련 121권(70권 공저)과 논문 145여 편, 대중 칼럼 천여 편을 집필하였다.

세종학

2025년 5월 15일 초판 1쇄 펴냄

지은이 김슬옹
기 획 세종대왕기념사업회
펴낸이 김흥국
펴낸곳 도서출판 보고사

책임편집 이순민
표지디자인 김규범

등록 1990년 12월 13일 제6-0429호
주소 경기도 파주시 회동길 337-15 보고사
전화 031-955-9797(대표)
팩스 02-922-6990
메일 bogosabooks@naver.com
http://www.bogosabooks.co.kr

ISBN 979-11-6587-853-5 93300
ⓒ 김슬옹, 2025

정가 28,000원
사전 동의 없는 무단 전재 및 복제를 금합니다.
잘못 만들어진 책은 바꾸어 드립니다.